国家卫生和计划生育委员会“十三五”规划教材
全国高等学校教材

供康复治疗学专业用

人体运动学

HUMAN KINESIOLOGY

第3版

主　编　黄晓琳　敖丽娟
副主编　潘燕霞　许　涛
编　者（以姓氏笔画为序）
马　萍　哈尔滨医科大学
王　艳　黑龙江中医药大学
冯　伟　上海中医药大学
许　涛　华中科技大学同济医学院
肖建兵　哈尔滨医科大学
钟卫权　徐州医科大学
敖丽娟　昆明医科大学
徐冬青　天津体育学院
黄晓琳　华中科技大学同济医学院
潘燕霞　福建医科大学

人民卫生出版社

图书在版编目(CIP)数据

人体运动学 / 黄晓琳，敖丽娟主编. —3 版. —北京：人民卫生出版社，2018

全国高等学校康复治疗专业第三轮规划教材

ISBN 978-7-117-26800-4

Ⅰ. ①人… Ⅱ. ①黄…②敖… Ⅲ. ①人体运动－人体学－高等学校－教材 Ⅳ. ①G804

中国版本图书馆 CIP 数据核字(2018)第 115547 号

人体运动学

第 3 版

主　　编：黄晓琳　敖丽娟

出版发行：人民卫生出版社（中继线 010-59780011）

地　　址：北京市朝阳区潘家园南里 19 号

邮　　编：100021

E - mail：pmph @ pmph.com

购书热线：010-59787592　010-59787584　010-65264830

印　　刷：河北博文科技印务有限公司

经　　销：新华书店

开　　本：850 × 1168　1/16　　**印张**：14

字　　数：394 千字

版　　次：2008 年 3 月第 1 版　　2018 年 3 月第 3 版

2025 年 9 月第 3 版第 17 次印刷（总第 32 次印刷）

标准书号：ISBN 978-7-117-26800-4

定　　价：42.00 元

全国高等学校康复治疗学专业第三轮规划教材修订说明

全国高等学校康复治疗学专业第二轮规划教材于2013年出版，共17个品种，通过全国院校的广泛使用，在促进学科发展、规范专业教学及保证人才培养质量等方面，都起到了重要作用。

为深入贯彻教育部《国家中长期教育改革和发展规划纲要（2010—2020年）》和国家卫生和计划生育委员会《国家医药卫生中长期人才发展规划（2011—2020年）》文件精神，适应我国高等学校康复治疗学专业教育、教学改革与发展的需求，通过对康复治疗学专业第二轮规划教材使用情况和反馈意见的收集整理，经人民卫生出版社与全国高等学校康复治疗学专业第三届教材评审委员会研究决定，于2017年启动康复治疗学专业第三轮规划教材的修订工作。

经调研和论证，本轮教材新增《儿童康复学》和《老年康复学》。

康复治疗学专业第三轮规划教材的修订原则如下：

1. 坚持科学、统一的编写原则 根据教育部培养目标、卫生计生部门行业要求、社会用人需求，在全国进行科学调研的基础上，充分论证本专业人才素质要求、学科体系构成、课程体系设计和教材体系规划后，制定科学、统一的编写原则。

2. 坚持必需、够用的原则 根据专业培养目标，始终强调本科教材“三基”“五性”“三特定”的编写要求，进一步调整结构、精炼内容，满足培养康复治疗师的最基本需要。

3. 坚持紧密联系临床的原则 强调康复理论体系和临床康复技能的培养，使学生毕业后能独立、正确处理与专业相关的康复常见实际问题。

4. 坚持教材创新发展的原则 本轮教材采用了“融合教材”的编写模式，将纸质教材内容与数字资源内容相结合，教材使用者可以通过移动设备扫描纸质教材中的“二维码”获取更多的教材相关富媒体资源，包括教学课件、自测题、教学案例等。

5. 坚持教材立体化建设的原则 从第二轮修订开始，尝试编写了服务于教学和考核的配套教材，本轮19种理论教材全部编写了配套《学习指导及习题集》，其中13种同时编写了配套《实训指导》，供教师授课、学生学习和复习参考。

第三轮康复治疗学专业规划教材适用于本科康复治疗学专业使用，理论教材共19种，计划于2018年秋季出版发行，全部数字资源内容也将同步上线。

希望全国广大院校在使用过程中提供宝贵意见，为完善教材体系、提高教材质量及第四轮规划教材的修订工作建言献策。

全国高等学校康复治疗学专业第三轮规划教材目录

1. 功能解剖学（第 3 版）
   主编　汪华侨　　副主编　臧卫东　倪秀芹

2. 康复生理学（第 3 版）
   主编　王瑞元　　副主编　朱进霞　倪月秋

3. 人体发育学（第 3 版）
   主审　李晓捷　　主编　李　林　武丽杰　　副主编　陈　翔　曹建国

4. 人体运动学（第 3 版）
   主编　黄晓琳　敖丽娟　　副主编　潘燕霞　许　涛

5. 康复医学概论（第 3 版）
   主编　王宁华　　副主编　陈　伟　郭　琪

6. 康复功能评定学（第 3 版）
   主编　王玉龙　　副主编　高晓平　李雪萍　白玉龙

7. 物理治疗学（第 3 版）
   主编　燕铁斌　　副主编　姜贵云　吴　军　许建文

8. 作业治疗学（第 3 版）
   主编　窦祖林　　副主编　姜志梅　李奎成

9. 语言治疗学（第 3 版）
   主审　李胜利　　主编　陈卓铭　　副主编　王丽梅　张庆苏

10. 传统康复方法学（第 3 版）
   主编　陈立典　　副主编　唐　强　胡志俊　王瑞辉

11. 临床疾病概要（第3版）

主编 周 蕾 副主编 许军英 范慧敏 王 嵘

12. 肌肉骨骼康复学（第3版）

主编 岳寿伟 副主编 周谋望 马 超

13. 神经康复学（第3版）

主编 倪朝民 副主编 胡昔权 梁庆成

14. 内外科疾病康复学（第3版）

主编 何成奇 吴 毅 副主编 吴建贤 刘忠良 张锦明

15. 社区康复学（第2版）

主编 王 刚 副主编 陈文华 黄国志 巩尊科

16. 临床康复工程学（第2版）

主编 舒 彬

17. 康复心理学（第2版）

主编 李 静 宋为群

18. 儿童康复学

主编 李晓捷 副主编 唐久来 杜 青

19. 老年康复学

主编 郑洁皎 副主编 桑德春 孙强三

全国高等学校康复治疗学专业第三届教材评审委员会名单

主编简介

黄晓琳

教授，主任医师，博士生导师。世界卫生组织康复培训与研究合作中心主任，华中科技大学同济医学院附属同济医院康复医学教研室主任。1983年同济医学院医疗系本科毕业，2000年获香港理工大学康复科学系博士学位。本科毕业后一直在武汉同济医院从事临床医疗、教学和科研工作30余年，对神经科和骨科伤病的康复有较深造诣。

主持多项国家自然科学基金项目、国家863计划、国家支撑计划项目、教育部留学博士基金项目、国际合作科研项目等，参与主研了卫生部部属（管）医疗机构临床学科重点项目、国家自然科学基金资助重大研究计划等。获得国家实用新型专利、国家发明专利各一项。在国内外核心期刊上发表学术论文100余篇。主编（译）、参编了20余部国家专业教材和专著，多次获得国家卫生计生委、科技部以及华中科技大学优秀教材奖，获得华中科技大学校级教学成果奖、教学质量一等奖以及教学名师奖等。

任国际物理医学与康复学会理事，中国康复医学会副会长。中华医学会物理医学与康复学会副主任委员，中国医疗保健国际交流促进会康复医学分会副主委，中国医院协会医疗康复管理机构分会常委，湖北省康复医学会会长等；任《中华物理医学与康复杂志》和《中国康复》主编、《神经损伤与功能重建》和《康复学报》副主编等。

主编简介

敖丽娟

教授，博士生导师。美国纽约州立大学上州医科大学康复医学科访问学者。现任昆明医科大学康复学院主持工作副院长。云南省级教学名师，云南省政府“云岭名师”，云南省康复医学研究中心主任，云南省高校康复医学工程中心主任，国际物理医学与康复理事，中国医师协会康复医师分会副会长，中国康复医学会康复教育专业委员会主任委员，中国康复医学会常务理事，中国工伤康复专家委员会委员，《中国康复医学杂志》《中华物理医学与康复杂志》《中国康复》编委。云南省康复医学会常务副会长兼秘书长，云南省医师协会康复医师分会会长。云南省教育厅康复治疗学教学指导委员会主任委员，教育部医学技术类教学指导委员会委员。

从事康复医学工作 30 年，致力于推动现代康复医学管理、教育与新技术在本省乃至全国的发展。在脑卒中、脊髓损伤、儿童脑瘫康复、痉挛、疼痛及神经原性膀胱的管理的领域在国内外享有较高声誉。获云南省卫生计生委科技进步三等奖 2 项，云南省政府教育科学二等奖 2 项，主持并参与了 40 项各层面科研课题及 26 项省级及校级质量工程及教研教改项目。主持并成功申报了昆明医科大学康复医学与理疗学学科硕士点，指导培养硕士及博士研究生 33 名。尤其是主持并成功申报了昆明医科大学康复治疗学专业作业治疗方向 WFOT 国际教育认证及物理治疗方向 WCPT 国际教育认证。

副主编简介

潘燕霞

博士，教授，硕士生导师。福建医科大学医学技术与工程学院康复治疗学系副主任。中国康复医学会康复教育专业委员会委员，中国心脏联盟心血管疾病预防与康复学会常务委员，福建省康复医学会常务委员，福建省康复医学会心血管康复专业委员会副主任委员，《心血管康复医学杂志》编委。从事生理学与康复医学教学、科研30余年，参与省级和校级教改项目，曾获省级教学成果二等奖1项、校级教学成果一等奖1项。主要研究方向是高血压、慢性心衰等心血管疾病发病机制及运动康复。曾获福建省科技进步三等奖1项。主持国家自然科学基金项目、福建省自然科学基金项目、福建省教育厅科研项目，参与国家自然科学基金面上项目和973项目。在国内外学术期刊上发表研究论文50余篇。

许涛

副教授，医学博士，硕士生导师。华中科技大学同济医学院附属同济医院康复医学科主任医师，担任科室副主任。曾在美国芝加哥康复中心、Kessler康复中心做访问学者。临床擅长脊髓损伤、骨关节疾病康复管理。现任中华医学会物理医学与康复分会委员、中国残疾人康复协会康复教育专业委员会主任委员、中国康复医学会技术转化与产业促进专业委员会常务委员、中国医疗保健国际交流促进会康复分会常务委员、中国康复医学会脊柱脊髓损伤专业委员会/脊髓损伤治疗与康复学组委员、中国女医师协会康复医学专家委员会委员、中华医学会老年医学分会第七届委员会老年康复学专业学组委员、湖北省物理医学与康复学会常委兼秘书，湖北省残疾人康复协会常务理事、湖北省残疾人康复协会辅具适配委员会副主任委员、湖北省康复医疗质控中心办公室主任、《中华物理医学与康复杂志》《中国康复》《骨科》杂志编委，曾任中华医学会物理医学与康复学分会委员会第八、九届青年委员会副主任委员。主要研究方向为骨与关节、脊髓损伤的康复。近五年主持或参与多项科研课题，其中主持国家自然科学基金面上项目两项、国家"十二五"科技支撑计划子项目一项、发表科研论文40余篇，主编、参编教材多部。

前言

人体运动学（human kinesiology）是康复治疗的基础，通过重点介绍骨骼肌肉系统的解剖和生物力学的相互影响来指导康复治疗。其核心在于解剖学和肌肉骨骼系统内部的生物力学，是利用力学的原理和方法来观察和研究人体的节段运动和整体运动。通过本课程的学习，使学生在掌握人体运动功能解剖的基础上学会运用力学机制分析正常人体运动和病理状态下的运动情况以及运动对人体的影响，从而更好地理解人体骨骼、肌肉系统的功能，为今后的康复治疗临床学习打下基础。

针对康复治疗师本科教育的教材较为缺乏，各院校使用的教材差别较大的现状，2008 年出版发行全国高等学校本科康复治疗学专业规划教材第 1 版，2013 年发行第 2 版，《人体运动学》是其中的一部。

此次编写的《人体运动学》第 3 版在第 2 版的基础上进行了整书结构上的调整和完善。全书分为四章，分别阐述了运动学总论、上肢、躯干和下肢运动学，在总论部分增加了生物力学的基本原理，将原来第二、三章做了细化，在躯干部分增加了咀嚼与呼吸，而在第四章去除了运动控制的内容。

本教材主要针对的是全国康复治疗学专业本科生或康复治疗技术专科学生。本书编写过程中强调科学性、准确性和文字流畅性。同时采用大量图、表，增加了可读性和易懂性。重要的概念及名词都注以英文。同时还考虑到适合我国康复治疗人员的使用和学习，综合国内外相关教材，紧密结合国内特点。第 3 版教材为融合教材，扫描各章内二维码可以获取更多纸质教材的相关内容，便于教师教学和学生学习，使教材进一步立体化。

参加本书编写的作者是全国各地医学院校的具有多年授课经验和临床经验的专家，大多编者还参与了上一版教材的编写工作。在此，对他（她）们的辛勤劳动表示衷心的谢意。本书难免有疏漏之处，恳请广大师生和读者予以批评，并提出宝贵建议，以便修订时得到更正。

黄晓琳　敖丽娟

2018 年 1 月

目录

01 第一章 总论

02 第二章 上肢

03 第三章 躯干

04 第四章 下肢

第一章
总论

康复治疗的目的是使老人、患者、伤残者的功能得到最大限度的恢复或保全，以达到让他们能够生活自理、回归社会以及提高生存质量的目的。康复治疗是综合、协调地应用各种专科治疗手段，促进功能的恢复、改善或重建。治疗师应用手法或器械在患者的特定部位或区域施加机械作用时，其合理性、有效性和安全性均与操作者的感知判断和被操作者的配合程度密切相关，尤其是人体运动功能的障碍，可以用康复治疗的核心技术——“实施力学操控”来帮助其恢复功能。操作者的能力与水平取决于其对力与人体结构、系统力学特点以及力与人体功能关系的理解。

第一节　人体运动学基础

01章01节

人体运动学是研究人体活动的运动规律，如人体或人体特定部位的位置、速度和加速度等。在研究人体运动时，必须注意人体的生物学特征和生理功能，形态特点和组织性状。在人体运动学中，将力与生物体运动、生理、病理之间关系的部分叫做生物力学，而运动中人体和器械运动规律的研究称之为运动生物力学。

历史上，运动学侧重研究人体的结构与人体功能的关系。20 世纪，运动学在医学领域得到了广泛的应用，关节力学、人体运动学、运动生理学等医学相关内容融入了运动学范畴。依据人体的功能解剖和运动规律，人们把生物力学运用到康复治疗中，形成了一整套的康复运动学治疗理论和运动治疗方法。本书所讲的人体运动学，除了人体的功能解剖学、生物力学和运动生物力学的内容之外，还包括运动与心肺功能、运动控制与步态等内容，因为在康复治疗过程中，这些系统运动都是彼此相关联的。

一、基本概念

（一）物理量

人们把描写物理事件的量叫做物理量（physical quantity），物理事件不同，所采用的物理量也不同。不同的物理量服从不同的运算规则。

1. **标量**（scalar）　只有大小没有方向的物理量叫标量。温度、时间、能量、质量等物理量是标量。

2. **矢量**（vector）　有大小并有一个方向的物理量叫矢量。速度、加速度和力等是矢量。

3. **张量**（tensor）　有大小并有不止一个方向的物理量叫张量。描写材料内部力学性质的应力和应变是二阶张量。

（二）运动学描写常见的物理量

1. 时间量 时刻是时间轴上的点，用于运动的开始、结束或运动过程中的瞬间描写，常用符号 t 表示；时间间隔是物体运动持续时间的量度，常用 Δt 表示。

2. 空间量 位置矢量 $\vec{r}$ 是一组标志物体位置的坐标；位移 $\Delta\vec{r}$ 是一组标志物体位置移动的坐标差值；路程 Δs 是描写物体运动所走过路程的长度；轨迹是质点运动的路径（图 1-1）。速度是位置矢量的时间变化率，速度的大小叫做速率，用 v 表示。加速度是速度的时间变化率，包括大小和方向的改变。当物体沿曲线轨道运动时，常将加速度 a 在物体所在点处分解成圆弧曲率半径上的投影，叫法向加速度 a_n，它只改变速度的方向；在轨道切线方向上的投影，叫切向加速度 a_t，它只改变速度的大小（图 1-2）。

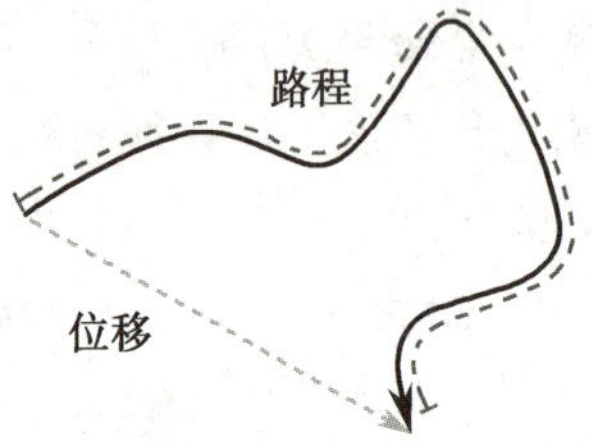

图 1-1 路程与位移

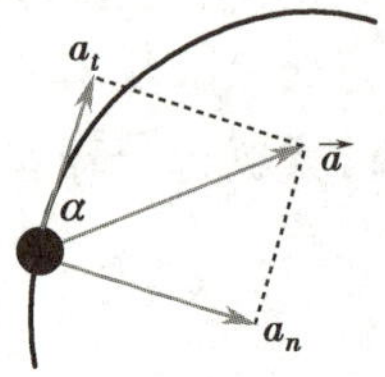

图 1-2 曲线运动

（三）人体运动的形式和原理

1. 人体运动形式

（1）人体简化后的运动形式：人体运动学通常把人体简化成质点或刚体的力学简化模型来进行人体运动参数的描述。人体运动形式包括：

1）平动：指运动过程中，身体上的任意两点的连线始终保持等长和平行，其运动轨迹是直线或曲线。人体平动时，身体上各点的位移、速度和加速度都相同，可简化成质点处理。

2）转动：指运动过程中，身体上的各点都围绕同一直线（旋转轴）作圆周运动。转动时人体各点与轴的距离不同，所以其线速度也不同，可以简化为刚体处理。

3）复合运动：人体绝大部分运动包括平动和转动，两者结合的运动称为复合运动。研究中通常把复合运动分解成平动与转动，使问题大为简化。

（2）人体关节的运动形式

1）屈曲（flexion）与伸展（extension）：主要是以横轴为中心，在矢状面上的运动。

2）内收（adduction）与外展（abduction）：主要是以矢状轴为中心，在额状面上的运动。

3）内旋（internal rotation）与外旋（external rotation）：主要是以纵轴为中心，在水平面上的运动。

另外，前臂和小腿还有旋前（pronation）和旋后（supination）运动；足踝部还有内翻（inversion）和外翻（eversion）运动。

各个关节的功能解剖和关节运动请参见相关章节。

（3）人体的基本运动形式：运动生物力学将人体看作是由上肢、头、躯干和下肢组成的多环节链状形式，它的基本运动形式如下：

1）上肢的基本运动形式：上肢的基本运动形式主要包括推、拉和鞭打。推：在克服阻力时，上肢由屈曲态变为伸展态的动作过程，如胸前传球。拉：在克服阻力时，上肢由伸展态变为屈曲态的动作过程，如游泳。在运动中，上肢往往是推、拉动作结合的运动形式，如划船；有时在伸直时做推拉。鞭打：

在克服阻力或自体位移时，上肢各环节依次加速、制动，使末端环节产生极大速度的动作形式，叫鞭打动作，如投掷。

2）下肢的基本运动形式：下肢的基本运动形式主要包括缓冲、蹬伸和鞭打。缓冲：在克服阻力时，下肢由伸展态变为屈曲态的动作过程，如跳远前起跳时摆动腿的动作。蹬伸：在克服阻力时，下肢由屈曲态变为伸展态的动作过程。如跳远前起跳时起跳腿的动作。鞭打：在克服阻力或自体位移时，下肢各环节依次加速、制动，使末端环节产生极大速度的动作形式。如在完成自由泳的两腿打水动作时，下肢各环节有类似上肢的鞭打动作。

3）全身基本运动形式：全身基本运动形式主要包括摆动、躯干扭转和相向运动（图 1-3）。摆动：身体某一部分完成主要动作（如一腿的起跳）时，另一部分配合主要动作进行加速摆动（如双臂和另一条腿配合起跳的摆动）的动作形式。躯干扭转：在身体各部位完成动作时，躯体上下肢沿身体纵轴反向转动的运动形式。相向运动：身体两部分相互接近或远离的运动形式。

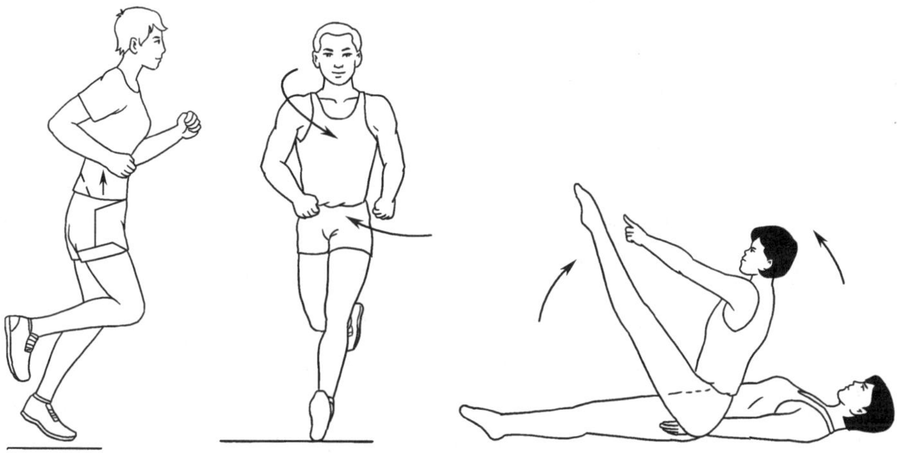

图 1-3　全身基本运动形式

2. 人体基本动作的原理

（1）杠杆原理：人体很多关节肌肉均符合杠杆原理。杠杆包括支点、阻力点（又名重点）和力点。运用杠杆原理对运动进行分析，是运动力学分析的重要手段。

1）基本概念：支点（F）是指杠杆绕着转动的轴心点，在肢体杠杆上，支点是关节的运动中心。动力作用点称为力点（E），在骨杠杆上力点是肌肉的附着点。阻力杠杆上的作用点称为阻力点（W），是指运动阶段的重力、运动器械的重力、摩擦力或弹力以及拮抗肌的张力、韧带、筋膜的抗牵张力等所造成的阻力。它们在一个杠杆系统中的阻力作用点只有一个，即：全部阻力的合力作用点为唯一的阻力点。从支点到动力作用线的垂直距离称为力臂（d）。从支点到阻力作用线的垂直距离，称为阻力臂（d_w）。肌力矩（M）是肌肉的拉力形成的力矩。阻力和阻力臂的乘积为阻力矩（M_W），即 $M_w=W\times d_w$。

2）杠杆的分类：根据杠杆上三个点的位置不同，可将杠杆分为三类（图 1-4）。①第 1 类杠杆：又称平衡杠杆，其支点位于力点和阻力点中间，如天平和跷跷板等。主要作用是传递动力和保持平衡，它既产生力又产生速度。在人体中这类杠杆较少。②第 2 类杠杆：其阻力点在力点和支点的中间，如一根一端支在地上向上撬动重物的棍棒。人体中这类杠杆极少见，如站立位提足跟时，以跖趾关节为支点，小腿三头肌的跟腱附着于跟骨上的止点为力点，人体重力通过距骨体形成阻力点，在跗骨与跖骨构成的杠杆中位于支点和力点之间。其力臂始终大于阻力臂，可用较小的力来克服较大的阻力，故称省力杠杆。③第 3 类杠杆：其力点在阻力点和支点的中间，如使用镊子。此类杠杆在人体上最为普遍，如肱二头肌屈起前臂的动作，支点在肘关节中心，力点（肱二头肌在桡骨粗隆上的止点）在支点和阻力点（手及所持重物的重心）的中间。此类杠杆因为力臂始终小于阻力臂，动力必须大于阻力才能引起运动，但可使阻力点获得较大的运动速度和幅度，故称速度杠杆。

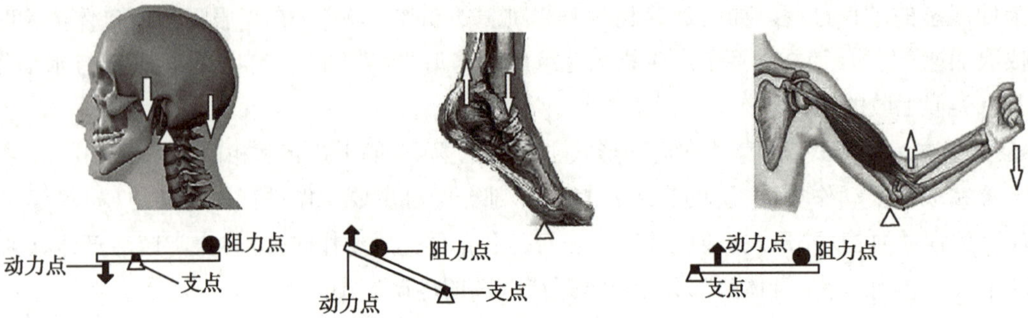

图 1-4　人体骨骼肌肉的杠杆

3）杠杆原理在康复医学中的应用：杠杆原理在康复医学中的应用主要起到省力、获得速度和防止损伤。①省力：要用较小的力去克服较大的阻力，就要使力臂增长或缩短阻力臂。在人体杠杆中肌肉拉力的力臂一般都短，可以通过籽骨、肌肉在骨上附着点的隆起等来延长力臂。一个活动多、肌肉强壮的人，其骨骼上的粗隆、结节也较明显，能通过增大力臂来增加力矩，如股骨大转子就增大了臀中肌、臀小肌的力臂。提重物时，使重物靠近身体可以通过缩短阻力臂来省力。②获得速度：许多动作不要求省力，而要求获得较大的运动速度和运动幅度，为使阻力点移动的幅度和速度增大，就要增加阻力臂和缩短力臂。人体杠杆中的大多数虽是速度杠杆，但在运动中为了获得更大的速度，经常将几个关节组成一个长的阻力臂，有时还要附加延长的阻力臂。③防止损伤：从杠杆原理中可知速度杠杆一般不能省力，而人体肌肉杠杆大多属于速度杠杆，所以阻力过大的时候，容易引起运动杠杆各环节，特别是其力点和支点，即肌腱、肌止点以及关节的损伤。除通过训练增强肌力以外，还应适当控制阻力及阻力矩，以保护肌肉杠杆。

（2）关节活动顺序性原理：运动中需要克服大的阻力或需要快的速度时，虽然运动链中各个关节同时用力，但总是大关节最先产生运动，然后依据关节的大小出现一定的先后顺序。其意义在于主动强化训练大关节，发挥其潜力，利于训练的完成。小关节是人体动作的支撑点，对动作完成后保持身体平衡有重要作用，还可影响动作时间，提高速度。

（四）人体运动的描述

在康复医学中，人体运动的始发姿势，即：身体直立，面向前，双目平视，双足并立，足尖向前，双上肢下垂于体侧，掌心贴于体侧。其中手的姿势（又名中立位）是指手的掌心贴于躯干两侧，是唯一有别于解剖学中的人体基本姿势，应值得注意（图 1-5）。

1. 运动平面　为了方便描述人体在空间内的运动，通常用三个平面来表示，即矢状面、冠状面（额状面）和水平面（横断面），三个面相互之间呈垂直关系（图 1-6）。如描述一个人的前进可以说其在矢状面内运动，描述一个人转身可以说其在水平面内运动。通常情况下，把关节在矢状面内的运动定义为屈伸运动，把关节在冠状面内的运动定义为内收、外展运动，把关节在水平面内的运动定义为旋转运动。

2. 运动轴　与运动面相对应，运动轴也用于描述运动的状态，通常用矢状轴、冠状轴和垂直轴来表示，三个轴也相互垂直（图 1-6）。如人体在矢状轴内的前进也可以描述为沿矢状轴运动，人体横向移动可以描述为沿冠状轴运动。

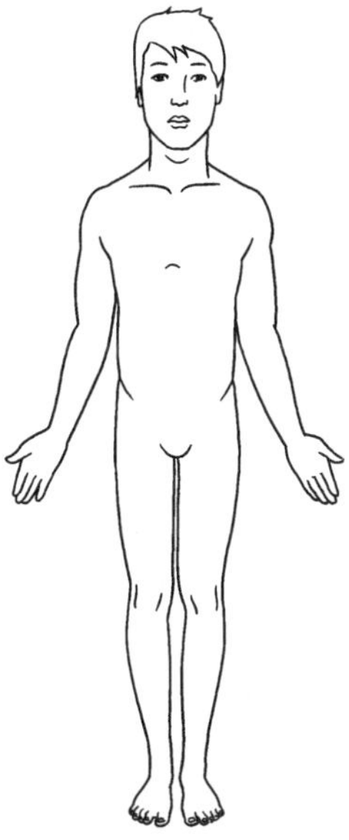

图 1-5 人体姿势

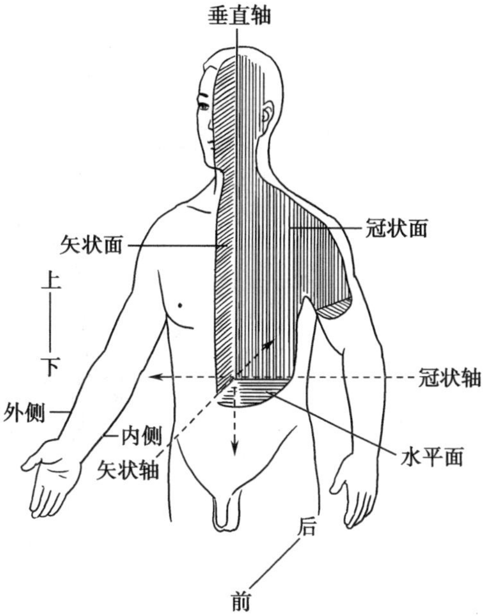

图 1-6 人体的面与轴

对于关节运动的描述一般通过关节轴线进行，由于关节结构不同，运动轴可以有一个、两个或多个。根据运动轴的多少，关节运动分为以下三种情况。

（1）单轴运动：如手指的指间关节，在标准体位下，它只有围绕冠状轴转动的屈伸运动，只有一个运动轴。单轴运动的关节，其骨上任何一点能沿着一个弧线进行运动。

（2）双轴运动：这种关节为鞍状关节，如腕关节、掌指关节等。在标准体位下，它不仅能够围绕冠状轴做屈伸运动，也可以围绕矢状轴做内收、外展运动，它是在互相垂直的两个运动主轴上运动。实际上，双轴运动的关节，除沿两个主轴运动外，还有无数的次轴，产生和两个主轴不同方向的运动。例如，在一个次轴上关节可屈曲—内收，其相反方向为伸直—外展。这种复合运动连接起来就产生了圆周运动。任何双轴、三轴运动均可产生圆周运动，但单轴运动则不能。

（3）三轴运动：这种关节为球窝关节，有三个运动主轴，如肩肱关节，可以屈伸、内收、外展以及旋转。当然除了三个主轴外，还有无数个次轴，这些次轴通过关节中心，产生多种复合运动。因此，三轴关节的运动范围大大超过双轴关节。三轴关节是人体运动范围最广的关节，近躯干的关节、肩肱关节和髋关节即属此类关节。

3. 运动链 人体若干环节借助关节使之按一定顺序衔接起来，称为运动链（kinetic chain）。关节运动链是研究人体运动的基础，在关节康复治疗中具有重要的运动学与生物力学意义。在人体，由肩带、肩关节、上臂、肘关节、前臂、腕关节、手等形成上肢运动链；由骨盆、髋关节、大腿、膝关节、小腿、足等形成下肢运动链。运动链分为开链（open kinematic chain，OKC）和闭链（closed kinematic chain，CKC）。如图 1-7 所示的人体运动链。

（1）闭链：如果一个运动链的两端都被固定住，或者说运动链中每一个环节至少和其他两个环节相连就叫闭链。如在弓步压腿动作中，两腿与骨盆组成的运动链可以看做是闭链。在闭链中，关节的运动不能独立，要相互耦合运动，即：一个关节运动要牵连到其他关节运动。

闭链运动是指肢体或者躯干远端组成环状，或者踏在物体上，运动时髋、膝、踝等多个关节运动时形成一个闭合的环。例如：站立位进行下蹲运动，或踏车运动。闭链运动通常在功能位下进行，类似膝关节日常生理负荷状态，使肌肉、骨骼、肌腱、韧带、关节囊都承受一定负荷，运动时对关节及其周围组

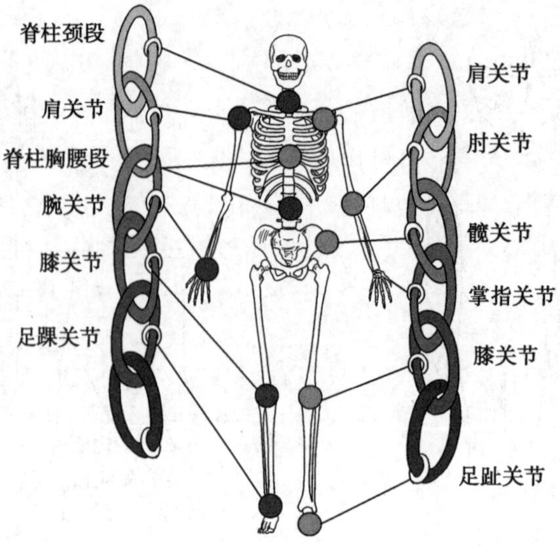

运动链

仰卧起坐(开链运动)

俯卧撑(闭链运动)

图 1-7 人体运动链

织的机械性感受器的刺激比开链运动训练明显，对促进关节平衡功能、膝关节周围组织的协调能力、敏感性的恢复和增强关节稳定性有明显作用。闭链运动为线性运动，开链运动有旋转运动。闭链运动的训练方式可使数个关节同时运动，刺激关节本体感受器，产生肢体的运动和保护性反射弧活动。闭链运动中多平面、加速和减速运动使运动接近肌力专业训练的运动形式，既加强了协同肌也加强了对抗肌，能充分训练关节整体的协调性和促进关节本体感受器功能的恢复，从而促进关节的稳定性。所以，通常认为闭链运动训练比开链运动训练能获得更多的关节功能康复的效果。

（2）开链：如果运动链的末端环节是可以自由运动的，或者说如果运动链中有一个环节只和其他一个环节相连接，这个运动链就叫开链。在人体运动中大多是开链，尤其是四肢的运动。

开链运动是指运动时肢体或躯干远端呈游离状态，比如直腿抬高训练中，足部呈游离状态，膝关节单独伸屈的运动方式。开链运动的特点是各关节链有其特定的运动范围，远端的运动范围大于近端，速度也快于近端。在等速测试评估中观察到，肌肉爆发力指标中到达峰力矩的时间，即伸屈膝部肌肉达到最大力量的时间，开链运动短于闭链运动，因此在强化肌力的训练中，肌肉爆发力的训练应选择开链运动。

神经疾病的康复治疗中，一般选择闭链运动，强调多关节的协同。但是如果有单一肌肉需要特别强调进行独立的训练，则选择开链运动。通常髂腰肌是薄弱环节，有可能需要开链运动训练。

4. 自由度 关节面的形态及结构决定了关节可能活动的轴，自由度与关节活动轴有关，关节轴有几个活动方向，就有几个自由度。如髋关节可作屈伸、内收外展、内旋外旋三个轴的运动，有三个自由度。凡具备两个以上自由度的关节均可产生环绕动作。肢体一般环绕关节轴来进行旋转活动。

5. 关节角度 关节角度常用于描述身体节段的运动状态。在人体运动的过程中，从运动学角度通常把人体分为多个节段，如躯干、上臂、前臂、手、大腿、小腿、足等，各节段通过关节相连，如肩关节、肘关节、腕关节、髋关节、膝关节、踝关节等。通过描述每个关节在不同运动范围内的角度变化，即可知道运动过程中身体各节段以及人体全身的运动状态。如描述某人从高处跳下的整个过程中肩关节、肘关节、髋关节、膝关节、踝关节等角度的变化，即可知道其跳下的运动。在临床步态分析报告中，也是用整个步行周期中每一个关节角度在各个运动平面内的变化来描述被检查者步态表现的。

二、人体运动的动力学

人体运动的动力学是研究人体运动状态的变化和引起这种变化的力之间的关系，即揭示机体运动状态变化的原因。人体运动是很复杂的，人体的机能状态、精神状态等因素对动作质量是有较大影响的。目前，人体的神经系统对人体动作的调节和控制还无法进行定量描述，所以借用力学的研究方法，将人体简化为质点或刚体，应用力学原理并结合人体生物学特点，对所获力学参数进行分析，可得到较为客观真实的结论。

（一）人体运动中的力

人体的运动都是人和周围环境相互作用、相互影响的结果，这种相互作用就会产生力。从力对人体作用所产生的效果来看，可以把力分为动力和阻力；以人体作为研究对象可以把力分为外力和内力。

1. 动力与阻力 如果作用于人体的力与其运动方向一致，且产生正加速度运动，此时的力称为人体运动的动力。反之，若作用力与其运动方向相反，使人体产生负加速度运动，称为阻力。

人体的运动一定要有动力。如人从静到动，是由支撑腿向后下方用力蹬地，获得地面对人的向前上方的蹬地反力作为动力来推动人向前运动的。同时，由于人体的运动是在空气或水中进行，又要与支撑面发生接触，那么不可避免地要受到这些阻碍人体运动力的作用。我们在康复实践中，不仅要分清动力和阻力，还要尽可能地利用阻力帮助人体达到更好的康复效果。

2. 内力与外力

（1）内力与外力的概述

1）内力：内力是人体内部各组织器官间相互作用的力。各种内力相互适应，以维持最佳活动，同时也不断和外力相抗衡以适应人体生活的需要。人体运动中出现的主要内力有：①肌肉拉力通过其在骨骼上的附着点施加作用以维持人体姿势，协调人体内各部分、各环节间的相对运动，是人体内力中最重要的主动力；②各组织器官间的被动阻力：当肢体做屈曲或伸展运动时，其相反方向的组织将受到牵拉，尤其是拮抗肌的张力，为保证运动完成，必须事先使其松弛。这些阻力的存在，又使得松弛有一定限度，保证了主要运动方向运动的适时和适度；③各内脏器官的摩擦力：例如胃肠蠕动时肠袢间的摩擦力，心脏冲动时与肺、纵隔和胸廓间的摩擦力等；④内脏器官和固定装置间的阻力：如胃肠蠕动与腹膜、肠系膜、大血管间的阻力；⑤血液、淋巴液在管道内流动时产生的流动阻力，在分流时产生的湍流等。

2）外力：外力是指外界物体作用于人体的力。人体在运动中所受到的主要外力有：①重力：是地球对人体的引力，也是人体活动时必须克服的负荷。人体重力的作用方向竖直向下，大小与人体及负荷的质量相等。②支撑反作用力：人体对支撑点施加作用力时，支撑点对人体的反作用力叫支撑反作用力。当人体在支撑点上静止不动时，人体所受到的支撑反作用力叫静支撑反作用力，其大小与人体体重相同，方向相反。人体在支撑点上做加速运动时所受到的支撑反作用力，称为动支撑反作用力，此时的支撑反作用力大于人体体重，例如加速起蹲。③摩擦力：是人体或肢体在地面或器械上运动或有运动趋势时，所受到的阻碍运动的力。其大小因人体或肢体重量及地面或器械表面的粗糙程度而异，方向与运动方向相反。人体所受摩擦力分为静摩擦力、滑动摩擦力和滚动摩擦力，对人体而言，前两种摩擦力更有意义。④流体阻力：是人体在流体中运动时所承受的阻力，其大小与流体密度、运动速度和人体的正面面积成正比。在水中运动的阻力比在空气中运动受到的阻力大，但因为水的浮力作用又抵消了人的大部分体重，故人体在水中运动比较省力。

各种外力经常被用来作为康复训练或治疗的负荷，负荷选择要与肢体中的肌群及其收缩强度相适应，以获得理想的训练效果，这是增强肌力训练的方法学基础。

（2）内力与外力的关系：人体的运动既取决于内力，也取决于外力。人体更多的运动是通过内力（肌力）和周围环境相互作用而产生不同的外力，再通过这些外力反过来作用于人体，从而实现人体的不同形式的运动。如人的走、跑、跳等动作，都是人体以不同的蹬地动作施力于地面，因而引起不同的蹬地反力作用于人体，从而产生不同形式的运动。

人体的肌力（内力）作为影响人体运动的原动力，是在内力和周围环境发生相互作用时才产生的。如果内力不和外界相互作用，就不会产生外力，人体运动状态也不会发生改变。人体的运动永远是内力和外力相互作用、相互影响的结果。

（3）力的合成与分解：如果一个力产生的效果与几个力共同作用的效果相同，则这个力叫几个力的合力，而另外几个力就叫这个力的分力。合力和分力之间是效果上的等效替代关系，不是简单的加减关系。几个力如果作用在物体的同一点，或者它们的作用线交于同一点，这几个力叫做共点力。求两个互成角度共点力的合力，可以用表示这两个力的线段为邻边作平行四边形，这两个邻边之间的对角线就表示合力的大小和方向，这叫做力的平行四边形法则。

1）力的合成：求几个已知力的合力，叫力的合成。力的合成一般有以下两种情形：一是两个共线力的合成。两个力在一条直线上时，求合力直接加减，同向相加，异向相减。二是两个不共线力的合成。两个力不在一条直线上时，求合力平行四边形定则，分力是平行四边形的两条邻边，合力是对角线，合力的值不等于两个分力的大小之和。

2）力的分解：力的分解是力的合成的逆运算。以一条对角线可以作出无数个平行四边形，所以一个力分解为两个分力时，有无数种分解的方法。通常力的分解有下列两种思路：①按实际效果分解：即根据力产生的实际作用效果进行分解；②正交分解法：通常力会产生两个互相垂直的作用效果，所以通常把力分解到两个互相垂直的方向。例如，当骨骼肌在某一平面产生力作用时，可将肌力分解为两个垂直分量：一个沿着骨轴线作用，另一个垂直骨轴线作用。前者起稳固关节的作用，因而叫稳固分力，后者使骨产生转动的效果，所以叫转动分力（图1-8）。

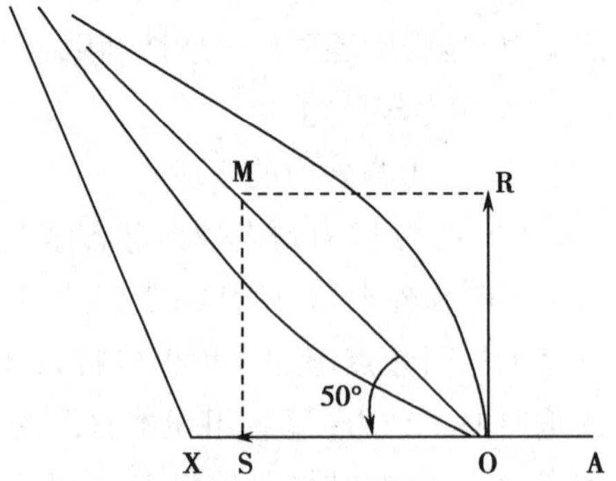

图1-8 肌力的矢量分解

X是关节中心，骨XA绕它转运。OM是一个矢量，它代表100磅拉力的肌肉以50度角牵拉。OR是转动分力，OS是稳固分力

（二）人体运动动力学理论

力学运动规律的核心是牛顿运动定律（在本章第四节详细介绍），同样适用于人体的运动。牛顿第一定律也称之为惯性定律。

运动中利用惯性主要表现为保持动作的连贯性，其本质是不同动作之间的衔接要平稳以及后一个动作尽量利用前一个运动所获得的速度。人体或物体无论由静止到运动，还是由运动到静止，均需要克服惯性，这就需要额外用力。如康复治疗中，偏瘫患者自主从仰卧位到侧卧位的翻身，可以利用肢体摆动的惯性完成体位转换。在人体活动中保持动作的连贯性和动作间的连续性均能起到省力的作用。

骨骼肌活动顺序原理是指人体在克服外界阻力（负荷）运动时，需要遵循由大肌群首先活动，逐步过渡到中小肌群的人体活动的基本原理。这是因为大肌群能产生较大的力或力矩，有利于克服阻力物体的惯性，这样可以有效预防运动开始时的中小肌群的损伤。如在搬动较重物体时，人体应该采用下蹲通过大腿的肌群用力来克服重物的惯性，而不应该采用弯腰通过腰部肌群的力量克服重物的惯性。腰部肌群的力量弱，弯腰搬重物易导致腰部肌的急性损伤。

当物体所受的合外力不为零时，物体的运动状态就会发生改变。牛顿第二定律确定的是力与加速度之间的瞬时关系，即加速度和力是同一时刻的瞬时量，有力就有加速度，有加速度就有力的存在。

牛顿第三定律也称为作用力与反作用力定律。

竞技运动和康复运动中，要使人体运动速度增加或减小，就需要外界对人体的作用力增加或减小。根据作用力与反作用力的定律，要使外界物体对人体的作用力增加或减小，那么人体对外界的作用力也需要增加或减小。例如，人要跑得快需要人体下肢肌的快速收缩用力蹬地，同时手臂和腿的快速摆动，这样可以增加人体对地面的作用力，而地面将以等值反向的反作用力作用于人体。要实现这一过程，需要地面足够坚硬，如果地面松软则力的反向传递会大大减小，从而导致在松软的地面上跑步很难跑得快。

（三）人体运动的功能关系

1. 力的时间累积效应 无论是物体的运动，还是人体的运动，都是外力连续作用的结果。在力学上，将作用于物体的合外力与其作用时间的乘积（$F \cdot \Delta t$），称为力的冲量。而将运动物体或人体具有的“运动量”，即质量与速度的乘积（mv），称为动量。物体动量的变化量只取决于其受到的冲量，两者之间的力学规律，可以用动量定理来反映，即物体动量的增量等于其所受的冲量。

动量定理在人体运动中有广泛的应用，尤其在打击、碰撞等冲击性运动中。

（1）人体运动中为了减小外界的冲击力，通常需要延长外力的作用时间：例如，各种落地缓冲动作，人体一般采用前脚掌着地，并迅速过渡到全脚掌，同时伴有屈膝、屈髋和伸踝动作，以延长脚与地面的接触时间，进而减小外力对人体可能造成的伤害。再如，人体与外界的碰撞中，要避免和减轻碰撞损伤，同样需要延长碰撞的时间。

（2）为了给物体或人体强大的冲力，要求与物体或人体接触（撞击）的时间要短：如用锤子钉钉子，在锤子质量和速度相同的情况下，锤子击打钉子的时间越短，则给钉子的力越大。

（3）增大作用力和延长力的作用时间，可以使人体或器械获得更大的速度：如投掷垒球的运动中，运动者可以通过下肢的蹬伸用力逐步过渡到手臂和手的用力，这样传递到垒球的力不仅要比仅用手大得多，而且力的作用时间增加，这样才能把垒球扔得更远。

2. 力的空间累积效应 力与力作用方向上移动距离的乘积（$F \cdot S$），是力的空间累积效应，在力学上称力对物体做了功。力作用方向与其引起的物体运动方向改变一致，力对物体所做的功为正功。人体运动活动中，骨骼肌收缩引起人体整体或肢体活动，大多数情况下骨骼肌张力做正功。还有一种情况，物体的运动方向与力的作用方向相反，这时力所做的功为负功，如人体下楼梯时，膝关节伸肌完成离心运动克服人体重力，肌收缩产生力的方向与移动方向相反，骨骼肌张力做负功。功的国际单位是焦耳(J)。

通常讲骨骼做功，是指骨骼肌做的机械功。骨骼肌将其贮存的化学能转为机械能，克服阻力使环节及外界物体产生位移，在此过程中骨骼肌做了功。骨骼肌在做等长收缩运动中，环节不产生位移，骨骼肌没有做机械功，此时骨骼消耗的能量完成了“生理功”。因此，功是能的表现，能是做功的本领。功和能之间是可以相互转换的，能的量值是通过功来确定的，力对物体做的功等于物体机械能(动能和势能)的增量。

三、 人体运动的静力学

人体静力学是研究人体在外力作用下处于平衡状态下的性质和行为，主要讨论人体处于相对静止的姿势时的受力情况，以及获得或维持平衡的力学条件。

康复治疗的对象主要是运动功能障碍，恢复平衡功能对其保持身体姿势、预防意外摔伤和恢复运动功能至关重要，不仅要恢复他们坐位和立位的自动态和他动态的静态平衡，还要恢复其行走、从事各种医疗体操、健身和家务劳动等活动中的动态平衡。

(一) 人体运动静力学基本概念

1. 力矩 人体的各种运动多是肌肉的拉力矩作用于相应环节，使之围绕关节轴转动而实现的。所以，测定和训练的主要对象是肌力矩。由于受力情况不同，研究人体运动时，对力矩的称呼也不同，如肌肉拉力矩、阻力矩、重力矩等。

2. 力偶 通常把作用于同一刚体上两个大小相等、方向相反、作用线互相平行，但不在同一条直线上的一对力称为力偶，其效果是产生转动效应。例如：拧水龙头和打方向盘就是力偶的作用(图1-9)。

3. 力偶矩 力偶平行力中的一个力与平行力之间距离(力偶臂)的乘积，称为力偶矩(图1-10)。力偶的转动效应取决于力偶矩。使物体产生逆时针方向转动的力偶矩取正值，反之取负值。通常力偶矩用符号M表示：$M=\pm Fd$。

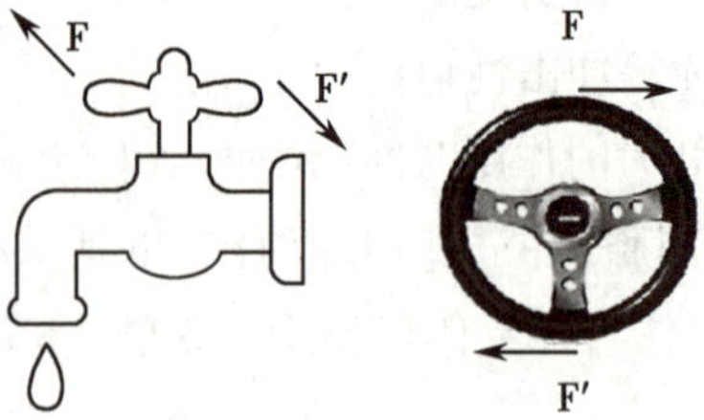

图1-9 力偶的作用

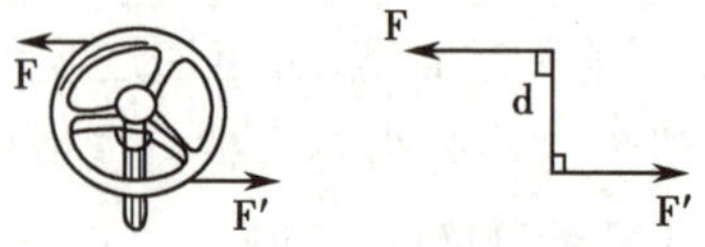

图1-10 力偶矩

4. 力的平移定理 刚体上的力可以平行于自身移动到任一点(图1-11)，但需要添加一力偶，其力偶矩等于原力对于新作用点的力矩。这样就可以把力平移到重心上去分析，并且不改变对人体的作用效果。如图1-11所示，设有力F作用于A点，如何使力平移后与原来的力等效呢？

任选0点并在这一点加反向的两个力F′和F″，使其大小均等于F，作用线与F平行。由于F′和F″为一平衡力系，故F、F′、F″的作用与F单独的作用等效。但F和F″可视为一力偶，因此作用于A点的力F可用作用于0点的F′和力偶矩$M=F\cdot d$来代替。

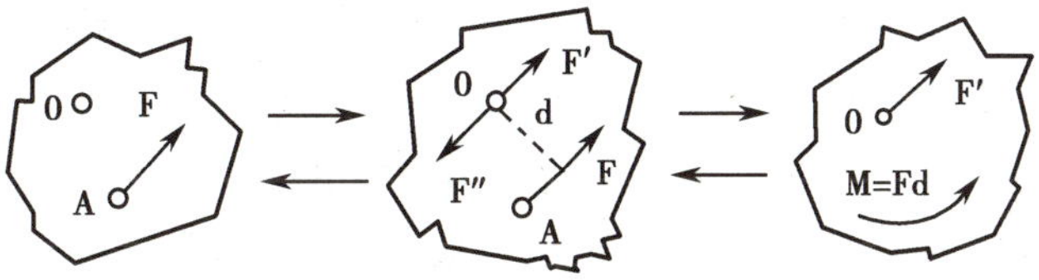

图 1-11 力的平移

（二）人体平衡的条件及特点

1. 人体平衡的条件 人体平衡的力学条件是合外力为 0，合外力矩为 0。两个基本条件必须同时得到满足。

在运动实践中，人体平衡姿势稳定性的好坏，直接影响各种动作的完成效果，如从快速运动状态突然变为静止状态，体操的结束动作就属于此类。

平衡稳定性反映了物体维持原有状态和抵抗倾倒的能力。对于康复治疗对象来讲，与平衡有关的因素除了物体的受力关系外，还有以下因素：

（1）支撑面积：支撑面积是由各支撑部位表面及支撑点所围成的面积组成。当具有多个支撑部位时，它们之间的距离愈大，支撑面积也愈大。总的来讲，支撑面积愈大，稳定性愈好。单臂手倒立比双臂手倒立难度大的道理就在这里。

（2）重心的高低：对稳定性也有影响，一般情况下，重心愈低，稳定性就愈好。

以上两方面只能一般意义地说明物体稳定性的好坏，而不能反映不同方向上稳定性的差异。如：下蹲动作，人体在前后方向上的稳定性就比左右方向上差，因此前后方向上受到力的作用就容易失去平衡。可见，平衡的稳定性还与重力作用线在支撑面中的相对位置有关。若重力作用线接近支撑面边缘，那么物体在这一侧的稳定性就差，反之亦然。

（3）稳定角：稳定角是重心垂直投影线和重心至支撑面边缘相应点连线之间的夹角（图 1-12）。稳定角是影响人体平衡稳定性的力学因素。某方向上的稳定角越大，人体在该方向上的稳定程度就越高，即：在某方位上平衡稳定性的储备能力越大。它综合反映了支撑面积大小、重心高低和重心垂直投影线在支撑面内的相对位置对平衡稳定性的影响。

（4）平衡角：平衡角等于某方位平面上稳定角的总和。平衡角在不同方位平面上，可能是不同的。它可以说明物体在某方位上总的稳定程度，通常称为稳度，即：物体失去平衡的难易程度（图 1-13）。

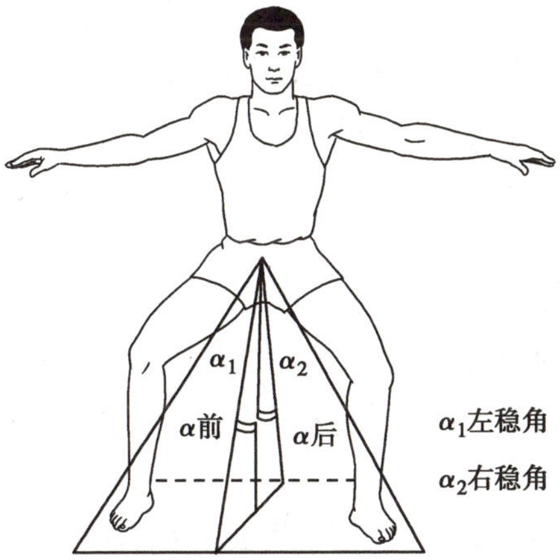

图 1-12 稳定角

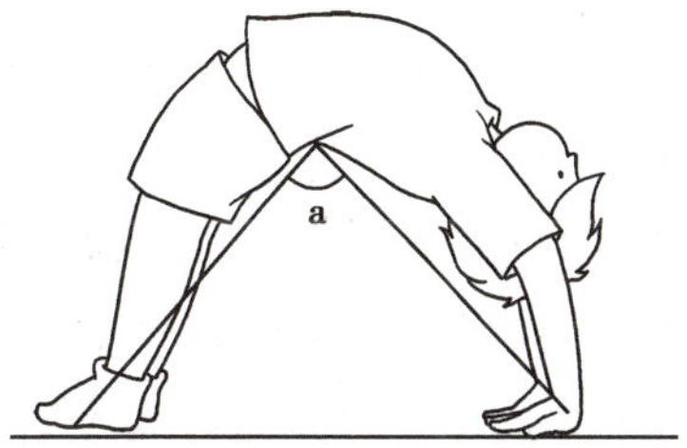

图 1-13 平衡角

（5）稳定系数：一个物体是否失去平衡，取决于该物体重心垂直投影线是否落在支撑面内。如落在支撑面内，就保持平衡；如落在支撑面外，就失去平衡。

我们可以用稳定系数来加以判断。当物体开始倾斜时，随着物体的倾斜，则重力产生一个使物体恢复到原来平衡位置的恢复力矩，恢复力矩等于重力乘以重力对倾倒支点的力臂。在倾倒过程中，如恢复力矩大于倾倒力矩，即重力作用线在支撑面内，则恢复力矩使物体恢复到原来的位置上。若在倾倒过程中，重力对支点的力臂不断缩短，随着倾倒的加剧，恢复力矩的重力作用不断减少。当倾倒使重力作用线通过支点时，恢复力矩变为零，重力矩则起着加剧倾倒的作用。若有一倾倒力作用在物体上（图1-14），倾倒力所产生的倾倒力矩为倾倒力与倾倒力对倾倒支点力臂的乘积。

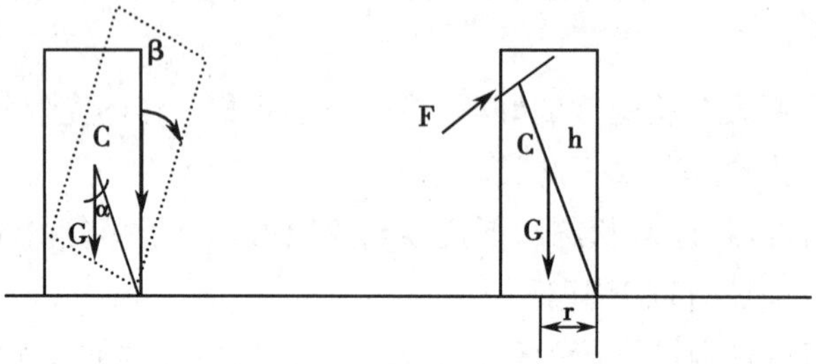

图1-14　恢复力矩与倾倒力

稳定系数定义为倾倒力开始作用时稳定力矩与倾倒力矩的比值。当稳定系数大于1时，物体本身重力产生的恢复力矩足以对抗倾倒；当稳定系数小于1时，物体恢复力矩对抗不了倾倒力矩，物体倾倒，平衡破坏，即静力姿势发生改变。从此角度看，物体越重，其稳定力矩亦越大，抵抗倾倒作用的能力也越强。

从稳定系数的组成来看，决定下支撑稳定平衡状态的因素有：①重力作用线到支撑面相应边界的距离（稳定角）。②人体（或物体）的重量：在第一因素相同的情况下，体重越大，稳定性越好。

2. 人体平衡的特点

（1）人体不可能处于绝对静止的状态：人体在维持平衡的过程中，不可能是绝对静止的。呼吸系统和血液循环的存在造成了人体总重心在一定的范围内波动，肌肉的张力在任何时候都不可能恒定，因此身体姿势的维持不可能严格地不变。当维持平衡的时间较长，肌肉出现疲劳时，这种不稳定性就更加明显。因此这种平衡是一种相对的静态平衡。

（2）人体内力在维持平衡中的作用：在某些静力性姿势中，维持平衡的不仅仅是重力和支撑反作用力，而是由重力矩与肌肉和韧带的拉力矩共同维持的，如燕式平衡。

（3）人体的补偿动作：人体在完成或维持静力姿势过程中，当重心发生偏移有失去平衡的倾向时，人体能借助于补偿动作在一定范围内“中和”或“抵消”重心的不适宜移动。如用左手提起重物，身体的重心也向左移，此时人体能自动地完成一系列的动作，身体的一部分向右倾斜并将右臂伸向右侧，从而使身体和重物两者的总重心向右移，获得一个新的支承面，得到新的平衡。补偿动作与破坏平衡的动作同时发生，避免总重心向不适宜的方向移动。当补偿动作不足以维持平衡时，则需借助恢复动作维持原有的平衡或获得新的平衡。

（4）人体具有自我控制、调节和恢复平衡的能力：人体不仅能维持平衡，在有失去平衡的趋势时，通过视觉和本体感觉，在大脑皮质的控制调节下，通过肌肉收缩造成平衡的力学条件，来恢复和维持平衡。这种平衡能力，通过训练可以不断加强，能够完成一些单从力学角度来看是非常困难的平衡动作。有训练和无训练的人，保持平衡的能力差别很大。

（5）人体的平衡受心理因素的影响：对患者进行平衡训练时，除了注意适宜技术的使用，还要进行鼓励，解除患者平衡训练时心理上的恐惧感。

(6) 人体的平衡动作消耗肌肉的生理能：从力学角度看，静止状态不能发生机械功，然而，人体的平衡离不开肌肉的收缩作用，必然消耗一定的生理能。长时间保持平衡动作，能量消耗增多，肌肉出现疲劳，会使人体控制平衡的能力降低。

（三）人体重心

1. 人体重心的概念 在研究人体运动时，总是先对人体进行简化，把人体看成是一个点或一组点，用这些点代表整个人体或人体的部分。通常我们选取最能代表人体或各个部分的点，即重心，它是人体运动中重要的基本参数，整个人体所受重力的合力的作用点，叫人体重心。人体是由头、躯干、上臂、前臂、手、大腿、小腿、足等多个环节组成。每个环节都受到重力的作用，各有自己的重心，这些环节的重心是组成这些环节的每一微小部分的重力合力的作用点，如头的重心、躯干重心、上臂重心等等。重心在物体上仅仅是一个几何点，几何形状固定的物体，其重心位置是固定不变的，而人体重心并不像物体那样固定在一个点上。

2. 人体重心的确定 人体重心并不特指身体上某一个固定点，它的位置是一个随机变量，随着呼吸、消化、血液循环等生理过程的进行，在一定范围内移动。在相对静止的状态下，其变化范围一般在1.5～2cm左右。站立时，人体重心一般在身体正中面上第三骶椎上缘前方7cm处。由于性别、年龄、体型不同。人体重心位置略有不同，一般男子重心位置的相对高度比女子高。自然站立时，男子重心高度大约是身高的56%，女子大约是身高的55%，这是因为女子的骨盆相对较大的缘故。儿童的头和躯干的质量相对大一些，其身体重心相对高度比成人高些。由于体型的不同，重心的位置也略有不同，如下肢骨骼和肌肉发达的足球运动员比上肢发达的体操运动员的重心低。上、下肢的长短，身体的胖瘦都影响重心的位置。

在人体运动中，由于身体姿势的变化，重心位置也随之变化。例如，手臂上举、重心升高；身体后伸，重心后移；下蹲，重心下降；向左体侧屈，重心左移。做大幅度的体前屈，人体重心可以移出体外，重心移动的方向总是与环节移动方向一致，并且重心移动的幅度取决于环节移动的幅度，环节移动的幅度大，重心移动的幅度也大，并且其环节质量愈大，则重心移动幅度愈大。

在康复治疗中，平衡功能差的患者开始训练时，可以先练习坐位（重心低支撑面较大）平衡。在练习立位平衡时，可先分开双腿以加大支撑面使重心降低，静态和动态平衡练习达到一定效果后，再逐渐过渡到并足训练。总之，在人体运动中，重心问题是普遍存在的。

四、人体运动的转动力学

人体各个部位的运动都是围绕关节轴的转动，走、跑、跳等动作是通过关节的转动来实现的，转动是人体运动的基础。在分析人体的转动动作时，必须将人体简化成刚体。刚体转动（rotation）是指刚体上的各点都围绕同一条直线作圆周运动，这条直线叫做转动轴（rotation axis）。转动轴固定不动的转动叫做定轴转动（fixed-axis rotation）。

（一）转动运动学

人体转动的运动学是研究人体转动规律的学科，是通过位置、角速度、角加速度等物理量描述和研究人体和部位随时间绕固定轴转动的规律，或者在转动过程中所经过的轨迹。常用的描述刚体转动运动学的物理量有：

1. 角位移（angular displacement） 人体整体或环节围绕某个轴转动时转过的角度叫角位移。通常规定逆时针转动角位移为正值，顺时针转动角位移为负值。常使用弧度（rad）作为角位移的单位。角位移是评定关节活动度（ROM）的重要参数。

2. 角速度（angular velocity） 人体/肢体在单位时间内转过的角度叫角速度，它是描述人体或器械转动快慢的物理量，单位为“弧度/秒”。

3. 角加速度（angular acceleration） 指单位时间内角速度的变化量，它是描写刚体转动角速度变化快慢的物理量，单位为“弧度/秒^2”。

（二）转动动力学

人体转动包括肢体在肌力的作用下牵引骨围绕关节轴的转动和人体整体的转动。人体转动的力学条件是作用在人体上的外力对某一转轴的力矩的矢量之和不为零。肢体围绕关节轴转动的条件是阻力矩与肌力矩之和不为零。对多轴关节的转动，要对每个轴做力矩的合成，正确判断阻力和肌力对于相应轴的力矩。如上臂作肩关节屈伸时，其阻力与肌力对额状轴产生力矩，而上臂作肩关节内收外展时，其阻力与肌力对矢状轴产生力矩。

1. 转动惯量 描述物体转动时保持原来转动状态能力的物理量。转动惯量的大小不仅与物体的质量有关，还与质量的分布及转轴的位置有关。质量愈大、质量分布离轴愈远，转动惯量也就愈大。转动惯量越大，转动状态愈不容易改变。

理论上，对于质量为 m 的质点，如果它离转轴的垂直距离为 r，那么，这个质点对该转轴的转动惯量为 $I=mr^2$。一般物体可视为质点的结合，其转动惯量就等于各质点对转轴转动惯量的总和，$I=\sum m_ir_i^2$。

对于一般的刚体，如果转动轴确定，转动惯量也就不会改变，对于形状规则的物体，可通过积分计算转动惯量的大小。

由于人体质量分布的不均匀性，其转动惯量的计算是较困难的。常常采用人体力学模型，将人体简化成 15 个刚体，通过铰链联结形成刚体系统，然后分别计算各个刚体的转动惯量。人体运动时，随着姿势的变化转动惯量也会发生改变，因此对一种姿势算出的转动惯量只是说明一瞬间的情况。这种可变性可以使人体根据训练的目的，调节姿势来改变转动惯量，以达到自我控制的目的。

2. 人体转动定律 刚体绕固定轴转动时，转动惯量 I 与角加速度 α 的乘积等于作用在刚体上的合外力矩。

3. 动量矩 转动惯量 I 与转动角速度 ω 的乘积称为动量矩，反映刚体的转动状态。单位为 $kg \cdot m^2/s$。

4. 冲量矩 作用于转动刚体上的力矩和作用时间的乘积称为冲量矩，表示外力矩对转动刚体作用的累积效果，单位为 $N \cdot m \cdot s$。

5. 动量矩定理 作用在刚体上的冲量矩等于其动量矩的变化，即 $\sum M\Delta t=I\Delta\omega$。

（三）人体的转动运动

肢体在运动时，大多是围绕关节轴的转动。当肌力矩大于阻力矩时，肢体向肌拉力的方向转动；当阻力矩大于肌力矩时，肢体向阻力方向转动；当肌力矩等于阻力矩时，肢体平衡，肌肉作静态的等长收缩。为了增加肢体的转动角速度，训练关节的活动度和灵活程度，可以增大肌力矩，主要通过增强肌力来实现。另一方面，当肌力矩一定时，减小转动惯量也可提高转动的角速度。在完成动作时，尽量使肢体靠近关节轴，从而加大肢体的转动速度。例如跑步时的摆臂摆腿动作，可以采用屈肘摆臂，从而减小上肢的转动惯量；小腿后摆时，尽量靠近大腿做折叠动作，减小下肢围绕髋关节的转动惯量，以便提高摆动的角速度。

（许 涛）

第二节　骨与关节的基本结构与功能

骨是人体内一种器官，主要由骨组织构成，具有一定的形态和功能，并且可以进行新陈代谢活动和生长发育，受损伤后可以修复再生。经常运动锻炼可以促进骨的生长发育，骨在受损伤后，功能活动加强时，可使骨结实粗壮；如果长期废用，骨质则会变得疏松。骨作为运动系统的重要组成部分在运动中发挥着杠杆的作用。骨骼还通过骨连结构建成坚硬的支架以保持机体的形态并起到载荷重量、支撑体重、保护内脏器官等的作用。

一、骨的运动学基础

（一）骨的形态、构造与代谢

正常成人共有206块骨，按部位可分为颅骨、躯干骨和四肢骨3部分，前两者统称为中轴骨（图1-15）。依其不同的功能，按一定方式和力学结构，借助多种形式的骨连结，构成完整的骨骼系统。

1. 骨的形态　骨的形态因为其功能不同而各不相同，可以分为4类：长骨、短骨、扁骨和不规则骨（图1-16）。

（1）长骨：一般呈长管状，分布于四肢，分为一体两端。体又称为**骨干**，为长骨中部较细部分，呈中空性。长骨的中空性管状结构符合其生理需要，可作为骨髓的贮存库并为长骨供血。从力学角度上分析，长骨的中空性管状结构还体现出了机体的最佳工程设计，可使长骨在矢状面和冠状面上有效抗弯曲及在骨的长轴上有效抗扭曲。骨的两端膨大称为**骺**。其顶端光滑面为关节面，活体上骺为关节软骨所覆盖。骨关节面的摩擦系数极低，约为0.0026，是所有固体材料中摩擦系数最低者。因此，被软骨覆盖所构成的关节面具有高效率的关节功能。骨干与骺的相邻的部分称为**干骺端**。幼年时期干骺端处有一骺软骨，其软骨细胞通过分裂、增殖和骨化参与骨的增长，使骨不断加长；成年后，骺软骨板骨化，骺与骨干相互愈合后遗留成骺线，骨的增长也随之停止（图1-17）。骨骺损伤可导致骨骼生长障碍，影响幼儿的生长发育。骺板分离、骨折或骨软骨炎是儿童少年时期特有的骨损伤。骺板分离大多由间接外力所致，最常见的外力是剪力、撕脱力、劈力和挤压力。

（2）短骨：多呈立方形，表面为密质骨，内部为松质骨。短骨常有多个关节面，可与相邻的数块骨构成多个关节。常以多个短骨集群存在，当承受压力时，各骨紧密聚集，形成拱桥结构。因此，多分布于承受压力较大、连结牢固、运动形式较复杂而运动又灵活的部位，如踝部和腕部。

（3）扁骨：形状宽扁，呈板状。多分布于头部、胸部及四肢带部。常围成腔，支持、保护内部器官，如构成颅腔的头颅骨、构成胸廓的胸骨和肋骨、构成盆腔的盆带骨等。

（4）不规则骨：其外形极不规则，如椎骨、髋骨等。

除上述四种类型的骨外，机体还有“含气骨”和“籽骨”。其中含气骨位于头颅，共有4块，分别是上颌骨、额骨、蝶骨和筛骨。含气骨中间的空腔，既有利于减轻头颅的重量又可形成与鼻腔相通的骨性气窦。籽骨一般体积较小，发生在某些肌腱内，在运动中可以减少摩擦，转变骨骼肌牵引方向。髌骨是人体最大的籽骨。

2. 骨的构造　骨由骨质、骨膜、骨髓及血管、神经等构成（图1-18）。

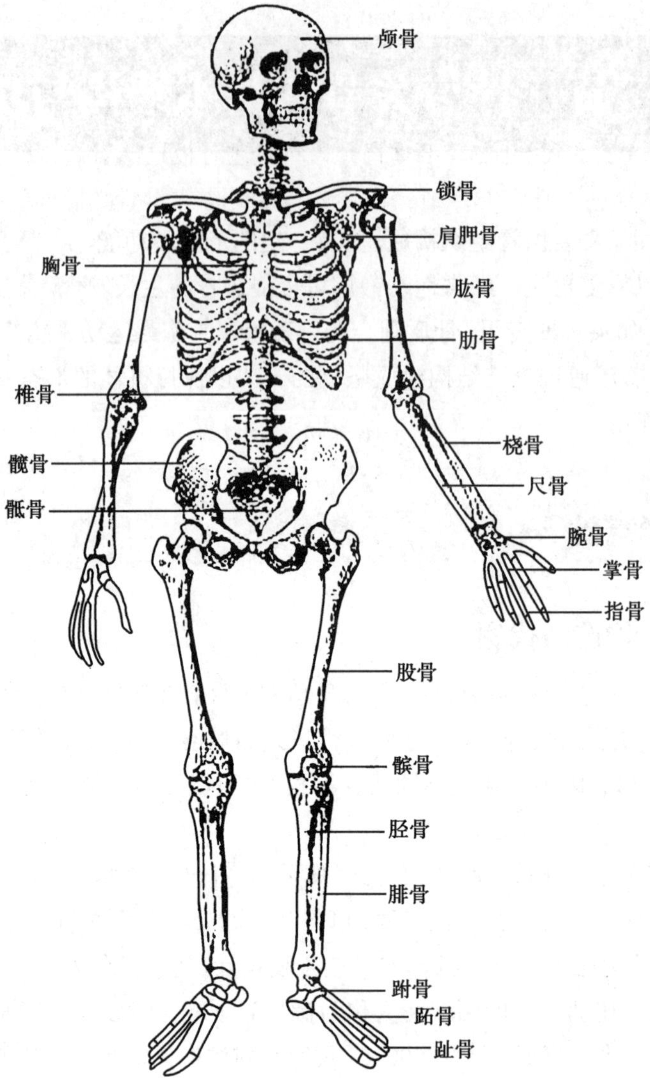

图 1-15 全身骨骼

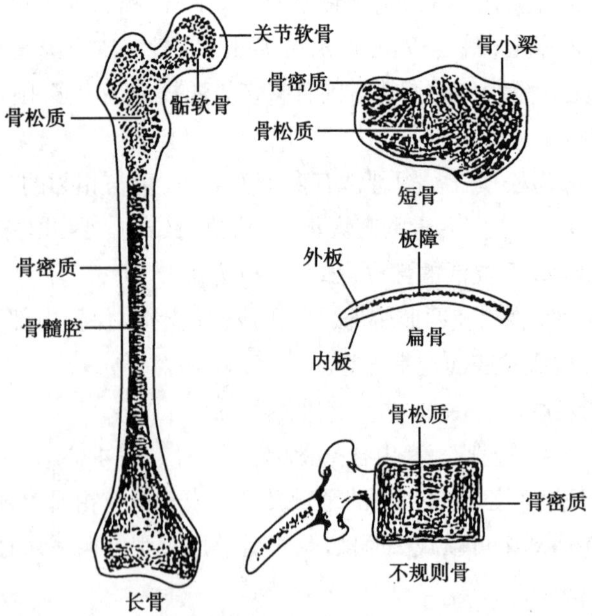

图 1-16 骨的各种形状

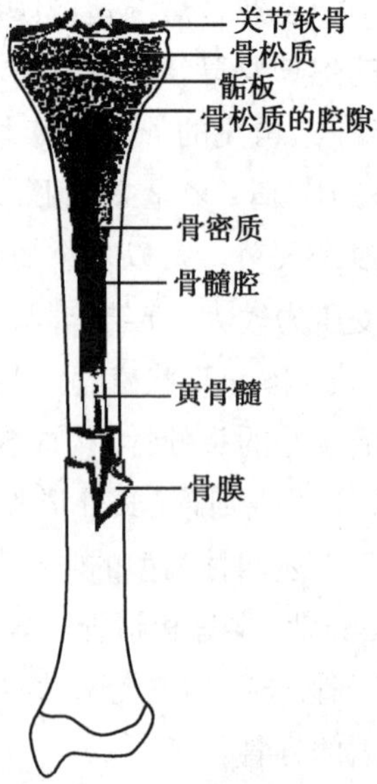

图 1-17 长骨的形态结构

（1）骨质：骨质是骨的主要组成部分，根据其结构的致密程度分为骨密质与骨松质。

骨密质其结构复杂，由规则且紧密成层排列的骨板构成。长骨的骨密质由外到内分别为外环骨板层、骨单位及内环骨板层（图 1-19）。外环骨板层是由靠表面的数层骨板围绕骨干呈同心圆排列而成。外表层与骨膜紧密相连，中间有与骨干垂直并横行穿过骨板层的管道，称为穿通管，又称福尔克曼（Volkman）管，是营养血管进入骨内的管道。内环骨板层是由靠近骨髓腔面的数层骨板围绕骨干呈同心圆排列而成。最内层与骨内膜相连，其中亦有穿通管出现。

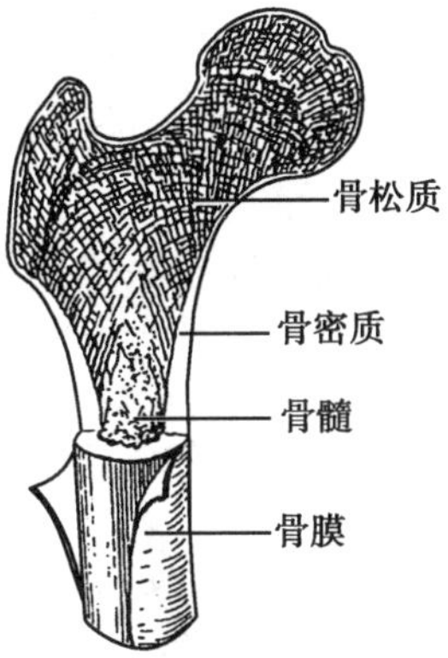

图 1-18　骨的结构

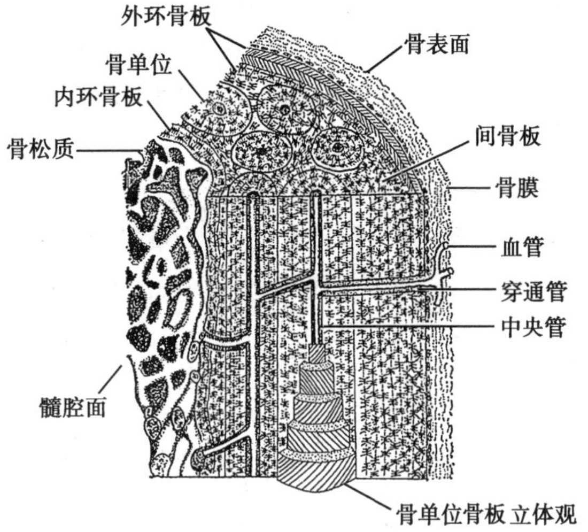

图 1-19　长骨骨干结构模式

骨单位是骨密质的基本结构单位。位于骨内、外环骨板之间，是骨干骨密质的主体。从骨单位的横断面可以看到同心分布的骨板，成为不同直径的、一层套一层的封闭的圆柱，与骨干长轴呈平行排列，这种结构又被称为哈弗斯（Havers）系统。哈佛氏系统的中心有一管道，称哈弗斯（Havers）管，哈弗斯管与福尔克曼管彼此垂直，并相互交通，在这些管系中走行有血管、淋巴管及神经。骨板里的纤维向各个方向分布，并以一定的角度互相交错。骨密质的这种结构使骨具有高度的坚固性质，并且随着应力的变化而不断地增多和改建。骨密质因结构致密，具有抗压、抗拉力强的特点，常分布于骨的表面及长骨的骨干。

骨松质是由针状或片状的骨板构成，呈网状结构，形成骨小梁。骨小梁按压力及张力的方向排列，负责力学上的支撑功能（图 1-20）。如股骨的骨小梁在分担体重时所起的作用十分重要。骨松质的疏松结构及骨小梁的力学特性，大大地减轻了骨的重量，又使骨达到最大的力学性能。由于骨松质结构疏松，常分布于长骨骨骺内部及其他骨的内部。

（2）骨膜：骨膜分为骨外膜与骨内膜。骨外膜是覆盖于除关节面外的骨外表面的致密结缔组织膜。骨外膜富有血管、神经及淋巴管，对骨的营养、新生及感觉有重要意义。骨外膜由两层构成，其外层结构致密，细胞成分较少，有粗大的胶原纤维穿过骨质，此种纤维起固定骨膜的作用。内层疏松，其细胞在幼年期非常活跃，进行分裂繁殖，可分化为成骨细胞直接参与骨的生成。到成年期转为静止状态，但能终生保持分化能力。当发生骨的损伤如骨折时，可重新分化

图 1-20　骨松质的排列曲线

为成骨细胞，形成骨痂，愈合骨折端。因此，骨外膜被剥离后，骨易坏死，且不易修复。骨内膜是被覆于骨髓腔及松质骨表面的薄层结构。除衬在长骨骨髓腔的骨内膜在幼年时通过破骨细胞参与骨的长粗外，骨内膜尚具有终生的生骨潜能。

（3）骨髓：骨髓位于骨髓腔和骨松质间隙内，分为红骨髓与黄骨髓。红骨髓具有造血功能。胎儿和婴幼儿时期的骨髓都是红骨髓，成人的短骨及扁平骨的松质骨网眼中的红骨髓伴随人的终生。因此，临床上常选择在这些部位进行骨髓穿刺，检查骨髓象，帮助诊断疾病。长骨骨髓腔中的红骨髓，约5岁后便转化为黄骨髓。黄骨髓富含脂肪组织，不具有造血功能，但在应急状态下（如恶性贫血或外伤大出血时），黄骨髓又可转化为红骨髓而再次具有造血功能。

3. 骨的代谢 骨的代谢是通过成骨细胞和破骨细胞参与的骨形成与骨吸收来实现的，其代谢活动是一个动态平衡过程。在人的生长期，骨形成大于骨吸收，骨量呈线性增长，表现为骨皮质增厚，骨松质更密集，这一过程称为骨构建（bone modeling）或称骨塑形。在成人期，骨生长停止，但骨的形成和吸收仍在继续，处于一种平衡状态，称为骨重建（bone remodeling）。

骨重建开始于骨吸收，随后是骨形成。骨的吸收与形成连续进行，最终使骨能不断地自我修复和适应新的应力要求。骨重建过程可分为5期（图1-21）。

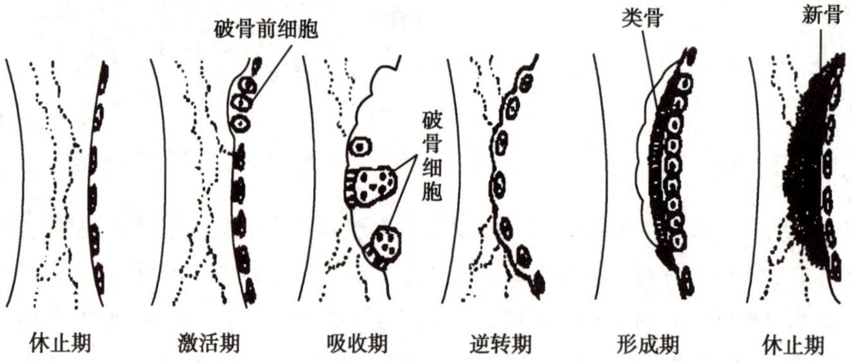

图1-21　骨重建过程

第一期：休止期，又称静止期，此期既无骨吸收也无骨形成。

第二期：激活期，破骨细胞的前驱细胞分化成破骨前细胞，并附着在骨表面上，此期为激活期。

第三期：吸收期，破骨前细胞与暴露表面接触，融合、分化成破骨细胞，进行骨吸收。在破骨细胞吸收一定数量的骨质后即消失，该段时间称为吸收期。正常人约持续1个月，在吸收期骨表面形成一个陷窝，称为吸收陷窝。

第四期：转换期，吸收期结束，破骨细胞移向其他部位。

第五期：形成期，成骨细胞在陷窝的表面上相继出现并分化、增殖，形成类骨。随后，类骨成熟并骨化成骨。待陷窝接近填平时，成骨细胞失去成骨活性，成为表面上的衬托细胞，此期为形成期。

一个骨重建周期约需3个月。一个骨重建所形成的结构为一个骨重建单位（bone reconstructive unit，BRU）。在骨重建过程中，先出现骨的吸收，然后再有骨的形成，但吸收与形成的骨量大致相当。

骨重建可调节骨矿盐平衡、修复显微损伤及移除无承载功能的骨组织，可维持或降低骨强度和骨量。每年在骨表面上出现的BRU数量称为BRU的激活率，激活率越高，骨表面BRU数量则越多，更新的骨量也就越多，一般将其称为高转换，反之则称之为低转换。

（二）骨的血管、淋巴与神经

新鲜骨具有丰富的血管、淋巴和神经。

1. 骨的血管　骨骼是一个具有生命的器官，在其生长、发育和代谢的过程中，需要有足够血液供应。成熟骨具有丰富的血管并形成精巧的血液供应管道系统，为骨组织、骨膜提供血液来源。即使在致密的皮质骨组织内，仍有骨血管系统保证血液的供应。

骨骼的血液供应是通过骨骼自身的血液循环系统来完成的。以长骨为例，骨骼的血液供应来自三个不同的但又相互关联的方面：

(1) 滋养动脉：在骨骼周围的肌肉中，有大量血管。这些血管有的直接进入骨干，称为滋养血管或称滋养动脉。滋养动脉是营养骨的主要血管，它通过骨骼表面存在的滋养血管孔进入骨干。每根骨所含滋养血管的数量不等。在髓腔内每支滋养血管分为升支和降支，又称上髓动脉和下髓动脉，并且进一步分支成更细小的动脉，然后直接进入骨内膜，为骨干区提供血液。

(2) 骨端、骨骺和干骺端血管：这套血管是长骨的第二套供血系统，是由关节周围的血管丛分支而进入薄层骨皮质供应干骺端区。当生长板闭合后，这些血管就与髓动脉及骺动脉相互吻合。以股骨为例，来自于骨端的血管有小凹动脉。位于骨骺和干骺端的血管有骺外侧动脉、干骺端上、下侧动脉等。

(3) 骨膜血管：骨膜本身有一套完整的供血系统，是长骨的第三套血供系统。在骨膜表面，纤维层和肌肉血管广泛吻合形成血管丛和骨膜血管网（图 1-22）。骨膜血管网再发出血管分支进入骨，供应有肌肉附着的密质骨的外层。

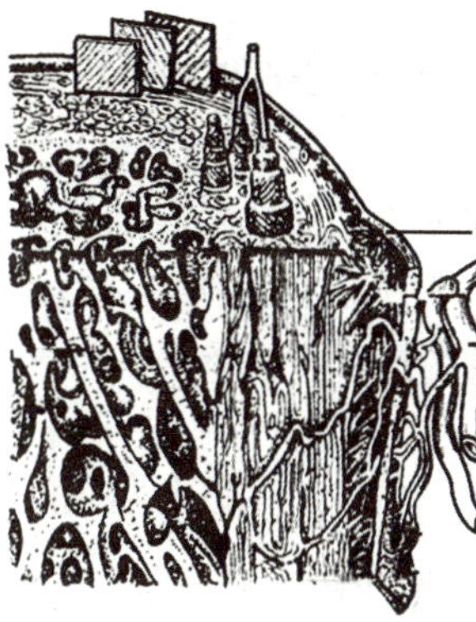

图 1-22　骨膜上的血管

小儿骨膜生长层血管特别发达，随着年龄增加，骨膜血管的营养作用逐渐减退，骨的血供也随之减少，但仍是一生中骨血供的重要部分。

骨血管的三个系统相互之间有紧密的联系。当骨受伤时，相互连接的血供系统在骨的愈合中起到十分重要的作用。如当髓血管系统损伤后，骨外膜血供系统就会与骨骺端血管吻合，进行血管再分布，为骺皮质提供营养。

2. 骨的淋巴管　骨膜具有丰富的淋巴管，但骨内是否有淋巴管，目前尚有争论。

3. 骨的神经　长骨的关节端、较大的扁骨、椎骨及骨膜是骨的神经分布最丰富的部位。骨的神经常与滋养血管伴行进入骨内，分布到哈佛氏管的血管周围。骨的神经纤维分两类：一类是骨内脏传出神经纤维，大多分布于血管壁及骨髓；另一类是躯体传入神经纤维，主要分布于骨膜及关节软骨的深面。

（三）骨的功能

骨的力学构造及骨的理化成分等使骨具有力学及生理学上的功能。

1. 力学功能　骨的力学功能包括支撑功能、杠杆功能和保护功能。

(1) 支撑功能：骨是全身最坚硬的组织，通过骨连结构成一个有机的整体，使机体保持一定的形状和姿势，对机体起着支撑作用，并负荷身体自身的重量及附加的重量，如脊柱、四肢。

(2) 杠杆功能：运动系统的各种机械运动均是在神经系统的支配下，通过骨骼肌的收缩、牵拉骨围绕关节而产生的。骨在其各种运动中发挥着杠杆功能和承重作用。

(3) 保护功能：某些骨按照一定的方式互相连结围成体腔或腔隙，如头颅骨借缝隙连结及软骨连结方式围成颅腔，以保护脑；众多的椎骨彼此连结构成形成椎管，以容纳脊髓并起保护作用；胸骨、胸椎和肋骨借关节、软骨围成胸廓，以保护心脏、肺、大血管等。

此外，骨骼形成的某些结构能维持血管的正常形态和避免神经受压，如足部骨形成的足弓的拱形结构能免于足底的血管和神经受压。

总之，骨既具有强度和刚度，使其很好地完成其支持和保护功能，又具有一定的弹性和韧性，因而能很好地完成运动中的杠杆功能。

2. 生理学功能 骨的生理学功能包括钙和磷的贮存功能、物质代谢功能、造血功能和免疫功能等。

（1）钙、磷贮存功能与物质代谢功能：骨是人体最大的钙库和磷库，与机体的钙、磷代谢有密切关系，在维护血中的钙、磷含量的恒定中起调节作用。当血液中钙、磷含量增高时，则骨内的钙、磷贮存在骨内；而当血液中钙、磷含量降低时，骨内的钙、磷则释放至血液中。

（2）造血功能和免疫功能：出生后，红骨髓是唯一的造血器官。在正常的生理状态下，血液中各种血细胞的生成、发育、释放、死亡和清除均处于动态平衡，并发挥着运送气体、防御、免疫等生理功能。这种动态平衡及生理功能的实现则依赖于红骨髓的正常造血功能。

二、骨的运动适应性

骨的运动适应性是骨的一个十分重要的性质。在骨骼生物力学中，人们通常认为骨的功能适应性是指骨对其所担负工作的适应性，其内容包含骨的形态、结构与应力。本节主要从骨生物力学的角度来了解骨的运动适应性。

（一）骨的生物力学特性

骨生物力学是以骨骼为主要对象，研究骨的机械运动规律的科学。它由力学、生物学、生理学、解剖学等有关学科结合而成，其研究目的在于剖析骨关节系统的力学性质以及力的传导，揭示骨骼生长、发育、退化、病变、死亡过程与力作用之间的关系。为预防、诊断及治疗骨疾病，以及在骨移植、骨矫形、控制骨生长、促进骨愈合以及骨假体的研制与应用等方面提供理论依据。

1. 骨的承载能力 骨骼是身体运动的轴柱和身体的坚强支柱。在日常生活、劳动和运动中要求骨有足够的承载能力。对骨承载能力的衡量主要有骨的强度、骨的刚度及骨的稳定性三个方面：

（1）骨的强度：是指骨在承载负荷的情况下抵抗破坏的能力。在日常生活与运动中，保证骨的正常功能，首先要求其具有足够的强度，能在载荷下不发生破坏。如四肢骨在剧烈运动和大强度劳动时不应该发生骨折。

（2）骨的刚度：是指骨在外力作用下抵抗变形的能力。在日常的生活和运动中，骨的形状和尺寸会因承载负荷的作用而变形，但变形不应超过正常生活所允许的限度，如脊柱在弯曲时不应该发生损伤或侧凸。

（3）骨的稳定性：是指骨保持原有平衡形态的能力。例如，长骨在压力作用下有被压弯的可能性。为了保证正常的生活和运动，要求它始终保持原有的直线平衡形态不变。

2. 骨的载荷及变形 人体在日常生活与运动中都会对机体的每块骨产生复杂的力，即骨会承受来自多方的不同形式的载荷。如人在跑步时受到体重、迎面风力及地面的反作用力等均是骨承受的载荷。

（1）骨的载荷：载荷即为外力，是一物体对另一物体的作用。作用于骨骼上的外力可分为体积力与表面力两类。体积力直接作用于物体内部各点，如重力及惯性力均为体积力。表面力是作用于物体表面的力，如撞击力、挤压力等。在作用面积较大时称为分布力或分布载荷，有均匀分布与不均匀分布之分。在外力分布的面积远小于物体时，可以把这种外力简化成集中作用于一点，这种外力称为集中力或集中载荷。人体在运动或劳动时，骨要承受不同方式的载荷。当力和力矩以不同方式施加于骨时，骨将受到拉伸、压缩、弯曲、剪切、扭转和复合等载荷。

1）拉伸载荷：拉伸载荷是指在骨的两端受到一对大小相等、方向相反沿轴线的力的作用（图 1-23A）。骨受力后，能够导致骨骼内部产生拉应力和应变，使骨伸长并同时变细。例如在进行吊环运动时上肢骨被拉伸。另外，通常状态下人们从事的牵引、提拉重物的活动，也是机体承受拉力的表现。

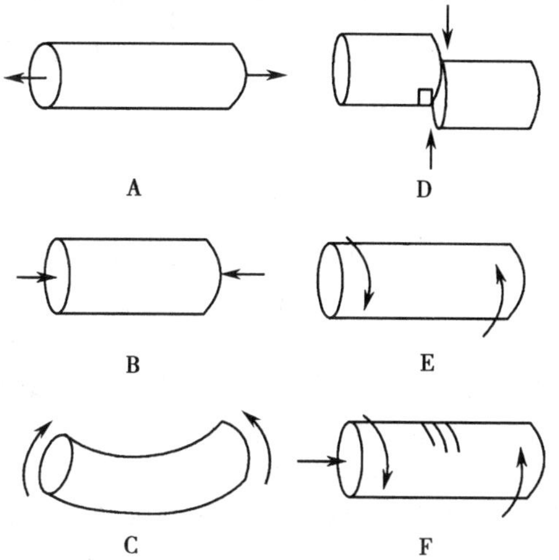

图 1-23　骨的载荷形式

2）压缩载荷：压缩载荷是施加于骨组织表面的两个沿轴线的大小相等、方向相对的载荷（图 1-23B）。该载荷在骨组织内部产生压应力和应变。当压缩载荷超出骨组织的生理承载极限时，骨组织可能因压缩载荷作用而产生短缩形变。如举重运动员举起杠铃后上肢和下肢骨被压缩则是机体承受压缩载荷的表现。挤压应力可以看成是许多自表面朝向骨组织内的小内力，而且最大挤压应力出现在与载荷相垂直的平面之上。

3）弯曲载荷：弯曲载荷是使骨沿其轴线发生弯曲形变的载荷（图 1-23C）。例如当脊柱前屈或后伸时脊柱的弯曲则为弯曲载荷。骨骼在弯曲载荷时，其中性轴两旁一侧产生拉应力和拉应变，另一侧则产生压应力和压应变，在中性轴上则没有应力和应变。存在于中性轴两侧的应力与应变，其二者既相互对立，又互相依存，并通过附着于周围的软组织的协调，达到相对平衡状态。应力的大小与至骨骼中性轴距离成正比，即距中性轴越远，其应力就越大。此特征在人体的长骨中表现尤为明显。

值得注意的是在施加弯曲载荷的同时，往往同时存在拉伸与压缩的作用。

4）剪切载荷：剪切载荷表现为在骨的表面受到一对大小相等、方向相反且相距很近的力的作用（图 1-23D），在骨内部也会产生剪切应力和应变。例如车床剪切断肢体时即为剪切载荷。

5）扭转载荷：加在骨上并使其沿轴线发生扭转的载荷即为扭转载荷（图 1-23E）。例如体操运动员作转身动作时，下肢骨受到的扭转作用即为扭转载荷。

在生理状态下，扭转载荷常见于前臂、脊柱的旋转与骨关节的旋转活动中。当骨受到扭转时，所产生的剪切应力便分布在整个骨骼结构中。与弯曲一样，剪切应力力度的大小与距中性轴的距离成正比，即离中性轴越远，其剪切应力就越大。扭转载荷作用下所形成的最大剪切应力作用在与骨中性轴平行和垂直的平面上，最大的拉应力与压应力则作用在与骨中性轴成角度的斜面上。

6）复合载荷：人体在运动时，由于骨的几何结构不规则，同时又受到多种不定的载荷，往往使骨处于两种或多种载荷的状态，即为复合载荷（图 1-23F）。如人体在受伤骨折时，往往是几种作用力的复合。像跌倒后发生的桡骨远端骨折，便是既有剪切力又有压缩力等多种力综合作用的结果。

另外，持续载荷对骨也会产生一定的影响。即骨受到持续低载荷作用一段时间后，其组织会产生缓慢变形或蠕变。在加载后的最初数小时（6～8 小时），其蠕变现象最显著，随后蠕变的速率则会降低。

一般而言，骨承受压力负荷的能力最大，其次是拉力、剪切力和扭转力。骨所受的正常生理负荷是这些力的综合。

（2）骨的基本变形：任何物体在外力作用下其尺寸和形状都会发生改变。骨骼在承受各种不同载荷时同样也会发生不同程度的变形，如腰椎前凸就是受力变形的典型例子。根据骨骼受载形式及受载后的变形形式，一般可将其变形分为拉伸、压缩、剪切、弯曲和扭转等五种基本变形（图 1-24）。

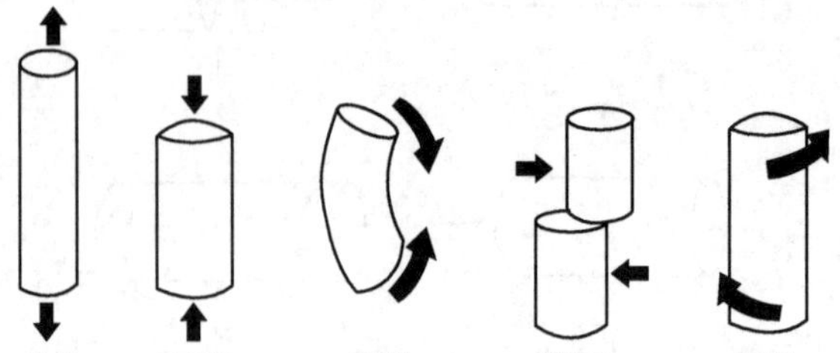

图 1-24 骨的 5 种基本变形

力和变形之间的关系，反映了完整骨的结构行为。在中等量负荷时，负荷骨会出现变形，当负荷去除时，骨的原有形状和几何学结构便恢复。如果骨骼系统遭受严重创伤，超过了其所能承受的负荷，则会引起严重变形，并可能发生骨断裂。决定骨断裂抵抗力和变形特征的主要因素是骨所承受的力的大小、力的方向和力的作用点，以及组成骨组织的材料特性等。

骨所承受的力越大，引起骨的变形就越严重，而且易引起骨的断裂。骨在承受轴向力（axial force）与承受弯曲或扭转力（torsional force）方面存在有很大差异。大骨抵抗力的能力优于小骨。骨的几何结构对抵抗特殊方向的力具有一定的特殊性。在决定骨的变形和断裂特性中，组成骨组织的物质特性也很重要。例如，松质骨与正常骨有同样的几何学结构，但在负荷情况下，会发生较大的变形，而在较小的力作用下，会发生骨断裂。这便是与松质骨的结构特性有关。

骨在外力作用下会发生变形。当外力撤除后，变形完全消失，这种形变称弹性形变。如果外力撤除后仍有剩余形变，这种性质则称为弹塑性。钢材等工程材料在一定形变范围内可近似视作弹性体，而骨则是比较典型的弹塑性体。

3. 骨的应力与应变 骨力学与一般材料力学相似，包含两个最基本的元素，即应力和应变，可用于描述骨骼受力后的内部效应。

（1）骨的应力：当外力作用于骨时，骨以形变产生内部的阻抗以抗衡外力，即是骨产生的应力。应力的大小等于作用于骨截面上的外力与骨横断面面积之比，单位为 Pascal（$Pa = N/m^2$），即牛顿 / 平方米。其计算公式见（图 1-25）。

如前所述，由于力的方向不同，作用于骨的力分别有压力、拉力、剪切力和扭转力。当骨受到这些力的作用时，其内部分别会产生相应的应力，如压应力、拉压力等。应力对骨的改变、生长和吸收起着调节作用，应力不足会使骨萎缩，应力过大也会使骨萎缩。因此，对于骨来说，存在一个最佳的应力范围。

（2）应变：骨的应变是指骨在外力作用下的局部变形，其大小等于骨受力后长度的变化量与原长度之比，即形变量与原尺度之比。一般以百分比来表示（图 1-25）。当骨承受了很重的力并超出其耐受应力与应变的极限时，便可造成骨骼损伤甚至发生骨折。

（3）应力 - 应变曲线：骨的应力 - 应变曲线是用来表示应力和应变之间的关系。应力 - 应变曲线分成两个区：即弹性变形区和塑性变形区（图 1-26）。在弹性变形区内的载荷不会造成永久性形变（如骨折）。弹性区末端点或塑性区初始点称屈服点。该点对应的应力是产生骨最大应力的弹性形变，亦称为弹性极限。屈服点以后的区称塑性区，此时的材料已出现结构的损坏和永久变形。当载荷超过弹性极限后，骨发生断裂即骨折。导致骨折所需的应力称骨的最大应力或极限强度。在应力 - 应变曲线弹性区的斜率称弹性模量或杨氏模量（Young's modules），表示材料抗形变的能力。一般而言，弹性模量是一个常数。弹性模量越大，产生一定应变所需的应力越大。

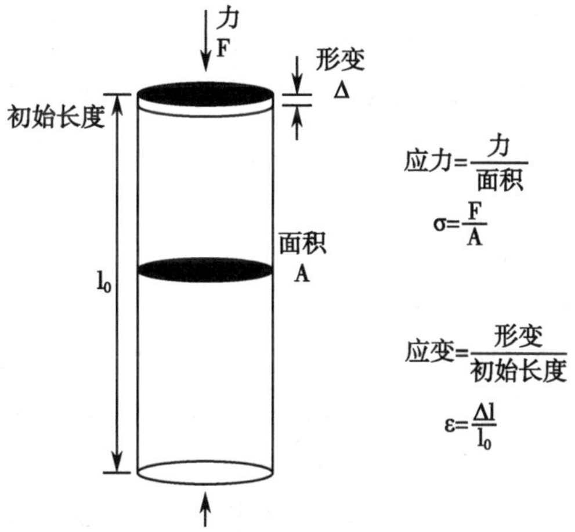

图 1-25 由压力、形变和样本的大小计算出应力和应变的大小

（4）骨应变能量：骨应变能量是指达到极限负荷时的应力 - 应变曲线下的面积，表示导致骨折所需要的能量（图 1-26）。一般骨的生理负荷使骨产生弹性变形，是弹性区内骨所能承受应力的大小。当外力去除后，弹性区内的能量能同时被骨释放，使骨恢复原状。但当骨不断受到外力重复作用时，其应变能量不能被及时完全释放，经积累后可能会损坏材料的结构，临床上则表现为疲劳性骨折。

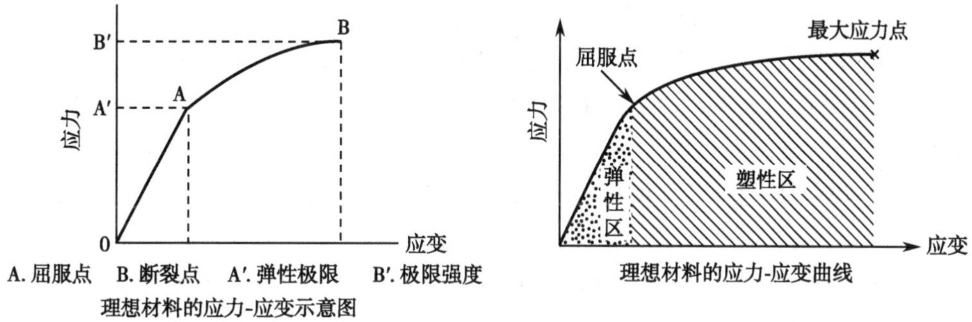

图 1-26 应力 - 应变曲线

4. 骨的生物力学特性 骨的生物力学特性包括骨的材料力学特性和结构力学特性。骨的材料力学特性是指骨组织本身的力学性能，与骨的几何形状无关。骨的结构力学特性是指整个骨结构的力学性能，不但与骨的材料力学特性有关，而且受骨的几何特性即形状、尺寸等的影响。

（1）骨组织的基本生物力学特性：骨组织的化学成分及结构特点决定其基本的生物力学属性。

1）各向异性：骨的结构为中间多孔介质的夹层结构材料，这种材料称为各向异性体，即不同方向的力学性质不同。如骨皮质由 5 个结构层次的介质组成，因此它的弹性性质在各个方向并不相同，但与其生理功能相适应。

骨松质同样具有多孔结构特点，因而也呈现出较明显的各向不均匀性质，并服从 Wolf 定律。如局部的骨小梁因要适应其承受应力的需要，在不同解剖部位的骨小梁结构差异很大。

骨松质的各向异性性质明显大于骨密质。实验表明，在骨松质的负重部位，各向异性性质明显大于非负重部位，主要存在于股骨近端、胫骨远端和髌骨等部位，以椎体的骨松质各向异性最为显著。椎体骨松质由较厚的垂直骨小梁和连结垂直骨小梁之间的水平骨小梁构成，椎体力学性质取决于垂直骨小梁的厚度和骨小梁间距。

由于骨改建的结果，骨松质各向异性性质随年龄而增加。在女性中，随着年龄的增加，水平骨小梁数量下降，导致其椎体的力学性质急剧下降。

2）弹性和坚固性：骨组织大约有25%～30%是水，其余70%～75%是无机物和有机物，其中无机物（磷酸钙与碳酸钙）占60%～70%，有机物（骨胶原）占20%～40%。骨的有机成分组成网状结构，使骨具有弹性，具有抗张能力。骨的无机物填充在有机物的网状结构中，使骨具有坚固性，具有抗压能力，能承受各种形式的应力。

3）抗压力强、抗张力差：骨对纵向压缩的抵抗最强，即在压力情况下不易损坏，在张力情况下易损坏，这主要和骨小梁的排列有关。

4）耐冲击力和持续力差：载荷作用时，在骨中所引起的张力分布虽然一样，但效果不一样。两者相等时，冲击力在骨中所引起的变化较大，即骨对冲击力的抵抗比较小。另外，同其他材料相比，其持续性能、耐疲劳性能较差。

5）应力强度的方向性：因为皮质骨与松质骨的结构不同，承受的力量及两者的刚度也就不同。皮质骨的刚度比松质骨大，变形程度则较骨松质要小。两者的各向异性对应力的反应在不同方向各不相同。

6）骨的强度和刚度：如前所述骨强度和刚度是衡量骨承载能力的两个重要指标。

骨强度是指骨在承受载荷时所具有的足够的抵抗破坏的能力，以致不发生破坏。在压缩载荷的试验中，载荷-变形曲线能反映结构强度的三个参数是：①结构在破坏前所能承受的载荷；②结构在破坏前所能承受的变形；③结构在破坏前所能贮存的能量。

骨的刚度是指骨具有足够的抵抗变形的能力。在某种载荷作用下，骨虽不发生断裂，但如果变形过大，往往会影响骨结构与功能。骨结构的刚度由弹性范围内的曲线斜率表示。

影响骨强度与刚度的因素有：①压应力——肌收缩时所产生的压应力能防止拉伸骨折的发生；②骨的大小和形状——骨的横截面积的大小及骨组织在骨中轴周围的分布、形状等均可影响骨强度和刚度。如骨试件在压缩时，骨的横截面面积越大，强度和刚度也越大。破坏载荷及刚度的大小与横截面积成正比。

7）机械力对骨的影响：在骨承受载荷的限度内，根据沃尔夫定律，成人骨对机械力的反应是由应力值所决定的。一般而言，机械应力与骨组织之间存在着生理平衡。在平衡状态下，骨组织的成骨细胞和破骨细胞的活性大体相同。当人体活动增加、应力增大时，成骨细胞活性增强、骨质生成增加、骨的承载面积增大以适应大的运动量的需要，与此同时，使应力下降而达到了新的平衡；反之，当应力降低时，破骨细胞的活性则增强、骨吸收功能增大、骨组织量下降、结果使应力增加。由此可见，骨对生理应力刺激的反应是处于动态平衡状态，应力越大，骨组织增生和骨密质增厚越明显。所以，保持相当的运动量（尤其是中老年人和更年期妇女）是预防骨质疏松的重要措施之一。

8）骨是人体理想的结构材料：骨在人体中起到承重和杠杆作用，因此，要求骨既要强度大又要质量轻。如表1-1所示，骨的密度比钢和花岗石要小，骨的强度虽比钢低，却比花岗石高，因此骨的质量要比钢和花岗石轻得多；另外，骨对纵向压缩的抵抗强，说明在压力情况下不易损坏，在张力情况下易损坏，这是因为骨小梁的排列是与骨轴平行的。从表1-1人体胫骨与其他几种材料的物理性能比较可以看出，骨满足这一要求。上述各种材料的密度与强度等物理性能的比较可以看出，骨是人体支架最理想的结构材料。

（2）骨受载时的生物力学特性：骨在受载时呈现出明显的、具有自身结构特征的生物力学特性。

表 1-1 人胫骨与其他材料比较

物理性能	钢	骨	花岗石
密度（g/cm^2）	7.8	1.87～1.97	2.6
沿纵轴的最高张力强度（kgf/cm^2）	4242	930～1200	50
沿纵轴的最高压力强度（kgf/cm^2）	4240	1210～2100	1350

1）骨对应力的反应：在骨承受负荷的限度内，成人骨对各种生理应力都能作出相应的反应，其反应的大小由应力的值所决定。一般情况下，骨对生理应力刺激的反应往往处于平衡状态，应力越大，骨的增生和密度越大，从而增强骨的生理应力能力。

密质骨对应力的反应：骨质分骨密质和骨松质，Victor H Frmlkel 在《骨骼系统的生物力学基础》一书中提出，骨密质和骨松质可看作是疏松度变化幅度很大的同一材料。疏松度为骨骼内非矿化组织所占的比例，可用百分比来表示。骨密质的疏松度为 5%～30%，骨松质的疏松度为 30%～90%。由于骨结构中密质骨和松质骨的疏松度不同，它们所能承受的力也就不相同。密质骨具有很高的强度，其抗压强度大于骨松质，可承受较大的压缩应力。经反复试验证实，骨的极限强度随负荷的类型和负荷方向的不同而有不同。表 1-2 是 Reilly 和 Burstein 测定的成人股骨在不同类型负荷下的皮质骨极限强度的结果。

松质骨对应力的反应：由于骨松质的疏松度为 30%～90%，其应力 - 应变特征与密质骨有很大差异。拉力试验表明，松质骨的拉力强度和压力强度大约相等，松质骨的弹性模量在拉力负荷与压力负荷方面亦大体相等。但松质骨在拉力负荷、压力负荷下的应力 - 应变特性有较大的差异。松质骨在屈服之后，骨小梁进行性断裂，使拉力负荷很快减低，低于应变水平。松质骨在拉力负荷下的能量吸收能力明显降低。

表 1-2 成人股骨皮质骨极限强度

	负荷类型	极限强度（MPa）
纵向	拉力	133
纵向	压力	193
纵向	剪力（纵向扭转试验）	68
横向	拉力	51
横向	压力	133

2）骨密质在受载时的生物力学特性：由于骨结构的各向非均匀性和各向异性性质，使得骨在承受不同的载荷时，具有不同的强度极限和极限应变。骨在受压缩时的强度极限要比受拉伸时的强度极限大；而受拉伸时的弹性模量要比受压缩时大。以成年人的股骨为例，其压缩时的强度极限是（170±4.3）MPa，拉伸时的强度极限是（124±1.1）MPa，弹性模量为 3.2Gpa。而拉伸时的剪切强度极限为（54.1±0.6）MPa。

人类骨骼 80% 是皮质骨。在受载时与骨松质相比，骨密质在断裂前应变较小，其应变超过原长的 2% 时就发生断裂，而骨松质的应变超过 7% 时才断裂，这与密质骨的疏松度及能量储存能力较松质骨小有关。

骨的强度随着人的年龄、性别、骨的位置、载荷的方向、实验的取样（比如试样的干与湿，是否新鲜等）等不同而有较大的变化，比如干燥的人股骨的拉伸强度极限要比新鲜的人股骨的拉伸强度极限高出 20% 以上。图 1-27 为人的股骨受到单轴拉伸时的应力 - 应变关系曲线。从图 1-27 中干骨和鲜骨应变的取值可以看到，干骨应变为 0.4% 时就发生破坏，没有明显的屈服点和塑性变形，一达到屈服点就出现破坏，呈现较明显的脆性。而鲜骨应变为 1.2% 时才出现破坏，虽然无明显的屈服点，但是塑性变形却很明显，呈现一定的塑性。因此，干骨呈现较明显的脆性，鲜骨则呈现一定的塑性。此外，同一块骨的不同部位的力学性能也存在差异。如长骨骨干的主要组织是骨密质，所以各种长骨在其管状部位的强度极限最高。

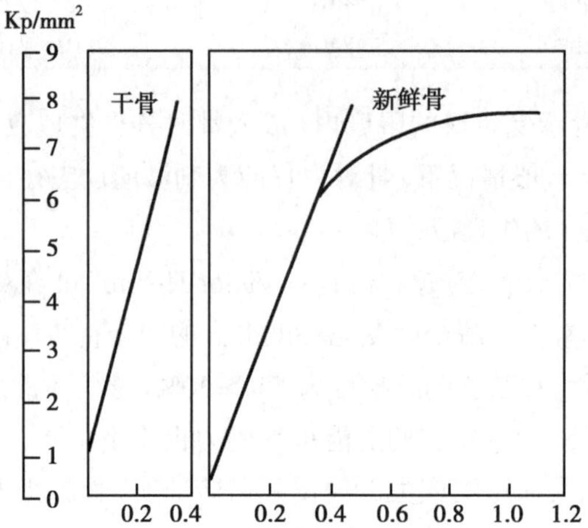

图 1-27 人股骨的应力 - 应变曲线

3）骨松质在受载时的生物力学特性：由于骨松质具有多孔结构而具有较高的能量储存能力。因此，骨松质在人体骨骼系统中，特别是在椎体、股骨近端、桡骨远端等位置的应力分布及应力传递方面起着十分重要的作用。

骨松质的结构特点：骨松质的微结构十分复杂，它是由许多针状或片状的骨小梁相交织成的网状结构。其结构特征与工程上的多孔泡沫体极相似。有学者在研究了骨松质显微结构与力学关系后，将骨松质的显微结构分为四种基本结构类型：针状非对称形开放网格、片状非对称形封闭网格、针状圆柱体形开放网格、片状圆柱体形封闭网格（图 1-28）。

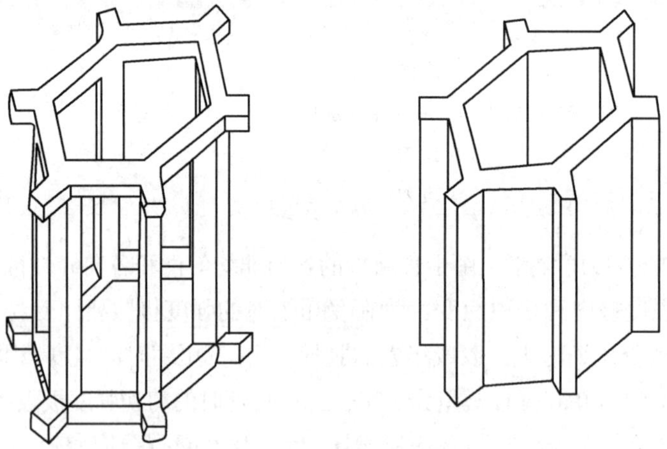

骨松质针状圆柱体形结构的六角形模型　骨松质片状圆柱体形结构的六角形模型

图 1-28 骨松质部分纤维结构图

骨松质结构特征与应力适应性：通过显微镜观察人的脊椎骨、肋骨、股骨头和胸骨上的骨松质，可以发现骨松质的网格形式与其结构密度有密切关系。由于骨的密度依赖于外加载荷的大小，因此，不同部位骨松质具有不同类型的显微结构，也表现出对不同受力特点和不同力学环境的适应性。

骨松质的结构密度与其所受的应力大小成正比，在密度相对较低的骨松质部位，骨小梁主要表现为开放型的针状结构，即低密度的针状开放网格与低应力区域相对应；在密度相对较高的骨松质部位，因有较多的骨组织聚集在骨小梁上，则形成封闭式的片状结构，即高密度的片状封闭网格产生于高应力区域；在中等相对密度的骨松质部位，骨小梁结构由针状和片状网格混合而成。

骨小梁的排列方向依赖于作用在骨松质上的应力的大小、方向和力的类型。若骨松质主要承受轴向压缩应力，其骨小梁呈柱状对称性排列。在垂直方向，柱状骨小梁具有较高的刚度和强度，而在水平方向，骨小梁的刚度和强度就相对较低。如果受力情况复杂，骨小梁的结构也将呈现复杂型，并表现出高度的不对称性。当骨骼中钙质减少、开始发生骨质疏松时，往往是遵循承重功能最重的骨小梁最后消失的原则，以便最大限度地保护患者免于或最小限度地受到伤害。

骨松质黏弹性性质与蠕变：研究表明，骨松质具有黏弹性性质和蠕变性质，在一定应力作用下，其蠕变将随时间而变化，蠕变在开始时速度快，继之变慢，最后速度又变快。

5. 骨折的生物力学 骨的完整性或连续性中断时称为骨折。其常见原因有直接暴力、间接暴力、肌拉力、积累劳损及骨骼疾病。骨折往往与骨所受的拉伸、挤压、弯曲等载荷密切相关。

（1）骨的受载形式与骨折类型的关系：如前所述，在日常生活及运动中骨常受到拉伸、压缩、弯曲、剪切、扭转载荷和复合载荷，并产生如图 1-24 所示的各种变形。当骨的载荷超过了其生理承受极限时便会产生各种相应类型的骨折。因此，常见的骨折类型与骨所受载荷的形式有关，一般包括有：拉伸、压缩、弯曲、旋转和压力联合弯曲 5 种基本形式所致的骨折（图 1-29）。这些类型的骨折与临床上所观察到的骨折类型相一致，只不过临床上常见的骨折往往是由多种负荷所致，其骨折类型也更为复杂多样，尤其在高能量负荷的作用下，由于应变率很快，则有可能引起严重的粉碎性骨折。

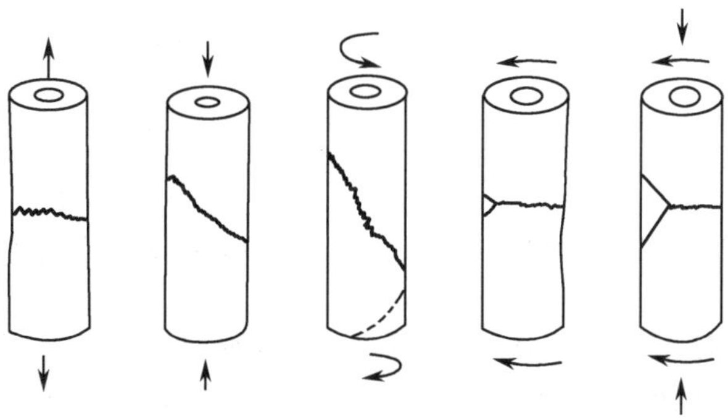

图 1-29 由拉力、压力、旋转、弯曲和压力联合弯曲造成的骨折类型

（2）骨折的生物力学原理：从生物力学观点来看，骨折是由应力和功能分布不均匀所引起的。当骨骼遭受严重创伤时，骨受到很大应力，当应力超过骨的承受极限时，就会发生骨折。此外，当骨承受反复负荷（如长时间的行军、锻炼）后也可发生微损伤，如果这种损伤不断积聚，超过机体的修复能力，就会产生疲劳骨折或应力性骨折。

骨折的流行病学调查显示，骨折多发生在长骨。这主要与长骨内的张应力及应力集中有关。人体所有的活动（如站立、走路、携带、投掷以及撞击等）均会在长骨的凸侧产生显著的张应力。如在平常的步态中，最大的张应力是胫骨的后侧和股骨的外侧。弯应力在凸侧是张力，而在中心线（中位轴）时为零（图 1-30A）；弯曲时断裂经常开始于张力侧（图 1-30B）。由于骨载荷不同，所导致的不同类型骨折的生物力学原理各异。

1）骨受拉伸载荷所致的骨折：骨在受拉伸载荷时会产生骨折，其断裂的机制主要为骨组织结合线的分离和骨单位的脱离。骨的微观结构对于导致骨断裂的不可逆变化具有重要的作用。研究表明，微裂纹是骨密质受力变形中主要的能量耗散形式，即微裂纹是骨密质微观结构不可逆变化的主要表现形式。众多实验证明，在缓慢加载期间，由于骨单位被从骨组织中连续拔出，而使骨的抗拉能力逐渐下降，损伤逐渐增加。临床上，拉伸载荷所致的骨折常见于骨松质，表现形式多为撕裂性骨折。如跟腱附着点附近的跟骨骨折：跟骨撕拉骨折时，小腿三头肌的强力收缩对跟骨产生异常高的拉伸载荷。

2）骨受压缩载荷所致的骨折：骨在压缩载荷下会产生骨折，其机制主要是骨单位的斜行破裂。如运动员在单杠失手或跳伞落地技术不正确时所导致的胸腰椎骨折，其原因大多是由高处落下臀部着地时受瞬间冲力引起（图 1-31）。瞬间冲力沿纵向挤压，产生椎体的压缩骨折，椎体在高压缩载荷下发生缩短且变宽。因此，压缩载荷所致的骨折常见于椎体。脊柱的骨折还可因脊柱的突然前屈而产生。另外躯干突然过伸也是运动中极易发生脊柱损伤的原因。

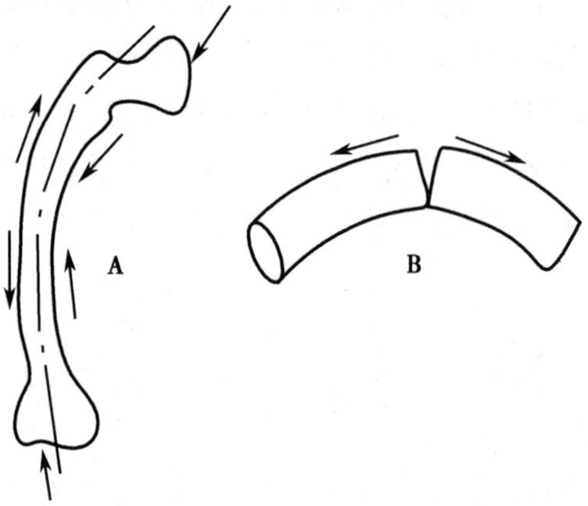

图 1-30 股骨的后侧和股骨的外侧的最大张应力

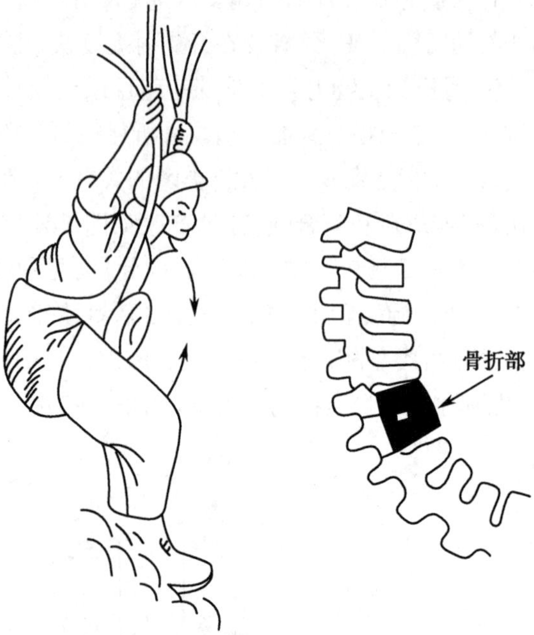

图 1-31 跳伞落地动作不正确时出现的腰椎损伤

3）骨受剪切载荷所致的骨折：当一对相距很短、方向相反的力的作用于骨时往往会产生剪切骨折。这种骨折通常见于骨松质，例如股骨髁和胫骨平台骨折。在拳击等运动中，运动员的胸部或腰部可能由于受水平暴力冲撞而产生的剪切应力而导致骨折。在橄榄球运动中，进攻方运动员用肩部抵撞防守方运动员的大腿部，当其肩部前面受到一对相距很近的力的作用时，往往导致锁骨的剪切骨折。

4）骨受弯曲载荷所致的骨折：骨承受弯曲载荷时，拉应力和应变作用于中性轴的一侧，压应力和应变作用于中性轴的另一侧，而在中性轴上，没有应力和应变。应力的大小与到骨骼中性轴的距离成正比，距中性轴越远，应力越大。这一点在人体的长骨中表现尤为明显。因为骨骼是不对称的，所以拉应力和压应力可不相等（图 1-32）。如有调查显示，压应力主要影响股骨外侧壁的骨皮质厚度，而拉应力则侧重影响股骨内侧壁的骨皮质厚度。尽管作用在骨上的拉应力和压应力不相等，但在维持正常人体生理环境时两者又是相对平衡地存在着，并在生理极限的条件以内保持着这种相对平衡。只有当骨骼的弯曲载荷承受极限超出外力的突然袭击时，造成拉应力大于压应力，才会发生骨组织的弯曲断裂。

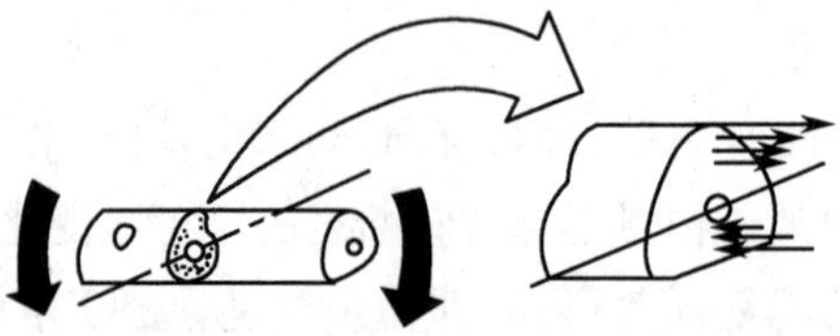

图 1-32 骨承受弯曲载荷时的拉应力和压应力

5）骨受复合载荷所致的骨折：以上的分析仅仅是针对骨受某单一载荷而出现的骨折。在实际生活中，外力对机体的作用并非单一方向，往往是多方向的。骨骼在生长过程中为适应各种载荷的生理极限，以达到相对平衡状态，其外形结构已随之呈不规则形状。此外，在体骨也始终受到多种不定的载荷。若遇到突如其来的暴力则可能使其以力的叠加形式来表现。因此临床所见骨折的形变也是复杂的。根据骨承受的载荷形式，其叠加形式的组合常有拉伸与弯曲的组合、弯曲与扭转组合、剪切与挤压组合，或者弯曲与扭转、剪切、挤压共同出现的组合等。所以，各种叠加的复杂组合也就构成了临床骨骼形变的复杂。如临床上所见的嵌插型、长斜形、短斜形、螺旋形、粉碎性等骨折，都属于复合载荷状态下所导致的骨折类型。

6）骨松质的微细骨折：在显微镜下所能看到的骨小梁的裂损称为骨松质的微细骨折。随着年龄的增加，骨细胞活性降低，骨吸收大于骨形成，出现骨量的丢失，以致骨小梁逐渐变细变薄，体积减小，甚至发生断裂，以致出现微细骨折。在反复疲劳应力作用下，也会发生疲劳骨折。有学者认为，微细骨折可以是正常生理活动的结果，并且在正常生理情况下，骨松质具有修复微细骨折的能力，这种性能对于维持正常骨松质结构和力学性能的完整性起着重要的作用。一般情况下，骨松质的微细骨折和修复之间存在着动态平衡，但是当微细骨折的程度超出生理水平，就会产生病理结果，使骨折的危险性增加。

（二）骨的功能适应性

骨生物力学认为，骨具有能够适应其承载的最优化的形状和结构，并能随着它受到的应力和应变而进行外表再造和内部再造。骨外部形状的改变称为外表再造或表面再造，而骨的疏密度、矿物含量、X 线的暗度以及密度的改变称为内部再造。在骨正常的生长发育过程中，这两种过程都会发生，当然，它们也同样发生在已长成的骨中。

1. 骨形态结构的功能适应性 骨是有生命的材料。Wolff 认为，骨结构不仅与其载荷有关，而且还能适应载荷变化并遵循数学定律改变自身结构。骨随着它受到的应力和应变情况，通过自身修复来改变其性质和外形，实现外表的再造。如下肢骨在形态结构上较之相应的上肢骨更为粗大，就是下肢骨承受载荷远大于上肢所致。

20 世纪 70 年代以来，不少学者对骨结构与机械力之间的关系进行了大量的研究。研究结果认为骨的大小与体重及其活动强度有关。20 世纪 90 年代，人们又开始了骨形态与功能关系的研究，学者们将骨对载荷变化的适应性称为 Wolff 定律。

现已知道，每块骨的潜在大小、形状是由基因组所决定的。但在骨发育的某些关键时刻，决定骨骼的精细形状的则是运动和机械力学的作用，如果缺乏这种作用，可导致骨畸形的发生。在形态发生过程中，早期机械应力的作用模式还可影响软骨内骨化的形成与进程，影响骨内部精细构造，包括骨密度和骨小梁的排列。在骨生长过程中，尤其是正常骨沟、骨凹、骨粗隆、骨结节、骨干的轻微弯曲及干骺端的复杂形状和骺软骨均需要机械力和运动作用的影响。

大量的研究和实践已经证实，长期、系统、科学的运动训练，对骨的形态结构能产生良好的影响，并表现为骨形态学的适应性变化。如骨周围肌的活动，直接影响骨的外形。肌活动愈频繁，骨在尺度上的增加愈明显，出现骨径变粗、骨面肌附着处突起明显等现象。随着骨形态结构的变化，骨在功能上表现为抗折、抗压缩和抗扭转等各方面能力的显著提高。

此外，不同的运动项目，对骨形态结构的不同影响也能充分体现骨对应力的功能适应性。研究显示，运动可使田径运动员（如跳跃项目类）和举重运动员的胫骨均发生适应性变化，但跳跃项目类的田径运动员以胫骨前缘骨壁增厚非常明显，而举重运动员则以胫骨骨内侧壁增厚非常显著。

但值得注意的是，某些外来因素，包括放射线或药物可干扰或改变骨形态发生。因此，基因表达失调，缺乏适当、适时的运动和机械力作用或有外来因素的干扰均可导致先天性或发育性骨异常和相应的肢体畸形。

2. 骨组织结构的功能适应性 骨骼组织为了适应各种力学功能的需要，不仅在形态结构作了最佳搭配，而且对自身的组织结构也进行了优化组合。如前所述，骨的基本结构是骨细胞、胶原纤维和基质。在组织结构上，骨密质是由5个结构层次组成的。第1层由生物聚合物亲和胶原大分子和无机晶体组成；第2层由胶原微原纤维和无机晶体间隔排列组成；第3层是纤维层，它由许多胶原微原纤维和与之直接紧密结合的矿物结晶立体化学键形成，这种组织体正是骨组织坚固的基础，称为"胶原-矿物纤维"层；第4层为薄层，由胶原矿物纤维组成，彼此间用黏合物相连；第5层由骨板组成，骨板在血管周围形成结构单元，集中排列，其层数在5～20层，纤维彼此交叉排列形成网状结构。骨组织的这种结构特点，使它不仅具有一定的硬度，还具有一定的韧性，并可以承受较重的负荷。以人体胫骨为例，其负荷可达1500～3000kg。如果人的体重为60～70kg，则胫骨的极限负荷约为体重的50倍。有实验测定女性的新鲜股骨、胫骨、肱骨的抗压强度分别为902kg、780kg、72kg；弯曲试验的结果显示，股骨最大负载396kg、胫骨237kg、肱骨215kg。这些结果均表明，骨组织的结构使骨能承受很大的、各种形式的应力，尤其对压力的承受能力最大。一般地说，骨骼能承受的力比它在日常活动中所受到的力可大6倍。

体内骨组织的形成、发展方式与其所受的应力有关。例如骨组织的结构与其内部应力分布有关，应力大的部位骨组织密度大，应力小的部位骨密度小。骨组织能用最少的骨量来满足运动所需的骨强度，骨松质的小梁结构便是最好的例子。实践证明，长期从事科学的运动训练，可使骨的密质增厚、骨小梁排列依张力和压力的变化显得更为清晰而有规律。如系统的武术训练对跟骨的骨小梁有非常明显的影响，表现为跟骨的骨小梁在宽度、粗度及清晰方面均有所增强，并发现有新的骨小梁线系的形成。

此外，骨的功能适应性还表现在增龄及负荷减少方面。如当因衰老导致骨量下降时，应力小的部位骨量丢失一般比较快，而应力大的部位骨量保存则较好。明显减少骨的载荷对骨强度和骨量同样带来不利的影响。如临床上做长时间的骨牵引时，患者的患肢会因为较长时间的固定和闲置，可导致骨吸收大于骨形成。有报道显示宇航员在4天的失重飞行后跟骨骨密度平均下降9%，但如果能在飞船中保持运动，在14天的失重飞行后跟骨骨密度仅下降3%。

由此可见，骨组织能根据外界负荷和内部应力来调节整体骨的构造、骨量的大小和内部骨量的分布。但骨组织对力负荷的感受、传递和反应机制尚不十分清楚，这也正是目前在骨代谢研究中的重点内容。

3. 骨塑形、骨重建和年龄相关性骨丢失 骨塑形是指骨的形状的改变，骨重建则是骨转换的一种特殊形式。骨塑形和骨重建均是由破骨细胞和成骨细胞共同完成的。骨塑形过程中，骨吸收与骨形成在不同表面进行。在生长期几乎所有的骨面都在进行骨吸收和骨形成，以适应骨长长和长粗的需要。当骨生长结束后，骨的形成与吸收仍在进行，为骨重建。骨重建过程中，骨的形成与吸收达到动态平衡，出现明显的偶联现象（骨重建过程详见骨代谢）。30～40岁后，骨形成的速率慢于骨吸收，最终的结果是骨量随年龄的增加而降低，骨脆性增加。

发生年龄相关性骨丢失时，松质骨和皮质骨表现各有不同。随着年龄的增长，松质骨丢失表现为骨小梁变薄、变细甚至断裂，骨小梁的数量减少；皮质骨随着年龄的增长通常变成多孔状、皮质骨变薄，从而使长骨骨干管壁变得越来越薄，骨折的危险性因而大大增加。由于人类骨骼3/4是皮质骨，其骨丢失的总量远超过松质骨。

4. 骨生物力学的常用指标 如前所述，骨的生物力学特性包括骨的材料特性和结构特性，其常用指标简要概括如下：骨的材料特性由组成骨组织的几何构造特点所决定，通常通过对标准的和均质的骨样本的力学测试来确定，其常用的指标有最大载荷、弹性载荷、最大挠度和弹性挠度。挠度是指骨弯曲变形时横截面中任一点在垂直方向产生位移。骨的结构特性则是对完整骨进行力学测试所获得，其常用的指标有最大应力、弹性应力、最大应变和弹性应变。

三、关节的运动学基础

（一）骨连结的分类

骨与骨之间借纤维结缔组织、软骨或骨组织相连，称**骨连结**。它是连结人体各部分的环节，是人体运动的枢纽，它是传递负荷、保持能量，使人体作正常运动的重要器官。按连结的方式不同，可分为直接连结和间接连结（图 1-33）。

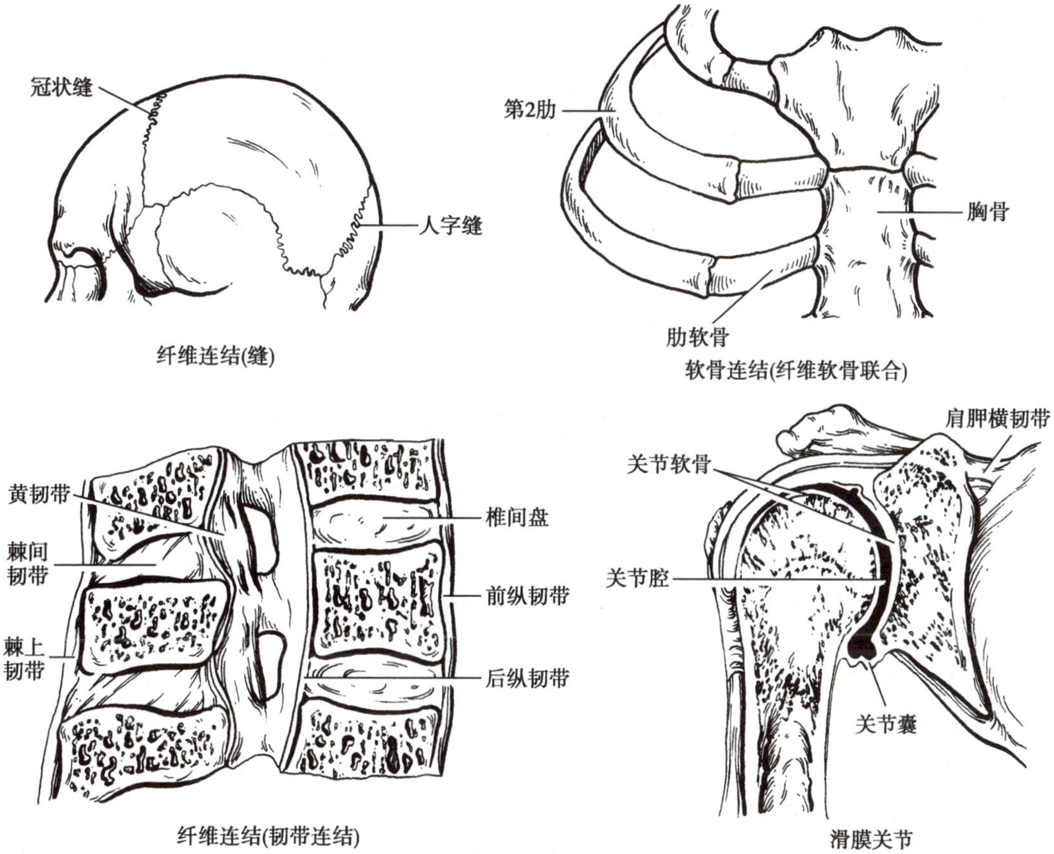

图 1-33　骨连结的分类

1. 直接连结　直接连结是指两骨之间借纤维结缔组织、软骨或者骨直接相连，连结紧密、牢固，活动性较小或者完全不活动。直接连结又可分为纤维连结、软骨连结和骨性连结。

（1）纤维连结：骨与骨之间借纤维结缔组织相连，可分为韧带连结和缝两种。韧带连结是指两骨直接借条索状或者膜状的韧带相连结，如棘间韧带、前臂骨间膜、小腿骨间膜等；缝是指两骨之间借很薄的纤维结缔组织相连，见于颅骨，如矢状缝、冠状缝等。纤维连结活动性很小，而缝几乎不活动。

（2）软骨连结：骨与骨之间借软骨组织相连结，可分为纤维软骨连结和透明软骨连结。纤维软骨连结是指两骨之间借纤维软骨相连，坚固并且弹性低，如椎骨之间的椎间盘和耻骨之间的耻骨联合；透明软骨连结是指两骨间借透明软骨相连，多见于幼年时期，如长骨的干与骺之间的骺软骨等，随年龄的增长骨化形成骨性连结。

(3) 骨性连结：骨与骨之间借骨组织相连结，通是常由纤维连结或者软骨连结骨化而成。如骶椎之间的骨性结合，缝的骨化等。

2. 间接连结 间接连结又称关节(joint)或者滑膜关节(synovial joint)，是由两块或者两块以上的骨构成，关节中相对骨面有间隙，内有滑液，并借周围纤维结缔组织相连，有较大的活动性，是骨连结的主要形式。

(二)关节的构成

1. 关节的基本结构 关节的基本结构包括关节面、关节囊和关节腔(图1-34)，每个关节必须具有这些结构。

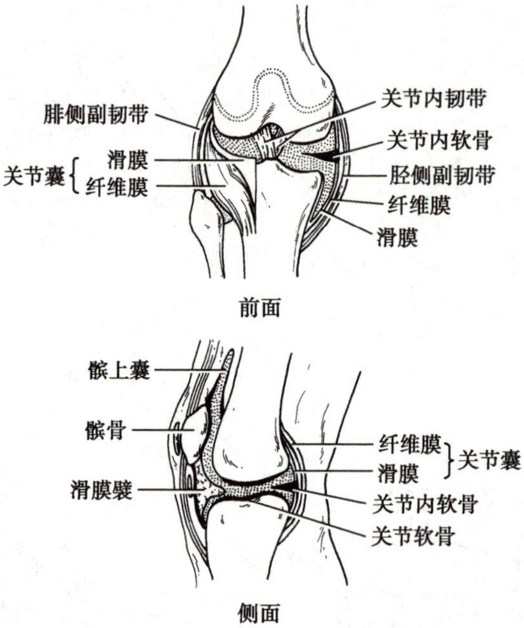

图1-34 滑膜关节的构造

(1) 关节面：是构成关节的骨的接触面，关节至少有两个关节面，一般为一凸一凹，凸面称关节头，凹面称关节窝。

关节面表面覆盖有关节软骨，关节软骨是覆盖在骨关节面上的有弹性的负重组织，可减轻关节反复滑动中关节面的摩擦，具有润滑及耐磨损的特性，并且还能吸收机械性震荡，传导负重至软骨下的骨。此外，关节软骨还可以使相对两个关节面形状更加适应。关节软骨大部分为薄层透明软骨，其表层细胞较小，单个分布，深层细胞较大，排列成行，与表面垂直。靠近骨组织的软骨基质钙化，并与骨组织相连。软骨基质重要成分是水、蛋白多糖和Ⅱ型胶原蛋白组成的胶原原纤维，并有少量的糖蛋白和其他蛋白。其中的胶原原纤维呈拱形走向，对关节软骨有加固作用。

关节软骨具有以下的生物力学特性：

1) 渗透性：关节软骨中含有大量的水分，这也是关节软骨呈半透明的重要原因之一。水分由于受到压力梯度或者基质的挤压作用可在多孔-渗透性的固体基质中流动。存在压力差时，压力使固体基质压缩，组织间压力升高，水分从基质中流出，其速度由液流时产生的黏滞力决定。液相和固相所承担的压力取决于组织的容积比、负重率和负重形式，每一相的承载能力由组织中每一点的摩擦力与弹力间的平衡所决定。如水分在渗透性高、硬的固体基质中流动时，产生的摩擦力或液压力较小；水分在渗透性低、柔软的固体基质中流动时，产生的摩擦力较大，此时液压成了承担载荷的主要形式，使固体基质上的压力降至最小。在正常软骨中，这种效应保护了固体基质。关节软骨的渗透性与水分的含量呈正相关，与蛋白多糖的含量呈负相关。

2）黏弹性：关节软骨具有黏弹性，当因持续均衡负重而发生变形时，形变表现出时间依赖性，即应力保持一定，物体的应变随时间的增加而增大，这种现象称为蠕变。当组织形变后并保持一定的应变值，相应的应力将随时间的增加而下降，这种现象称为应力松弛。

组织间隙中的液体压力在软骨承重、持续负重时产生，随着蠕变的持续，承重相逐渐由液体转变为固体。在人体软骨中，达到平衡态时，液体压力消失，所有负荷均由被挤压的胶原 - 蛋白多糖固体基质承担。由于达到平衡所需要的时间很长，在生理状态下，关节软骨总是处于动态负荷中，即使在睡眠中，关节也在活动，没有平衡态的出现。所以，液体压力总是存在。

3）剪切性：关节软骨由于存在随机分布的胶原结构所以具有明显的剪切性。由于胶原结构随机分布，胶原纤维的牵张与镶嵌其中的蛋白多糖分子的剪切力使得软骨具有剪切应力 - 应变反应。在关节活动中，关节软骨的受力十分复杂，如软骨受压，其不仅在加压方向上受挤压，而且会横向扩张，这就是所谓的 Poisson 效应，此时软骨与硬的骨性界面上就会产生剪切应力，压力过大，会导致软骨从骨性界面剥脱。任何 Poisson 比大于 0 的材料都会在受到压缩时发生横向伸展，说明材料产生了应力 - 应变。在关节软骨中，当应力 - 应变足够大时，会导致关节面胶原纤维与网状结构的损害。

4）拉伸性：当材料受到拉伸或者压缩时，其容积总在变化。在拉伸实验中，无论是流体依赖性还是非流体依赖性的黏弹性机制，均在软骨对张力的反应中起作用。在应力 - 应变曲线中，恒定的线性部分称为拉伸弹性模量，代表在拉伸过程中胶原网状结构的刚性，关节软骨的拉伸弹性模量为（5～50）MPa。由于关节软骨的表层胶原纤维含量较高，排列较一致，比中间层和深层的硬度大，所以当关节退变时其拉伸刚性降低。

关节结构的破坏，如半月板和韧带的撕裂，都将改变关节面应力的大小、与关节不稳和软骨的生活改变密切相关。在动物实验中，切断前交叉韧带或切除半月板后，关节软骨表面出现纤维化、蛋白多糖的聚集数量下降、水合增加、关节囊增厚、骨赘形成。在组织学与生化成分改变的同时，力学特性也发生改变。如切除前交叉韧带后，拉伸与剪切弹性模量渐进性降低；关节不稳定时，压缩弹性模量降低，液压渗透性增加，导致基质变形增加，生理负荷时液体流量增加，负重时液压减小，应力遮挡效果减弱。

据研究，大多数的滑膜关节，关节软骨能够在 80 年或更长时间内提供这些必要的生物力学功能，目前尚没有任何合成材料能够替代关节面完成这些功能。关节软骨无血管、淋巴管、神经及软骨膜，所以受到损伤时难以修复。

（2）关节囊：由结缔组织构成的膜囊，附着于关节的周围，封闭关节腔，可分为内、外两层。

外层为**纤维膜**，由坚韧致密的结缔组织构成，厚而坚韧，含有丰富的神经和血管。其薄厚程度取决于关节的功能和作用，在活动范围小或负重大的关节中纤维膜致密而紧张，在运动灵活的关节中纤维膜薄而松弛。在某些部位，纤维膜可增厚形成韧带。

内层为**滑膜**，由疏松结缔组织构成，薄而柔润，紧衬附于纤维膜内面，边缘附于关节软骨的边缘，包被着关节内除关节软骨、关节盘和关节唇以外所有的结构。在关节囊附着部附近的滑膜表面可形成凸起，称为滑膜绒毛。滑膜含有丰富的血管和淋巴管，能产生滑液。滑液为弱碱性蛋清样液体，不仅能润滑关节、减少摩擦，而且还能为关节提供液体环境，保证关节软骨的新陈代谢。

（3）关节腔：由滑膜和关节面共同围成的密闭腔隙，内有少量滑液，并且为负压状态，对维持关节的稳定有一定的作用。

2. 关节的辅助结构 关节除了具有上述的基本结构外，一些关节还有以下的辅助结构。

（1）韧带：由致密的纤维结缔组织构成，分布在关节周围，连于相邻两骨之间，对关节的稳定性有重要作用，并且能限制关节过度运动。根据其和关节囊的位置关系，可分为囊外韧带和囊内韧带，分别位于关节囊的内外。

（2）关节盘和关节唇：二者由纤维软骨构成，位于关节腔内。关节盘位于两骨关节面之间，一般多呈圆盘状，边缘厚，中间薄，其边缘附着于关节囊，可将关节腔分成上下两部分。膝关节的关节盘不完整，呈半月形，被称为半月板。关节盘能够有效的缓冲外力对关节的冲击和震荡，并且是两关节面的更为适合；同时关节盘将关节腔分为上下两部分，使单关节变成了双关节，能够增加关节的活动范围。关节唇为附着于关节窝周缘的纤维软骨环，可以加深关节窝，增大关节面，使关节更加稳定。

（3）滑膜襞和滑膜囊：在一部分关节中，关节囊的滑膜表面积大于纤维膜表面积，滑膜发生重叠褶皱并突向关节腔内形成**滑膜襞**，内含丰富的疏松结缔组织和血管，如果有脂肪聚集则形成滑膜脂垫。在关节运动过程中，当关节腔的形状、容积和压力发生变化时，滑膜襞可以起调节和填充作用；同时滑膜襞扩大了滑膜的面积，有利于滑液的分泌与吸收。由于有些关节的纤维膜缺如或者比较薄弱，滑膜可以向关节腔外膨出，充填在肌腱与骨面之间，形成**滑膜囊**，减少了运动时肌肉与骨面之间的摩擦。

（三）关节的运动

关节运动学描述的运动是发生在关节内的关节面间的运动。关节表面的形态变化范围从扁平到弯曲，特别是可动关节，大部分关节面都是弯曲的，包括一个相对的凸面和一个相对的凹面。关节凸凹面的结合提高了关节的吻合度，增大关节接触面，因而能分散压力，增强关节稳定性，并能辅助引导骨与骨之间的运动轨迹。

关节面间的基本运动主要有三种：滚动、滑动和转动。滚动是指一个旋转关节面上的多点与另一个关节面上的多点相接触；滑动是指一个旋转关节面上的单点与另一个关节面上的多点相接触；转动是指一个旋转关节面上的单点与另一关节面上的单点相接触。这些运动发生于凸面在凹面上的运动，或者是凹面在凸面上的运动。即描述为凸面 - 凹面的运动，反之则为凹面 - 凸面的运动（图 1-35）。滚动和滑动在凸凹面关节间的运动遵循一个基本原则，即凸凹原则。当凹面相对固定时，凸起的关节面运动表现为滚动方向与滑动方向相反；当凸面相对固定时，凹面的关节面运动表现为滚动方向与滑动方向相同。例如，肩关节外展时，近端关节面为凹面的肩胛盂相对固定，关节面为凸面的肱骨头向上滚动的同时，向下滑动。转动是指某骨的一点在与其构成的关节的另一骨上做围绕自身纵轴的环旋运动。例如，前臂旋前时桡骨小头与肱骨间进行旋转。关节旋转时能调整骨骼的空间位置，使之与其相对的骨达到一个合适的角度。

关节可沿 3 个相互垂直的轴做以下的运动：

1. 屈和伸 关节沿冠状轴运动时，相关节的两骨之间角度减小，即两骨相互靠近时，称为屈，反之角度增大称为伸。一般情况下，关节的屈指的是向腹侧面成角，但是膝关节相反。由于在拇指的腕掌关节中，第一掌骨的位置向内旋转了近 90°，所以拇指的屈伸是围绕矢状轴进行的。踝关节中，足尖上抬，足背向小腿前面靠近为踝关节的伸，习惯称作背屈，足尖下垂为踝关节的屈，又称为跖屈。

2. 收和展 关节沿矢状轴运动，使运动骨向正中面靠拢称为收，远离正中面称为展。但是对于手指和脚趾，则以中指和第 2 趾为基准，靠近称为收，反之称为展。拇指的收展运动是围绕冠状轴进行的。

3. 旋转 关节沿垂直轴或者自身的纵轴进行旋转，如寰枢关节和肩关节。使骨的前面转向内侧称为旋内，转向外侧称为旋外。在前臂，将手背转向前方称为旋前，手背向后转称为旋后。

4. 环转 骨的一端在原位转动，另一端做圆周运动，凡是能沿两轴以上运动的关节都可做环转运动，如肩关节。环转实际上是屈、展、伸、收的依次连续运动。

自由度（degree of freedom）是指关节所允许的自主运动方向的数量。一个关节对于三个基本运动

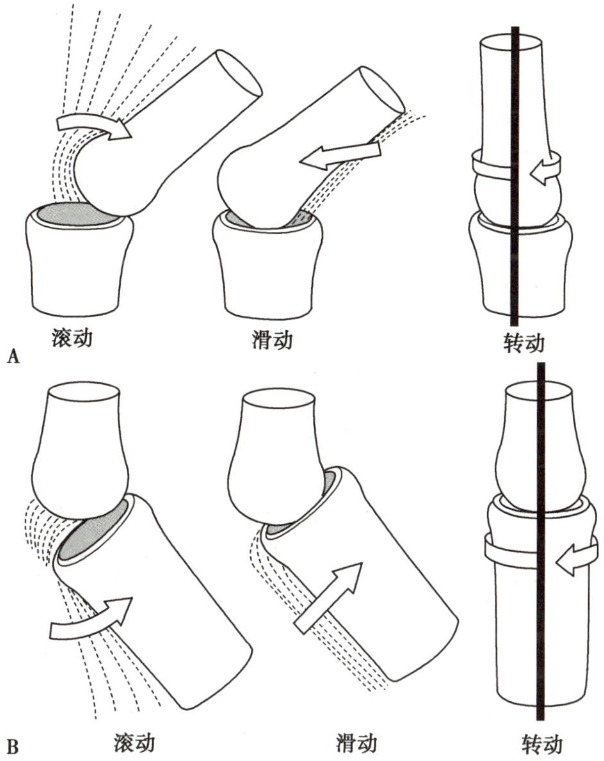

图 1-35　关节面间的基本运动

A. 凸面 - 凹面的运动；B. 凹面 - 凸面的运动

平面，最多可以有三个自由度。例如肩关节有三个自由度，每一个平面有一个；腕掌关节有两个自由度，而肘关节只有一个自由度。因为关节中的结构有一定的松紧度，因此无论是肌肉主动或者其他被动引起的动作，关节都至少发生一些位移。发生在大多数关节的轻微的被动位移被称为**附属运动**，附属运动是在关节在正常解剖活动范围之内，生理活动范围之外完成的一种被动运动，无法主动完成。

大多数关节成对的关节面之间有一个最合适的位置，通常是在动作的最末端或者接近末端的位置，这个位置被称为**关节锁定位**。在这个位置，多数韧带与关节囊被拉紧，附属运动一般很少，是提供关节稳定度的一个因素。关节锁定位以外的位置均为**关节解锁位**，在这些位置，韧带和关节囊是相对松弛的，因而附属运动增加。

（四）关节的分类

一般按构成关节的骨数、运动的形式、运动轴的数目及关节面的形状进行分类。按构成关节的骨数分类，仅由两块骨构成的关节为单关节，一个为关节头，另一个为关节窝，如肩关节。由两块骨以上构成的关节为复关节，共同存在于一个关节囊之中，如肘关节。按关节的运动形式分类，能单独运动的称为单动关节，如肩关节。两个或者两个以上关节同时运动的关节称为联动关节，如两侧的颞下颌关节。按关节运动轴的数目和关节面的形状，可分为以下三类（图 1-36）。

1. 单轴关节　关节只有一个运动轴，只能向一个方向运动。包括**屈戌关节**，又称滑车关节，关节头为滑车状，有与之形状相适应的关节窝，一般只能在冠状轴上做屈伸运动，如指间关节。**车轴关节**：关节头为圆柱状，关节窝为凹面状，可沿垂直轴做旋转运动，如桡尺近侧关节。

2. 双轴关节　关节有两个相互垂直的运动轴，可以有两个运动方向，也可以做环转运动。包括**椭圆关节**，其关节头和关节窝均为椭圆形，可沿冠状轴做屈、伸运动，沿矢状轴做内收、外展运动，并可做环转运动，如桡腕关节。**鞍状关节**：两骨关节面均为鞍状，十字交叉，互为关节头和关节窝。可沿两轴做屈、伸、收、展和环转运动，如拇指的腕掌关节。

3. 多轴关节 关节有两个以上的运动轴，可做多方向运动。包括**球窝关节**，关节头较大呈球形，关节窝较浅，如肩关节。可做屈、伸、收、展、旋内、旋外和环转运动。有的球窝关节关节窝比较深，使其活动受限，称为**杵臼关节**。**平面关节**是指两骨的关节面较平坦光滑，可做轻微的滑动和转动，如腕骨间关节。

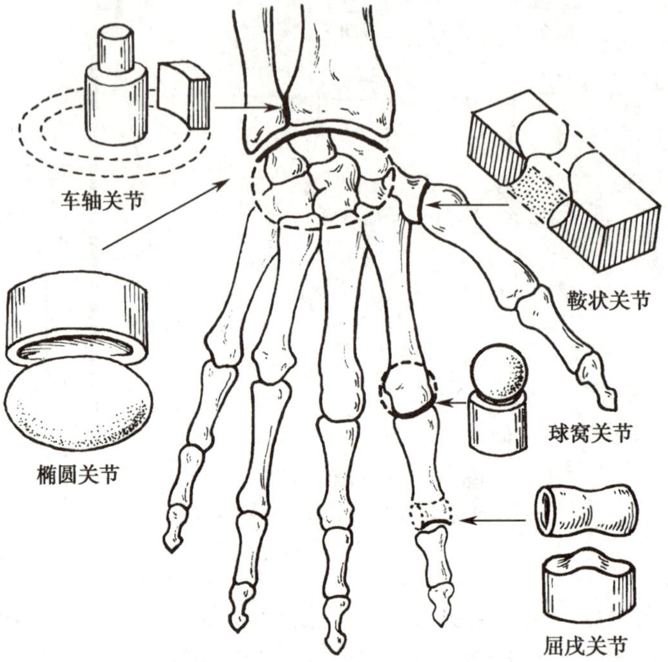

图 1-36 滑膜关节的类型

（五）关节的血管、淋巴管和神经

关节的动脉很丰富，主要来自附近动脉分支，这些动脉彼此吻合，在关节周围形成动脉网，动脉网发出的分支可以进入关节囊，分布于纤维膜和滑膜，并与附近的骨膜动脉吻合。关节软骨没有动脉，关节盘的动脉只分布在其周缘的位置。关节的静脉汇到附近的静脉中去。关节囊的纤维膜和滑膜中均有淋巴管网，借助小淋巴管吻合。同时与附近骨膜淋巴管也有吻合，并借助输出淋巴管汇入附近的深部淋巴结。关节软骨内也没有淋巴管。关节的神经主要来自运动该关节的肌肉的神经，主要为感觉纤维，有可以感受关节的位置和运动的本体感觉纤维，也有感知关节痛觉的痛觉纤维。而关节软骨则没有神经分布。

（六）关节的活动度与稳定性

关节活动范围（range of motion，ROM）指运动时关节转动的角度，亦称关节活动度，有主动与被动之分。测定关节活动度是评定运动系统功能状态的重要手段。各关节活动范围大小不同，每个人的关节活动范围也各异，应该熟知各关节的正常活动范围。关节活动范围的检查可以在活体或者照片上进行，应用一些常用的测量器械，比如：通用量角器、指关节量角器、方盘量角器等进行测量。先在活体或者照片上点出关节中心，然后连接相邻两关节点做一条直线，用关节量角器测量动作开始和结束时的角度，求其差数，即得该关节的活动范围。关节的形态结构和其生理功能相适应，一般情况下，活动度小的关节稳固性大，活动度大的关节稳固性小，两者对立统一。而决定关节活动度和稳定性的因素主要有关节面的形态、关节面的弧度差、关节囊的厚薄和松紧度，关节周围韧带的多少和强弱、有无关节盘的加入、关节周围的骨突起大小、关节周围肌群的强弱和收缩幅度以及年龄和性别等。如肩关节的关节头大、关节盂浅、关节面弧度差大、关节囊薄而松弛，所以其活动度很大，但是关节周围的骨骼肌静力收缩又使关节面能够紧密贴合在一起而不脱位。而在髋关节中，关节头大、髋臼深、弧度差小，关节囊厚而致密，韧带多而强，周围又有强大的骨骼肌，所以其活动度小，而稳定性好。

（肖建兵）

第三节　肌肉的基本结构与功能

01章03节

人体骨骼肌有600多块，多数呈对称性分布，是人体内数量最多的一种组织，几乎占体重的一半。骨骼肌是运动系统中的动力部分，在神经系统的支配与调节下，骨骼肌依靠收缩牵引骨绕关节运动，完成日常生活中的各种动作。

一、肌肉的运动学基础

（一）肌肉的组成、类型及特性

1. 肌肉的组成　完整的肌肉由肌束组成，肌束由肌纤维组成，每个肌纤维又由肌小节组成。肌小节是具有收缩性的结构单位，由许多相互穿插肌丝组成，肌丝分为粗肌丝和细肌丝两种，粗肌丝主要由肌球蛋白（myosin）组成，细肌丝由收缩蛋白和调节蛋白组成。

肌小节是肌力产生的功能单位，它们以串联和并联的方式排列。对于一条肌原纤维来讲，既有肌小节的串联关系，又有肌小节的并联关系。肌纤维内部含有丰富的肌管系统。肌管系统是与肌纤维收缩功能密切相关的另一个重要结构。它包括由凹入肌纤维内的肌膜和肌纤维内的肌质网分别组成的横管系统和纵管系统（图1-37）。

肌肉周围的结缔组织主要包括肌膜、肌腱和韧带等。肌膜包括肌外膜、肌束膜和肌内膜。肌膜由结缔组织组成，包含胶原纤维和弹性纤维，它包裹着肌肉的收缩成分，与肌肉的收缩成分大致呈并联关系，称为肌肉的并联弹性成分。肌腱位于肌肉的两端，由弹性纤维平行排列而成，具有一定的弹性，与肌肉呈串联关系，称为肌肉的串联弹性成分。它和韧带相融合，将肌肉固定在骨上。在肌肉收缩和被动伸展时，并联和串联弹性成分产生张力，储存能量，在肌肉舒张和回缩时，能量释放。两种弹性成分的作用是：保证肌肉随时可以收缩，并有一定的肌张力；保证收缩成分在收缩结束时能够恢复原状；当收缩成分松弛时，使其不会被过度牵伸，从而减少肌肉损伤的危险。肌肉周围的结缔组织具有保证肌肉舒缩活动、传递肌力和协调肌肉运动的功能作用。

筋膜是肌肉的辅助装置的一部分，遍布全身各处，可分为浅筋膜和深筋膜两种。

浅筋膜又称皮下筋膜，位于真皮之下，由疏松结缔组织构成，内富有脂肪。脂肪的含量因身体的部位、性别和营养状态而不同。

深筋膜又称固有筋膜，位于浅筋膜的深面，由致密结缔组织构成。深筋膜与肌的关系密切，随肌的

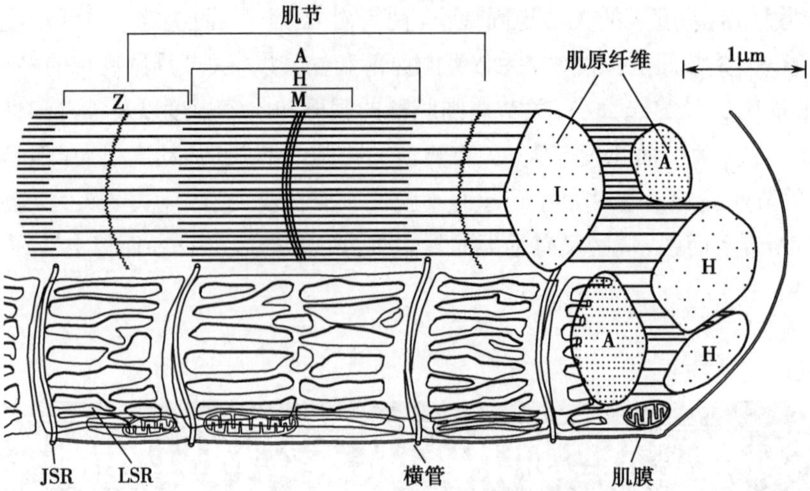

图 1-37 骨骼肌肌纤维和肌管系统

分层而分层。在四肢，深筋膜插入肌群之间，并附着于骨，构成肌间隔，将功能、发育过程和神经支配不同的肌群分隔开来，与包绕肌群的深筋膜构成筋膜鞘保证其单独活动。深筋膜还包绕血管、神经形成血管神经鞘。

2. 肌肉的类型 肌纤维可分为红肌纤维和白肌纤维两类。前者对刺激产生较缓慢的收缩反应，也称为慢肌；后者对刺激常产生快速地收缩反应，也称为快肌。与白肌相比，红肌具有较丰富的血液供应，能够承受长时间的连续活动；而白肌能在短时间内产生巨大张力，即爆发力，但随后极易陷入疲劳。红肌和白肌的神经支配不同。

根据肌肉的收缩特点，又可分为：快缩纤维（fast-twitch fiber）和慢缩纤维（slow-twitch fiber），与前面白肌纤维和红肌纤维相一致。快缩纤维也称Ⅱ型肌纤维，具有较高糖酵解能力和收缩速率快的特点，快缩纤维又分Ⅱa 型即快速氧化 - 糖原分解型（FOC）和Ⅱb 型即快速 - 糖原分解型（FG）两类。慢缩纤维也称Ⅰ型肌纤维或缓慢 - 氧化型（SO），其收缩速度仅为Ⅱ型纤维的一半。由于慢缩纤维具有较多的线粒体和高浓度的氧化酶，所以可以持续地进行有氧代谢。

肌纤维的特性与功能关系密切（表 1-3）。不同特性的肌纤维，在不同功能肌群中的组成成分各不相同或呈现不同比例，从而表现出各肌群不同的运动特性。在维持姿势的以静力性工作为主的肌中，红肌纤维的比例较高，以动力性工作为主的肌中红肌纤维的比例较低。快缩纤维适用于需急停、急动等力量性运动的项目，如举重、篮球、足球、曲棍球等，因而在这些运动个体的肌中，快缩纤维比例相对占优势；而慢缩纤维则在中、长距离跑步，游泳等耐力性运动项目运动个体的肌肉中表现更为显著。

在同一运动单位内，有的肌纤维是平行排列的，有的肌纤维则是交错串联排列的。这种复杂的三维空间排列方式，影响整块肌的力学特性。如果两个运动单位的肌纤维以串联方式排列，并且在运动中同时被募集时，其共同作用结果是产生位移；若两个运动单位的肌纤维以并联方式排列，则两个运动单位产生的力可叠加，而位移不叠加。因此，运动单位内肌纤维排列方式的多种组合可以提供几乎无限种肌产生力和位移的方式。

3. 肌肉的特性

（1）物理特性：①伸展性：肌在外力作用下可被拉长，为肌肉的伸展性；②弹性：当作用于肌肉的外力去除后，肌肉又恢复到原来形状，为肌肉的弹性；③黏滞性：肌肉活动时由于肌浆内部各分子之间相互摩擦产生的阻力为肌肉的黏滞性。

肌肉的物理特性受温度的影响，当肌肉温度升高时，肌肉的黏滞性下降，伸展性和弹性增加。

表 1-3 骨骼肌纤维类型及特性

特性	白肌Ⅰ型纤维(FG)	白肌Ⅱ型纤维(FOG)	红肌纤维(SO)
肌纤维的类型	快	快	慢
肌纤维大小	大	大	小
肌球蛋白 ATP 酶活性	高	高	低
肌质网的发达程度	发达	发达	差
对 Ca^{2+} 亲和力	高	高	低
线粒体数量	少	少	多
线粒体酶活性	低	高	高
毛细血管数量	少	中等	多
糖原贮量	多	多	少
糖酵解能力	强	强	弱
有氧氧化能力	弱	强	强
神经支配	大 α 运动神经元	大 α 运动神经元	小 α 运动神经元
收缩速度	快	快	慢
收缩力量	大	大	小
抗疲劳性	弱	弱	强

(2) 生理特性：①兴奋性：骨骼肌是可兴奋组织，即具有对刺激产生兴奋的能力；②传导性：当骨骼肌细胞肌膜的一处兴奋后，以动作电位(局部电流)形式沿着肌膜传遍整个细胞膜，并迅速传导到肌细胞深处，引起肌细胞的收缩；③收缩性：肌肉受到刺激产生兴奋后，即产生肌细胞的收缩反应。

(二) 肌肉的功能及运动形式

1. 肌肉的功能 肌肉是人体运动的发动机，产生运动是肌肉的基本功能，此外，肌肉还具有支撑骨、维持姿势、保护身体和产热的功能。

肌肉是具有黏弹性的可收缩组织，通过肌腱或韧带等与骨连接。肌肉两端附着处分别称为肌的起点和止点。肌肉的起点是骨上的附着点，使得肌肉收缩时保持相对固定的位置。肌肉的止点通常是在肌的远端，是肌肉移动最大时的附着点。肌收缩时，产生张力，肌肉的起、止点既可保持相对静止以维持姿势(等长收缩)，又可发生位移而引发骨关节运动(等张收缩)。

肌肉可通过对抗重力以保持身体直立，通过稳定关节来提供支撑和保持各种姿势。即使静止不动，不同肌群仍保持有序的舒缩活动，以支撑骨和脏器具有保护作用。肌肉在收缩的过程中产生热量，以保持体温的相对恒定，寒冷时，非随意肌的收缩增加形成肌颤抖，可使产热增加，以调节体温。

2. 肌肉的运动形式 肌肉的运动是肌肉的内力与外力相互作用的结果。肌肉的运动产生两种基本的运动形式：静力性运动和动力性运动。

(1) 静力性运动：静力性运动亦被称为等长运动或等长收缩。等长运动时，肌肉的张力或应力作用在附着点上，起止点无位移；此时肌肉的收缩力与阻力相等，肌肉长度保持不变，不引起关节运动，因此等长运动不产生运动动作，也不做功。等长运动时，外力与肌肉本身所产生的最大张力(即内力)相等，大小则视主观用力程度、对抗重力或固定阻力而定。等长运动是固定体位和维持姿势时主要的肌肉运动形式，如半蹲位时的股四头肌收缩、紧咬下颌时咀嚼肌的收缩等均属肌肉的等长运动。

肌紧张也是肌肉的等长运动形式之一。等长运动时，肌肉常处在部分收缩状态。神经系统大约 10% 的肌细胞持续地发送信号使之保持收缩，使得整个肌肉的肌细胞轮流收缩以避免疲劳。此外，极度完全的肌等长运动可导致肌肉强直。

（2）动力性运动：动力性运动是指形成运动动作的肌肉的运动形式。动力性运动分为向心运动和离心运动。

向心运动也称向心收缩（concentric contraction），是指肌肉收缩时，肌肉的长度缩短，两端附着点互相靠近。肌肉的向心运动作用是促发主动的肌肉收缩。如上楼梯时股四头肌的缩短收缩，握拳和屈膝等。

离心运动也称离心收缩（eccentric contraction），是指肌肉收缩时肌力低于阻力，使原先缩短的肌肉被动缓慢拉长，呈现延长收缩。肌肉的离心运动的作用是促发拮抗肌的收缩，以稳定关节、控制肢体动作或肢体坠落的速度。如下楼梯时股四头肌的延长收缩。离心收缩常被用于对抗重力或减慢某种运动，如将物体缓慢放到桌面上需要肌肉收缩并握持物体以对抗重力，使物体缓慢稳定被放下。

人体运动很少是单一的向心、离心或等长运动。肌肉不同运动形式的组合需要身体承受不同压力，例如跑和跳的运动动作组合。某些外力，如重力也会使肌肉被拉长。在许多情况下，肌肉先做离心运动，紧接着做向心运动。离心运动与向心运动结合在一起形成了自然的肌肉功能活动，称为牵拉-缩短周期，这是一种经济的运动方式，从而增强肌肉的能力。

静力性运动和动力性运动在日常生活、康复训练和竞技体育中常结合运用，这是肌力训练的有效运动方式，它可以预防肌萎缩、增强肌力并提高运动的技能和水平。

（三）肌肉功能状态指标

肌肉收缩必须有完好的神经支配。一个前角细胞，它的轴突和轴突分支，以及它们所支配的肌纤维群，合起来称为运动单位。一个运动单位可含有很少几个肌纤维，如眼外肌有6～12条，也可达数百条，如臀大肌可高达150～1600条。运动单位是肌收缩的最小单位，一块肌肉收缩时，可能仅仅有部分运动单位发挥作用。肢体不运动时，每块肌也有少数运动单位轮流收缩，使肌肉处于一种轻度持续收缩状态，保持一定的肌张力，以维持躯体姿势。

肌肉的力学性质复杂，与组成肌肉各成分的力学特性以及肌肉的兴奋和疲劳状态有关。肌肉是产生力的器官，了解肌肉产生力的基本特征和规律十分必要。

运动通过不同肌群协调有序地延长与缩短来实现。良好的肌肉功能状态是运动的基础。反映肌肉功能或状态的指标有肌力、快速力量、肌耐力和肌张力。

1. 肌力 是肌肉收缩时所表现出来的能力，以肌肉最大兴奋时所能负荷的重量来表示。肌力体现肌肉主动收缩或对抗阻力的能力，反映肌肉最大收缩水平。

影响肌力的因素主要包括：

（1）肌肉的生理横断面：肌肉由肌纤维组成，垂直于肌纤维的横断面的总和称为肌肉的生理横断面。单位生理横断面所能产生的最大肌力称为绝对肌力。在研究离体肌肉时，把每根垂直横切的肌纤维切面加起来，再将总和乘以肌肉的平均厚度，就得到生理横断面。纤维呈平行排列的肌肉如缝匠肌，生理横断面即为肌腹的横断面。此类肌肉生理横断面较小，肌纤维较长，其肌力较小，但收缩幅度较大。肌纤维呈立体的半羽状或羽状排列的肌，其生理横断面大于肌腹的横断面，肌纤维相对较短，此类肌肌力大，但收缩幅度较小。

（2）肌肉的初长度：肌肉的初长度是指肌肉收缩前的长度，即前负荷。在生理范围内，肌力与肌肉的初长度紧密相关。当肌肉被牵拉至静息长度的1.2倍时，肌小节功能最佳，产生的肌力也最大。例如在投掷铅球时，必须充分屈曲肘关节，以尽可能牵张肱三头肌，然后利用肱三头肌急剧收缩时产生的力量将铅球抛出。

（3）肌肉募集：肌肉收缩时同时被激活的运动单位的数量，反映肌肉的募集状态。肌肉募集受中枢神经系统功能状态的影响，当运动神经发出的冲动强度增大或频率增加时，被动员或激活的运动单位也增多。参与收缩的运动单位数量越多，肌力越大。

（4）肌纤维走向与肌腱长轴的关系：通常肌纤维走向与肌腱长轴一致，但在一些较大的肌肉中，部分肌纤维可与肌腱长轴成角，形成羽状连接。这种羽状连接成角越大，可募集的肌纤维越多，产生的肌力也越大。如腓肠肌等快肌，具有较强大的收缩力。而比目鱼肌等慢肌的肌纤维与肌腱的连接很少成角，因而可募集的肌纤维相对较少，肌力相对较低，但肌肉收缩时间则较为持久。

（5）杠杆效率：肌肉收缩产生的实际力矩输出，受运动节段杠杆效率的影响。有学者报道髌骨切除后股四头肌力臂缩短，使伸膝力矩减小约30%。

肌力异常主要表现为肌力减退。

2. 快速力量 是指肌肉或肌群在一定速度下所能产生的最大力量。可以通过单一身体运动、多个身体运动或在有氧运动条件下的重复运动测得。快速力量由启动力量、爆发力量（爆发力）和制动力量组成。爆发力是指在最短的时间内发挥肌力量的能力，采用最大力量与达到最大力量的时间之比来评定。爆发力由肌力和肌肉收缩速度两个因素所决定，肌力是基础，收缩速度是爆发力关键。

3. 肌耐力 是指肌肉在一定负荷条件下保持收缩或持续重复收缩的能力，反映肌肉持续工作的能力，体现肌肉对抗疲劳的水平。

4. 肌张力 是指肌肉在安静时所保持的紧张度。肌张力与脊髓牵张反射有关，受中枢神经系统的调控。肌张力常通过被动运动感知处于放松状态的肌肉的阻力程度进行评测，以评判主动肌群与拮抗肌群间（或互为拮抗肌）的收缩与舒张活动有无失衡，或是否协调。

肌张力异常是肌肉失神经支配（如脊髓损伤）和（或）调节功能障碍（如脑损伤）的结果。肌张力异常有两种，即肌张力增强和肌张力减退。肌痉挛及肌强直是肌张力增强的典型表现，软瘫是肌张力减退的常见表现。

肌力、快速力量、肌耐力和肌张力反映肌的功能状态，是影响运动能力和运动质量的重要因素。

（四）肌肉的协同

任何一个动作都不是单一肌肉独立完成的，需要一组肌群的共同协作才能实现，这就是肌肉的协同作用。肌肉在不同的运动中的作用可各不相同，运动的本身决定其所承担的角色。

根据肌肉在某一具体运动中的功能作用，可将肌肉分为原动肌、拮抗肌、固定肌和中和肌。

1. 原动肌（agonist） 直接完成动作的肌群称为原动肌，其中起主要作用者称为主动肌，协助完成动作或仅在动作的某一阶段起作用者称为副动肌。例如在屈肘运动中起作用的肌肉有肱二头肌、肱肌、肱桡肌和旋前圆肌；其中起主要作用的是肱二头肌和肱肌，称为主动肌；肱桡肌和旋前圆肌则为副动肌。又如股四头肌是完成伸膝动作的主动肌。

2. 拮抗肌（antagonist） 与原动肌作用相反的肌群称为拮抗肌。当原动肌收缩时，拮抗肌应协调地放松或作适当的离心收缩，以保持关节活动的稳定性及增加动作的精确性，并能防止关节损伤。例如在屈肘动作中，肱三头肌是肱二头肌的拮抗肌，肘肌则是肱肌的拮抗肌；但在伸肘动作中，肱二头肌是肱三头肌的拮抗肌，肱肌则是肘肌的拮抗肌。在膝关节伸展时，股二头肌使膝关节屈曲，成为股四头肌的拮抗肌。原动肌和拮抗肌可互为拮抗肌。

3. 固定肌（fixator） 为了发挥原动肌对肢体运动的动力作用，必须将肌肉相对固定的一端（定点）所附着的骨或更近的一连串骨充分固定。参加这种固定作用的肌群，通称为固定肌。例如在上臂体侧下垂的屈肘位作腕关节屈伸负重活动时，必须固定肩、肘关节，这时起固定肩、肘关节的肌群均称为固定肌。

4. 中和肌(neutralizator) 其作用为抵消原动肌收缩时所产生的一部分不需要的动作。例如做扩胸运动时，斜方肌和菱形肌都是原动肌。斜方肌收缩除使肩外展扩胸外，还可使肩胛骨下角外旋；菱形肌收缩使肩胛骨移向脊柱以产生扩胸效应的同时，可产生肩胛骨下角的内旋。这种肩胛骨下角的内、外旋常可削弱扩胸效应。但斜方肌和菱形肌同时收缩时所产生的动作可相互抵消，因此两者又互为中和肌。

副动肌、固定肌和中和肌通常统称为协同肌(synergist)。肌肉的协作关系随着动作的改变而变化。如作用于腕关节的桡侧腕伸肌、尺侧腕伸肌、桡侧腕屈肌和尺侧腕屈肌：在做伸腕动作时，桡侧腕伸肌和尺侧腕伸肌为原动肌，而桡、尺侧腕屈肌为拮抗肌；桡侧腕伸肌和尺侧腕伸肌同时收缩，使腕向桡侧和尺侧屈曲的作用相互抵消，因此又互为中和肌；在向桡侧屈曲腕关节时，桡侧腕伸肌和桡侧腕屈肌同为原动肌，尺侧腕伸肌和尺侧腕屈肌则为拮抗肌；桡侧腕伸肌和桡侧腕屈肌同时收缩使腕伸、屈的作用相互抵消，因而又互为中和肌，此时固定肘关节的肌群即为固定肌。

5. 多关节肌 跨过一个关节的肌肉叫做单关节肌，如肱肌。跨过两个或两个以上关节的肌肉叫做多关节肌，如股直肌。多关节肌由于跨过的关节多，工作时会出现多关节肌“主动不足”和多关节肌“被动不足”。

(1) 多关节肌“主动不足”：多关节肌作为原动肌工作时，其肌力充分作用于一个关节后，就不能再充分作用于其他关节，这种现象叫多关节肌“主动不足”(其实质是肌力不足)。如充分屈指后，再屈腕，则会感到屈指无力(原来握紧的物体有松脱感)，这就是前臂屈肌群发生了多关节肌“主动不足”现象。

当多关节肌收缩达到一定限度时，对其中一个关节发挥作用后，就不能再产生有效的张力，因此，对另一个(或其余)关节就不能充分发挥作用，这种现象称为多关节肌的“主动不足”(或主动肌的“主动不足”)。如当腕背伸位或中立位时可以很充分屈指，而在屈腕情况下再屈指，则会感到力量不足，这是因为屈腕再屈指超过了肌肉牵拉的限度，因此限制了握拳动作，即前臂屈肌群的“主动不足”。

(2) 多关节肌“被动不足”：多关节肌作为对抗肌出现时，已在一个关节处被拉长后，在其他的关节处再不能被拉长的现象，叫多关节肌“被动不足”(其实质是肌肉伸展不足)。如伸膝后再屈髋，即直腿前摆，腿摆得不高，这是由于股后肌群发生了多关节肌“被动不足”。

当多关节肌被拉长伸展时，在其中一个关节已经被拉长后，另一个(或其余)关节就不能充分被拉长，这种现象称为多关节肌的“被动不足”(或拮抗肌的“被动不足”)。例如，当仰卧位膝关节屈曲时，髋关节屈曲可达120°，而当膝关节伸直时，髋关节屈曲幅度就小得多，这是股后肌群“被动不足”的现象。

(五) 肌肉在平衡与协调中的作用

人体在各种情况下能够保持平衡，这有赖于中枢神经系统控制下的感觉系统和运动系统的参与、相互作用以及合作。

1. 肌肉对脊柱稳定及其功能的影响 人体姿势及运动状态的保持，依赖于脊柱的稳定。维持脊柱稳定的结构有骨关节、韧带和肌肉。骨关节和韧带被认为是脊柱的内部稳定结构；肌肉被视为脊柱外部稳定结构。

(1) 骨关节对脊柱稳定性的影响：椎体和关节突的形状限制着脊柱的活动范围，椎间盘连结椎体可避免彼此过度滑移。椎骨间韧带也控制着脊柱的活动，如椎弓间韧带、棘间韧带和后纵韧带可限制脊柱的过度前屈；前纵韧带防止过伸，横突间韧带防止脊柱的过度侧屈等。

(2) 肌肉对脊柱的作用：与骨关节和韧带不同，肌肉对脊柱具有保持脊柱稳定和协同脊柱运动的双重作用，并发挥主动调节功能，这是调节脊柱平衡的关键要素。相关功能肌群主要是腰肌和背肌。背肌主要包括浅层的背阔肌和深层的骶棘肌。腰肌主要包括腰方肌和腰大肌，此外间接作用于腰背部脊柱的肌有腰前外侧壁肌、臀大肌、臀中肌、臀小肌、股二头肌、半腱肌及半膜肌等。这些肌群的协调配合，以实现脊柱对身体的支撑，负重、减震、保护和运动等功能。

2. 肌肉的协同作用 多个肌群在一起工作所产生的合作性动作被称为协同动作。协同动作中肌肉的运动以固定的空间和时间关系模式进行。正常的协调性运动就是将多种不同的协同动作组织和编排在一起的结果。姿势协同动作通过下肢和躯干肌以固定的组合、固定的时间顺序和强度进行收缩的运动模式从而达到保护站立平衡的目的。

姿势协同动作通过三种运动模式对付外力或支撑面的变化以维护站立平衡，即踝关节协同动作模式、髋关节协同动作模式以及跨步动作模式。踝关节协同动作指身体重心以踝关节为轴心，进行前后转动或摆动，类似钟摆运动。髋关节动作模式是通过髋关节屈伸来调整身体重心和保持平衡。跨步动作模式是通过向作用力方向快速跨步来重新建立重心的支撑点或站立支持面以建立新的平衡。当身体重心达到稳定极限时，上肢、头和躯干运动以建立反应性平衡，以防止跌倒或失去平衡。

此外，在许多不稳定的随意运动开始之前，身体的某些部位就已预先出现肌肉的收缩活动和人体重心的转移，这种预备性姿势调整在快速协调运动中保持平衡是非常重要的。

需要强调的是，机体的平衡和协调功能可在反复训练中逐步提高，肌肉的结构和功能是基础，神经系统对运动的控制是关键。静态平衡需要肌肉的等长收缩，动态平衡需要肌肉的等张收缩。

二、肌肉的运动适应性

（一）肌肉训练的结构基础

1. 肌肉训练的结构基础 研究表明，在一定的神经兴奋状态下，肌力的大小与所能形成的横桥总数成正比。肌力的大小与肌肉横断面积紧密相关，肌肉横断面积由肌原纤维总量以及每个肌原纤维的横断面积的大小决定。由于每条肌原纤维的 ATP 含量基本相同，所以增加肌原纤维的总量和肌的横断面积是增加肌力的有效途径。

肌原纤维的增生与萎缩随着其所受应力的变化而变化。

有报道认为，在结构水平上，增强肌力训练可以增加肌原纤维的量和每条肌原纤维横断面的面积，从而使整块肌肉肥大，肌力增强。

肌力训练还可以使肌肉的功能得到提高：①肌肉相关功能蛋白的合成增加，糖酵解功能增强，对乳酸的耐受能力增强；②肌肉毛细血管和线粒体的数量增加，肌肉对氧的利用能力增强，ATP 生成和利用能力也显著增强；③肌肉的反应时间缩短，弹性改善，力量与耐力增强；④肌肉自我调节能力增强，恢复时间缩短。

肌肉的结构和功能变化受运动强度和运动方式的影响，这是康复运动训练的基础。肌肉训练伴随的心肺功能的适应性变化，为肌肉的结构和功能变化提供支持和保障。

2. 肌肉的应力 - 应变特性 骨骼肌运动的力学特征主要表现在肌收缩时长度与张力、张力与速度的变化。

（1）肌肉收缩的长度与张力关系：骨骼肌收缩的长度 - 张力关系是指前负荷（肌肉收缩前所承受的负荷）对肌肉收缩时张力的影响。如果在后负荷固定的条件下改变前负荷，即改变肌肉的初长度（肌肉在收缩前被拉长的长度）后，观察肌肉收缩所产生的张力变化，可以看到随着前负荷的增大，肌肉的初长度逐渐增加，肌肉收缩的张力也增大。当肌肉的初长度增加到一定程度时，肌肉产生张力达到最大，如果此时再继续增加肌肉的初长度，肌肉产生的张力却减小，由此得到骨骼肌的长度 - 张力关系曲线

（图 1-38A）。使肌张力达到最大时的初长度就称为最适初长度，其负荷称最适前负荷。

肌肉在最适初长度时能产生最大张力的原因是粗细肌丝处于最理想的重叠状态，即此时起作用的横桥数目达到最大，而初长度小于或超过最适初长度时，改变了粗细肌丝最理想的重叠状态（图 1-38B），起作用的横桥数目减少，因此，肌肉的初长度超过或明显小于最适初长度时肌肉产生的张力（主动张力）都减小。实验表明，肌小节的最适初长度应在 2.0～2.2μm。

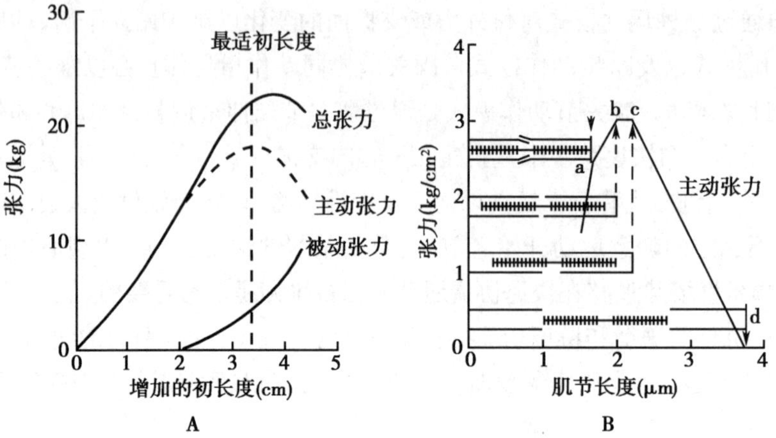

图 1-38 骨骼肌的长度 - 张力曲线

A. 被动张力是指肌收缩开始前所产生的张力，与前负荷及本身弹性有关。主动张力是肌收缩时所产生的张力。主动张力叠加于被动张力为总张力。当初长度超过最适初长度后，被动张力迅速增大，而主动张力反而减小，当这两条曲线相遇时，则肌收缩不再产生张力；B. 肌肉的初长度超过或明显小于最适初长度时，肌产生的主动张力都减小

一般认为，骨骼肌的最适初长度要稍长于自然长度，因此预先增加肌肉的初长度可增大肌肉收缩的力量。某些运动项目，如投掷与跳跃等，运动开始时预先增加骨骼肌的初长度，可以使收缩力量增强。

（2）肌肉收缩的张力与速度关系：骨骼肌收缩的张力与速度关系是指后负荷对肌肉收缩速度的影响。当肌肉开始收缩时，由于后负荷（肌肉开始收缩时遇到的负荷或阻力）的存在，肌肉不能立即缩短，而首先表现为张力增加以克服负荷或阻力。当张力增加到与负荷相等或稍超过负荷的瞬间，负荷不再能阻止肌的缩短，于是肌肉以一定的速度缩短，并移动负荷，直至收缩结束，然后再逐渐舒张。

肌肉在有负荷的条件下进行收缩，总是首先出现张力变化，然后才发生肌肉长度的缩短，并且从收缩开始到结束，肌张力维持不变。

在实验中，如果逐渐增加肌肉的后负荷，肌肉收缩产生的张力逐渐增大，但肌肉收缩的速度和缩短的长度却逐渐减小。当负荷增加到超过某一数值时，肌肉已不能再缩短，此时肌肉缩短的速度等于零，但肌肉产生的张力达到最大（称肌肉的最大张力，简称 P_0）。由于肌肉缩短的距离为零，故从理论上说，肌肉是没有做功的，反之，逐渐减小肌的后负荷，肌肉收缩的速度和缩短的长度逐渐增大，但张力则逐渐减小。当负荷减小到零时，肌肉缩短速度达到最大，简称最大缩短速度。肌肉在后负荷作用下表现的张力和速度的关系描绘在坐标上可得到张力 - 速度关系曲线（图 1-39）。

以上所述肌肉收缩的张力与速度关系是由肌肉本身的物理性质决定的，反映了肌肉组织的黏弹性，即肌肉的收缩成分不能随长度变化而立刻变化。

运动训练可改变肌收缩的张力—速度曲线，使张力—速度曲线向右上方偏移，表现为在相同的力量下，可发挥更大的速度或在相同的速度下肌肉产生更大的力量。

肌肉的应力 - 应变特性可反映运动单位相互力学作用的效果。一根肌纤维或一组肌纤维产生的力

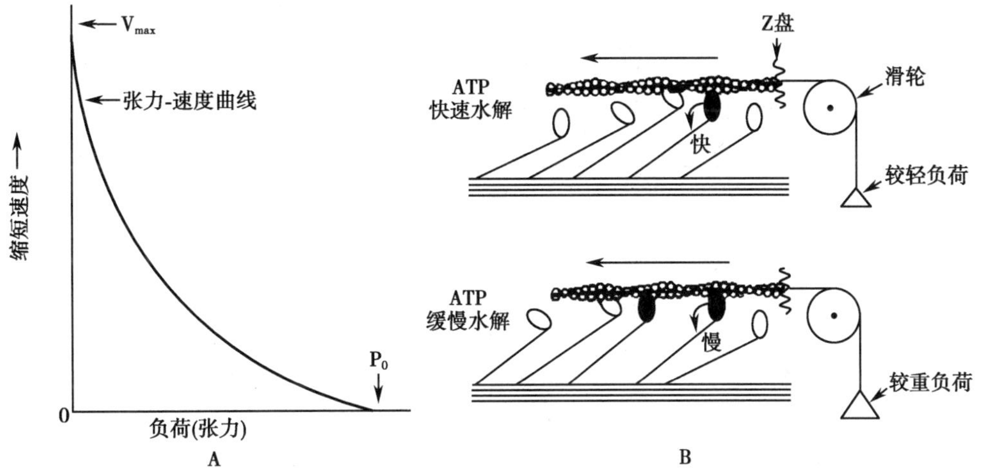

图 1-39 骨骼肌的张力 - 速度关系曲线

越大，作用于串联排列的收缩组织的作用力也越大。串联排列组织所受作用力的大小取决于串联肌纤维的激活状态，以及运动单位产生的力的水平。

动态的应力 - 应变关系的重要性体现在两个方面：首先，动态的应力 - 应变关系能影响被激活的运动单位的力、速度和时间特征；其次，施加于组织的作用力可能会成为引起损伤的因素。一般认为，肌肉运动时会产生拉力，引起肌内结缔组织、肌纤维或肌 - 腱连接损伤（断裂）。如半腱肌的串联排列区域可视为两个串联的肌纤维，不同部位受到刺激可使整块肌肉表现不同应力 - 应变特征。肌肉一端单独受到最大刺激时产生的最大肌力与两端同时受到刺激时所产生的力是相等的；但前者的受刺激端肌肉可呈现向心运动，另一端则呈现离心运动；后者的两端均受刺激，则均呈向心运动。因此前者的肌肉两端的位移常不如后者显著。这种不同的应力 - 应变关系可能是不同肌肉运动损伤差异的重要原因。

3. 牵拉 - 缩短周期

（1）牵拉 - 缩短周期的性质和特点：如前所述，肌肉的运动基本上被分成静力性和动力性两类。静力性的等长收缩，动力性的向心运动或离心运动。由于身体运动环节周期性地受到力的冲击，所以肌肉的运动很少只包括孤立的等长收缩、向心运动或离心运动形式，这种运动分类并没有表现肌肉自然的运动形态。例如行走、跑、跳，或受到其他外力作用的条件状态等。

人体行走和奔跑运动不同于车轮转动。车轮的重心位置总是正好位于与地面接触点的上方，而且垂直于前进的路线，而人的行走和奔跑运动更像立方体的“滚动”，当与地面发生接触时，会产生很大的冲击负荷。与地面发生接触之前，肌肉先被激活（图 1-40A），准备对抗这种冲击，同时肌肉被拉长（离心运动）（图 1-40B），拉长后出现缩短（向心运动）（图 1-40C），即肌先做离心运动，紧接着做向心运动，离心和向心运动的结合构成肌功能的一个自然类型，我们称其为牵拉 - 缩短周期。

总之，机体的运动涉及多个关节和肌群，在复杂而协调自如的运动中，每块肌肉通常都以牵拉 - 缩短周期的运动形式实现各自的运动功能。即肌肉先做离心运动，紧接着做向心运动。在离心运动时，肌肉被拉长，这是主动运动过程。离心和向心运动的循环往复，形成肌的自然运动形式。

肌肉以牵拉 - 缩短周期运动为主的自然运动，包含主要由离心运动引起的高强度的力的调节性释放。这种高强度的力有利于肌 - 腱复合体中弹性应变能量的贮存。在随后的缩短阶段，这种贮存能量的一部分能被重新获得，并被用于提高运动效能。

牵拉 - 缩短周期的作用是使离心运动后的向心运动比单纯的向心运动更为有力。大量的科学研究表明，肌肉在缩短（向心运动）前先主动伸长（离心运动），可增加弹性势能，使肌肉做功增加，这是牵拉 - 缩短周期中力量和爆发力弹性势能增强的机制。

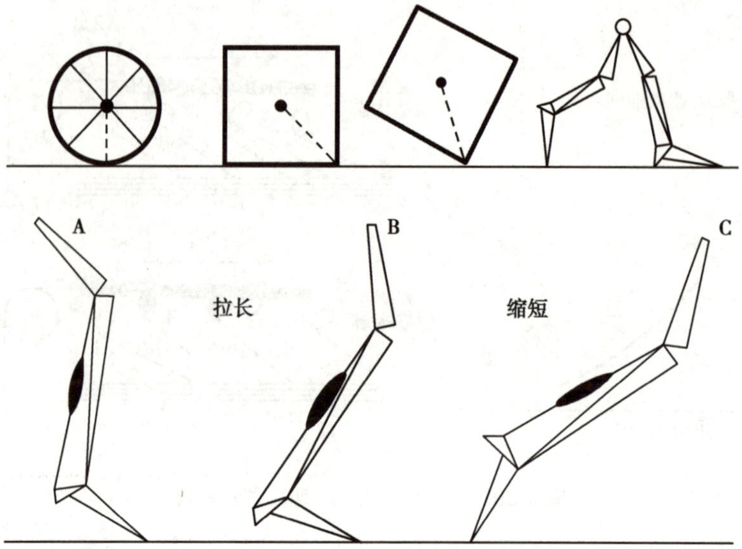

图 1-40 牵拉 - 缩短周期

（2）牵拉 - 缩短周期运动的机械效率：肌肉的运动形式不同，机械效率也不同。肌肉缩短或拉长的速度差异，也对机械效率数值产生影响。在牵拉 - 缩短周期中，不同的负荷条件，产生不同的机械效率。向心运动的机械效率，受向心运动的缩短速度的影响，两者并非线性关系，而是随着缩短速度的增加而减小。而在离心运动中，机械功增加时，机械效率都有所增加。离心运动的机械效率是非常高的，但并非一成不变，个体间的差异非常显著。通过提高牵拉速度，可以提高机械效率。图 1-41 显示了预牵拉负荷（负功）增加时，牵拉 - 缩短周期运动中正功效率的提高情况。结果表明，通过调整前面的离心牵拉负荷，可以在很大程度上改变恒定的向心运动的效率。

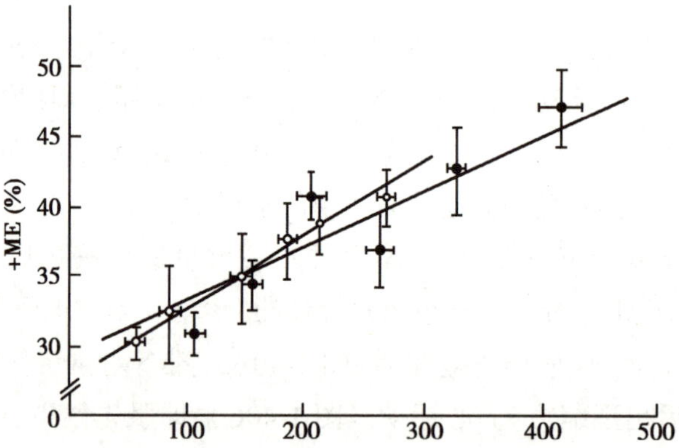

图 1-41 在牵拉 - 缩短周期运动中，正功的机械效率（+ME）与预牵拉强度（负功 Wneg）间的关系（Aura 和 Komi）

●男性；○女性

（二）肌肉的运动适应性

肌肉具有适应它需要完成的各种运动的内在能力，这种适应性随着正常的生长发育以及对运动的反应逐渐形成。通过肌肉结构和功能改变以适应运动环境的变化，可以表现为运动增强导致的肌增大或增生、力量增强，也可以因运动不足而呈现肌萎缩和力量衰减。

从解剖和生理方面来看，当成人肌肉以超过其最大产力能力的 60%～70% 的强度做功时，就会出现使总肌肉体积（横截面积）和力量增加的适应性结果。理论上说，肌肉体积的增加可能是由肌纤维体积的增加、肌纤维数量的增加和（或）间质结缔组织的增加引起的，但由于结缔组织在肌肉总体积中所占的比例很小，因此，它对肌肉体积变化所起的作用也非常有限。肌纤维体积的增加是对抗阻力等功能性超负荷训练的反应。

肌肉的运动适应受运动环境的影响，这种环境变化与运动方式有关。无论是肌肉的等长运动、向心或离心运动，还是牵拉 - 缩短周期运动，都包括以下基本要素：运动负荷、运动时间和运动频次。运动基本要素的变化，可产生与之适应的组织和生物化学改变。因此，肌肉的运动适应也可为短期的急性适应和长期的慢性适应。

1. 急性适应 肌肉的急性适应可视为运动即刻、短时或运动早期肌肉的结构和功能变化。因此，肌肉的急性适应，与其说是适应，不如说是变化更为贴切。

通常肌肉急性适应阶段所受的负荷越小、时间越少、运动频次越低，则肌肉的结构和功能变化越小；反之则越大。此外，肌肉对运动基本要素的变化的适应与肌肉自身的结构和功能状态紧密相关，否则极易导致损伤的发生。

2. 慢性适应 肌肉对力量刺激的长期适应的结果表现为肌肉形态、结构和功能变化。具体可表现为：

（1）肌原纤维的蛋白质含量增加、肌肉横截面积增加；肌力和肌肉力量技能增加。

（2）耐力训练可引起肌纤维类型成分发生改变，促进快肌纤维向慢肌纤维转换；力量训练可使快肌纤维 b 型（Ⅱb 型）明显转变为快肌纤维 a 型（Ⅱa 型）。

（3）毛细血管改变：研究表明，耐力训练能引起毛细血管增加，以适度高负荷、较大重复率为主的大强度训练方法也可促进毛细血管的增生，而高负荷、低重复率为主的力量训练，并不一定导致新生毛细血管的出现。受肌纤维增大程度的影响，毛细血管增加时，其密度可较运动前增加、保持或降低。

（4）线粒体密度改变：对低等哺乳类动物的研究结果显示，运动引起的肌肉增大与线粒体体积增加密切相关，但对力量训练运动员的研究表明，训练后的肌肉线粒体密度降低。进一步研究表明，运动性肌肉增大产生的线粒体密度降低与肌肉的氧化酶含量降低具有相关关系。

（5）酶含量与活性改变：肌肉中与代谢相关的蛋白酶种类繁多，运动对酶含量与活性的影响较为复杂，不可一言而论。研究表明，力量训练或快速力量训练后，运动员的氧化酶活性正常或基本正常，大负荷力量训练并不能增强参与有氧代谢的酶的活性。而在快速力量或力量训练后，肌激酶的含量与活性有所增加；力量训练运动员快肌纤维酵解酶（例如乳酸脱氢酶）的活性要稍高于不运动的人群。运动后，酶的含量与活性可呈现不同的特征，这些特征与表现具有重要的生理学意义。

（6）肌肉底物水平改变：肌肉底物主要包括：糖原、腺苷三磷酸和磷酸肌酸、脂质和肌红蛋白。

1）糖原：耐力训练引起的肌肉的适应性改变使肌肉静息糖原含量增加。

2）腺苷三磷酸和磷酸肌酸：多回合的力量练习可使腺苷三磷酸和磷酸肌酸储备降低，这种急性的代谢反应为增加高能磷酸化合物储备能力提供适应性刺激，长期的适应结果则表现为肌肉静息磷酸盐水平提高。这种适应结果由肌纤维蛋白水平决定，通常只有在肌纤维蛋白含量增加的情况下，才能出现这样的结果。

3）脂质：尽管耐力训练、力量训练与未经训练人群肌的结构和功能可能存在差异，但三者肌脂质的含量却无显著不同，即脂质对运动刺激呈惰性表现。

4）肌红蛋白：肌肉中肌红蛋白对氧的运输起着重要的作用。尽管慢肌纤维通常比快肌纤维含有更多的肌红蛋白，但耐力训练不能促进人体肌肉中肌红蛋白含量的增加。力量训练后肌纤维体积虽然增大，但肌肉中肌红蛋白含量却相应降低，以适应氧化酶含量降低的肌环境。这说明，长期的力量训练可能会降低肌的摄氧潜力，并可能降低有氧工作能力。

3. 超量恢复原理 运动和运动后肌肉经历了一个疲劳和消除疲劳的过程。肌肉疲劳时，其收缩力量、速度力量和耐力都会明显下降，同时肌肉内能源物质、收缩蛋白和酶蛋白都有所消耗。在休息过程中，这些物质消耗得到补充，生理功能也逐渐得到恢复。在恢复到运动前的水平后，会出现一个超量恢复阶段，即肌肉各项生理指标继续上升并超过运动前的水平，以后逐步下降到运动前的水平，这即是肌肉的超量恢复。肌肉的超量恢复形态功能变化见（图 1-42）。如在下一次肌力训练时，是在前一次肌力训练的超量恢复阶段内进行，那肌肉的形态和功能就会以该超量恢复阶段的生理功能水平为起点，进行运动周期循环，使肌肉的形态和功能得到逐步发展。因此，超量恢复是肌肉训练的生理学基础。

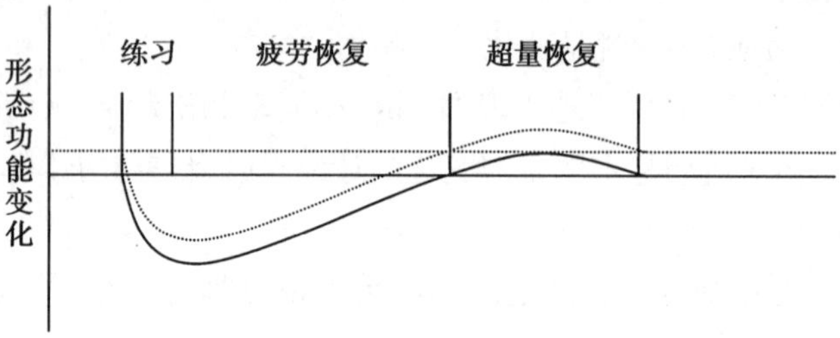

图 1-42 肌肉超量恢复的形态功能变化

不同的训练及负荷可引起不同的肌肉适应性改变，耐力训练如跑步、自行车、游泳等均可加强肌肉有氧代谢能力。但耐力运动中肌肉的用力水平常较低，一般低于最大肌力的 30%，因而不足以刺激肌肉增粗。力量训练为产生较大肌力的肌肉收缩练习，如利用等张、等长、离心收缩可构成相应的等张、等长及离心练习方式。力量训练的主要结果是肌力增加，其主要的形态学改变是肌纤维肥大。代偿性过度负荷是指当部分肌肉受永久性损害时，另一部分肌肉因代偿其功能而经常承受过度负荷，其结果是这些肌肉变得过度肥大。

此外，在康复实践中，制动或肌应力不足，可导致肌肉失腱，失腱后的肌肉功能恢复同样遵循超量恢复原理。

4. 肌肉的增大 力量训练引起的肌纤维增大的显著表现就是肌纤维体积或横截面积的增加，有报道认为，这种增加是肌纤维本身收缩蛋白增加和肌原纤维总数增加的结果。

对成人受试者进行大负荷阻力训练的结果表明，Ⅰ型和Ⅱ型肌纤维的横截面积都有所增加。但增加的幅度各不相同，且增加的幅度取决于多种因素，包括个体对训练的反应、训练计划的强度和持续时间，以及受试者训练开始前的训练状态等。对不同受试者 6 个月抗阻力训练前后肌群的针刺活组织检查的研究结果证明了这种差异。相关研究结果显示，有训练经历的青年男、女股外侧肌Ⅰ型和Ⅱ型肌纤维横截面积无明显变化（Sale 等，1990），而以前未经过训练的青年男子经过 6 个月的肱三头肌训练后，其Ⅱ型肌纤维横截面积增加 33%，Ⅰ型肌纤维面积增加 27%（MacDougall 等，1979）。Brown 等（1988）对老年人（60～70 岁）进行 3 个月的抗阻力训练，结果显示肱二头肌Ⅱ型肌纤维的横截面积增加了 30%，Ⅰ型肌纤维横截面积增加了 14%。MacDougall 等在一项交叉对比研究中发现：优秀健美运动员的肱二头肌Ⅱ型肌纤维横截面积比未经过训练的同年龄对照组约大 58%，Ⅰ型肌纤维横截面积约大 39%。

大多数研究表明，力量训练会使所有类型的肌纤维横截面积增加，但对Ⅱ型肌纤维的影响程度则更为显著。有研究报道大负荷阻力训练可以使人类肌肉中的Ⅱ型亚单元发生转变（Staron 等，1989），但这种训练对Ⅰ型和Ⅱ型肌纤维的组成比例并无影响。

5. 牵拉 - 缩短周期运动的训练适应 肌肉的训练适应与肌肉内环境的变化和肌肉的运动方式有关。肌肉运动后代谢产物的刺激是导致肌肉结构和功能变化的重要原因，这从一个层面阐述了肌肉训练适应机制，这些已有的运动生物化学知识可以较好解释。采用牵拉 - 缩短周期的跳跃练习，可通过改善肌肉强度，提高肌肉的爆发力，对肌肉的力量和快速力量均产生较好的训练效果。运动训练具有增加肌梭长度的作用，这种作用在牵拉 - 缩短周期运动中不断加强，这样可以改善牵拉 - 缩短周期牵拉阶段的肌肉的强度；而具有抑制作用的高尔基氏腱器官功能同步降低时，肌肉的强度则进一步提高。这样就使肌肉可以耐受更大的牵拉负荷，贮存更多的弹性势能，从而改善快速力量和机械效率。

【组织过度应变与肌肉损伤】

肌肉运动时会产生拉力，引起肌肉内结缔组织、肌纤维或肌 - 腱连接损伤（断裂）。肌肉不同的应力 - 应变关系可能是不同肌肉运动损伤差异的重要原因。

肌肉损伤在日常活动中时常发生，在高强度运动中则更为显著。许多肌损伤被称为“肌劳损”，这种“肌劳损”是组织过度应变的结果。组织过度应变可具有以下表现或特征：

（1）日常活动中肌肉、骨骼系统的应力 - 应变性能变化：在肌纤维、结缔组织及其交界面曾出现过大应变，这与肌肉运动和关节活动有关。

（2）肌纤维和肌腱的结合部，即肌 - 腱连接的生物形态学和生物化学特征改变：研究表明：①肌 - 腱连接对应变引起的损伤特别敏感；②动物实验结果显示，肌腱复合体受到过度应变，即被牵拉至衰竭后，可出现显著的形态学改变；③萎缩肌纤维的肌 - 腱连接比正常肌纤维的肌 - 腱连接对于应变更为敏感。因此，肌肉的“受训练”状态能影响肌肉和骨骼损伤的发生率。

（3）疲劳性的运动中易出现肌肉应变性损伤。

（4）强大应力与应力变化对肌的作用：当强大的力作用于肌肉时，特别是在负荷条件下，处于激活状态的肌肉被拉长而不是缩短时，就会产生严重的肌痛。肌痛是肌损伤的重要表现。这可能与肌肉在最大激活状态下及牵拉过程中产生力的大小超过肌肉生理应变范围有关，也与激活的肌肉在牵拉时力量增速太快有关。

了解肌肉的结构及肌的应力 - 应变特性对于预防肌运动损伤，及合理指导肌肉的整体的康复训练具有指导作用和积极意义。

（三）肌肉对物理因子刺激的适应与反应

1. 温度　肌肉在不同的温度条件下的兴奋性不同，面对不同的温度刺激呈现不同的刺激反应，这些反应可能受到神经系统功能的影响。

通常，短暂的冷刺激或热刺激均可使肌的兴奋性和收缩功能增强，随着刺激时间的延长，则表现为肌肉对环境温度变化的适应。长时间的冷刺激或温热刺激有利于痉挛肌的松弛。

2. 电刺激　长期以来，经皮肤肌电刺激（EMS）一直被临床医生用于治疗运动功能受限的患者，应用方面主要包括：促进反射、止痛、延缓肌萎缩和功能退化。这在预防肌功能退减、促进功能恢复方面发挥积极作用。

肌电刺激后肌肉的收缩性能增强，呈现显著的力量增益，肌电刺激作用主要原理如下：

（1）肌肉对电刺激的适应性反应：肌肉电刺激对肌收缩力的影响受神经因素影响，遵循负荷大小原则，依此原则肌肉产生与之适应的兴奋激发与力量变化，并随负荷的增大，产生更大的适应性反应。

（2）激发运动神经元，动员运动单位：肌肉电刺激不是直接兴奋肌肉，而是刺激电流沿着肌肉内较易兴奋的神经末梢传导。肌电刺激对外周神经的激发与运动神经元的电兴奋阈值有关，阈值低则兴奋性高。由于较大的运动神经元支配含有快肌纤维的较大的运动单位，且电阻较小、电兴奋阈值较低，因此较低的刺激强度有可能激发较大运动神经元，动员更多的运动单位。肌电刺激优先兴奋大的快收缩运动单位。快肌纤维的优先增大是力量训练中常见的适应性反应，这与肌肉经过训练的表现结果一致。

（3）增加氧化酶和糖原合成酶，提高肌耐力：长时间、低频率的肌肉电刺激能够引起低等哺乳动物快肌纤维氧化酶和糖原合成酶的显著增加，使快肌纤维的退化和萎缩，并向慢肌纤维的转变；而对慢肌纤维的影响主要表现为线粒体含量增加。这有利于提高肌肉耐力，增强运动个体抗疲劳的能力。

三、影响骨骼肌运动的因素

肌肉运动能力是指决定肌肉收缩效能的内在特性。影响肌肉收缩效能的内在特性与许多因素有关，主要包括肌肉自身的形态结构、运动中枢功能状态、理化因素与运动形式等。

（一）自身因素

1. 肌肉结构的完整性 任何因素导致肌肉结构的完整性发生变化，都会影响肌的收缩功能。例如，运动过程中肌肉的拉伤与撕裂。

2. 肌肉的生理横断面 肌肉的生理横断面是指横切某块肌所有肌纤维的横断面面积。肌肉的生理横断面越大，包含的肌纤维越多，肌肉收缩产生的力量就越大。力量训练可以使肌肉的体积增大，横断面增大。因某些原因使肢体制动，可导致肌肉萎缩，肌肉的生理横断面减小，肌力就会下降。

3. 肌纤维类型 慢肌纤维收缩速度慢，产生的力量小，然而慢肌纤维有很强的抗疲劳性。快肌纤维收缩速度快，产生力量大，但容易疲劳。

（二）运动中枢

1. 神经冲动频率 当运动神经元发放的冲动频率增高时，募集的运动单位增多，肌肉的收缩力量就会增加，反之发放的冲动频率降低，肌肉的收缩力量下降。生理情况下，支配骨骼肌的运动神经总是发放连续的冲动，因此，骨骼肌的收缩都是强直收缩，即便在静息状态下，运动中枢仍发放低频冲动，维持轻度持续的收缩状态，即肌紧张。

运用物理因子的电刺激方法刺激骨骼肌，可以促进神经兴奋的传导与运动单位的募集，有延缓肌萎缩，增强肌力的作用。治疗时应掌握刺激强度、时间和频率，以免产生肌肉收缩的疲劳，影响治疗效果。

2. 运动中枢调控作用 运动中枢通过神经传导准确传达中枢对骨骼肌产生兴奋或抑制的指令，使主动肌、拮抗肌与协同肌之间的工作更加协调。如果运动中枢损伤则使这种调节能力明显下降，影响肌肉收缩，使运动功能发生障碍。

力量训练可以使运动中枢的调控功能得到改善，产生强而集中的兴奋过程，发放同步的高频兴奋冲动，使肌收缩力量增强。

（三）理化因素

肌肉的内在功能状态与能量、氧供应、离子、激素、温度及其内环境因素有关。

1. 离子浓度 肌肉收缩产生张力的大小，取决于起作用的横桥的数目，而横桥数量又与细胞内 Ca^{2+} 浓度呈正相关。Ca^{2+} 浓度增加使肌收缩增强，反之则减弱。

2. 缺氧与酸中毒 体内酸性代谢产物（乳酸）生成过多引起 pH 下降，导致肌张力下降，其主要原因一方面是肌钙蛋白与 Ca^{2+} 结合力降低，肌动蛋白反应数目减少；另一方面由于 pH 下降，抑制糖酵解限速酶、磷酸果糖激酶活性，使机体无氧供能途径受阻。

缺氧影响神经 - 肌肉接头处的兴奋传递与兴奋收缩耦联，导致肌收缩蛋白与横桥功能特性改变而影响肌的收缩。

3. 药物与激素

（1）药物：药物对肌肉收缩作用主要通过影响神经突触传递来实现。对严重肌痉挛患者，可选择性使用如肉毒素类（乙酰胆碱受体阻断剂）制剂阻断神经 - 肌接头处的神经递质（乙酰胆碱）传递，达到解除肌痉挛的目的。

（2）激素：雄性激素及其衍生物具有促进肌蛋白质合成的作用，可以提高肌力与耐力。竞技体育比赛中违规使用兴奋剂，其中一部分是睾酮及其衍生物（合成类固醇）。

4. 温度 在低温状态下，神经兴奋性下降，神经传导速度减慢，肌张力降低，可以缓解肌痉挛，但短暂冷刺激可以加强肌的兴奋性和收缩功能。温热刺激可使肌的黏滞性下降、伸展性和弹性增加，肌结缔组织松弛延长变软，缓解疼痛。

康复治疗中常采用冷刺激（冰水）或温热疗法（蜡疗、砂疗）等物理方法缓解肌痉挛、松解粘连与减少疼痛。

（四）运动形式对肌肉结构的影响

不同运动形式对骨骼肌的影响表现为对肌肉的形态结构、特性、代谢和功能的影响。力量与耐力训练使骨骼肌纤维横断面积增大，肌红蛋白增加，线粒体体积增大与数量增多、ATP 酶活性增加、肌结缔组织增厚、毛细血管增多与肌中脂肪减少等（表 1-4）。

表 1-4 不同运动形式对骨骼肌形态功能的影响

运动形式	主要形态变化	肌肉功能变化
力量运动（抗重阻力）	肌纤维增粗（Ⅱ型肌纤维） 肌蛋白质合成增加 无氧酵解能力提高 线粒体相对减少 肌结缔组织增厚	肌力增强、爆发力增加
耐力运动	肌纤维稍增粗 肌红蛋白增加 线粒体体积增大、含量增加 肌中脂肪减少 ATP 酶活性增加 毛细血管网增多	肌耐力增加，抗疲劳增强

（马 萍）

第四节 生物力学基本原理

01章04节

生命运动是包括机械运动、电磁运动、化学运动等多种运动形式的综合，而以位移为特征的机械运动规律的研究，更多涉及的是力学问题，即生物力学。随着生物力学模型和分析手段的不断提高，人们越来越深入地了解到人体组织生长、病变、退变和力学之间的关系。目前运用生物力学手段进行康复治疗、康复训练、假肢设计等已成为临床康复医学的重要发展方向。

一、生物力学概述

（一）生物力学

生物力学（biomechanics）是力学与生物学相互交叉、渗透、融合而形成的一门边缘性学科，它是研究有生命体机械运动规律的科学。生物力学采用力学的基本理论与方法，结合生物学的基本原理，对有生命体的运动状态及变化规律、运动特征及其构成运动的原因等进行系统的研究，从而形成了较为完整的生物力学学科体系。

在生物力学学科体系中，由于研究的具体对象和侧重点不同，生物力学又分为基础理论研究和应用理论研究两方面的科学类别。如研究生物体基本的力学结构、生物体各环节及整体运动机能及其一般运动规律的普通生物力学、基础生物力学等，属于生物力学的基础理论研究领域。康复治疗生物力学是结合生物力学的基础理论研究生命体特定运动机能及运动状态变化规律的生物力学，也就属于应用生物力学研究领域。

根据力学的经典分类，结合生物体的特点，目前比较常见的生物力学研究方向为生物材料力学、生物流体力学、生物固体力学、生物热力学和运动生物力学。生物材料力学研究组成生物体的材料所具有的力学特性。生物流体力学研究在生物体内各种体液和气体的流动规律，包括血液流动问题，呼吸系统中的动力学问题，淋巴系统、泌尿系统中的体液流动，以及生物体在流体介质（如空气、水等）中的流动规律。生物固体力学应用力学的基本理论和方法，研究在生物组织、器官乃至生物系统中的力学问题。近年来，骨骼和关节力学已成为生物力学最活跃的分支之一，包括对骨损伤愈合和骨再生的生物力学机制研究，人工关节和假肢的设计制造，以及在特殊劳动环境中的人体骨骼和关节防护等。由于生物体内部以及生物体与周围环境之间不停地进行着物质和能量的交换。生物热力学应用热力学的观点来研究生命维持过程中的物质和能量的输运、交换、补充与消耗。运动生物力学研究生物体的运动，近年来在康复医学中展现了巨大的发展潜力。

（二）生物力学基础知识

生物力学基础知识包括基本概念、基本物理量、计算方法、计量单位及其物理意义。基本指标如下：

1. 力与载荷

（1）力（force）：是一个物体对另一个物体的作用，是使物体运动状态发生改变的原因。组织或器官在正常状态下同时受多个力的作用，常用F表示力。力的国际单位（SI）是牛顿（N）。质量为1kg的物体在1秒内产生1m/s的速度改变所需要的力是1N，即$1N=1kg \cdot m/s^2$。

（2）载荷（load）：是用来描述使物体产生运动或变形所施加的力。在研究生物力学时，载荷被广泛用于描述拉伸、压缩、扭转和剪切变形的力。

力是物质之间的相互作用，载荷是作用在物体上的外加力。两者都是物质间的作用，但力是相互间的作用，而载荷是有施加者和承受者的区别。比如万有引力不能说是万有载荷，某人的力大不能说是某人的载荷大。

2. 应力与应变 物体由于外因（受力、湿度、温度场变化等）而变形时，在物体内各部分之间产生相互作用的内力，以抵抗这种外因的作用，并力图使物体从变形后的位置回复到变形前的位置。在所考察的截面某一点单位面积上的内力称为应力（stress），表示结构内某一平面对外部负荷的反应。应力用α表示，公式$\alpha=F/s$。式中F是均匀施加在样品上的力，S是样品的横截面（图1-43）。应力的计算方法由力与面积共同确定。应力的单位：N/ml，或帕斯卡（Pa）。应力的物理意义是作用于单位面积上的力。

应力会随着外力的增加而增大。对于某一材料，应力的增长是有限度的，超过这一限度，材料就要破坏。对于某种材料，应力可能达到的这个限度称为材料的极限应力。在安全使用材料时，应力应低于极限应力，否则材料就会在使用时发生破坏。

物体受力产生变形时，体内各点处变形程度一般不同。描述某一点变形程度的力学量称之为该点的应变，即：结构内某一点受载时所发生的变形，称为应变（strain）。应变是由载荷、温度、湿度等因素引起的物体局部的相对形变。应变是样品的变形量（L）与初始长度 L_o 的比值，用 ε 表示，即

$$\varepsilon=\frac{L}{L_o}\times 100\%$$

式中 L_o 是样品原始长度，L 是样品的伸长（图 1-44）。应变的计算方法由样品的伸长量与初始长度确定。应变的物理意义是样品受外力作用后产生变形的能力。

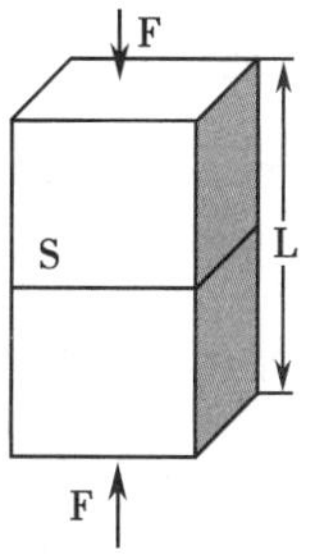

图 1-43　应力

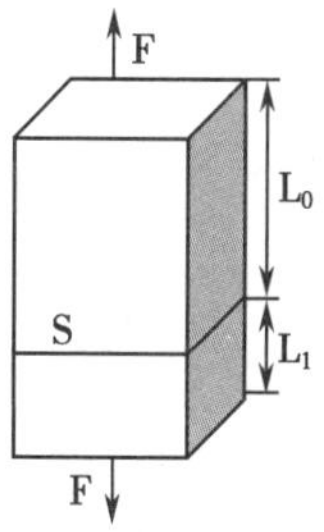

图 1-44　应变

3. 力 - 位移曲线和应力 - 应变曲线　用变形的位移变化为横坐标，相应的受力为纵坐标得到的曲线为力 - 位移曲线（force-displacement）（图 1-45）；如果将横坐标的位移转换为应变，纵坐标的受力转换为应力，得到应力 - 应变曲线（stress-strain）（图 1-46）。

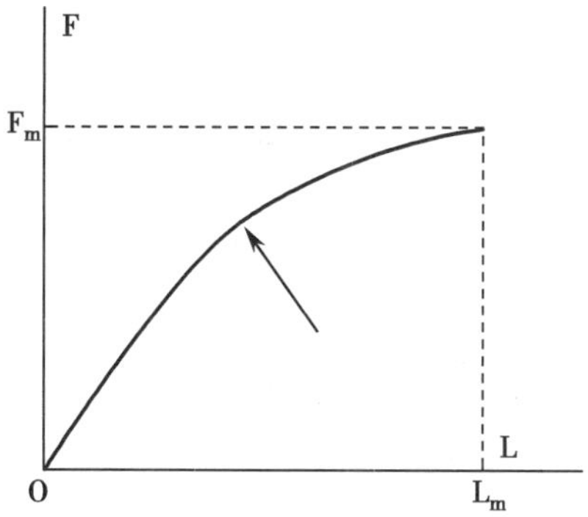

图 1-45　力 - 位移曲线

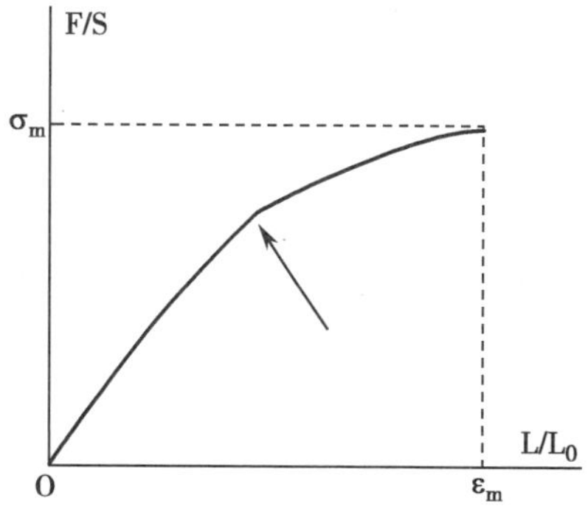

图 1-46　应力 - 应变曲线

4. 强度与刚度

（1）材料的强度（strength）：指样品破坏前承受的最大应力。计算方法是用样品承受的最大力与初始横截面积的比值，用 σ_m 表示，即

$$\sigma_m=\frac{F_m}{S}$$

式中 F_m 为材料破坏所需最大受力，S 为材料初始横截面积。强度的单位同应力的单位，即 N/m^2 或 Pa。材料的强度表征样品抵抗力而不受到破坏的能力。

（2）刚度（stiffness）：指受外力作用的材料抵抗变形的能力。其计算方法是材料受力与变形的比值，用 k 表示，即

$$k=\frac{F}{L}$$

式中 F 是受力，L 是与 F 对应的变形值。刚度的单位是 N/m。力 - 位移曲线中线性段的斜率即为该材料的线性刚度（linear stiffness）。

刚度的物理意义是指使材料产生单位变形所需的外力值。

5. 弹性模量（elastic modulus） 弹性模量是指材料抵抗弹性变形的能力，反映材料内部原子间结合力的大小。其计算方法是应力 - 应变曲线上直线段的斜率（图 1-47），即

$$E=\frac{\Delta\sigma}{\Delta\varepsilon}$$

弹性模量的单位是 Pa。弹性模量的意义是反映材料的硬度。

6. 应力松弛与蠕变 既具有弹性材料的力学性质，又具有黏性材料的力学性质的材料称之为黏弹性材料。生物固体材料如骨、软骨、肌肉、血管壁、皮肤等都属于黏弹性材料。

黏弹性材料的特点：①当物体突然发生应变时，若应变保持一定，则相应的应力将随时间的增加而下降，这种现象叫做应力松弛（stress relaxation）（图 1-48）；②若令应力保持一定，物体的应变随时间的增加而增大，这种现象称为蠕变（creep strain）（图 1-49）；③对物体作周期性的加载和卸载，则加载时的应力 - 应变曲线同卸载时的应力 - 应变曲线不重合，这种现象称为滞后（图 1-50）。

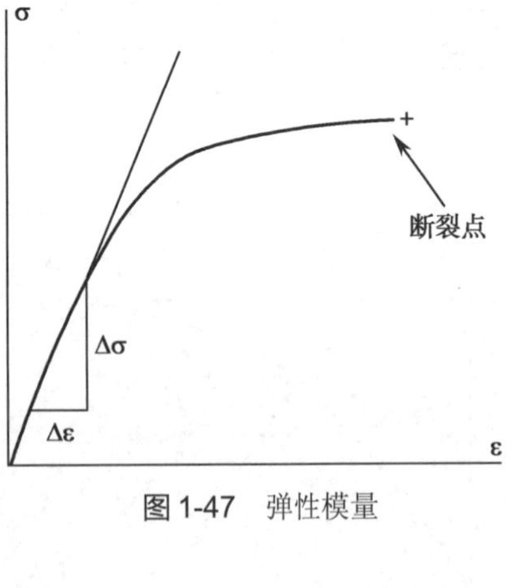

图 1-47 弹性模量

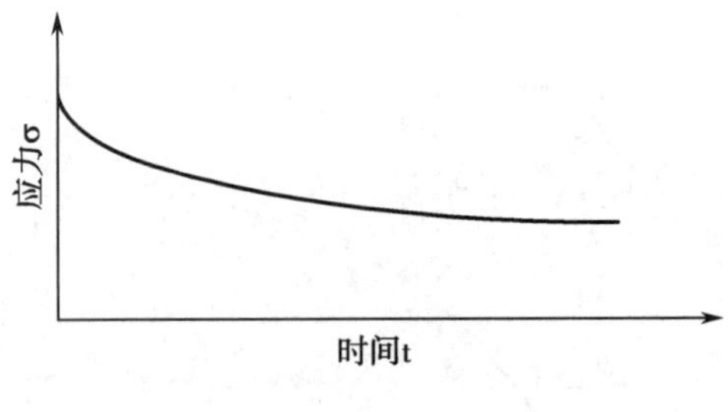

图 1-48 应力松弛曲线

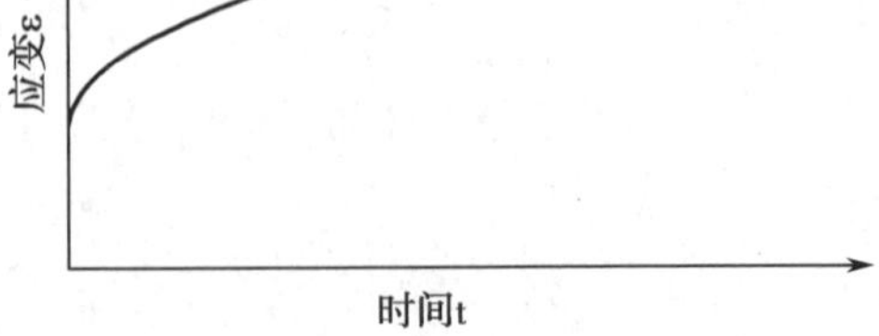

图 1-49 蠕变曲线

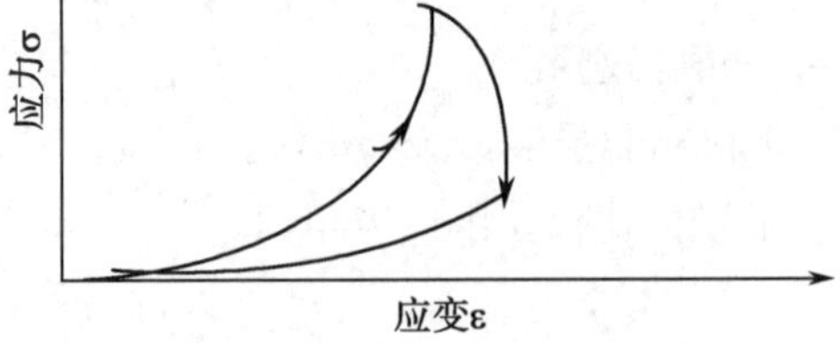

图 1-50 滞后现象

二、运动生物力学

运动生物力学在康复治疗中发挥着重要作用。骨生物力学和肌肉生物力学的知识在后面的章节中会较详细地介绍。这里介绍运动生物力学原理、运动生物力学的分析及其在人体行走步态分析中的运用。

（一）运动生物力学原理

人体在运动过程中其质量的分布状态、形状都会随运动条件的改变而产生变化，但人体的运动基本上遵循力学的规律而进行。运动生物力学在分析复杂的人体运动问题时，将复杂的人体运动进行适当的模型化处理，建立相应的模型并运用牛顿经典力学的基本理论与方法进行动力学分析与研究。

1. 牛顿第一定律——惯性定律 自然界中的物体，如果不受外力作用（$F=0$）或所受外力作用之和等于零，则物体保持其原来的静止或匀速直线运动状态不变，这就是牛顿第一运动定律。在运动生物力学研究中，根据人体运动遵循力学的基本原理和规律，将人体简化为一定质点的刚体模型时，我们可以认为在运动中的人体如果不受外力作用（$F=0$）或所受外力作用之和等于零时（$\sum F=0$），则运动中保持原有的运动状态不变。

在自然界的环境中，物体不受外力作用的力学条件是不可能存在的。万有引力告诉我们，宇宙中所有的物体都必然受到引力的作用和物体之间都具有相互吸引的性质。要消除外界物体对人体作用和影响是绝对不可能的，而运动中的人体所受合外力等于零的力学条件则是常见的。例如人体处于静止状态时的平衡动作，则属于所受外力作用之合等于零，即相对静止状态。

牛顿第一定律也称为惯性定律。惯性与改变物体的速度所需要能量的大小相关。任何物体的惯性与它的质量（即构成物体的物质的量）成正比。例如，与一个 10kg 重的哑铃相比，使一个 15kg 哑铃移动或移动加速需要更多的能量。

2. 牛顿第二定律 物体运动时受到外力作用或所受外力作用之合不等于零时，物体的运动必然获得加速度。牛顿第二定律规定：物体的加速度跟物体所受的合外力 F 成正比，跟物体的质量成反比，加速度的方向跟合外力的方向相同，公式：$F=ma$。物体运动状态的改变与其受到的合外力有关，如果所受外力的合力大于零时，物体的运动状态将处于加速运动阶段；如果所受外力的合力小于零时，其所获的加速度为负值，物体的运动状态将处于减速运动阶段。

如果一个外力持续作用于某一物体，由牛顿运动第二定律可以求得每一瞬时物体所产生的加速度，但无法求出力在一段时间内对物体的连续作用所产生的累积效应。动量（momentum）是指运动时物体质量与该物体运动速度的乘积。冲量（impulse）是指物体运动时所受作用力的大小与该力作用时间的乘积。冲量表述了对质点作用一段时间的积累效应的物理量，是改变质点机械运动状态的原因。由牛顿运动第二定律推导出**动量定理**，即力对物体的冲量，使物体的动量发生变化，而且冲量等于物体动量的变化量。具有矢量性，一般用于运动损伤机制的研究。如当人在正常行走时，足部与地面接触，跟骨脚底面上的脂肪垫缓冲了足部与地面之间的相互作用，并且有利于减少最大的反作用力。跑鞋通常可以提高这项功能，因为减震的外鞋底可进一步缓冲足部对地面的影响。

人体运动的**动量守恒定律**（conservation of momentum）：人体系统不受外力或受外力的矢量和为零，则人体系统的总动量（包括大小和方向）保持不变。如果人体运动仅存在内力的相互作用，虽然人体系统内各环节的动量处于变化过程中，然而人体系统的总动量保持不变。若要改变系统总动量，必须在受到外力的作用条件下才可能改变人体系统的总动量守恒状态。当人体整体所受外力为零时，人体内力可以改变各个环节的相对位置，使环节的动量发生相互传递，但是不能改变人体的总动量。在康复训练中，可以考虑利用这一定律，制动某环节以便提高邻近的需要加强训练环节的运动能力。

3. 牛顿第三定律 两物体相互作用时，物体甲对物体乙的作用力 F 与物体乙对物体甲的反作用力 -F 大小相等、方向相反，并且作用在同一条直线上，作用力 F 和反作用力 -F 分别作用于不同受力物体，这就是牛顿运动第三定律，也称为作用力与反作用力定律。即：$F=-F$。F 表示作用力，-F 表示与作用力方向相反的力。例如，从两层楼跌落下来的人对地面施加了一个力，并且地面对此人施加了一个大小相等并且方向相反的力。因为地球和人之间的质量方面存在着巨大的差异，所以人体会到的作用及速度比地面“体会到”的作用大得多。因此，此人可能会受到严重伤害。

牛顿运动定律只适用于惯性参照系或相对于惯性参照系做匀速直线运动的参照系。在实际问题中人们如果需要在非惯性参照系中观察和研究所发生的运动状态及其变化现象，为了解决非惯性参照系中不能直接应用牛顿运动第二定律的矛盾，通常在非惯性参照系中引进相应的惯性力，进而描述物体对非惯性参照系的运动规律与方程。这种方法为把牛顿运动定律推广到非惯性参照系的研究与应用提供了一种思路与方法。

（二）运动生物力学分析

1. 模型 在对人体运动的运动学分析中，尤其是对人体复杂运动过程的描述，通常根据研究的目的，采用科学的方法将人体进行一定程度的简化处理，建立质点、刚体、连续介质等不同的力学模型。

（1）质点：研究人体整体系统运动时，如果不考虑运动过程中身体姿势（形态）、各环行之间相对位置的变化，而只注重研究整体位移的时空特征（速度、加速度、位移距离）时，可以忽略人体运动姿势（形态），将人体的运动简化为一个点（质点：通常选用身体重心为参照点）的运动。

（2）连续介质：研究人体整体运动时，既要考虑整体系统位移的时空特征（速度、加速度、位移距离），而且还要注意运动过程中机体各环节相对位置的变化，采用由多个质点所组合的多质点系统模型进行建模。多质点模型又称为“瘦化模型”，根据人体结构的解剖特征选定各关节中心点为参照点，按人体基本结构用线段连接起来，是现实物质的一种理想模式。

（3）刚体：当物体变形对所研究的问题没有显著影响时，就可以将其简化为刚体。刚体系模型则是根据人体运动系统的若干骨骼及其肌肉群环节简化为相应的刚体组合系统。据人体各环节的几何参数（长度、高度、宽度、关节点）和惯性数据（质量、惯量、环节重心位置）等建立相应的刚体系模型：①头；②上躯干；③下躯干；④右手掌；⑤左手掌；⑥右上臂；⑦左上臂；⑧右前臂；⑨左前臂；⑩右大腿；⑪左大腿；⑫右小腿；⑬左小腿；⑭右足；⑮左足（图 1-51）。

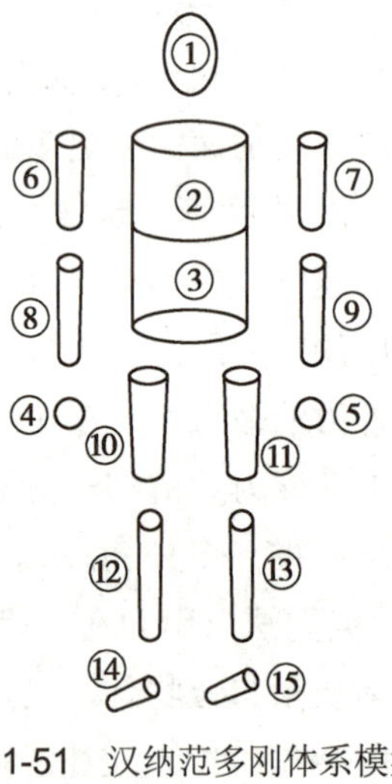

图 1-51 汉纳范多刚体系模型

2. 参考系 描写一个物体的运动必须选定另一个物体作为参考，这个被选定的参考物体就叫做参考系（reference system）。相对于地球静止或相对于地球做匀速直线运动的参考系叫惯性参考系。相对于地球作变速运动的参考系叫非惯性参考系。在描述人体局部运动状态时，如描述人游泳的划水动作时，就采用建立在人体的肩关节处的非惯性参考系。同一物体采用不同的参考系描述时，其结果一般不同，这叫做运动描述的相对性。

3. 坐标系 坐标系是指由坐标参照原点、参照方向、参照单位、坐标轴、量变曲线所组成的，采用数学方法的抽象表达方式，是参照系的数学抽象模型。采用定量研究的方法测量人体运动时其位置相对于参照系发生的位移变化，应用坐标系对其进行一定程度的定量描记和运动学参数比较，可以清楚地分析和描述人体运动的运动学特征。应用坐标系进行表达与描述是建立在参照系基础上，对人体运动的运动学特征更深层次的定量研究，坐标系的研究与参照系的性质上具有同一性，而在数量上又能作定量的精确描述，它们具有共同的性质。

根据运动物体发生运功变化的空间特征与性质，采用不同的坐标系进行描记。如果是发生在一维平面空间内的直线运动，如位移距离、位移方向的运动学参数可以采用一维坐标进行参数描记。当人体的位移，不只是一个方向上，而是发生在同一平面的多个方向，例如步态周期中的膝屈曲和伸髋，需要应用平面的二维坐标进行运动状态的参数描记。在大多数情况下，人体运动发生在一个以上的平面内，为了充分描述这种运动，利用三维坐标系。三维坐标系通常有三个轴（X、Y 和 Z），三个轴相互垂直（或者成直角）三维坐标系（图 1-52）。

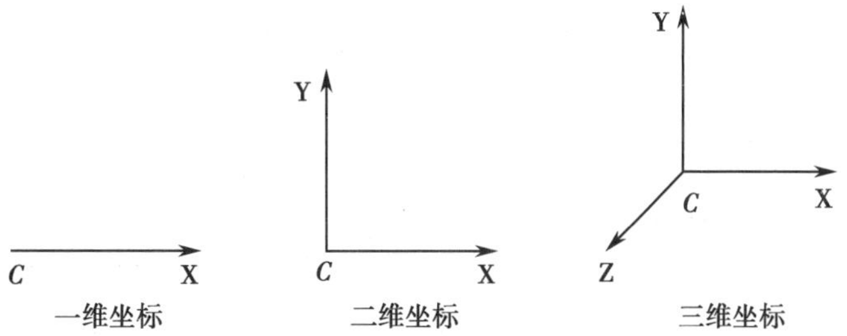

图 1-52　坐标系

4. 自由体受力图　对运动的分析需要将应用在身体上的所有的力考虑在内。在进行分析之前，构建一份自由体受力图可帮助解决生物力学问题。自由体受力图是一份用于描绘身体及其环境之间的相互作用的简图。研究中被分析的身体可能是单个的个体，如足部，也有可能是几个节段，如手臂和躯干。一般情况下，当身体包括几个节段时，假设这些节段紧紧地连接成为一个单个的刚体系统。

自由体受力图要求将应用在该系统中的所有相关的力仔细地描绘出来。这些力可能是由肌肉、重力（反映在节段的重量上）、液体、空气阻力、摩擦力以及地面反作用力产生的。箭头用来表示力矢量。如图 1-53，描绘的是小腿和足部在行走过程中足跟着地瞬间的自由体受力图。肌肉合力 M 用丁表示所有肌肉力量的综合。地面反作用力 G，小腿重量 S 和足部重量 F 是系统外力。J 代表着关节反作用力，包括关节接触力以及从一个阶段传导另一个节段的所有其他力的积累效应。

构建自由体受力图的第一步是识别和分离正在讨论的自由体。如个体在身体外侧持有一个球，如图 1-54 所示，自由体就是整个手臂和球。假设该自由体处于静态状态，并且作用于身体上的所有力的总合以及所有力矩的总合均为 0，该自由体分析的目的是为了确定盂肱关节外展肌 M 使手臂外展 90° 所需要的肌肉力量大小；另一个目的是为了确定盂肱关节在相同活动中的反作用力的大小。第二步就要确定一个 X-Y 轴坐标系统；第三步识别作用在自由体上的所有的力，并且将所有的力包含在受力图中；第四步显示关节反作用力 J。

如果两个或多个力共同作用于一条直线上，我们说这些力共线。在画自由体受力图时，可以将几个共线的力简单地相加成为一个合力。如图 1-55 所示的颈椎牵引装置，该装置利用一个重量滑轮系统，该系统向上作用，与重力对头部重心产生的力的

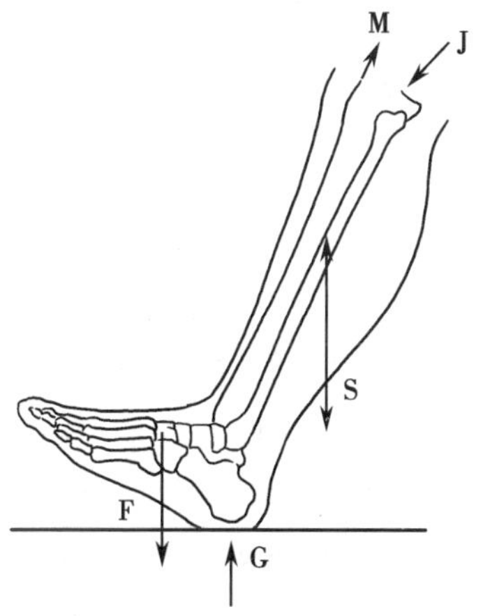

图 1-53　足跟着地瞬间自由体受力图
M：肌肉合力；J：关节反作用力；S：小腿重量；F：足部重量；G：地面反作用力

方向相反。在图上，头部的重量H和牵引力T在同一条直线上沿相反方向作用，R向上的方向表示头部和颈部的净牵引力。作用在一个物体上的力可能是在同一平面内，但是他们不一定总是共线的。在这种情况下，非平行、共面力矢量可利用多边形方法或平行四边形方法绘制出来。图1-56显示了作用在骨盆上的三个力量，其中骨盆是由右侧假肢髋关节单肢支撑的。这三个力量包括髋关节外展肌肌力M、体重W和假肢髋关节的反作用力J。根据M和W的大小和方向，利用多边形方法来确定合力的大小和方向。图中反作用力J和合力R大小相等、方向相反。

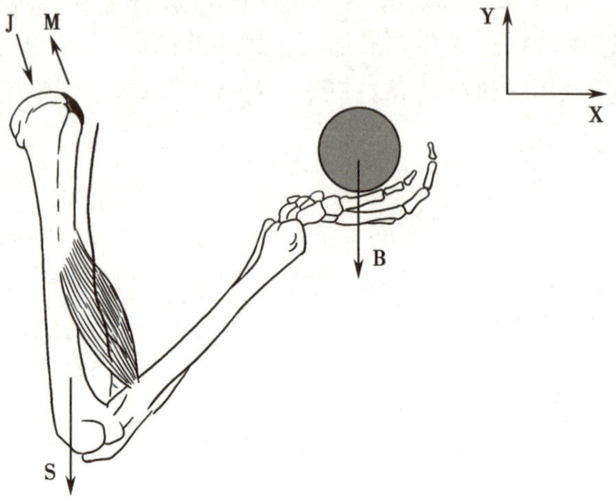

图1-54　右臂和球自由体受力图

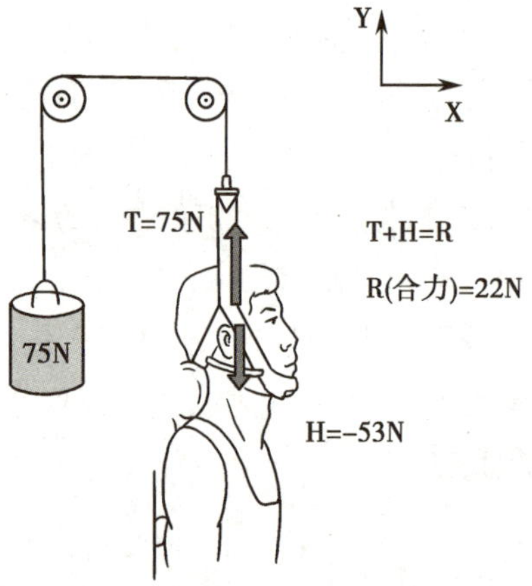

图1-55　颈椎牵引自由体受力图

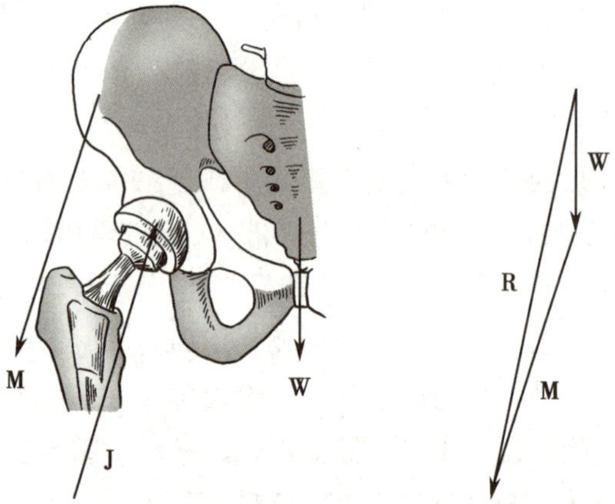

图1-56　假肢髋关节单肢支撑自由体受力图

（三）步态分析

步态是指人体步行时的姿态，是人体通过髋、膝、踝关节，足和趾的一系列连续活动，使身体沿着一定方向移动的过程。正常步态具有稳定性、周期性、节律性、方向性、协调性，以及个体差异性。当人们存在疾病时，步态特征将有明显的改变。步态分析是用运动生物力学的概念和处理方法，以及人体解剖、生理学对人体行走的功能状态进行分析的过程。随着科学技术的发展，由先进的传感器、高速摄像机、微型计算机等组成的综合步态分析系统，在康复医学研究中的应用越来越广泛，一个人的步态会像体温、血压那样，从一个侧面反映出人体的健康状况和病态特征。具体的步态分析将在本书的第四章进行详细介绍。

（许　涛）

第五节　运动生理及生物化学基础

运动是人体活动的基本形式，运动对机体各组织、器官和系统的功能产生影响属于运动生理学范畴，运动引起组织、细胞的新陈代谢和能量代谢的变化是运动生物化学内容。单次运动引起机体生理、生化的变化称为**运动反应**（exercise responses），这是一种暂时性的、可逆性的变化。长期运动或称运动训练则导致机体在形态结构和功能上产生相对持久的变化称为**运动适应**（exercise adaptation）。适应性改变能增强机体适应运动的需求、调整和重塑组织器官的功能。康复治疗时，进行有针对性运动训练有助于改善机体的功能障碍，提高机体的功能水平。运动对骨骼、肌肉和关节的影响已在前面叙述，本节主要介绍运动对心血管系统、呼吸系统以及物质代谢和能量代谢的影响。

一、运动对心血管系统的影响

心血管系统是由心脏和血管组成的循环系统，它通过心脏泵血驱动血液在血管中流动，以保持正常血压和组织器官的血液灌注。循环系统常常与呼吸系统共同活动，相互依赖、相互影响，统称为心肺功能。一方面，心肺功能是人体运动功能的基础，另一方面，运动对心肺功能产生即刻变化或持久影响，进而改善心肺疾病的病理生理过程。心肺运动学知识在心肺功能评定、心肺疾病预防和康复治疗中具有重要指导意义和应用价值。

（一）心脏对运动的反应与适应

心脏的主要功能是泵血，正常心脏对运动的即刻反应是搏出量增加和心率加快，导致心输出量增加，这些改变主要反映了运动时心功能的变化。但是，长期运动训练不仅引起心脏功能上的变化，而且对心脏的形态与结构造成影响，心脏的功能与结构对长期运动产生适应性变化。

1. 搏出量（stroke volume）**与心输出量**（cardiac output）**的变化**　正常成年人安静状态下，搏出量为70ml，心率平均75次/分，心输出量5L左右。运动时，心脏搏出量随运动强度增加而增加，导致心输出量也相应增加。剧烈运动时心输出量可达25～30L，是安静时的5～6倍，说明正常心脏泵血功能有相当大的储备量，即**心力储备**（cardiac reserve），它是安静时的心输出量与最大运动时心输出量的差值。运动时搏出量和心输出量的增加是由于交感-肾上腺系统兴奋、分泌肾上腺素、儿茶酚胺增多所致。长期运动训练后，心肌纤维增粗、室间隔和左心室壁肥厚，心肌收缩力增强，搏出量增加，同时，心脏舒张功能增强，舒张末回心血量增加，故提高了左心室射血分数（ejection fraction，EF）。因此，心脏对长期运动训练的适应表现为搏出量和心输出量增加，左心室收缩末容积（left ventricular end-systolic volume，LVESV）减少、左心室舒张末期容积（left ventricular end-diastolic volume，LVEDV）增加、射血分数增大，心力储备也相应增加。例如运动员的搏出量和心力储备较正常人高，能适应剧烈运动的代谢需求。相反，心脏病患者静息时心输出量与正常人无明显差异，尚能满足静息状态下机体代谢的需要，但在运动，尤其是剧烈运动时，心输出量不能相应增加，表明心力储备已经降低。

2. 心率（heart rate）**的变化**　运动时，心血管系统首先出现的反应是心率增快。运动时增加的心输出量，心率因素占60%～70%，而搏出量改变占30%～40%，因此心率增加是运动时心输出量增加的主要原因。正常成年人安静状态下的心率（静息心率）为60～100次/分。运动时心率随机体代谢水平提高而增加，心率的变化与运动强度呈正相关。在一定范围内，心率反映了运动强度和机体的代谢水平。每个人的心率增加都有一个限度，极量运动时心率增加达到一个极限值，即**最大心率**（maximum heart rate，HR max）。正常成年人最大心率为160～180次/分；而训练有素运动员最高可达200～220次/分。最大心率随年龄增加而逐年下降。对于各种原因不宜进行极量运动者，可用公式估算最大心率。正常成年人最大心率＝220－年龄，而老年人最大心率＝170－年龄。

正常人进行运动训练或患者进行运动康复时，需要选择适宜的运动强度，使运动时心率控制在最高心率范围之内，这样既安全又有效。这种运动时应达到和保持的心率，称为**靶心率**（target heart rate，THR），是运动时的适宜心率。对于正常成年人，推荐以靶心率达到60%～85% HR max的强度为适度运动，老年人和心脏病患者的靶心率应当降低，以40%～60% HR max为宜。

最高心率与静息心率之间的差值，称为**心率储备**（heart rate reserve）。假如搏出量保持不变，机体充分动用心率储备可以使心输出量增加2～2.5倍。在正常人，能使心输出量增加的最高心率为160～180次/分，这是心率储备的上限。超过最高心率后，由于心脏舒张期过短，心室充盈不足，搏出量明显减少，心输出量反而减少。整体条件下，运动时除了心率增加外，每搏输出量也同时增加，通过动用心率储备和搏出量贮备，使得运动时最大心输出量增加至安静时的5～6倍。

心脏对运动的反应是心率增快，其产生机制主要与神经和体液因素有关。运动时，交感神经兴奋、交感-肾上腺髓质系统分泌肾上腺素、儿茶酚胺等激素增加，还可引起血管紧张素Ⅱ、内皮素-1，血管加压素等激素释放增加，这些激素与心肌上相应的受体结合，加快心率。此外，运动的肌肉向心血管中枢传入冲动增加，兴奋心交感中枢，抑制心迷走中枢，也导致心率增快。

心脏对运动的适应是减慢静息心率。长期运动者安静状态下的心率较不运动者降低，运动员静息心率可以低至40～60次/分，这是心脏适应的典型表现，也是评价运动训练效果的金标准。其产生机制与长期运动增强迷走神经紧张性、降低交感神经紧张性，调整自主神经平衡有关。因此，长期运动者因静息心率降低，也可增加运动时的心率储备。

3. 心脏形态的变化 单次或短暂运动，心脏形态结构仅发生短暂改变，然而，长期中等强度运动能够使心脏的形态和结构发生适应性改变，表现为生理性心肌肥厚，又称为**心脏重塑**（cardiac remodeling），包括心脏形态重构和心肌组织重塑。

（1）心脏形态重构：主要表现为左心室内径增加、左心室容积增大，左室流出道增宽，伴心腔扩大，心室壁和室间隔厚度也相应增加（图1-57）。这种生理性心肌肥厚不同于肥厚性心肌病或高血压所致的病理性心肌肥厚（图1-57）。

耐力运动时骨骼肌收缩，肌肉泵作用加强，回心血量增加，心室舒张末期容积增加，根据Frank-Starling定律，心肌收缩力增强，射血能力增强，收缩末期容积缩小，心室容积增大。运动时，心室舒张末期容积和心腔容积增加是机体根据运动需要所产生的一种反应。长期耐力运动，由于心脏长期承受这种容积负荷（前负荷）的刺激，心脏的结构对这种功能改变逐渐适应，便形成了心脏扩大。扩大的心脏使心室壁承受的张力也随之增加，刺激心肌细胞合成代谢增强，使心室壁增厚，以维持室壁正常的张力。因此，长期耐力运动引起心脏扩大伴心室壁和室间隔厚度的增加。

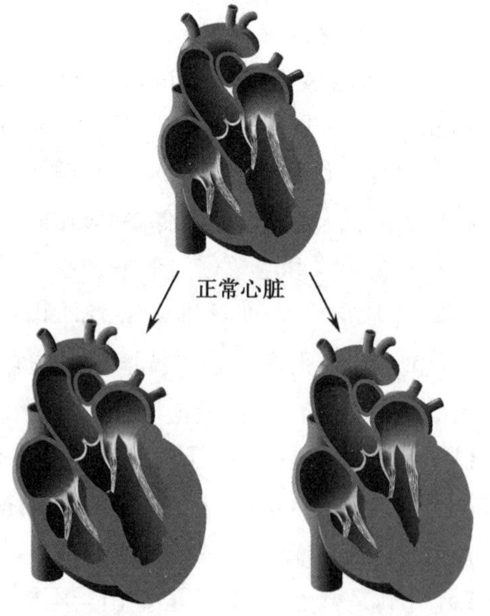

图1-57 生理性心肌肥厚与病理性心肌肥厚

（2）心肌组织的重塑：主要表现为心肌细胞肥大，肌原纤维数量增多和体积增大，线粒体体积增大，伴有心肌组织中毛细血管数量和密度增加。无论是耐力运动还是抗阻运动或力量性运动，心肌细胞在前负荷或后负荷刺激下，细胞内 DNA 合成增加、蛋白质合成增加，肌原纤维增粗、肌节数目增多，线粒体体积增大，导致心肌细胞肥大。由于成熟心肌细胞失去有丝分裂能力，所以心肌细胞数量不再增加。与此同时，心肌中毛细血管数量和密度也相应增加，使心肌血液供应增多，有利于运动心脏的氧化代谢和能量供给。长期从事抗阻运动或力量性运动，心室壁增厚和心肌细胞肥大较耐力运动更明显。

（二）血管对运动的反应与适应

主动脉和大动脉的弹性贮器作用缓冲了心动周期中的血压变化，而小动脉和微动脉对器官血流灌注起着决定性作用。运动可引起血管系统产生反应和适应，并引起动脉血压的适应性改变。

1. 主动脉与大动脉变化 运动时，心输出量增加，射入血管内血量增加，对血管壁牵拉增强，若主动脉和大动脉弹性良好，收缩压升高不明显。老年人或动脉粥样硬化患者，因血管弹性下降，大动脉的弹性贮器作用减弱，导致运动时收缩压明显升高。长期运动训练，血管内压力负荷经常性刺激主动脉和大动脉，促使血管壁细胞新陈代谢增强，血管弹性纤维增多，增加动脉的弹性和顺应性，缓冲血压波动能力增强。

2. 小动脉和毛细血管变化 运动的组织如骨骼肌的小动脉舒张、毛细血管开放数量增多，血流加速，而不运动组织如内脏组织的小动脉和毛细血管收缩、血流减少，动静脉短路开放，回心血流加快。长期运动训练者，运动组织尤其骨骼肌内毛细血管数量增加，新生毛细血管增多，毛细血管开放增多，组织血供增加，毛细血管与肌纤维的比值增大。

3. 冠状动脉的变化 运动时心肌代谢增强，代谢产物刺激冠状动脉舒张，增加心肌血流灌注以满足运动心肌对氧和能量的需求。应用组织学方法和血管造影技术证实，长期运动增加心肌毛细血管数量，通过毛细血管进入心肌的血流量增加，以缺血区侧支血管形成最明显。冠心病患者进行长期运动训练后，狭窄部位的冠脉侧支血管生成较其他部位更明显。值得注意的是，只有适量运动训练才能促进冠状毛细血管增生，运动量太大或太小均不引起毛细血管增生反应。

4. 静脉的变化 运动时，交感缩血管中枢兴奋，静脉收缩，回心血量增加。运动时骨骼肌节律性舒缩活动，肌肉内静脉收缩，静脉扩张降低。长期运动使静脉血管张力提高，静脉顺应性降低，静脉扩张降低。

（三）血压的变化

动脉血压的变化取决于心输出量和外周阻力之间的关系，并和运动方式、强度、时间等因素有关。全身性耐力运动时，心输出量增多，动脉内血量增加，收缩压升高，血压升高幅度与运动强度密切相关。由于运动时骨骼肌中大量血管舒张，外周阻力下降，但腹腔内脏血管收缩，外周阻力升高，总效应是全身血管阻力降低，所以舒张压无明显变化或轻度降低。相反，抗阻运动或力量性运动时，骨骼肌大面积持续收缩使肌肉变硬，挤压肌肉内血管，从而升高外周阻力，导致舒张压升高。抗阻运动时，若屏气则升高胸腔内压，减少回心血量，导致心输出量降低，收缩压反而降低。这也是心血管病患者应避免进行中等至高强度抗阻运动的缘故。

二、运动对呼吸系统的影响

呼吸系统主要功能是吸入氧气（O_2）、呼出二氧化碳（CO_2），实现机体与外环境的气体交换，以满足机体代谢需要。整个呼吸过程由外呼吸、气体运输和内呼吸组成(图 1-58)。运动时机体对 O_2 需求增加,呼吸系统将发生一系列变化,主要表现为肺通气功能和肺换气功能增强,以适应机体代谢的需求。长期运动训练可促使呼吸功能产生良好的适应,从而提高机体的运动能力。

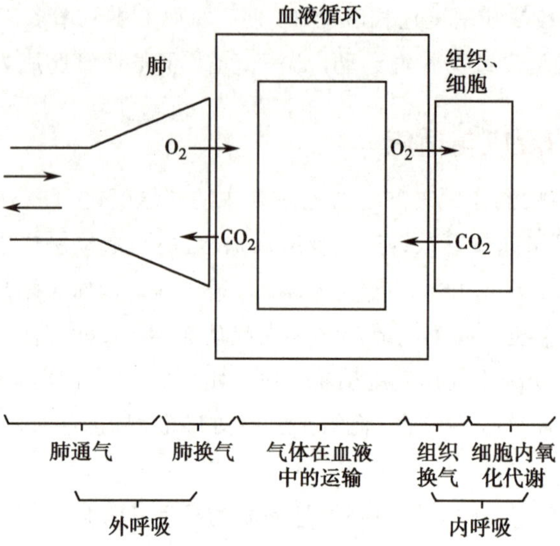

图 1-58 呼吸全过程示意图

(一)呼吸系统对运动的反应

1. 运动时肺通气功能的变化 运动时,呼吸加深加快,肺通气量增加。潮气量从安静时的 500ml 上升到 2000ml 以上,呼吸频率由 12～18 次 / 分增加到 40～60 次 / 分。肺通气量从安静时的 6～8L/min 增加到 80～150L/min,较安静时增加 10～12 倍。

通气功能增强的目的是为了摄入更多的 O_2,O_2 的摄入需要通气量作为保证。将每分通气量(ventilation volume,VE)与摄氧量(oxygen uptake,VO_2)的比值,称为**呼吸当量**(respiration equivalent)。安静时,每分通气量为 500ml × 12 次 / 分 = 6000ml,每分摄氧量约为 250ml,呼吸当量为 6000ml/250ml = 24,这表明机体从 24L 通气量中才能摄取到 1L 的 O_2。人体在进行小强度或中等强度运动时,每分通气量和每分摄氧量保持线性正相关,故呼吸当量不变。高强度或剧烈运动时,每分通气量的增加将明显大于每分钟摄氧量的增加,呼吸当量可增加到 30～35,提示机体要从 30～35L 的通气中才能摄取 1L 的 O_2。很显然,呼吸当量越小,氧的摄取量越高,说明呼吸效率越高。运动生理学上把呼吸当量最小的一点称为**最佳呼吸效率点**(point of optimum respiratory efficiency,POE)。

2. 运动时换气功能的变化 换气功能包括肺换气和组织换气。

(1)肺换气的变化:运动时人体各器官组织代谢增强,肺静脉血 PO_2 下降,导致呼吸膜两侧 O_2 分压差增大,肺泡与肺静脉血之间 O_2 气体交换速率增快,O_2 交换量增大。此时,血液中儿茶酚胺浓度升高,使呼吸细支气管扩张,通气的肺泡数量增多。肺部毛细血管开放数量增多,使呼吸膜表面积增大。运动时右心室输出量增加,使肺血流量也增多,故通气血 / 流比值仍维持在 0.84 左右。但是,剧烈运动会造成过度通气,使通气血流比值大于 0.84。肺换气功能随年龄增加而降低,但经常运动可能延缓肺换气功能降低。

(2)组织换气的变化:运动时肌肉组织耗氧量增加、CO_2 生成量增加,导致组织 PO_2 下降和 PCO_2 上升,组织和血液之间 O_2(或 CO_2)分压差增大,组织换气过程加快,即血液中 O_2 向肌肉组织扩散增加,

而 CO_2 从肌肉组织向血液中扩散增加。因此，静脉血 PO_2 下降、PCO_2 上升更明显。运动时组织中毛细血管开放数量增多，增大了组织血流量，也增加了气体交换面积。组织中 PCO_2 升高和局部温度升高使氧离曲线右移（图 1-59），促使 HBO_2 解离增加，O_2 释放增多。运动时组织的这些变化，提高肌肉组织氧的利用率，肌肉代谢率较安静时增加 100 倍。

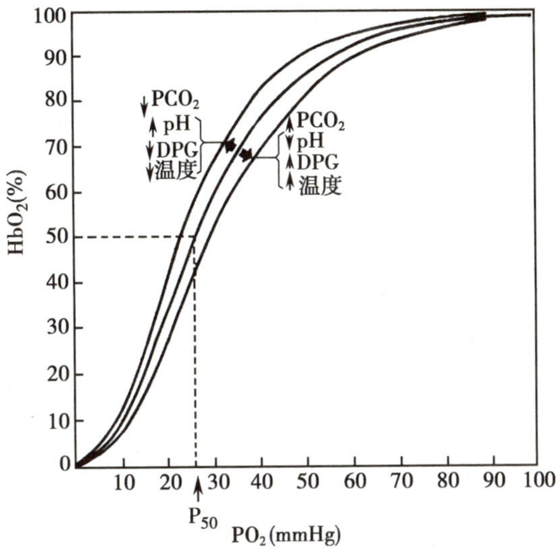

图 1-59　影响氧离曲线的主要因素

3. 运动时呼吸的调节　运动时肺通气量增加主要受神经和体液因素调节，以神经调节为主。

（1）神经调节：神经调节包括条件反射、大脑皮质运动中枢和本体感受性反射。人在准备运动时，呼吸活动即开始增强，运动前肺通气量增加是一种条件反射，是在平时锻炼过程中建立起来的。运动开始后肺通气量剧增，一方面是大脑皮质运动区发出神经冲动使肌肉收缩，同时也发出神经冲动到达脑干呼吸中枢，兴奋脑干呼吸中枢，增强呼吸运动。另一方面，运动刺激肌肉和关节的本体感受器，其传入冲动到达呼吸中枢，也可反射性引起肺通气增加。

（2）体液调节：体液调节是指血液中 CO_2、O_2 和 H^+ 的改变刺激了化学感受器，引起呼吸增强。中度强度运动时，血液中 PO_2、PCO_2 和 H^+ 浓度保持相对恒定，但高强度运动时，血液中乳酸升高以及 CO_2 生成增多，使血液中 PCO_2 和 H^+ 升高，这些变化通过刺激外周和中枢化学感受器，反射性地引起呼吸加深加快。此外，运动时体温升高可以直接刺激呼吸中枢，进一步促进呼吸功能增强。

（二）呼吸系统对运动的适应

长期运动训练可以使呼吸功能发生一系列适应性改变，主要表现为呼吸的肌力和耐力的增强以及组织对氧利用率提高。

1. 肺通气的适应性变化　运动训练可以增强呼吸肌力量，虽然安静状态下潮气量、肺活量和每分肺通气量不变、呼吸频率通常降低，但在亚极量或极量运动时，表现为潮气量增大、呼吸频率加快、肺活量和每分肺通气量大幅提高。这些变化说明运动训练通过增强呼吸肌的肌力有利于提高肺通气功能。

2. 呼吸肌耐力的增强　有规律的运动训练可以提高呼吸肌细胞氧化酶的活性，增强呼吸肌的耐力，以缓解运动中呼吸困难的产生、减少运动所致血液乳酸浓度升高，保证运动持续进行。运动训练还可以增加膈肌的线粒体酶活性以及糖原含量，增强呼吸肌氧化代谢的能力，减轻运动时呼吸肌疲劳，提高运动能力。

三、运动对物质代谢与能量代谢的影响

物质代谢和能量代谢是维系生命活动的基本过程。葡萄糖、脂肪和蛋白质的合成和分解过程构成机体的物质代谢，物质代谢过程伴随着能量释放、转移、储存和利用，称为能量代谢。运动引起机体能量消耗明显增加，可达安静时数倍，运动时能量补充对保持运动能力至关重要。组织细胞能够直接利用的能量形式是三磷酸腺苷（ATP），人体运动所消耗 ATP 主要由三大营养物质氧化分解释放的能量进行补充。因此，康复治疗中应根据不同的运动类型物质代谢和能量代谢的特点，科学地制订运动处方，选择适宜的运动负荷，提高患者运动能力。

（一）运动与物质代谢

1. 运动与糖代谢 葡萄糖是机体主要能源物质，机体 60% 热能由葡萄糖提供。短时间运动，其能量绝大部分来自葡萄糖分解代谢，而长时间运动，首先也是利用葡萄糖供能，其次才动用脂肪和蛋白质。运动时，骨骼肌对血液中葡萄糖的摄取和利用增加。若是长时间低强度运动，骨骼肌摄取血糖比运动前提高了 2～3 倍，而长时间（30～60 分钟）中等强度运动，骨骼肌摄取血糖是运动前的 7～20 倍，导致血糖浓度降低。因此，对于糖尿病患者，长时间中等强度的运动（如健步走、慢跑、游泳）成为糖尿病重要治疗方法之一。

2. 运动与脂肪代谢 脂肪是体内主要能量储存形式。1g 脂肪氧化所释放的热量是葡萄糖或蛋白质产热的 2 倍多。脂肪在体内储量较大，是长时间运动的主要能源。运动时脂肪分解成甘油和脂肪酸，甘油和脂肪酸进一步被氧化生成 CO_2 和 H_2O，并释放出能量。长时间中等强度运动（如步行、慢跑和游泳）能够增强脂肪代谢，减少脂肪堆积，降低体重。运动也能够提高脂蛋白脂酶活性，增加甘油三酯分解；还能增加高密度脂蛋白浓度、减少低密度脂蛋白浓度，促进胆固醇从周围组织转运回肝脏，消除血管壁胆固醇沉积，对防治动脉粥样硬化和心脑血管疾病具有非常重要的作用。

3. 运动与蛋白质代谢 蛋白质是构成细胞的主要成分，其主要功能是实现组织细胞的自我更新，或用于合成激素、酶等生物活性物质，不作为主要的供能物质。运动时，蛋白质可提供一部分能量，主要通过蛋白质分解为氨基酸，氨基酸经过糖异生途径转化为葡萄糖。这种形式可以减少乳酸生成，延缓疲劳。此外，运动通过促进甲状腺激素、生长激素、胰岛素和肾上腺激素释放，促进运动后骨骼肌内蛋白质合成。

（二）运动与能量代谢

磷酸原系统、糖酵解系统和有氧代谢系统是体内三大供能系统，相互联系、相互补充。磷酸原系统包含三磷酸腺苷（ATP）和磷酸肌酸（CP）。运动时体内能量供应是一个连续的过程，以保证 ATP 的消耗和再生成保持平衡。安静和低强度运动时，能量供应主要以有氧代谢为主，随运动强度增加，能量供应逐渐转入以无氧代谢为主。运动强度越大，机体无氧代谢供能比例就越大。一般来说，运动锻炼可以改善和提高各系统的供能能力。

1. 磷酸原系统 ATP 是细胞唯一能直接利用的能量形式。运动时，ATP 水解生成腺苷二磷酸（ADP）和磷酸，同时释放出能量供机体利用。ATP 在骨骼肌中储量很少，当 ATP 被消耗时，CP 迅速分解，把高能磷酸键转移给 ADP，ADP 磷酸化成为 ATP，及时补充 ATP。ATP 和 CP 供能的优点是：供能速度极快，不需要氧气、也不产生乳酸。缺点是：细胞内储量少，供能时间短。做高强度剧烈运动时，骨骼肌内储存的 ATP 和 CP 供能仅维持 6～8 秒。但可以通过糖酵解和有氧代谢系统合成 ATP，及时补充细胞内 ATP。

2. 糖酵解系统 葡萄糖经无氧代谢生成乳酸，并释放出能量，使 ADP 磷酸化成 ATP，这一供能系统称为糖酵解系统。在剧烈运动时，细胞处于缺氧状态，葡萄糖经无氧酵解能快速补充 ATP。虽然糖酵解提供的能量较少，1mol 葡萄糖无氧代谢后仅生成 2～3mol ATP（图 1-60），但能量释放快，一般能持续 1～2 分钟，为高强度运动提供短时能量供应，也是高强度运动初期主要的能量来源。然而，无氧条件生成的乳酸，长时间无氧运动会造成骨骼肌中乳酸堆积，引起肌肉酸痛与疲劳。

3. 有氧代谢系统 在氧气充足情况下，葡萄糖、脂肪和蛋白质通过有氧氧化生成 H_2O 和 CO_2，并释放出能量使 ADP 磷酸化成 ATP，这一供能系统称为有氧代谢系统。有氧氧化是人体获得能量的主要方式。在长时间运动中，在运动早期，葡萄糖被用于供能，随着运动时间延长，脂肪成分合成 ATP 的主要能量来源。1mol 葡萄糖经有氧代谢生成 38mol ATP（图 1-60），而 1mol 脂肪经有氧代谢生成 22mol ATP。因此，葡萄糖供能优于脂肪。蛋白质仅在某些特殊情况下（如长期不能进食或体力极度消耗时）才参与供能。

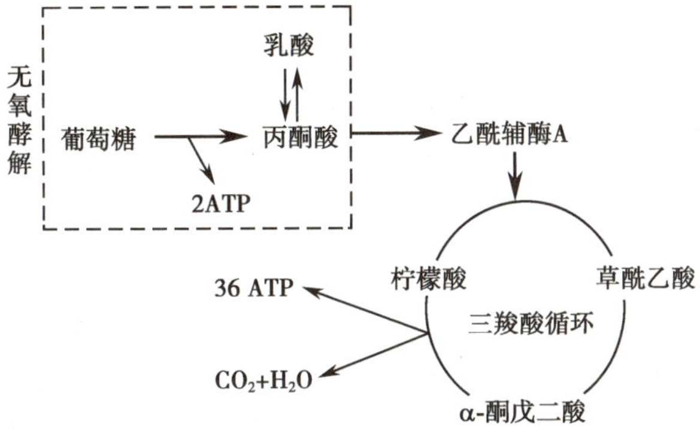

图 1-60 有氧代谢与无氧酵解

（三）不同类型运动物质代谢和能量代谢的特点

1. 极量运动与亚极量运动 进行极量和亚极量运动时，比如短跑，首先动用磷酸原供能系统，人体每千克肌肉中 ATP 和 CP 含量在 15～25mg，一般在 10 秒内耗竭。如果运动还需要持续下去，就会启动糖酵解供能系统，供能一般不超过 2 分钟。

2. 递增负荷的力竭运动 运动初期，运动强度小，能耗速度低，主要是葡萄糖有氧代谢供能即可满足运动需求。随着运动负荷逐渐增加，有氧代谢供能不能满足运动需求时，就逐渐转入无氧代谢供能，即磷酸原系统和糖酵解系统，直至力竭。

3. 中等强度运动 整个运动过程机体供氧充足，运动初期以葡萄糖氧化供能为主，后期而逐渐过渡到脂肪氧化供能。这是因为脂肪氧化耗氧量大、产热慢以及肌糖原的消耗的缘故。

4. 小强度运动 运动时机体氧气供应充足，骨骼肌能量消耗少，肌细胞主要以葡萄糖和脂肪酸有氧代谢供能。

（四）能量代谢测定

1. 能量代谢的测定原理 机体的能量代谢遵循能量守恒定律，机体活动时所释放出来的热能（产热量）和对外所做的功（外功）等于机体贮存能量（化学能）的消耗。因此，如果要测定机体的能量代谢，只要测定一定时间内机体产生的热量和所做的外功。若机体没有做外功，则一定时间内机体产生的热量即为机体消耗的全部能量。这样，只要测定单位时间内机体的产热量即可了解机体的能量代谢。

2. 能量代谢的测定方法 通常有直接测热法和间接测热法。直接测热法是在隔热环境中，直接收集和测量人体整个代谢过程中散发出的全部热量。因其设备复杂，操作繁琐，一般较少用。目前常用的方法是间接测热法。采用气体分析法，通过测量二氧化碳产生量和氧气消耗量，计算受试者能量代谢值。双标水法是一种新的间接测热法。用 ^{18}O 和 ^{2}H 标记的水，把受试个体纳入到同位素代谢循环中，^{2}H 在体内以水形式代谢，^{18}O 以水和二氧化碳形式代谢。这样通过两种同位素在根据体内消耗率的差别，根据间隔曲线精确计算出二氧化碳的产出量，利用热量计算的间接法即可得出与二氧化碳产出量等价的机体能量消耗。双标水法优点是方便，缺点是分析设备和仪器昂贵，极大限制其普及与应用。

四、 有氧运动和无氧运动

运动的能量供应是由有氧代谢和无氧代谢以不同比例组成。因此，运动能力可分为有氧运动能力和无氧运动能力。

（一）有氧运动能力

有氧运动（aerobic exercise）是指在氧气供应充足情况下，运动所需的能量来自能源物质的有氧代谢。在有氧条件下，人体持续进行某一体力活动（运动）的能力称为**有氧运动能力**（aerobic exercise ability），也称为**有氧耐力**。有氧运动能力高低反映了机体有氧代谢能力、心肺功能和适应能力的强弱，是身体素质的基本指标。

1. 生理基础

（1）需氧量：人体进行某种活动所需要的氧量称为需氧量。正常成人安静时需氧量约为 250ml/min。运动时需氧量受运动强度与运动持续时间的影响。运动强度越大或持续时间越长，需氧量越大。总需氧量 =（运动时每分摄氧量 + 恢复期每分摄氧量 − 安静时每分摄氧量）×（运动时间 + 恢复时间）。

（2）摄氧量：机体单位时间内实际摄入的氧量或被消耗（利用）的氧量称为摄氧量，也称耗氧量。安静时，每分摄氧量与每分需氧量是平衡的。运动时，随运动强度增加，每分需氧量也成比例增加，摄氧量与需氧量是否平衡是影响有氧运动能力的主要因素。运动过程中，如果摄氧量满足不了需氧量，就会造成体内氧的亏欠，称为**氧亏**（oxygen deficit）。在进行持续时间较短的剧烈运动中，即使氧的运输系统功能已经达到最高水平，如果摄氧量仍然不能满足需氧量，则出现氧亏。同样，在低强度运动的开始阶段，由于内脏器官的生理惰性大，氧运输系统的功能不能立即提高到应有的水平，其摄氧量亦不能适应运动的需要。所以，在低强度运动的开始阶段也会出现氧亏。

（3）最大摄氧量（maximal oxygen intake，VO_2max）：在有大量肌肉群参加的长时间剧烈运动中，当心肺功能和肌肉利用氧的能力达到极限水平时，单位时间内所能摄取的氧量称为**最大摄氧量**（VO_2max），也称为**最大吸氧量**（maximal oxygen intake）或**最大耗氧量**（maximal oxygen consumption）。它反映了机体对氧的摄取、运输和利用的能力，是评定人体有氧运动能力的重要指标之一。我国正常成年男子最大摄氧量绝对值约为 3.0～3.5L/min，相对值为 50～55ml/（kg•min）；女子较男子略低，其绝对值为 2.0～2.5L/min，相对值为 40～45ml/（kg•min）。

（4）**乳酸阈**：在递增负荷运动中，机体的能量供给从有氧代谢逐渐过渡到无氧代谢。无氧代谢产生的乳酸随运动负荷的递增而增加，当运动强度达到某一负荷时，血液中乳酸急剧增加，这时的乳酸浓度称为**乳酸阈**（lactate threshold）。一般血中乳酸浓度在 4mmol/L，它反映了机体能量代谢从有氧代谢为主过渡到无氧代谢为主的临界点或转折点。如果乳酸阈越高，说明其有氧运动能力越强，大部分运动过程都是在有氧代谢下进行的，而不过早地积累乳酸。因此，乳酸阈高低是反映人体有氧运动能力又一重要指标。

（5）代谢当量（metabolic equivalent，MET），又称梅脱：是指单位体重、单位时间内的耗氧量。每千克体重，进行 1 分钟活动消耗 3.5ml 的氧定义为 1MET［3.5ml O_2/（kg•min）］。1MET 的活动强度相当于健康成年人安静、坐位时的代谢水平，稍高于基础代谢［3.3ml O_2/（kg•min）］。这是按照平均体重 70kg、代谢率为 250ml O_2/min 制定的。MET 大小是由耗氧量计算而来，而耗氧量与运动强度成正比，因此 MET 是衡量运动强度的重要指标。举个例子，某人体重 70kg，进行功率自行车运动 10 分钟，耗氧量 12 250ml，所以这一运动的强度是 5MET。现在广泛应用 MET 表示运动强度，并用于评价体力活动的能力、预后、制订运动处方等。正常人运动能力最高可达 10MET，一般认为适宜的有氧运动强度是 2～7MET。日常生活中各种活动的 MET 值（表 1-5）。

表 1-5　日常生活中各种活动的运动强度（MET）

活动项目	MET	活动项目	MET
洗手	1.0	交谊舞（慢）	2.9
坐床边	1.2	烹调	3.0
进食	1.4	步行 4.0km/h	3.0
上下床	1.5	慢速骑车	3.5
写作	1.6	穿衣	3.6
打牌	1.5～2.0	铺床	3.9
步行 1.6km/h	1.5～2.0	乒乓球	4.5
步行 1.6km/h	1.5～2.0	扫地	4.5
站立	2.0	交谊舞（快）	5.5
坐椅	2.0	下楼	5.2
淋浴	2.0	园艺	5.6
弹钢琴	2.0	拖地	7.7
驾驶汽车	2.0～2.8	上楼	9.0

2. 有氧运动的特点

（1）运动强度：以中等、低强度运动为主。机体才能得到充足的氧气供应，保证能量代谢以有氧代谢为主。

（2）运动时间和距离长：有氧代谢的能源物质分解完全，产能大，避免了乳酸堆积引起肌肉疲劳，所以有氧运动可以持续较长的时间，完成较长的距离。

（3）运动形式：以周期性、节律性运动为主，如步行、跑步、骑自行车、游泳。周期性运动是指运动时同样的动作重复进行，一般动作简单。

（4）全身大肌群参加的动力性活动：有氧运动多为耐力运动，以上肢、下肢和躯干的主要肌群同时参加运动，可提高运动时摄氧量，以达到增强心肺耐力的目的。

3. 有氧运动的作用　提高机体心肺功能，调节代谢，改善和提高机体氧化代谢能力，这也是有氧运动或心肺功能训练的主要目的。

4. 有氧运动的项目　主要有步行、慢跑、骑自行车、上下台阶、爬山、游泳、划船、滑冰等。非竞赛性球类项目包括篮球、排球、羽毛球、乒乓球和网球等。适合老年人的有氧运动：门球、柔力球、气功、太极拳和八段锦等。

5. 有氧运动训练　是通过反复进行的中小强度运动，以提高心肺功能和机体运动能力的训练方法，简称**有氧训练**（aerobic training）。将有氧训练的内容和注意事项以“处方”形式写出来，称为**运动处方**。

（1）运动处方组成：运动处方由运动形式、运动强度、运动时间、运动频率和运动注意事项 5 部分组成，其中运动强度、运动时间和运动频率是运动处方的三要素。

1）运动形式：根据运动个体的身体状况和运动习惯选择恰当的运动形式，步行和慢跑是康复治疗中应用最广的有氧训练形式。老年、体弱者可以选用门球、柔力球、太极拳、八段锦等。对于重症疾病恢复期或有身体残疾妨碍从事有氧运动者，日常生活活动如整理床铺、收拾房间、扫地等，同样可以产生有氧训练的有益作用。

2）运动强度：根据运动个体或患者身体状况和对运动反应的差异，制订个体化运动强度是运动处方的关键要素之一。常用的评价有氧运动强度的指标：

最大摄氧量百分比（% VO_2max）：40%～50% VO_2max 为小强度，60%～85% VO_2max 为中等强度，>85% VO_2max 为高强度。推荐以 50%～85% VO_2max 作为有氧训练强度，40%～50% VO_2max 更适合于心脏病患者及老年人。

最大心率百分比（% HRmax）**与靶心率**：心率增加与运动强度呈线性相关，因此可以采用最大心率百分比来评价运动强度指标。适宜的强度是靶心率在 60%～85% HRmax 的有氧运动强度。对心脏病及老年人靶心率应适当降低，以 40%～60% HRmax 为宜。

代谢当量（metabolic equivalent）：前面已经提及代谢当量评价运动强度的主要指标，也是运动处方中最常用的表示运动强度的指标。可用于不同强度运动之间的比较。一般认为适宜的有氧训练的强度是 2～7MET。

主观强度感觉（rating of perceived exertion，RPE）：是运动个体在运动过程中的疲劳感，它是一种简易的评价运动强度的方法。虽然 RPE 代表主观感觉，但反映的却是生理功能的变化，这是因为 RPE 值与心率之间存在对应关系（表 1-6）。适宜运动的 RPE 值在 12～13，心率在 130 次 / 分左右。将客观的生理指标（心率）与主观感受（RPE）结合起来是最简易的评价运动强度的方法，可以避免单用靶心率带来的偏差。例如，某人服用 β- 受体阻滞剂，因药物作用运动时心率增加不明显，运动强度尚未达到靶心率时，但运动个体已经感到很费力了，这时应该以 RPE 为准，停止运动。还有一种情况，某人身体状况良好时，靶心率为 120 次 / 分，RPE 值为 13，但身体抱恙时或工作劳累后，再以 120 次 / 分靶心率强度进行运动，就会感到非常困难和费力，RPE 值会增加。在这样的情况下，心率达到 120 次 / 分运动就

表 1-6 主观强度感觉（RPE）量表与相应心率

RPE 评分	主观感觉	相应心率（次 / 分）
6	毫不费力	静息心率
7 8	非常轻松	70
9	很轻松	90
10 11	轻松	110
12 13 14	稍轻松	130
15	费力	150
16 17 18	很费力	170
19	非常费力	195
20	精疲力竭	最大心率

会变得十分危险，RPE 值的运用避免了这种潜在危险的发生。由于身体承受运动负荷的能力具有可变性，所以在运动中通过主观感觉和客观生理指标相结合进行监控较适宜。

3）运动持续时间：运动持续时间应结合运动强度、患者健康状况及体力适应情况而定。运动强度与运动持续时间的乘积为运动量。有氧训练推荐的运动时间，30～60 分钟 / 天，150 分钟 / 周。如果是体力衰弱、高龄、有病的患者可采用短时间，一日多次，累积运动时间达 30 分钟 / 天，也达到有氧训练的目的。

4）运动频率：运动频率取决于运动量的大小。若运动量大，则每周训练 3 次即可达到理想效果；若运动量小，最好每天活动，才能产生训练效应。一般推荐每周 3～7 次。每周少于 2 次的运动训练无治疗作用。训练效果一般在 8 周以后出现，如果中断锻炼，有氧耐力会在 1～2 周内逐渐退化。因此，要保持机体良好的有氧运动能力，需要长期坚持。

5）注意事项：①安全第一、加强医学监测：有氧运动前一定要认真地进行身体检查，尤其是心肺功能和骨关节功能等的评估，并指导运动个体判断适宜运动强度的指标，避免运动过度。②循序渐进、量力而行：有氧训练要从小量开始，适应后逐渐增加运动负荷，或严格遵守运动处方中规定的运动项目、运动强度、持续运动时间和训练进度。③个性化运动处方、持之以恒：应考虑患者的年龄、疾病特点，运动条件和运动习惯，制定个性化的运动处方，实施不同的运动方案。健康人以提高心肺功能为主，宜选较大强度运动；老年人的运动强度应适当降低。要持之以恒，养成定时训练、长期坚持的运动习惯。④防止疲劳、注意训练卫生：对于疾病患者进行有氧运动训练时，应防止运动过量和过度疲劳。在运动卫生方面，应注意以下方面：饭后及空腹时不做剧烈运动；运动训练后出汗较多时要预防感冒，运动后不宜立即洗热水澡；运动时发现不适，应停止运动及时就医。

（2）运动处方的应用：

1）健身：运动处方在全民健身中起到科学指导作用，主要用于提高心肺功能，即提高运动能力，可以为不同年龄、性别，不同身体状况，不同体能水平的人提供健身指导。

2）预防：有氧训练可以预防某些慢性疾病，如冠心病、高血压、高血脂、糖尿病、肥胖等。因此，运动处方是指导这类人群进行有氧运动、预防慢性病发生的科学依据。

3）治疗：运动处方也可用于指导心血管疾病患者，如轻中度高血压、冠心病、慢性心衰以及糖尿病和肥胖症，进行科学的治疗性运动，与饮食控制和药物共同发挥治疗作用。

4）康复：运动处方还可用于其他疾病（如偏瘫、脊髓损伤）导致心肺功能降低运动康复指导，提高这些患者心肺功能和有氧代谢能力。对长期卧床所致运动能力下降的患者，运动处方也可用于指导全身运动能力的恢复，发挥康复治疗作用。

（二）无氧运动能力

无氧运动（anaerobic exercise）是指通过无氧代谢途径提供能量进行的运动。它由 ATP 和 CP 分解供能和葡萄糖无氧酵解供能。

1. 生理基础

（1）能源物质：

1）ATP 和 CP 的含量：人体在运动中 ATP 和 CP 的供能能力主要取决于 ATP 和 CP 含量，以及通过 CP 再合成 ATP 的能力。通常情况下，每千克肌肉中含 ATP 和 CP 在 15～25mg 之间，在极限强度运动中，肌肉中的 ATP 和 CP 在 10 秒内就几乎耗竭。

2）糖原含量及其酵解酶活性：糖原含量及其酵解酶活性是葡萄糖无氧酵解能力的物质基础。骨骼肌中糖原含量越高，糖酵解酶活性越高，无氧代谢供能持续时间越长，无氧供能能力就越强。

（2）代谢过程的调节能力：代谢过程的调节能力包括参与代谢过程的酶活性、神经与激素对代谢的调节、内环境变化时酸碱平衡的调节以及各器官活动的协调等。如肌酸激酶、磷酸果糖酶等对于提高ATP再合成速率及快速恢复ATP含量是十分重要的。

（3）最大累积氧亏：最大累积氧亏（maximal accumulated oxygen deficit，MAOD）是指人体从事极限强度运动时（一般持续运动2～3分钟），完成该项运动的理论需氧量与实际耗氧量之差。最大氧亏积累是评价机体无氧供能能力的重要标志。

2. 无氧运动训练 以高强度间歇性运动及小强度循环抗阻运动为主的训练方法。

（1）高强度间歇性运动：采用全速或接近全速跑1分钟、休息4分钟，重复5次的间歇性运动，这种训练能使血液中乳酸水平快速升高，以提高机体对高乳酸的适应，也称为乳酸耐受能力训练。乳酸耐受能力训练时，血乳酸浓度控制在12mmol/L左右为宜，这一水平乳酸有利于提高糖酵解系统的供能能力和肌肉中乳酸脱氢酶的活性。

（2）小强度循环抗阻运动：选用10～15个大肌肉群进行抗阻运动，负荷强度为最大负荷量的40%～50%，每个练习在10～30秒重复8～15次，练习之间休息放松30～60秒，2～3个循环为一组。每个练习之间休息时间不能短于30秒，否则ATP、CP的恢复数量不足以维持下一次练习对于能量的需求，故间歇时间一般选30～60秒。成组练习后，组间休息不能短于3～4分钟，因为ATP、CP的恢复至少需要3～4分钟。这种训练主要提高ATP-CP系统的供能能力。

（潘燕霞）

第二章
上肢

第一节　肩关节复合体

肩是把上肢连接到胸或躯干的一组结构，在人类的生活、生产劳动和体育运动中占有重要的位置。广义的肩关节由盂肱关节、肩锁关节、肩胛胸壁关节和胸锁关节四个关节所共同组成，此外，一些作者还将肩峰下关节和喙突锁骨间关节包括在广义的肩关节内。这些关节提供并增加了上肢的活动范围，同时这些关节的任何病变也会限制肩关节的活动，进而引起整个上肢的活动功能障碍。因此，由胸骨、锁骨、肋骨、肩胛骨和肱骨近端以及它们之间连接的关节构成了肩关节复合体。

肩关节复合体的运动是由肩部肌群和关节的协作共同完成的，肩部肌群的协同运动增加了肩关节的关节活动度和稳定性，因此肩部任何肌肉无力或瘫痪都将影响整个肩关节的运动链。

一、骨学

（一）胸骨

胸骨包括柄、体和剑突 3 个部分。在胸骨柄有一对椭圆形的锁骨关节面。在胸骨柄的边缘末端有肋骨面，它连接双侧的第一肋。在胸骨柄的顶部，即双侧锁骨关节面之间有颈静脉切迹（图 2-1）。

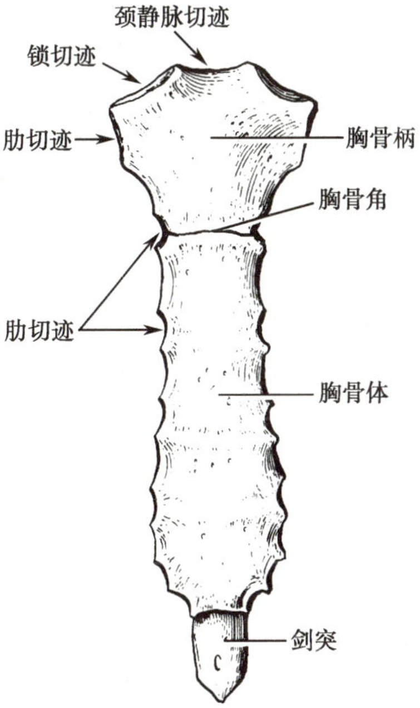

图 2-1　胸骨

（二）锁骨

锁骨上面观，锁骨的形状呈内侧凸外侧凹的曲线形，并与冠状面形成向后 20° 的倾斜角。当上肢处于解剖位时，锁骨的长轴稍微高于水平面（内低外高）。锁骨的肋骨面对第一肋，其外侧稍后方有一肋骨结节，上有肋锁韧带附着；锁骨末端与肩峰形成肩锁关节，外侧锁骨的下方有个锥形结节（图 2-2）。

（三）肩胛骨

三角形的肩胛骨有三个角：上、下、外角。在上肢运动过程中触摸肩胛下角可以了解肩胛骨的运动状况。肩胛骨也有三个缘，当双侧手臂放在身旁时，内侧缘（脊柱缘）平行于脊柱，而外侧缘从肩胛下角斜向肩胛外侧角。肩胛

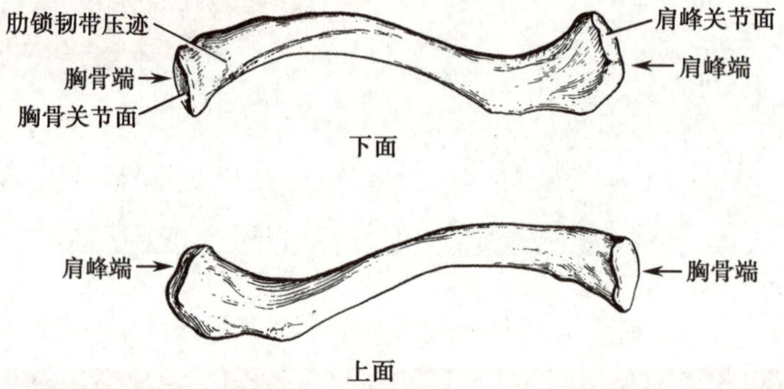

图2-2　锁骨

骨上缘从肩胛上角的外侧延伸到喙突(图2-3)。肩胛骨的后面被肩胛冈分成冈上窝和冈下窝，冈上窝的底部被冈上肌填充。肩胛冈的内侧在脊柱根部高度略降低，相反，肩胛冈的外侧较高且平。肩峰向前外侧方向延伸，其锁骨面和肩峰形成肩锁关节。肱骨头和肩胛盂相连接，由于肩胛骨内侧缘的原因，肩胛盂向上倾斜5°。在解剖位，肩胛骨与冠状面形成向前约35°的夹角。肩胛骨这个方向的平面称作肩胛骨平面。当抬手过头时肩胛骨和肱骨都与这个平面有关系。肩胛盂的上下缘有盂上结节和盂下结节，这些结节有肱二头肌长头和肱三头肌附着。肩胛盂上缘旁边的喙突，形似弯弓的鸟嘴，其上有很多韧带和肌肉附着。肩胛骨前面凹陷，称为肩胛下窝，内有肥厚的肩胛下肌附着。

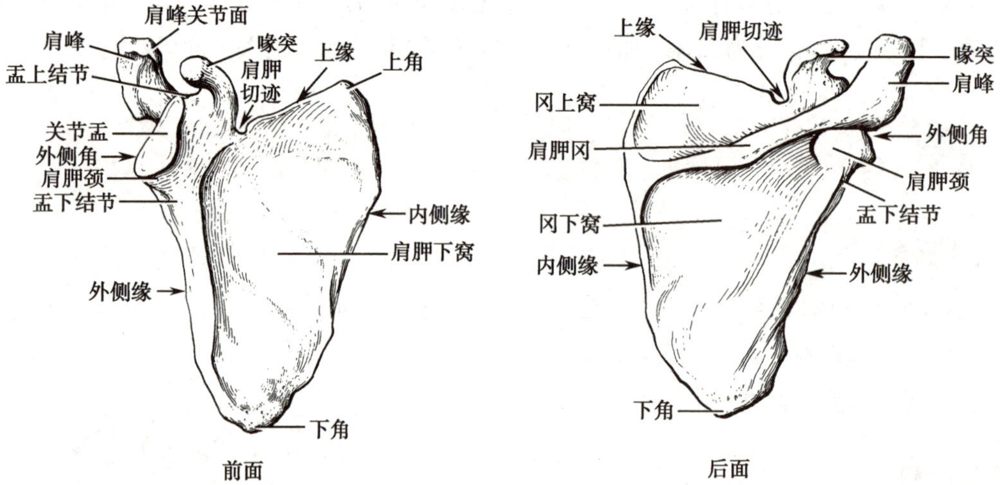

图2-3　肩胛骨

(四)肱骨

肱骨头近似一个半球形，面朝内上后方，与肩胛盂形成盂肱关节。肱骨头轴与肱骨干长轴形成135°的夹角，与冠状面成30°后倾角，这个后倾使肱骨头在肩胛骨平面与肩胛盂形成关节(图2-4)。肱骨解剖颈把光滑的头和近端肱骨干分开。大结节和小结节环绕着近端肱骨，小结节朝前方，有肩胛下肌附着；大结节朝向外侧，有上、中、下三面，分别有冈上肌、冈下肌和小圆肌附着。在大、小结节的前面有一条较锋利的嵴，胸大肌和大圆肌就附着在这些嵴上。在嵴之间是结节间沟，其间有肱二头肌长头肌腱通过，背阔肌就附着在结节间沟的底部，其内侧是肱二头肌腱，结节间沟的终点就是三角肌结节。

桡神经沟由内上斜向外下呈螺旋形通过肱骨后面，桡骨沟的近端分别有肱三头肌的内侧头和外侧头附着。桡神经进入桡神经沟后走行于肱三头肌内外侧头之间，因此肱骨干中下1/3处骨折时，桡神经容易受损伤。

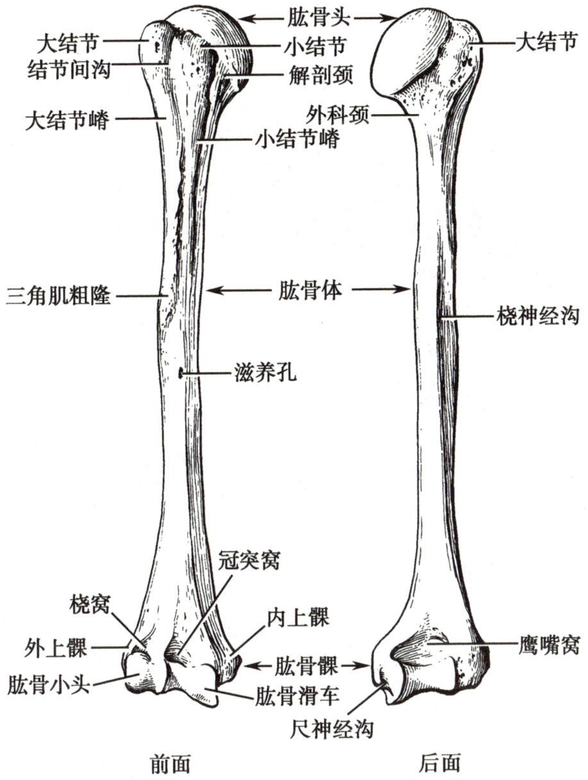

图 2-4 肱骨

二、关节

（一）胸锁关节

1. 基本特征 胸锁关节（sternoclavicular joint）是一个复合关节，包括锁骨内侧端、胸骨的锁骨面和第一肋的软骨端。胸锁关节是上肢的基础关节，它连接骨骼和附件，它是肩胛带关节中唯一的鞍状关节。虽然有很多变化，但是锁骨内侧端的关节面通常是凸面沿着纵轴运动，凹面沿着横轴运动。胸骨上的锁骨面是一个典型的相反的关节面，纵轴轻度凹陷，横轴轻度凸出（图 2-5）。

在大而外露的锁骨关节面对小而斜的胸骨关节里，胸锁关节间有一关节盘，关节盘把胸锁关节分为内外关节腔。关节盘的下面附着在锁骨面的外侧端，上面附着在锁骨头和锁骨间韧带，它能调整不规则的关节面，起到稳定和减震的作用。

2. 关节周围的结缔组织 胸锁关节周围的韧带有：①前、后胸锁韧带；②锁骨间韧带；③肋锁韧带。它们与关节盘、关节囊、胸锁乳突肌、肩胛舌骨肌和胸骨甲状肌等软组织一起参与稳定胸锁关节。锁骨间韧带跨越颈静脉切迹，连接两侧锁骨头。肋锁韧带是一条强壮的韧带，它从第一肋软骨发出延伸到锁骨面下方的肋结节。这条韧带有两条相互垂直的纤维束。前部纤维束斜向上外方向，而后部纤维束斜向上内方向。肋锁韧带使胸锁关节更稳定并限制除锁骨下沉以外的所有运动。

3. 运动学 锁骨的骨骼运动学定义为 3 个自由度，每个自由度都和冠状面、矢状面和水平面三个基本平面有关。锁骨的上抬、下沉、前伸、后缩以及旋转都与锁骨的长轴有关。基本上肩关节的所有运动都至少和胸锁关节中锁骨的一些运动有关（图 2-6）。

（1）上抬和下沉运动（elevation and depression）：锁骨上抬和下沉围绕着前后轴，发生在几乎平行于

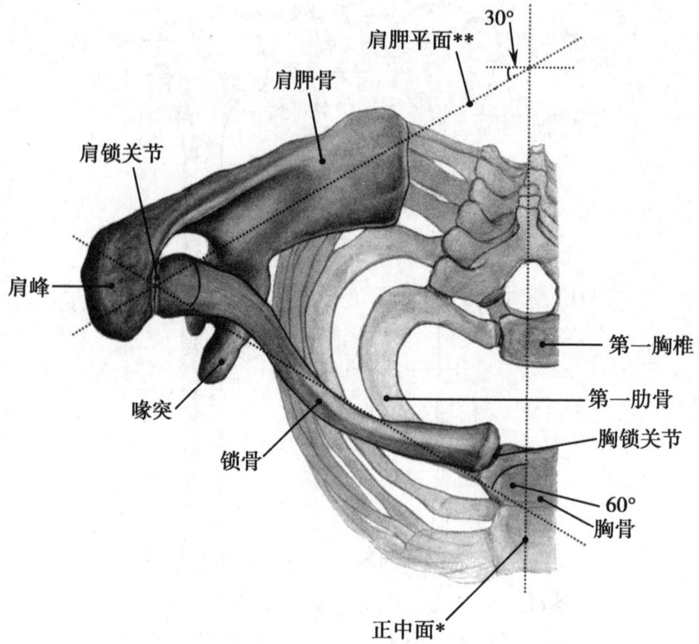

图 2-5 胸锁与肩锁关节

冠状面的平面上的运动。锁骨上抬最大活动范围约 0°～45°，下沉最大活动范围约 0°～10°，而且锁骨的上抬与下沉和肩胛骨的运动有关。

锁骨上抬和下沉的关节运动学发生在胸锁关节的纵向直径。锁骨的上抬发生在锁骨头的凸面，即凸-凹，它向上滚动，同时沿着胸骨的凹陷面向下滑动。肋锁韧带能够稳定锁骨的位置，锁骨头的向下滚动和向上滑动产生锁骨的下沉运动。如果锁骨完全下沉，将拉长和牵拉到锁骨间韧带和关节囊韧带的上部分纤维（图 2-7）。

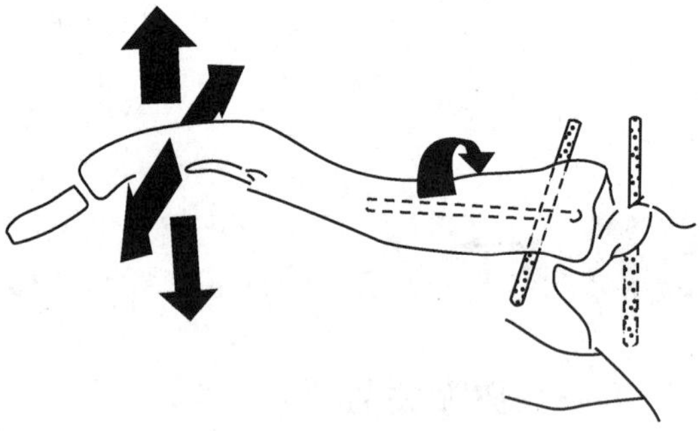

图 2-6 胸锁关节运动

（2）前伸和后缩运动（protraction and retraction）：锁骨的前伸和后缩发生在几乎平行于水平面的平面上，锁骨旋转的垂直轴和胸骨平行，锁骨在水平方向至少有 15°～30° 的前伸或后缩活动范围。锁骨的水平运动平面和肩胛骨前伸和后缩有关。

锁骨前伸后缩的关节运动沿着胸锁关节的横径发生，锁骨关节的凹面对应胸骨的凸面运动，即凹-凸。后缩时，锁骨凹面的关节面在胸骨凸出的关节面上做向后的滚动和滑动，并且方向一致；后缩的活动末端拉长了肋锁韧带的前部纤维和前部囊韧带（图 2-8）。

胸锁关节前伸的关节运动学类似于后缩，主要是运动方向相反，锁骨凹面的关节面在胸骨凸出的关节面上做向前的滚动和滑动，并且方向一致。运动中的前伸包括最大限度的向前伸，使得肋锁韧带的后部纤维束、囊韧带的后部和肩胛后缩肌群明显被牵拉，从而限制了锁骨的前伸。

（3）锁骨的轴向旋转运动（axial rotation of the clavicle）：锁骨长轴的旋转在胸锁关节有 3 个自由度。当肩关节外展或屈曲时，锁骨上抬，喙锁韧带紧张，导致锁骨上方的一个点向后大约旋转 40°～50°，而当手臂放回身体两侧时锁骨旋转回中立位置，这与锁骨曲柄样形状有关。

锁骨旋转的关节运动学包括锁骨头在关节盘外侧面的自转。锁骨全部后旋转，这是胸锁关节的锁定位状态。

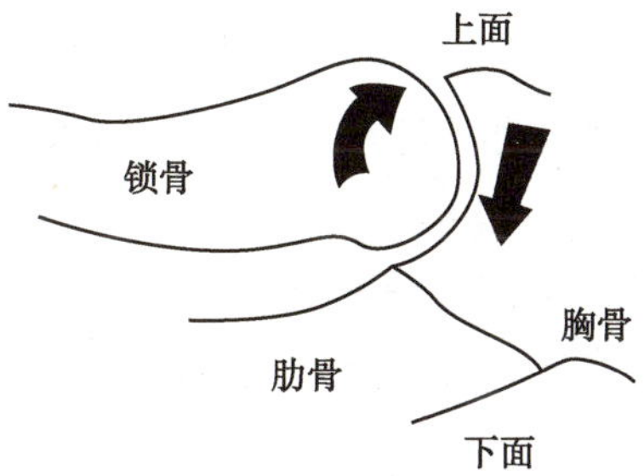

图 2-7 胸锁关节凸凹运动——前后轴（前面观）

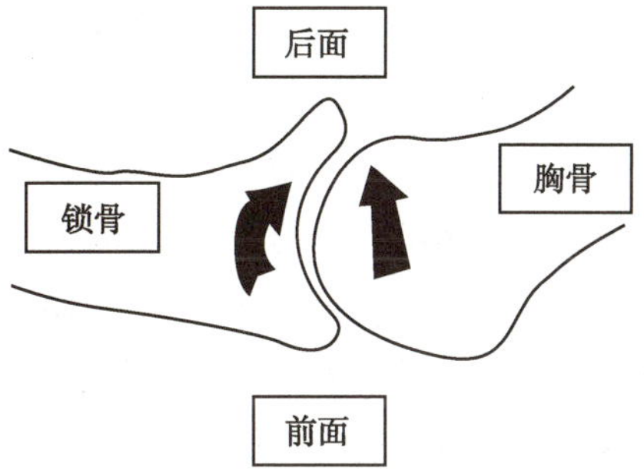

图 2-8 胸锁关节凹凸运动——垂直轴（上面观）

（二）肩锁关节

1. 基本特征 肩锁关节（acromioclavicular joint）是一个由锁骨外侧端和肩胛骨肩峰组成的关节。肩胛骨的锁骨面面向内并轻微向上，这样为肩峰提供了一个合适的关节位置；肩锁关节属平面关节，关节面有多种形态，不规则。大多数肩锁关节的关节盘形状各异，有的缺如。

2. 关节周围的结缔组织 肩锁关节周围被关节囊所包绕，此关节囊被上、下囊韧带增强，并通过三角肌和斜方肌的附着而增强肩锁关节的稳定性。

斜方韧带和锥状韧带也增强对肩锁关节的稳定性。斜方韧带起自喙突，沿着上外方向走行，附着于锁骨下缘粗糙的三角区，向前外侧延续至锁骨的锥形结节；锥状韧带起自喙突弯头处，止于锁骨下方后缘附近的锥状结节，位于冠状面。此外，喙锁韧带对肩锁关节的稳定性起到增强作用。

3. 运动学 胸锁关节和肩锁关节存在功能的不同。胸锁关节引导着肩胛骨的运动轨迹，允许锁骨的过度运动，因此也容易导致胸锁关节退行性改变；而肩锁关节则恰恰相反，它只允许肩胛骨有微小的运动，肩锁关节的微小运动却能起到很大的作用，将曲柄样锁骨的活动传递给肩胛骨，成为肩胛骨旋转的支点，它因此提供了肩胛胸壁关节的最大活动范围。

稳定肩锁关节的软组织：①肩锁关节的上、下囊韧带；②三角肌和斜方肌上部肌束；③喙锁韧带；④关节盘。

在肩锁关节的运动中，肩胛骨的运动有三个自由度。肩胛骨基础的运动是上旋和下旋，既而上下旋转运动增加了肩胛骨相对离开胸壁的位置；此外，还有内旋与外旋运动和前倾与后倾运动形式。肩锁关节的活动范围是很难测量的，因为这个关节的位置并不是一个典型的关节位置（图 2-9）。

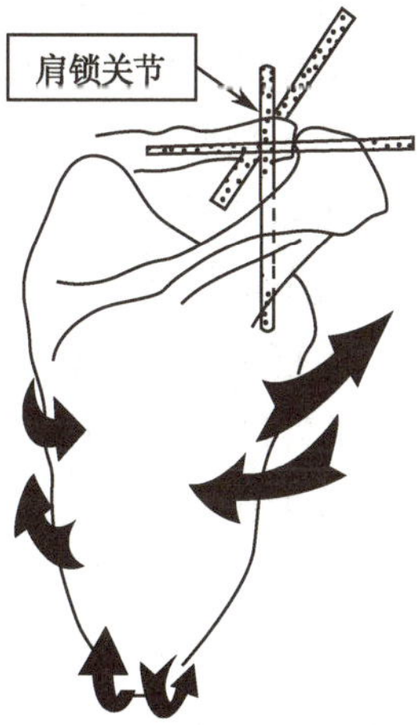

图 2-9 肩胛骨运动

（1）上旋和下旋运动（upward and downward rotation）：肩胛骨的上旋发生在肩胛骨向上向外的位置，这个运动和锁骨的外侧端有关，手臂抬高过头时肩胛骨上旋 30°。在肩胛胸壁联合关节中，其运动主要集中在上旋。肩胛骨的下旋运动则发生在肩胛骨向下向内的位置，更多发生在肩胛骨上旋后回到解剖位置的过程，这个运动的生物力学和肩关节的水平外展、后伸有关系。虽然描述肩胛骨的运动多在冠状面的上旋和下旋运动，但是很多运动都是发生在肩胛骨平面上。

肩胛骨的上旋需要考虑到锁定位，因为这个运动会牵拉到肩锁关节的下部关节囊和喙锁韧带。肩胛骨的完全上旋是其锁定位状态。

（2）肩锁关节在水平面和矢状面的“旋转调整”运动（horizontal and sagittal plane “rotation adjustments” at the acromioclavicular joint）：在肩关节运动过程中肩胛骨呈或轴状或扭转的运动，这就是所谓的肩胛骨旋转调整运动，或者称为肩胛骨在胸廓上的运动总和。肩锁关节在水平面上的调整发生在垂直轴上，这将引起肩胛骨内侧缘向胸廓前外侧的轴向旋转，即内旋，回到原位即外旋。肩锁关节在矢状面上的调整发生在冠状轴上，这导致肩胛下角向胸廓的外侧倾斜或轴向移开即前倾，回到原位即后倾。肩锁关节在这两个运动平面上的活动范围是5°～30°。

肩锁关节在水平面和矢状面上的调整增加了肩胛胸壁关节运动的范围和质量。例如，在肩胛骨前伸的过程中，当肩胛骨的内面随着胸廓的弧形运动，肩锁关节在水平面上有微小调整，而在肩胛骨上抬的过程中，矢状面上也有类似的调整。

（三）肩胛胸壁关节

1. 基本特征 肩胛胸壁关节（scapulothoracic joint）不是一个真正解剖学概念的关节，是肩胛骨的前面和胸廓的后外侧面间的一个衔接面。肩胛胸壁间隙被前锯肌分为两个部分，在肩胛下肌和前锯肌之间的前间隙为腋窝的延续部分，含有疏松结缔组织，肩胛下动静脉、肩胛下神经及胸背神经干均在此间隙通过。前锯肌与胸廓外部筋膜之间为后间隙，充满蜂窝组织。在解剖位，肩胛骨的位置在第2～7肋骨间，肩胛骨的内缘到脊柱距离约6cm。

2. 运动学 肩胛胸壁关节的运动在肩关节的运动学中占有非常重要的作用，发生在肩胛骨和胸壁之间的运动是胸锁关节和肩锁关节共同运动的结果。肩胛胸壁关节的运动主要是使肩胛骨上抬与下沉、前伸与后缩以及上旋与下旋。

（1）上抬和下沉运动（elevation and depression）：肩胛胸壁关节的肩胛骨上抬是胸锁关节和肩锁关节旋转中的一个联合运动结果。在很多时候，肩关节耸肩运动的发生是肩胛骨随着锁骨上抬运动直接产生的结果，而肩锁关节中肩胛骨的下旋运动则允许肩胛骨保持其垂直位。肩胛胸壁关节中肩胛骨的下沉运动是上抬运动的反转回到原位（图2-10）。肩胛骨上的附着肌肉能够保持肩胛骨沿着胸壁运动。

（2）前伸和后缩运动（protraction and retraction）：肩胛骨的前伸和后缩运动通过胸锁关节和肩锁关节在水平面运动的联合而产生。肩胛前伸是肩胛骨随着胸锁关节锁骨的前伸动作，其内侧缘沿着胸廓向外前方向滑动；肩锁关节能够通过在水平面的移动来扩大和调整肩胛胸壁前伸运动的距离和方向。肩胛胸壁关节的前伸运动增加了上肢前伸移动的距离。

因为肩胛胸壁关节的前伸运动是胸锁关节和肩锁关节运动的联合运动，所以其中一个关节运动的减少可以被另一个关节运动的增加所代偿。例如：一个严重的肩锁关节退行性骨关节炎患者可以利用胸锁关节前伸运动来代偿肩锁关节的活动受限，因而，在一定范围内上肢前伸运动就不会明显受限。

肩胛骨的后缩和前伸动作相反，肩胛骨的内侧缘沿着胸廓向后内方向滑动，就向两侧的肩胛骨靠拢（图2-11），肩胛骨的后缩常常是在用手向后拖物体时产生的，比如：利用滑轮拖物体、攀岩或穿衣服袖子等动作。

（3）上旋和下旋运动（upward and downward rotation）：肩胛胸壁关节的上旋是抬手过头动作中的一部分，肩胛上旋是肩胛下角向外上方向旋转，肩胛盂面向上，这个运动发生在上肢向上伸展时，肩胛盂起到支持和稳定肱骨头的作用。肩胛骨完全的上旋是胸锁关节的锁骨上抬和肩锁关节的肩胛骨上旋的运动的总和。这些双重冠状面的旋转发生平行于胸锁关节和肩锁关节的运动轴上，肩胛骨总共可以有60°的向上旋转。肩胛骨在冠状面外展时可以呈绝对的向上运动，但是它经常随着自己的轨迹运动，即肩胛骨平面。

肩胛骨的下旋运动发生在手臂从上抬的位置返回身体侧方时，这个动作和上旋类似，特别是胸锁关节锁骨下沉和肩锁关节肩胛骨下旋时，肩胛下角向内下方向旋转，肩胛盂面向下，这个运动发生在上肢向上伸展后放下的返回过程（图2-12）。当肩胛骨回到解剖位时下旋动作结束。

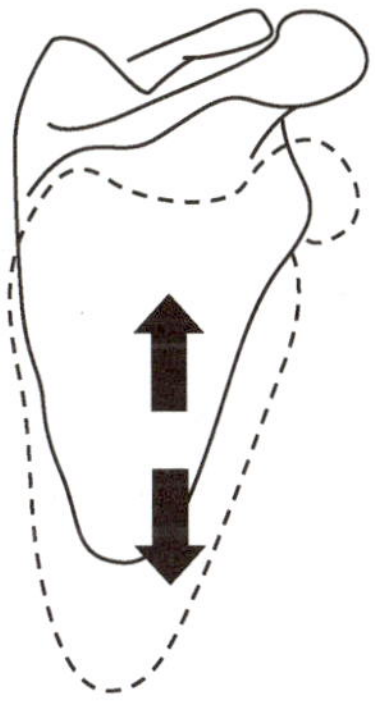

图 2-10　肩胛骨上抬与下沉

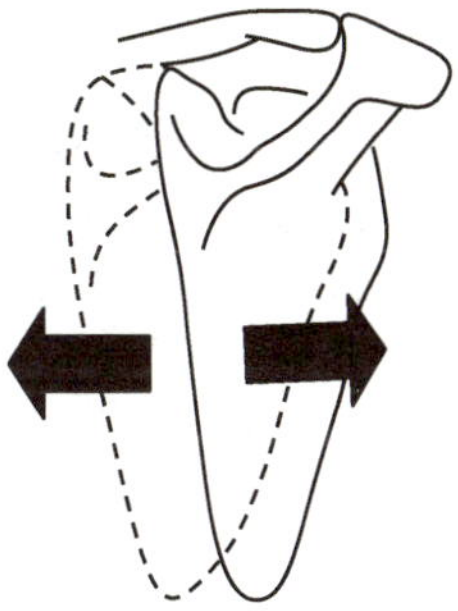

图 2-11　肩胛骨前伸与后缩

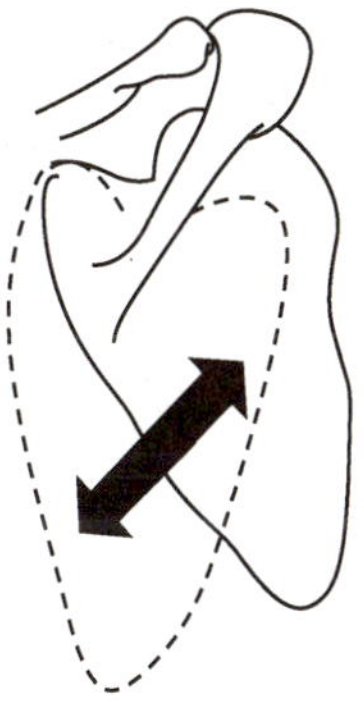

图 2-12　肩胛骨上旋与下旋

（四）盂肱关节

1. 基本特征　盂肱关节（glenohumeral joint）是由较大而凸出的肱骨头和小而内凹的肩胛盂组成的。这个关节的运动和肩胛骨的运动相结合产生了肩关节很大的活动范围。在解剖位，肩胛盂的关节面是在肩胛骨平面朝向前外方向的（图 2-13）。

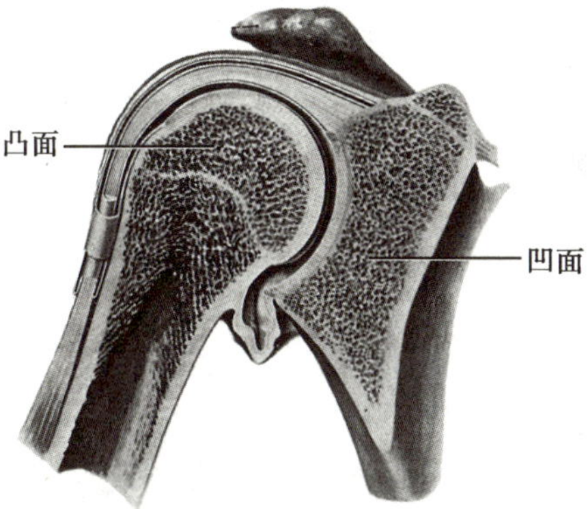

图 2-13　盂肱关节

很多人的肩胛盂有轻度的向上旋转，这个位置取决于肩胛盂窝固定的向上倾斜的向量和肩胛骨上旋的向量。

在解剖位置，肱骨头的关节面向后内上方，肱骨头有约 30° 后倾角。这个方向的运动是在肩胛骨平面的运动，因此它可以直接面向肩胛盂。

盂肱关节被关节囊包绕，关节内腔内呈负压。关节囊附着在肩胛盂的边缘并延伸到肱骨解剖颈。关节囊的内壁有滑囊，它延伸到肱二头肌长头肌腱的一部分，肱二头肌长头肌腱从关节囊出来下行到结节间沟。

盂肱关节囊潜在的空间容量大小大约有肱骨头的两倍，关节囊比较松弛且可扩张，从而允许盂肱关节可以有过度活动的空间。这种过度活动可以通过被动的盂肱关节脱位来说明。在没有疼痛和创伤的情况下，肱骨头可以被显著脱离肩胛盂。在解剖位或肩外展位，关节囊的下部呈放松的弯曲，成为关节囊皱襞。

肱骨头和盂窝上面都覆盖有透明软骨。盂窝的周缘是由纤维软骨环组成的盂唇。肱二头肌的长头附着在盂唇的一部分，大概 50% 的盂窝深度是由盂唇构成的，盂窝深度增加了肩关节的稳定性。

2. 关节周围的结缔组织及其他支持结构　肩袖肌群（肩胛下肌、冈上肌、冈下肌和小圆肌）和关节囊韧带混合成纤维囊，提供了盂肱关节的稳定性，肱二头肌长头也对盂肱关节起稳定作用。

关节囊的前下壁的外层较厚而且强韧，它由相邻的软组织组成，并形成盂肱韧带。韧带的被动张力限制了盂肱关节的旋转和移位。

盂肱关节囊韧带由胶原纤维组成，分为上、中、下三束。上盂肱韧带附着在盂上结节，同时它的前部也附着在肱二头肌长头以及肱骨解剖颈之上的小结节。这条韧带在全范围的内收或肱骨头向下向后移位时拉紧。中盂肱韧带的近端附着在盂窝前面的上部和中部，这条韧带和关节囊的前部以及肩胛下肌形成一束，然后附着在解剖颈的前面。这条韧带提供了盂肱关节前方的稳定，限制肱骨向前移位和向外旋转。下盂肱韧带附着在盂窝的前下部，包括相邻的盂唇。这条韧带附着在解剖颈的前下部和后下部。这条韧带有三个部分：前束、后束和腋窝皱襞束。腋窝皱襞和下盂肱韧带在肩关节外展 90° 时拉紧，为盂肱关节在这个位置的前后方向的运动稳定性起到了重要作用。在外展位置前束和后束限制了肩关节的外旋和内旋。

喙肱韧带从喙突外缘延伸到肱骨大结节的前面，加强盂肱关节囊。喙肱韧带和关节囊以及冈上肌肌腱形成束从而限制了肩关节的外旋、前屈和后伸。这条韧带同时也限制了肱骨头向下方移位。

喙肩韧带附着在肩峰的前面和喙突的外缘之间，形成喙肩弓的顶；喙肩弓是由喙突、肩峰和喙肩韧带组成。在健康的成年人，喙肩弓和肱骨头之间大约只有1cm的间隙，这个重要的肩峰下间隙中包含有冈上肌的肌腱、肩峰下滑囊，肱二头肌长头和上关节囊的一部分（图2-14）。

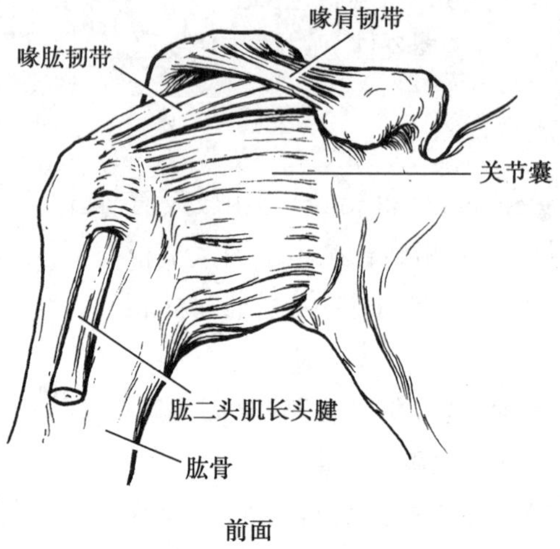

图2-14 肩部韧带

3. 肩胛胸廓姿势与其对静态稳定的影响 一般来说，当双臂在身体两侧的休息位时，肱骨头保持静态稳定。盂肱关节的球窝关节结构是控制其静态稳定的机制之一，但关节囊上部的结构包括盂肱韧带等对肱骨头和盂窝之间的稳定性起着更重要的作用。关节囊（韧带）张力的矢量和重力的矢量之和朝向盂窝，这个压力使得肱骨头紧紧贴近盂窝，因此限制了肱骨头的下降；同时盂窝的斜面也承担了一部分手臂的重量。

冈上肌有一小部分延伸到三角肌的后部，它提供了另一个静态稳定的结构。这个力平行于上部关节囊作用力的矢量。但上臂垂直方向上运动的肌肉，比如肱二头肌、肱三头肌、三角肌的中部纤维不提供静态稳定作用，甚至当手臂做下沉运动时，它也不提供静态稳定作用。

另一个重要的静态稳定机制的成分是肩胛胸壁关节，它保持着关节盂轻度的向上旋转。当肩胛骨失去这个向上旋转的位置时，上关节囊结构中的被动张力明显减少。长此保持向下旋转的"不良姿势"，也可以引起继发性瘫痪或某块肌肉无力，比如斜方肌的上部纤维。原因是上旋转姿势的改变影响了上关节囊张力和重力的合力的角度，从而减少了关节面之间的压力，重力把肱骨向下牵拉。盂肱关节的力学结构的改变可以造成肩关节不稳定和关节半脱位。

盂肱关节内的负压是静态稳定的另一个因素。实际上关节内的负压对保持肩关节多方向的稳定性均有重要作用，决不仅限于下方稳定。负压的大小随盂肱关节相对的位置、关节外的负荷等因素的变化而变化。研究表明，关节内负压在上臂轻度上举时最小而在上臂极度上举时最大。关节囊的穿刺使关节囊内外的压力均等，就解除了肱骨头和盂窝之间的轻度负压吸力；使其压力由负压转为正压可以导致肱骨头向下方半脱位。

4. 喙突肩峰弓及其相关滑膜囊 滑囊是关节的一个特殊附属结构，肩关节有八个独立的滑囊。其中一些滑囊直接是盂肱关节滑膜的延伸，比如肩胛下滑囊和肱二头肌滑囊（鞘），而其他的滑囊是独立的结构。这些滑囊在肌腱、关节囊、骨、肌肉、韧带或肌肉与肌肉之间起着润滑作用。有两个重要的滑囊位于肱骨头的上方，即肩峰下滑囊和三角肌滑囊。肩峰下滑囊位于肩峰下间隙的冈上肌之上，肩峰之下，这个滑囊保护着柔软且易受伤的冈上肌肌腱从坚硬的肩峰下穿过；三角肌下滑囊位于肩峰下滑囊的外侧，是肩峰下滑囊的延伸，能减少三角肌和冈上肌肌腱与肱骨头之间的摩擦力。

5. 运动学 盂肱关节是一个活动度很大的关节，它的运动可发生在三个自由度上。盂肱关节重要的运动是前屈和后伸，外展和内收，内旋和外旋（图 2-15）。

（1）外展和内收运动（abduction and adduction）：外展和内收传统地被定义为肱骨在冠状面上的运动。在全范围的外展中肱骨头的几何中心保持在 6mm 移动范围内运动。

外展的关节运动学包括肱骨头在相对向上滚动时向下滑动，这些滚动和滑动的关节运动学的发生沿着或接近盂窝的垂直轴。内收的关节运动学类似于外展，但是发生在相反的方向上（图 2-16）。

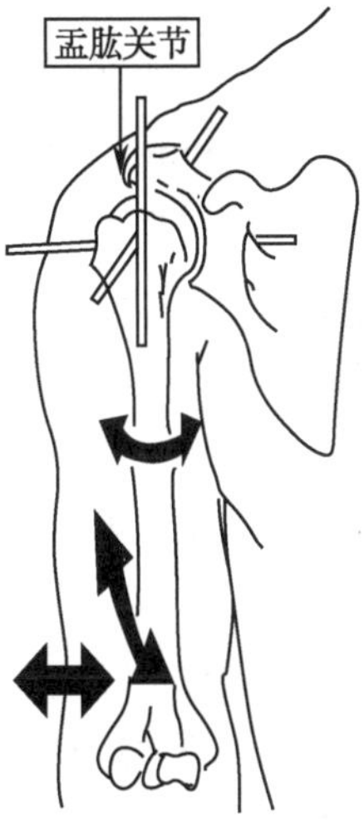

图 2-15 盂肱关节运动

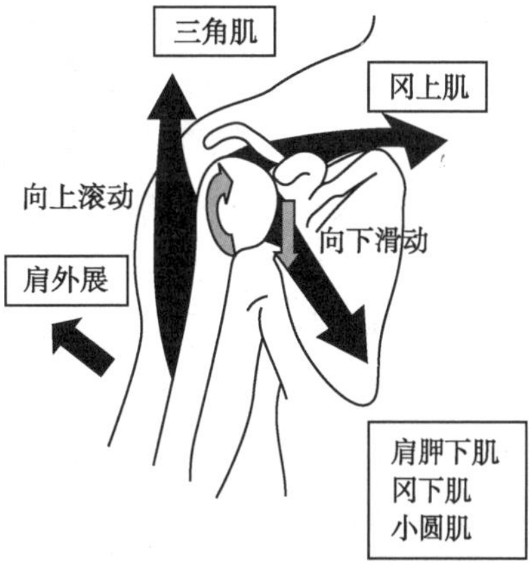

图 2-16 外展运动

正常的盂肱关节大约外展 120°（外展的前 30° 是冈上肌收缩，30° 以后是三角肌中部纤维收缩），肩关节全范围的外展需要肩胛骨 60° 的上旋；因为胸廓的阻挡，解剖位的内收为 0°，一般临床说的肩关节内收为肩关节内收结合前屈，通常为 30°～45°。

冈上肌的一部分附着在盂肱关节的上关节囊。当肌肉收缩产生运动时，这个力通过关节囊提供了盂肱关节的动态稳定。在外展过程中，肱骨展开，盂肱关节主要牵拉下关节囊，下关节囊的张力增强并维持肱骨头的稳定；如下关节囊过分僵硬导致粘连性的关节囊炎，将限制肩关节的外展运动。

滚动和滑动是盂肱关节外展全范围过程中的必要运动方式。肱骨头纵轴方向的关节软骨面相当于盂窝纵轴方向的关节软骨的两倍。盂肱关节的外展运动符合凸凹原则，关节运动学提示滚动和滑动允许一个较大凸面在较小的凹面中运动而没有超出其范围。在肱骨外展过程中如果没有明显的向下滑动，肱骨头向上滚动就会导致肱骨头和喙肩弓挤压或撞击，成人的肱骨头在外展 22° 之后向上滚动，继续外展肱骨头将通过约 10mm 宽的喙肩间隙。如果没有同时的向下滑动，这将导致肱骨头撞击冈上肌的肌腱和肩峰下滑囊或喙肩弓。这种撞击会带来疼痛，同时也限制了进一步的外展。在对健康人的肩关节进行影像学测量时发现：在肩胛骨平面外展过程中，肱骨头中心必须保持相对稳定或控制上滑几毫米以确保与喙肩弓之间的距离。因此在健康人中，外展时肱骨头的同步下滑抵消了肱骨头过度向上滚动导致喙肩弓间隙变窄，为冈上肌腱和肩峰下滑囊提供了足够的空间。

（2）屈曲和后伸运动（flexion and extension）：盂肱关节的屈曲和后伸被定义为肱骨在矢状面围绕内 - 外轴的旋转。假如运动发生在矢状面，肱骨头在盂窝内旋转，肱骨头的旋转运动增加了周围关节囊结构的张力，在屈曲的末端，后部关节囊牵拉所产生的张力可以导致肱骨轻度地向前移位。肩关节屈曲接近 180°，盂肱关节至少可以达到 120° 的屈曲范围，这个过程同时伴随有肩胛胸壁关节的上旋；盂肱关节的屈曲与肱骨轻度的内旋转有关。盂肱关节前 90° 的屈曲牵拉到喙肱韧带所产生的张力可以引起肱骨内旋转的力矩。

肩关节的后伸主动运动可达 65°，被动运动可达 80°，被动运动过度拉伸关节囊韧带可以引起肩胛骨轻度向前倾斜，同时进一步协助肩关节后伸。

（3）内旋和外旋运动（internal and external rotation）：在解剖位置上，盂肱关节的内外旋转被定义为肱骨在水平面上的旋转。这个旋转轴通过肱骨干发生在垂直轴上，通过肱骨头和关节盂的横径。在外旋的同时，肱骨头在关节盂内发生向后滚动和向前滑动。内旋的关节运动学和外旋的关节运动学相似，但是滚动和滑动的运动方向和外旋相反。

内外旋转的滚动和滑动允许较大的肱骨头横径在较小的盂窝关节面上滚动。这个向前向后滑动的物理学被肱骨头的运动模式证明，但是现在可以想象肱骨头在关节盂的横径上滚动，假如 75° 的外旋发生仅有向后滚动但是没有同步的向前滑动，那么肱骨头需要向后移位大约 36mm。由于肩关节盂的横径是大约 23mm，所以关节面分离的移位总量就是 13mm。正常来说肩关节全范围的外旋仅仅能够引起肱骨头向后移动 1～2mm，这提示向后的滚动同时伴有向前的滑动来抵消关节分离移位。

当肩关节处在内收位置上，一般人的盂肱关节可以达到约 75°～85° 内旋和 60°～70° 外旋，但是也因人而异。在肩关节外展 90° 的位置上，盂肱关节外旋的范围可以增加到约 90°，在这个位置上旋转的发生通常伴有肩胛胸壁关节的运动。内旋的最大范围通常伴有肩胛骨的前伸，而外旋的最大范围通常伴有肩胛骨的后缩。

（4）肩胛骨平面和冠状面上的外展运动（scapular and frontal plane abduction）：肩关节在冠状面的外展经常作为典型的运动来评估肩关节的全部功能，但评估肱骨在肩胛骨平面的运动更具有功能性意义。在冠状面的外展和在肩胛骨平面的外展之间的功能不同，当有意识地避免任何伴随的外旋，而在纯冠状面上试图最大限度地外展肩关节，由于肱骨大结节压迫了肩峰下间隙中的结构而撞击了喙肩弓的较低点造成了外展的困难和不稳定性。为了在冠状面上全范围地外展，肱骨在外展的同时需要结合外旋，这确保了大结节不会撞击到肩峰的下缘。

肩胛骨平面的外展允许肱骨头自然后倾以直接吻合盂窝；冈上肌近端和远端的附着点成一条直线。在肩胛骨平面全范围外展上臂通常不需要肩关节外旋就能完成，并且避免了大结节撞击到喙肩弓。当评估和治疗患者肩关节功能障碍或有慢性撞击综合征时，这些在冠状面和肩胛骨平面的不同力学机制需要考虑到。

（5）肩肱节律（scapulohumeral rhythm）：在正常的肩关节，盂肱关节外展和肩胛胸壁关节上旋之间存在有运动节律或时间顺序。上臂的外展与前屈活动系由肩肱关节和肩胛胸壁关节（肩胸关节）共同完成，其中最初 30° 外展和 60° 前屈是由肩肱关节单独完成。当外展、前屈继续进行时，肩胸关节开始参与并以与肩肱关节活动成 1：2 的比例活动，这种肩关节运动伴有肩胛骨旋转的节律性变化称之为肩肱节律。即肩部每活动 15°，其中 10° 由肩肱关节提供，另外 5° 由肩胸关节活动提供。

肩关节外展的运动学研究集中在肩胛骨平面的运动，各家研究报道盂肱关节与肩胛骨旋转的比例是 3.29∶1～1.25∶1 之间，平均 2∶1 的比例，即当肩关节全范围外展或前屈 180° 时，盂肱关节外展或前屈 120°，肩胛胸壁关节上旋 60°（图 2-17）。

肩胛骨上旋运动离不开胸锁关节和肩锁关节的联合运动。肩胛骨的上旋 60°，是通过锁骨在胸锁关节处上抬 25° 和肩胛骨在肩锁关节处的上旋 35° 来完成的；锁骨在上抬的同时，锁骨自身沿其长轴后旋 20°～35°，伴后缩 15°；肩胛骨自身发生 20° 的后倾和 10° 的外旋，这有助于维持肩峰下的空间；在肩关节外展的同时，肱骨发生外旋 25°～55°，避免肱骨大结节撞击肩峰。锁骨向后旋转是因为肩胛骨在肩锁关节上旋，牵拉到喙锁韧带，引起曲柄形状的锁骨向后旋转。

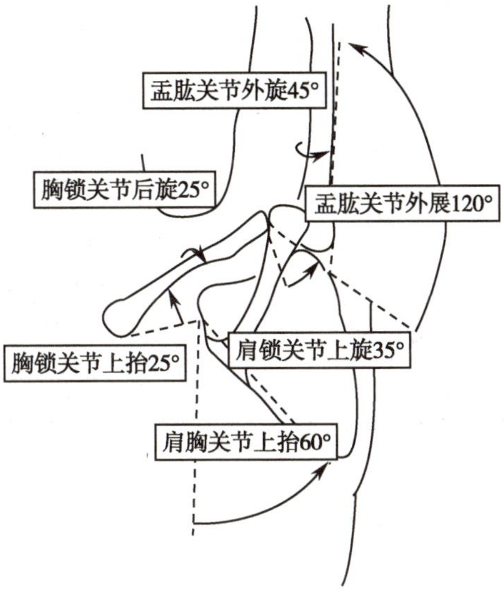

图 2-17 肩肱节律

（五）肩关节外展的整体运动学

肩关节复合体中最近端的关节是胸锁关节，锁骨依靠其附着物与胸骨相连接，其功能就像一个机械性的杠杆或支撑器，使肩胛骨与躯干保持恒定的距离。锁骨的外侧端为肩锁关节，这个关节和其相关的韧带把锁骨牢牢地固定在肩胛骨上。肩胛骨的前面和胸壁的后部组合成肩胛胸壁关节。肩胛胸壁关节即肩胸关节，是一个生理上的关节而不是解剖上的关节，其运动是由胸锁关节和肩锁关节的运动产生的，使得肩胛骨在胸廓的后外侧活动。肩胛骨为盂肱关节的运动提供了一个平面。肩关节的运动描述了盂肱关节和肩胛胸壁关节的联合运动（图 2-18）。

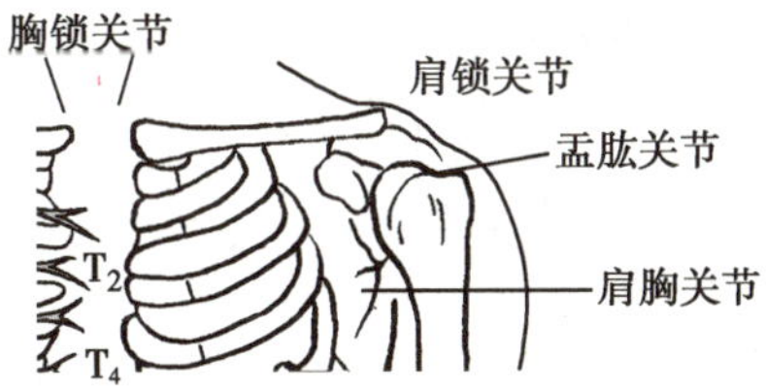

图 2-18 肩关节复合体

肩关节复合体的运动功能是一系列关节的活动，所有的运动组合能使上肢的活动范围达到了最大的程度。在这个运动链上出现无力、疼痛或肩关节的不稳定都会导致整个肩胛带的运动功能障碍。

三、肌肉和神经支配

（一）肩部的神经支配

肩关节复合体的主要肌肉受臂丛的运动神经支配：①从后束发出的神经支，如：腋神经、肩胛下神经、胸背神经和桡神经；②从外侧束分支的胸前外侧神经和从内侧束分支的胸前内侧神经；③从臂丛根、干部发出的神经支，如：肩胛背神经、胸长神经、锁骨下神经肌支和肩胛上神经。斜方肌受第十一对脑神经和从上颈部发出的颈神经的前支所支配(图 2-19,图 2-20)。

肩关节和周围组织的感觉神经:胸锁关节接受从颈丛 C_3 和 C_4 发出的神经根支配。肩锁关节和盂肱关节接受 C_5 和 C_6 神经根以及肩胛上神经和腋神经的支配。

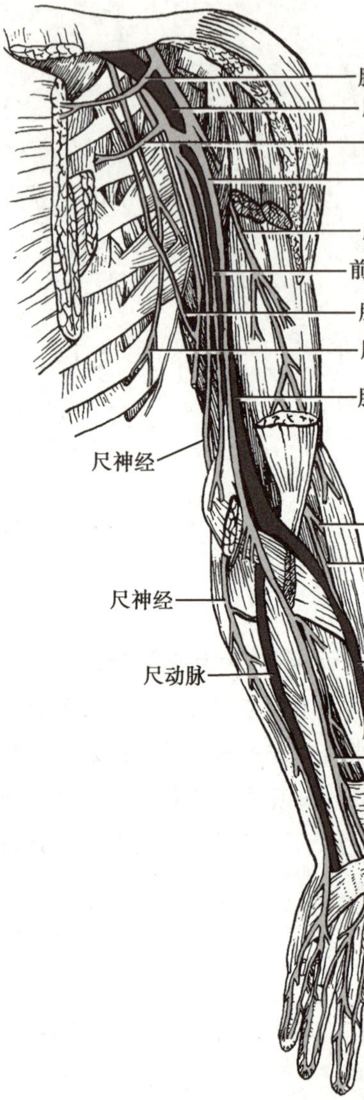

图 2-19 肩关节复合体神经支配前面观

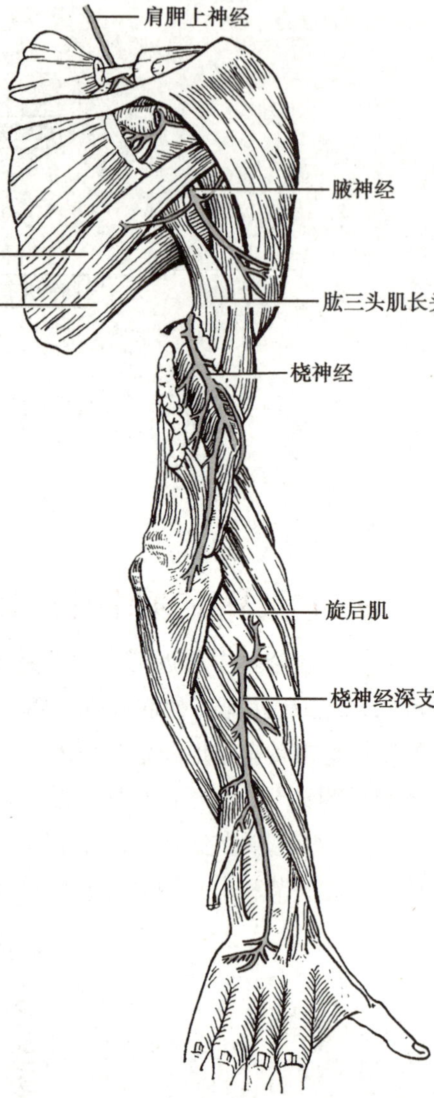

图 2-20 肩关节复合体神经支配后面观

(二)肩部肌肉

1. 肩胛胸壁关节周围的肌肉 按照其运动功能分为上抬肌和下沉肌,前伸肌和后缩肌,上旋肌和下旋肌,其中的一些肌肉通过锁骨和肱骨间接作用于肩胛胸壁关节。

负责肩胛胸壁关节上抬的肌肉主要有:斜方肌的上部肌束和肩胛提肌,另外菱形肌对上抬也起一定作用。斜方肌的上部肌束提升肩胛带,防止负重情况下肩胛带下降。它使颈部可过伸,并使肩部不动时头转向对侧。斜方肌的上部肌束附着在锁骨的外侧末端,提供胸锁关节维持姿势的杠杆(图 2-21,图 2-22)。

下沉肩胛胸壁关节的肌肉有:斜方肌的下部肌束、背阔肌、胸小肌和锁骨下肌。斜方肌的下部肌束和胸小肌对肩胛骨起到直接的下沉作用,而锁骨下肌通过下拉锁骨,背阔肌则通过下拉肱骨对肩胛骨起到间接下沉作用。这些有起下沉作用的肌肉所产生的力都最终作用于肩胛骨和上肢(图 2-23)。

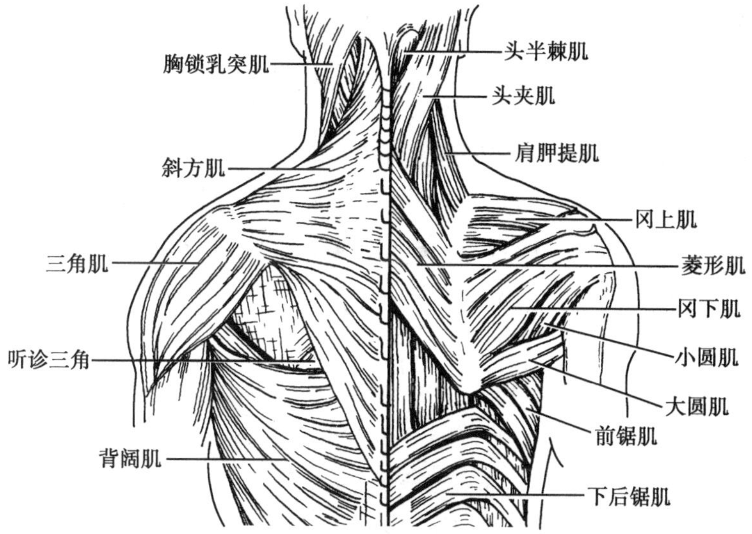

图 2-21　肩背部肌群

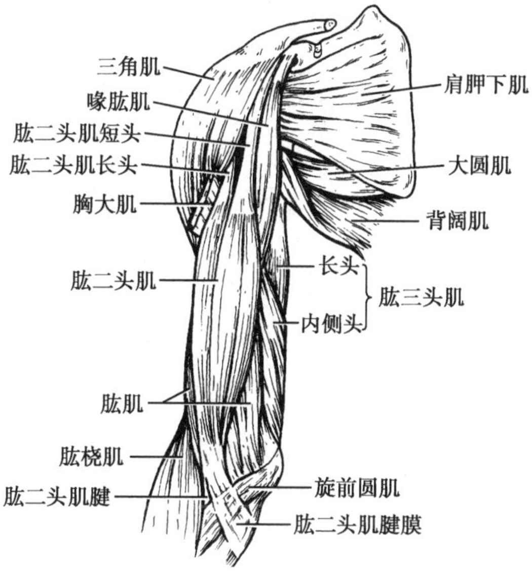

图 2-22　肩背部肌群

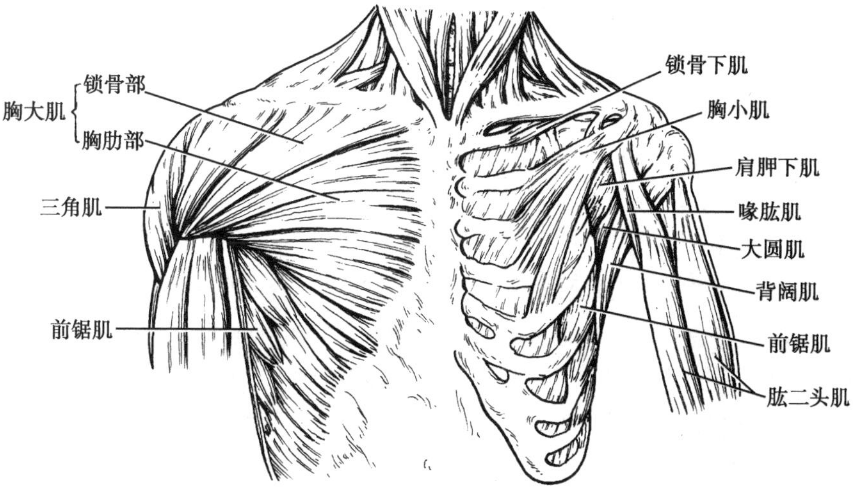

图 2-23　肩胸部肌群

如果上臂下沉时，肢体远端活动范围受限，相对固定，起下沉作用的肌肉则将胸廓抬高，来稳定肩胛骨和上臂。例如，一个人坐在轮椅上，利用肩胛胸壁的下沉来为坐骨结节减压，他的肘部可以紧紧撑住轮椅扶手，收缩斜方肌的下部纤维和背阔肌以牵引胸廓和骨盆朝向肩胛骨方向移动，这对于肱三头肌无力不能利用伸肘来减压或移动的四肢瘫患者来说是非常有用的。

前锯肌是使肩胛胸壁关节前伸的原动肌，这个宽阔的肌肉对肩胛骨的前伸起杠杆作用，特别是引起胸锁关节的轴向旋转。肩胛骨前伸的力通过盂肱关节，产生向前推物的作用力（图2-24）。如果一个人的前锯肌无力，则其很难完成向前推物体的动作。

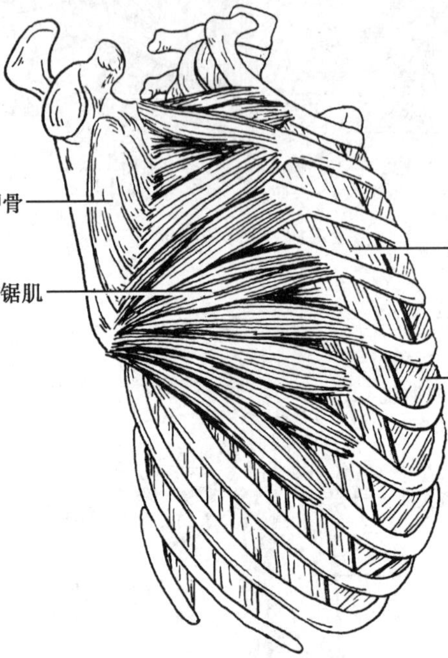

图2-24 前锯肌

肩胛胸壁关节的后缩肌主要是斜方肌的中束，能对肩胛骨的后缩形成最佳的力线；菱形肌和斜方肌的下部肌束则是肩胛骨后缩的辅助肌肉，这些肌肉收缩能保持肩胛骨向中轴骨靠拢。肩胛骨后缩的动作是用上肢拖物体动作中的一部分，比如：爬墙或拉弓。

辅助肩胛骨后缩的肌肉在运动中也互为拮抗肌，如在肩胛骨强有力的后缩过程中，菱形肌的上抬作用被斜方肌下部肌束的下沉作用抵消中和。这些肌肉收缩的方向最后合在一起而产生的肩胛骨的纯后缩运动。斜方肌瘫痪，将导致菱形肌后缩肩胛骨运动能力显著下降，肩胛骨将滑向前伸位。

前锯肌和上、下束斜方肌是主要的上旋肌，它们在上旋肩胛骨过程中起到相同的重要作用。前锯肌和上、下束斜方肌的协同作用使肩胛骨获得不同的上旋角度，为远端的动力肌如三角肌和肩袖提供稳固的附着点。此外，前锯肌还具有使肩胛骨向后倾斜和轻度的轴向外旋的作用，这有利于肩胛骨上旋。

下旋肌主要包括了菱形肌、胸小肌和肩胛提肌，下旋肌力较弱，通常是上旋后，拮抗上旋肌，协助肩胛骨回到中立位或解剖位。

2. 手臂上抬的三个肌群 ①在盂肱关节上抬肱骨的肌肉（如：外展或前屈）；②控制肩胛胸壁关节上旋的肩胛带肌肉；③维持盂肱关节动态稳定和关节运动学的肩袖肌群。

盂肱关节的运动是关节周围肌群相互作用的结果。使盂肱关节外展的主要肌肉是三角肌前中束和冈上肌。手臂上抬中的前屈是由三角肌的前部肌束、喙肱肌和肱二头肌的长头所产生的；肩关节前屈肌群能产生最大等长收缩力矩。

三角肌的中部肌束和冈上肌的力线在肩关节外展时一致，这些肌肉都产生上抬作用，当肩关节外展 90° 时力矩达到最大，这些肌肉帮助肱骨头稳定在关节盂里。

三角肌和冈上肌所产生的力矩相当于盂肱关节全部外展的力矩。如果三角肌瘫痪，冈上肌仍有能力外展肩关节，但是力矩将减少；如果冈上肌瘫痪或肌腱被撕断，那么将很难或不可能完成肩关节的全范围外展；如果三角肌和冈上肌都瘫痪，将不能实现肩关节的全范围外展。

肩胛骨上旋是手臂上抬过程中的一个基本的运动形式。主要的上旋肌是前锯肌和斜方肌的上下肌束。它们不仅上旋肩胛骨，同时为远端动力肌如三角肌和肩袖提供稳定的支撑。前锯肌下部肌束产生的力能将肩胛骨下角拉向前方使肩胛骨后倾，并产生一个使肩胛骨外旋的力矩，使肩胛骨向肩锁关节方向紧贴胸廓。

3. 斜方肌和前锯肌的相互作用 肩胛骨上旋的旋转轴沿着肩胛骨前 - 后方向，这个前 - 后轴为分析肩胛骨旋转的肌群提供便利途径。在肩关节外展运动的前期，肩胛骨上旋的旋转轴靠近脊柱缘，在外展的后期，则转移至靠近肩峰的位置。在外展肱骨时，斜方肌的上、下肌束和前锯肌的下肌束形成力偶，在同一个平面上旋转肩胛骨（图 2-25）。

斜方肌的上肌束通过向上向内方向牵拉锁骨上抬来间接向上旋转肩胛骨；而它的下肌束则向下向内牵拉肩胛冈的根部，在肩关节外展的后期发挥其上旋肩胛骨的作用。肌电图显示斜方肌的上部纤维在肩关节外展的初期有明显活动，之后在剩余的外展活动中肌电信号持续增加。在肩关节外展的前期斜方肌的上部纤维上抬锁骨，同时在外展后期斜方肌的下部纤维向下拖以维持平衡。肩关节全范围的外展过程中，前锯肌的肌电信号逐渐增强。

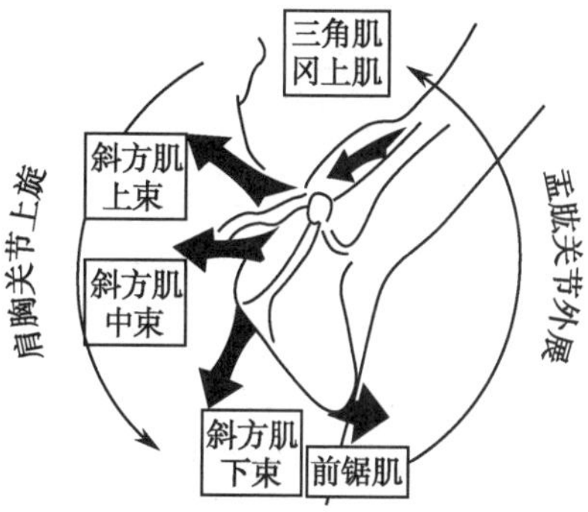

图 2-25 上旋肌力偶

在肩胛骨的轴向旋转过程中，斜方肌中肌束一直比较活跃，因其力线垂直于肩胛骨旋转轴心，不能产生上旋的力矩，但这束肌肉可以后缩肩胛骨，协同菱形肌拮抗前锯肌的前伸运动。在上臂上抬过程中，斜方肌的中部纤维和前锯肌之间的关系决定了肩胛骨上旋中后缩和前伸的最终位置。前锯肌无力引起肩胛骨后缩，斜方肌的中部纤维无力导致肩胛骨前伸。

总的来说，前锯肌和斜方肌控制肩胛骨上旋，前锯肌有一个巨大的运动杠杆，这两个肌肉在肩胛骨的上旋运动中起协同作用，但是它们又互为主动肌和拮抗肌，因此，前锯肌强壮就前伸有力，斜方肌的中部纤维强壮就后缩有力。

如前锯肌瘫痪或无力则导致正常的肩关节运动学紊乱后果；胸长神经的过度牵拉或颈部脊髓和神经根的损伤也可以导致前锯肌的瘫痪。如斜方肌完全瘫痪通常也导致上臂上抬过头困难，特别是在纯冠状面上会比较困难，这是因为它需要斜方肌的中部纤维产生一个强有力的肩胛骨后缩运动。

即便是支配斜方肌和肱盂关节外展肌的神经完好，完全或显著的前锯肌瘫痪也使手臂不能上抬超过 90°。此时试图上抬手臂特别是抗阻时，肩胛骨可产生过度下旋，同时伴有肩胛骨内缘向外凸起，这个被称为翼状肩胛。

一般来说，正常神经支配的前锯肌引起肩胛骨上旋，肩胛骨上旋运动的缺失将导致三角肌和冈上肌收缩时，三角肌和冈上肌使肩胛骨下旋。这个异常的运动与盂肱关节的外展肌变短有关系，这些肌肉快速变短削弱了它们力的发挥，导致肩胛骨的下旋运动范围减少和手臂上抬的力矩减小。

在手臂上抬过程中，前锯肌产生一个上旋的力矩，超过三角肌和冈上肌所产生的下旋力矩，因此前锯肌的轻度萎缩将引起肩关节正常的关节运动学紊乱。肩胛骨丧失正常的上旋活动范围，将导致肩峰干扰肱骨的外展。有研究表明，慢性撞击综合征患者的肩胛骨上旋运动减少，在外展过程中，前锯肌的肌电信号也同样减弱。

4. 肩袖的作用 肩胛下肌、冈上肌、冈下肌和小圆肌组成肩袖，肩胛下肌位于盂肱关节囊的前方，冈上肌、冈下肌和小圆肌位于关节囊的上方和后方，这些肌肉在关节的主动运动中起主要的稳定作用。

这些肌肉在手臂上抬过头过程中有明显肌电活动，电生理结果反映出这些肌肉具有以下功能：①调节盂肱关节动态稳定；②控制盂肱关节的运动。

肱盂关节的特殊结构如关节囊和韧带允许盂肱关节有较大范围的活动，同时这些附属组织又能限制其活动。盂肱关节的骨性解剖特点是不够稳定，而肩袖肌群的功能能弥补盂肱关节在结构上的不稳定。肩袖肌群远端和关节囊一同附着在肱骨近端，其解剖特点为形成一个袖子包绕着肩关节。肩袖肌群的作用力不仅能运动关节，而且能够把肱骨头固定在盂窝中，有助于肩关节的运动功能稳定。

在正常的肩关节中，肩袖肌群更多地控制盂肱关节的活动。冈上肌水平方向的收缩产生一个向盂窝的直接压力，当肱骨头向上滚动时，这个压力把肱骨头紧紧地扣锁在盂窝中。肩关节外展 0°～90° 时，关节面之间的压力呈线性增加，达到体重 80%～90% 的强度。肩关节外展 60°～120° 之间，关节之间的接触面积达到最大，关节之间接触面的增加帮助关节维持可承受的压力。另外，肩胛下肌、冈下肌和小圆肌在保持肩关节外展过程中产生一个使肱骨头向下的分力，这个向下的力抵消在外展过程中三角肌传递到肱骨向上的力。

当冈上肌的力量不足时，三角肌收缩的垂直力使肱骨头向上滚动或撞击喙肩弓，影响或限制肩关节外展。在冠状面的外展，冈下肌和小圆肌将肱骨向外旋转以避免大结节和肩峰之间的撞击（注意：肱二头肌长头、背阔肌和大圆肌也起到下压肱骨头的作用）。

5. 内收和后伸的主要肌肉的相互作用 大圆肌、肱三头肌长头、三角肌后肌束、背阔肌、胸大肌的胸肋头都是肩关节内收和后伸的主要肌肉，其中背阔肌、胸大肌和大圆肌在内收和后伸组合运动中能产生最大的瞬时力臂，冈下肌和小圆肌辅助参与完成这些动作。这些肌群的近端附着在不稳定的肩胛骨上。在主动内收和后伸盂肱关节的过程中主要依靠菱形肌的收缩来稳定肩胛骨，这种稳定功能体现在肩关节内收后伸过程中肩胛骨下旋和后缩非常明显。菱形肌和大圆肌在抗阻内收过程中存在着协同作用关系。在肩胛骨下旋过程中，附着在喙突的胸小肌和附着在肱骨上的背阔肌协助菱形肌下旋肩胛骨。

抓住绳子向上爬和游泳向后划水需要肩关节内收肌和后伸肌有力的收缩，这些肌肉能够产生强大的等长收缩力矩。

在肩关节内收和后伸的过程中，背阔肌和胸大肌锁骨头是非常强大的肌肉。如在肱骨维持相对固定，背阔肌的收缩能够上提躯干和骨盆，截瘫患者在从拐杖或支具上转移时经常运用这个动作。

肩袖肌群在肩关节内收和后伸过程中也都非常活跃，这些肌肉所产生的力能稳定肱骨头贴紧关节盂窝。

6. 盂肱关节内旋肌肉和外旋肌肉 内旋肌肉包括肩胛下肌、三角肌的前肌束、胸大肌、背阔肌和大圆肌。这些肌肉中许多既是内旋肌，同时也是后伸肌和内收肌。肩关节内旋肌的肌量要远远大于外旋肌肌量，因此内旋转肌群所产生的最大有效力矩是外旋转肌群的 1.75 倍，当向心收缩和离心收缩时内旋肌的峰值力矩超过了外旋肌。

盂肱关节的内旋肌通常被描述为使肱骨围绕相对固定的肩胛骨旋转的主要旋转作用者，这个运动的关节运动学基于凸起的肱骨头在凹陷的盂窝中的旋转，符合凸凹原则，肱骨的滚动和滑动方向相反；同样当肱骨维持在一个相对固定的姿势而肩胛骨自由地旋转时，其关节运动学是肩胛骨 - 肱骨的运动，即符合凹凸的运动原则，肩胛骨的滚动与滑动方向相同。

盂肱关节的主要外旋转肌群包括冈下肌、小圆肌和三角肌的后肌束。肩关节的外旋肌群只占肩部总肌量的少量，相应的，肩关节中外旋肌也只能产生最小的有效收缩力矩。因此，过顶运动投掷时，外旋肌必须首先产生高速的离心收缩，然后这些肌肉通过向心收缩在投球放手阶段来减慢肩关节的内旋转，外旋肌承担较大负荷。如此反复巨大力的刺激将导致相对较小的冈下肌和小圆肌肌肉以及盂肱关节囊的部分撕裂和局部慢性炎症，从而引发肩袖综合征。

总之，肩关节周围 16 块肌肉共同承担着肩关节复合体的运动，而非某一块肌肉的孤立作用，他们通过相互协作调控着这一关节复合体的运动。

（冯 伟）

第二节 肘与前臂复合体

肘关节（elbow joint）由肱尺关节、肱桡关节和上尺桡关节组成，而前臂复合体（forearm complex）是由上、下尺桡关节与骨间膜构成的，尺骨与桡骨在前臂的这种连接装置允许无需肩关节运动的情况下手掌上翻（旋后）或下翻（旋前），这种旋前和旋后运动可以与肘的屈伸共同执行或独立完成。在肩关节的配合下，肘的屈伸运动和前臂复合体的旋转运动可以使前臂置于空间任意位置，也使前臂驱动其功能末端（手）按需求远离身体，肘和前臂之间的相互作用极大地增加了手在空间放置的有效范围，这些运动功能对许多重要的日常活动比如进食、取物、投掷和个人卫生等具有重要意义（见图 2-4，图 2-26）。

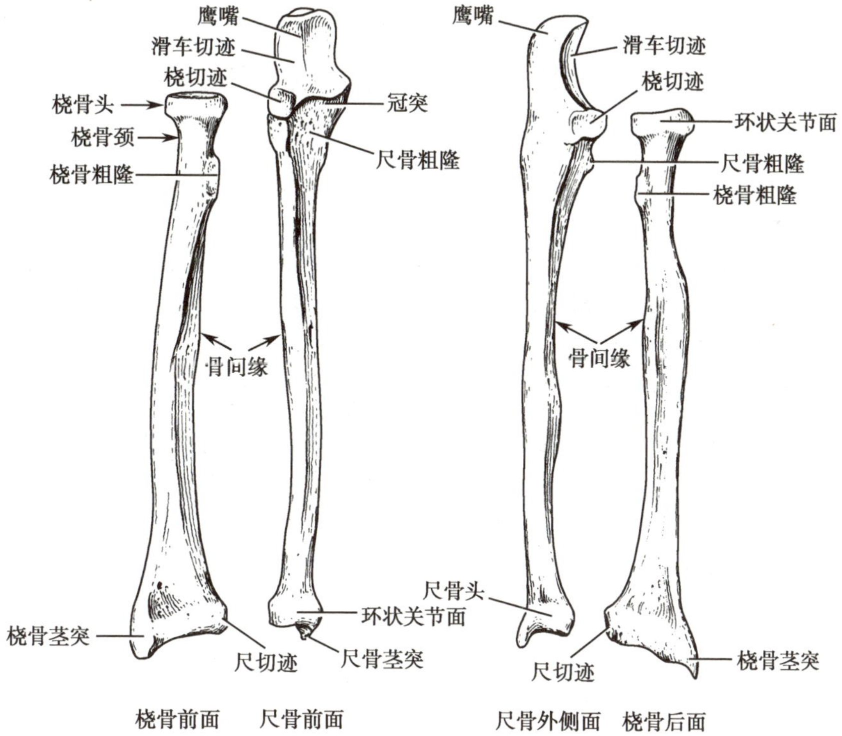

图 2-26 肘关节与前肩复合体

一、骨学

（一）肱骨

肱骨干远端（distal humerus）内侧是滑车和内上髁，而外侧是肱骨小头和外上髁。滑车看起来像一个圆形的、没有绕上线的线轴，在它的两边的内外侧唇，内侧唇凸出和延伸比邻近的外侧唇更明显。当从后向前看时，内外侧唇的中间是滑车沟，轻度向内旋。在滑车前面近端的是冠状窝。由肱骨滑车和小头形成的复合体构成了肘关节的屈伸轴，直接在滑车外侧的是圆形肱骨小头，该结构近似一个半球体，桡窝位于肱骨小头前部近端。

滑车内侧是肱骨内上髁，该凸起的结构作为肘内侧副韧带近端附着点，也是前臂旋前肌和屈腕肌群的附着点，易于触及，是明显的骨性标志。肱骨外上髁，并不像内上髁凸起得那么明显，是肘外侧副韧带近端附着点，也是前臂旋后肌和伸腕肌群的附着点，在内外上髁两边分别是内外髁嵴。

在肱骨后面靠近滑车处是一个又深又宽的鹰嘴窝，仅有很薄的一片骨或膜性结构将鹰嘴窝和冠状窝分开。这些窝的重要性在于它延迟了冠状突和鹰嘴突与肱骨干的碰撞，从而增加肘关节屈伸的范围。肱骨远端整体向前凸起，与肱骨干成45°（侧面观），使得整个滑车处于肱骨干纵轴的前方。

（二）尺骨

尺骨（ulna）的近端有明显的突起是鹰嘴，是肘关节重要的标志点，鹰嘴后方粗隆为肱三头肌附着点，而较小的冠状突则在近端尺骨前方。

在鹰嘴和冠状突前部顶端之间的是尺骨的滑车切迹，这个凹面切迹和肱骨的滑车相互紧密地连接在一起形成肱尺关节，一条细且凸起的纵嵴将滑车切迹分成左右两部分。

尺骨的桡切迹正好接近于滑车切迹的关节下方处，在桡切迹的背面远一点处是旋后肌嵴，是部分外侧副韧带和旋后肌群的附着点。尺骨粗隆是一个粗糙的压痕，是冠状突的延续，形成肱肌附着点。尺骨头位于尺骨的远端，圆形尺骨头大部分由一层关节软骨包裹着，尖的茎突凸出于尺骨最远端的后内方。

（三）桡骨

桡骨（radius）在完全的旋后位置，桡骨与尺骨平行且位于其外侧。桡骨近端很小，并作为肘关节的一个结构组成部分，而它的远端变得粗大，并成为腕关节的主要组成部分。

桡骨头是桡骨最近端的一个圆盘状结构，大部分的桡骨头的外部边缘被一层关节软骨所覆盖。桡骨头边缘与尺骨的桡切迹相接触，形成了桡尺关节的近端，即上尺桡关节（proximal radio-ulnar joint）。

桡骨头的上表面由一个浅的、杯状的凹窝，表面覆盖关节软骨，与凸起的肱骨小头相关节，形成了肱桡关节。肱二头肌粗隆是位于桡骨近端前内边缘上的一个粗糙的区域，它是肱二头肌在桡骨上的肌肉附着点。

远端桡骨和腕骨关节相连形成桡腕关节，桡骨远端尺切迹与尺骨远端相关节，构成下尺桡关节（distal radio-ulnar joint）。桡骨远端外侧面向下的突起称桡骨茎突。

二、关节

（一）肱尺关节和肱桡关节

1. 基本特征 肘关节主要由肱桡关节和肱尺关节组成。尺骨的滑车切迹与肱骨滑车相接合，有对应匹配的形状，是肘关节稳定结构的主要因素。

早期的解剖学分类中，肘关节被认为是只能在单一平面内进行屈伸运动的屈戌关节或铰链关节。实际上肱尺关节和肱桡关节为改良铰链关节，因为尺骨在肘关节屈伸的时候可以进行一个小范围的轴向旋转和侧向的运动。这些矢状面以外的小的附属运动在肘关节运动学中具有一定的意义。

肘关节的屈伸运动是发生在通过外上髁的内 - 外侧的旋转轴上。从内侧至外侧，该轴的走行轻微超越了滑车内侧唇的远端延长部分。滑车的不对称性使得尺骨相对于肱骨外偏。肘关节在额状面上自然伸展，尺骨的纵轴与肱骨的纵轴所形成的夹角称作肘外翻或携带角。在肘关节完全伸展时，正常的提携角约为 15°±5°，女性一般比男性多 5° 左右。

在少数情况下，伸展的肘关节可能表现为过度外翻，其角度可超过 20°。相反，前臂发生肘内翻畸形的可能性较低，在这种情况下前臂偏向于中线。

2. 关节周围的结缔组织 肘关节囊有一组较宽的侧副韧带加强，这些韧带为肘关节的稳定性提供了重要的保障。

内侧副韧带由前、后和横行纤维束构成。内侧副韧带的前纤维束是最强有力最坚韧的纤维束。这些纤维为肘关节提供了抵制或拮抗外翻（外展）的最强有力的保障。前纤维束起自内上髁的前部止于尺骨冠状突的内侧部。在完全伸展时，部分的前纤维拉紧，但是在完全屈曲时仍有部分纤维被拉紧。尺侧副韧带和内侧副韧带的前纤维束通过附着于尺骨而作为肘关节的“牵索线”来维持尺骨在矢状面运动路径中的稳定性。因此，整体而言，前纤维束在整个运动范围内均为关节稳定性提供了保障。内侧副韧带的后纤维束附着于内上髁的后部并止于鹰嘴的内侧缘。在肘关节屈曲时，后纤维束拉紧。内侧副韧带的第三束发育不佳的横行纤维从尺骨鹰嘴走行至尺骨的冠状突。因为这些纤维束起止于同一块骨骼，所以它们并不提供显著的关节稳定性。

肘关节的外侧副韧带在组成上不是很确定且存在较大的变异性。该韧带起于外上髁并立即分为两条纤维束。其中一条纤维束传统上称作桡侧副韧带，该纤维束散开后与环状韧带相混合。第二条纤维束称作尺侧副韧带。该纤维束在远端附着于旋后肌嵴。这些纤维在肘关节完全屈曲时拉紧。外侧副韧带的所有纤维和关节囊的后 - 外侧面均拮抗内翻方向的力而稳定肘关节。

围绕肘关节的韧带均含有机械感受器，由高尔基体、Ruffini 末梢、环层小体和游离的神经末梢构成。这些感受器可能在促进肘关节周围结构的本体感觉以及检测被动张力的安全极限方面为神经系统提供重要的信息。

3. 运动学 肘关节屈曲具有几种重要的生理功能，如：牵拉、提举、进食和梳理头发。如果失去了主动抬手送达口部进食的能力，则会明显限制个体功能性独立水平。例如，发生 C_5 神经根以上脊髓损伤的患者会因屈肘肌的完全瘫痪而失去这一重要的功能。

在投掷、推开和抓取动作中会伴随肘关节的伸展。因肘关节屈曲性挛缩所致的伸展功能的完全丧失通常由屈肘肌的显著强直引起。长时间保持屈曲和收缩的位置可使肌肉变得异常强直，这种情况可能由骨折、肘关节炎症、肘屈肌痉挛、肱三头肌瘫痪或肘关节前部皮肤的瘢痕所引起。除屈肘肌强直性增加之外，还可能发生前关节囊和侧副韧带的前部挛缩。

肘关节被动运动的最大范围一般为过度伸展时的 5° 至屈曲时的 145°。但是，大部分日常生活中的肘关节活动仅使用了 30°～130° 的运动弧度，通常称为功能弧度，轻度肘关节运动范围受限通常对上肢的活动范围影响不大（图 2-27）。

（1）肱尺关节的关节运动学（arthro kinematics at the humero-ulnar joint）：肱尺关节是尺骨的滑车切迹凹面围绕肱骨滑车的凸面所形成的关节。从矢状面观察，肱尺关节类似于一个球窝关节。但是，滑车与滑车切迹之间的牢固的机械连接限制了该关节的运动尤其是矢状面上的运动范围。

为了使肱尺关节能够完全、被动地伸展，皮肤、屈肌、前关节囊和内侧副韧带的前纤维束需要具有足够的伸展性。在完全伸展时，肱尺关节主要由下列结构的张力增加提供稳定：内侧副韧带的前纤维束、前关节囊和屈肌，尤其是肱肌的阔肌腱，以及鹰嘴的凸出端嵌入鹰嘴窝。鹰嘴窝周围的异位骨形成可限制肱尺关节的完全的被动伸展。

肱尺关节屈曲时，尺骨滑车切迹的凹面在滑车的凸面上发生滚动和滑动，运动方向一致。肘关节的完全被动屈曲需要后关节囊、伸肌、尺神经和某些侧副韧带，尤其是内侧副韧带的后纤维束的延伸（图 2-28）。

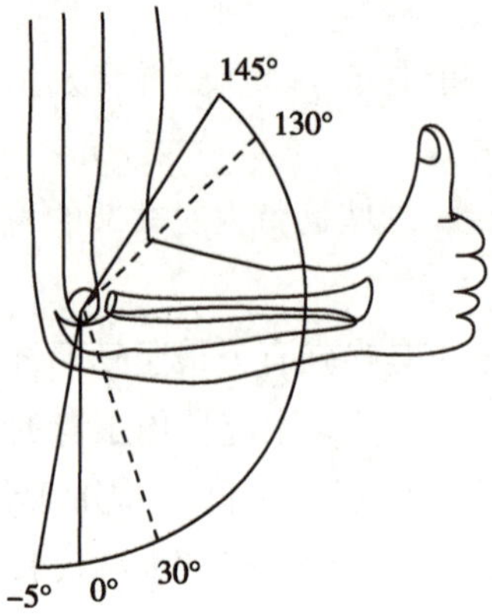

图 2-27 肘关节屈伸范围

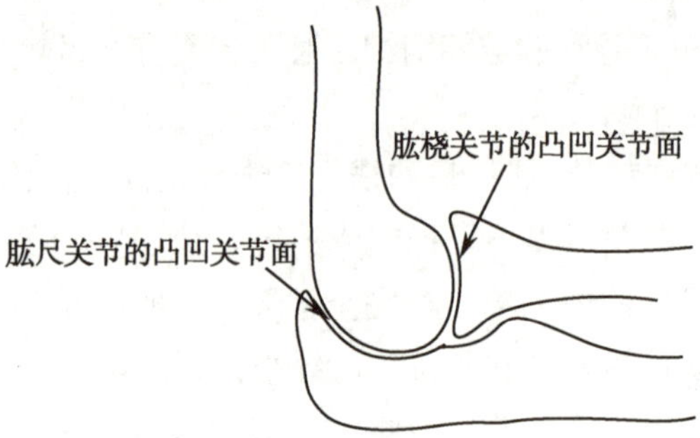

图 2-28 肘关节的凸凹关节面

(2) 肱桡关节的关节运动学（arthro kinematics at the humeroradial joint）：肱桡关节是桡骨头的杯状小窝和肱骨小头之间所构成的关节。

在完全伸展放松的状态下，肱桡关节几乎不会相互接触。但是在主动屈曲时，肌肉收缩拉着桡骨窝向肱骨小头靠近。屈伸运动的关节运动学由桡骨凹窝在肱骨小头凸面上的滚动和滑动构成。

与肱尺关节相比，肱桡关节在稳定肘关节方面的作用较小。但是，肱桡关节在抵制外翻方面具有重要的骨性拮抗作用。

（二）上、下尺桡关节

1. 基本特征 桡骨和尺骨通过骨间膜和上、下尺桡关节结合在一起。这些关节位于前臂的两端，使得前臂能够转到旋前和旋后的位置。前臂旋后时可使手掌向上或后，旋前时可使手掌向下或旋前。前臂的旋转轴从桡骨小头延伸到尺骨头，该轴连接在两端上下桡尺关节之间。旋前和旋后提供了一种可使手在尺骨和肱骨不必旋转的情况下“独立”转动的机制。旋前或旋后运动受限的人必须依靠肩部更大范围的内外旋转代偿来完成旋转活动，例如在旋转螺丝钉或门把手时。

手掌的转动仅仅是因为手掌和腕与桡骨相连接，而不是因为尺骨的带动，尺骨远端和腕骨内侧的空间使得腕部能够自由旋转，且不受远端尺骨的干扰。

在解剖位上，当前臂完全旋后时，尺骨和桡骨相互平行。在旋前位下，桡骨的远端和手掌发生旋转并与基本固定不动的尺骨相交叉。尺骨通过肱尺关节而紧密附着于肱骨，因此在旋前和旋后运动中基本保持静止。稳定的尺骨为桡骨、腕骨和手掌提供了重要的紧密连接和支撑。在旋前和旋后运动中尺骨并非完全不动，而是在额状面发生非常轻微的移动，如在旋前时轻度的外展（外翻），旋后时轻度的内收（内翻）。但除人工假肘关节的设计之外，尺骨的细微的附属运动没有显著的临床意义（图 2-29）。

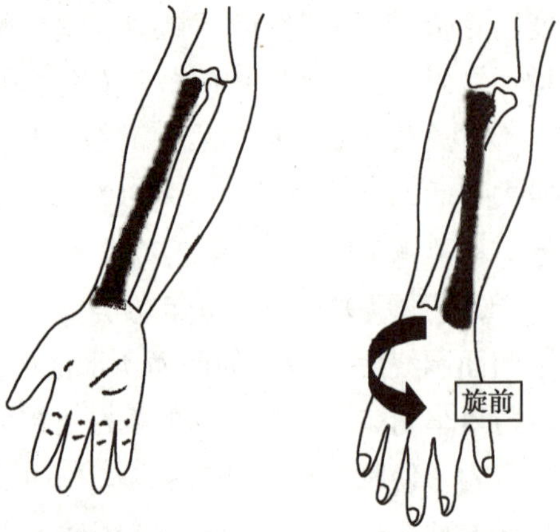

图 2-29 上下尺桡关节旋后与旋前位

2. 关节周围的结缔组织 在上尺桡关节中，环状韧带是一条较厚的环形结缔组织带，附着于尺骨的桡切迹的两侧。该韧带紧密包绕桡骨头，使桡骨近端紧附于尺骨。环状韧带的内周覆盖有软骨以减少旋前和旋后运动中对桡骨头的摩擦。该韧带的外表面尚有肘关节囊、桡侧副韧带和旋后肌附着。方形韧带是一条较短但粗壮的韧带，起于尺骨的桡切迹的下方，附着于桡骨颈的内表面。该韧带为上尺桡关节囊提供了结构性支持。

在下尺桡关节中，环状韧带是前臂深筋膜延续至腕部纤维束的增厚部分，且形成环形带围绕腕一周，并附着于尺、桡骨远端及腕部的骨突上，分为掌侧与背侧部分，对构成腕管、制约和保护腕部软组织具有重要意义；下尺桡关节韧带在尺、桡骨下端 1cm 处，横向附着在桡骨 S 切迹的掌侧和背侧到尺骨的桡侧缘与三角纤维软骨盘的掌、背部结合在一起，对下尺桡关节起稳定作用。腕深韧带包括尺侧、桡侧副韧带等多条韧带，具有防止桡腕关节过度内收、外展的作用。

下尺桡关节的关节盘又称作三角纤维软骨盘（triangular fibrocartilage complex，TFCC），该名称表明了其形状和主要的组织类型。关节盘呈三角形，其尖端附着并终止于尺骨头的凹窝及附近的茎突，关节盘的外侧附着于桡骨的尺骨切迹的整个边缘。关节盘的前缘和后缘延续成掌侧（前缘）和背侧（后缘）桡尺关节囊韧带。关节盘的近端表面与所附着的囊韧带将尺骨头和桡骨的尺骨切迹紧密结合在一起，它是下尺桡关节最主要的稳定因素之一，且在旋前和旋后运动中尤为重要。

3. 运动学 旋前和旋后（pronation and supination）在日常活动中许多动作都涉及前臂的旋前和旋后动作，例如：进食、洗脸和剃须，手掌的掌面均需要向面部旋转；与之相反，例如：抓起一个硬币或从椅子上推起等，需要将手掌的掌面向下旋转运动。

前臂旋转的中立位是“拇指向上”位，即完全旋前和旋后的中间位置。平均而言，前臂旋前约为 75°，旋后约为 85°（图 2-30）。如图所示，一些日常活动所需前臂旋转的角度仅有约 100°，即旋前约 50° 至旋后约 50° 之间，这是前臂旋转的功能弧度（functional arc）。前臂的全范围旋转角度缺失最后 30° 左右，仍然能够满足人们进行日常生活中许多常规活动。肩关节的内、外旋转可以弥补或代偿因前臂内外旋障碍导致的上肢活动范围受限。

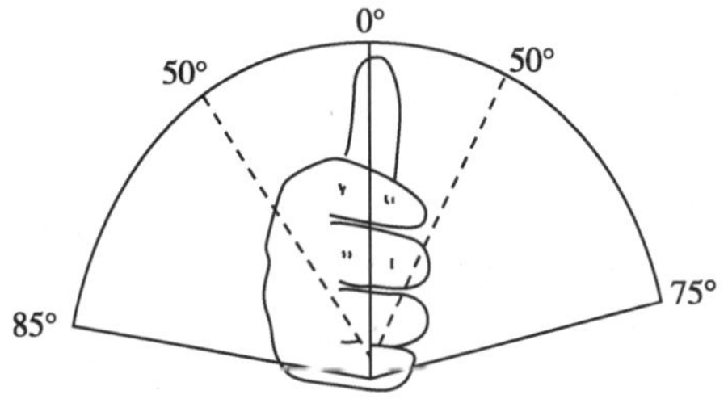

图 2-30 肘关节旋前和旋后范围

旋前和旋后运动需要上下桡尺关节同时运动。一侧关节的活动受限将限制和影响另一侧的运动，同时也涉及肱桡关节的运动。

旋后时，当桡骨头在环状韧带和尺骨的桡切迹所形成的纤维骨性环中旋转即产生上尺桡关节的旋后运动，桡骨小头被这个纤维骨性环限制进行关节运动学标准的滚动和滑动。当桡骨远端的尺骨切迹凹面以相同的方向在尺骨头上滚动和滑动即产生下尺桡关节的旋后运动。在旋后状态下，关节盘的近侧表面与尺骨头保持连接，在旋后动作的末端阶段，掌侧关节囊韧带伸展至其最大长度，并稳定下尺桡关节。

旋前时，上、下尺桡关节旋前运动的关节运动学机理同上述旋后动作相似。完全旋前状态在最大程度上延长了位于下尺桡关节的背侧关节囊韧带，同时掌侧囊韧带松弛至其原长的约 70%。

在主动旋前和旋后运动中，桡骨通过桡骨头周围在上尺桡关节处与纤维 - 骨性环（环状韧带）相连；同时通过桡骨头的小窝在肱桡关节处与肱骨小头连接。如在旋前状态下，桡骨头的小窝以圆形的肱骨小头为支撑点旋转。肘关节 - 前臂复合体的任何运动均涉及肱桡关节的运动。因此，肱桡关节的活动受限将影响肘关节屈伸运动以及前臂的旋前和旋后运动，导致上肢活动功能障碍。此外，运动过程中肌肉和（或）结缔组织的紧缩可引起被动旋前和旋后运动的范围受限。

（三）骨间膜的结构和功能

前臂骨间膜(interosseous membrane)是从桡骨斜向至尺骨的腱性纤维组织，使尺骨、桡骨间形成一个弹性铰链。前臂骨间膜的多数纤维从桡骨内侧缘起始并斜向内及远端方向，止于尺骨的外侧缘，一些分散的和未确定的纤维束与骨间膜的主要纤维走行方向垂直。这些纤维束中有一条称作斜索，该束纤维起于尺骨粗隆外侧，止于肱二头肌粗隆。在旋前旋后过程中，骨间膜发挥了重要的作用，它使前臂的两块骨成为一个整体。

在完全旋前位或旋后位时，关节盘部分松弛，骨间膜紧张；而在中立位时，关节盘紧张，骨间膜松弛。它们对上、下尺桡关节的对合十分重要。

骨间膜参与上肢的力量传递，如手掌撑地，由于负重产生的压力约有80%通过桡腕部传到前臂而位于腕骨外侧和桡骨；其余20%的压力通过腕部内侧和尺骨而位于“尺腕间隙”内。因为骨间膜的纤维走向，部分源自桡骨远端方向的负荷通过骨间膜传递至尺骨，这种结构使得一部分途径腕部的压力通过肱尺关节传递至肘部，从而减少了肱桡关节所承担的负荷，这样肱桡关节和肱尺关节就共同分担了传递至肘部的压力负荷，避免了负荷过度集中肱桡关节而导致的关节周围软组织和骨性结构的破坏。这种允许两个关节“分配”这些压力的结构降低了每个关节长时间承重和损伤的概率。该结构的完整性如被破坏可能导致关节退化，诱发骨性关节炎。

骨间膜的主要纤维走向并不能拮抗作用于桡骨远侧的拉应力。例如：肘关节处于伸展状态时拎一个较重的手提箱可使得几乎所有的力量均作用于桡骨。作用于桡骨远端的拉应力主要是使骨间膜松弛而非拉紧，因此，斜索和环状韧带等则成为防止前臂复合体损伤的必需结构。

三、肌肉和神经支配

（一）神经支配

1. 肘与前臂的神经 肌皮神经、桡神经、正中神经和尺神经为肘部、前臂、腕部和手掌的肌肉和结缔组织提供了运动和感觉神经支配。

肌皮神经由C_5～C_6神经根组成，支配肱二头肌、喙肱肌和肱肌。顾名思义，肌皮神经支配肌肉，然后延续至远端成为皮肤的感觉神经，分布于前臂的外侧。

桡神经由C_5～T_1神经根组成，是臂丛神经后束的直接延伸。这一较大的神经走行于肱骨的桡神经沟内，支配肱三头肌和肘后肌。然后桡神经出现于肱骨远端的外侧，支配附着于或位于外上髁附近的肌肉，在肘关节近端，支配肱桡肌、肱肌的外侧和桡侧腕长伸肌。在肘关节远端，桡神经分为浅支和深支，浅支是单纯的感觉神经，分布于前臂和手掌远末端的后外侧，尤其是集中于拇指虎口的背侧；深支包含剩余的桡神经的运动纤维，此运动支分布于桡侧腕短伸肌和旋后肌。在穿过旋后肌的肌内通道后，桡神经的终末部分走行至前臂的后方。这一终末分支通常称作骨间背侧神经，支配腕关节尺侧伸肌和一些前臂的用于手指指展运动的数块肌肉。

正中神经由C_5～T_1神经根组成，走行至肘关节处支配附着于或位于肱骨的内上髁附近的大多数肌肉。这些肌肉包括腕屈肌和前臂旋前肌(旋前圆肌、桡侧腕屈肌和掌长肌)以及较深的指浅屈肌。正中神经的一个深支通常称作骨间掌侧神经，支配前臂的深层肌肉：指深屈肌的外侧部分、拇长屈肌和旋前方肌。正中神经的主要部分延续至远端并通过腕管，在腕横韧带的覆盖下经过腕关节。然后该神经支配拇指和其他手指的一些内在(固有)的肌肉。正中神经为手掌外侧、拇指的掌面和桡侧的两个半指提供了感觉纤维，在食指和中指远末端的感觉神经尤为丰富和集中。

尺神经源于臂丛神经的内侧束，由 C_8～T_1 神经根纤维组成，有时也有 C_7 神经根的纤维参与。经后侧通过内上髁之后，尺神经支配尺侧腕屈肌和指深屈肌。然后尺神经在腕管外侧通过腕关节作为运动神经支配许多手掌的内在（固有）的肌肉。尺神经提供分布于手掌的尺侧皮肤的感觉神经，包括无名指的内侧和整个小指。这种分布在手掌的尺侧半及尺侧 2 个半指掌侧的感觉神经尤为集中。

2. 肘部和前臂肌肉的神经支配 屈肘肌受三个不同的周围神经分配：肌皮神经支配肱二头肌和肱肌，桡神经支配肱桡肌和肱肌的外侧部分，正中神经支配旋前圆肌（旋前圆肌为次级屈肘肌）。与之相比，肘伸肌即肱三头肌和肘后肌唯一的支配来源为桡神经，该神经的损伤可导致伸肘肌的完全瘫软，而对于屈肘肌则必须累及三条不同的神经时才能使所有的肘屈肌瘫痪，这样有助于肘屈肌保留重要活动所需的手 - 口功能（例如：进食）。

前臂旋前的肌肉（旋前圆肌、旋前方肌和其他起于内上髁的次级肌肉）由正中神经支配。前臂的旋后动作由肌皮神经支配的肱二头肌和由桡神经支配的旋后肌以及其他起于外上髁和前臂背侧的桡侧伸腕肌群协同完成。

3. 各关节的感觉神经分布 肱尺关节和肱桡关节及其周围的结缔组织所接受的感觉神经的分布来源于 $C_{6\sim8}$ 神经根，主要为肌皮神经、桡神经、尺神经和正中神经的分支。

上尺桡关节和包绕肘关节的关节囊的感觉神经的分布来自 $C_{6\sim7}$ 神经根，来源于正中神经；而下尺桡关节所接受的感觉神经的分布大多数来自 C_8 神经根，来源于尺神经。

（二）肘关节和前臂周围肌群

肘关节和前臂周围肌肉有的可屈伸肘关节但不能使前臂旋前或旋后；有的既可以屈曲或伸展肘关节，同时也具有旋前和（或）旋后前臂的功能。另外主要作用于腕关节的手外肌部分也跨过肘关节，这部分肌肉也具有屈曲或伸展肘关节的能力。

1. 屈肘肌肉（elbow flexors） 肱二头肌、肱肌、肱桡肌和旋前圆肌是主要的屈肘肌（图 2-31）。

肱二头肌的近端附着于肩胛骨，长头起自肩胛骨盂上粗隆，其腱跨过肩关节，走在肱骨结节间沟中；短头起自肩胛骨喙突的顶部。两个头位于三角肌和胸大肌下面结合在一起形成肌腹，其腱远端附着于桡骨粗隆前部和前臂屈侧深筋膜及屈肌群的起点。

当同时进行屈曲和旋后运动（例如：将汤勺送至口中）时，肱二头肌的电信号在肌电图中显示达到其最高水平；而当前臂伸展且有意保持旋前状态时，肱二头肌的 EMG 活动水平相对较低。

肱肌位于肱二头肌的深层，起于肱骨的前侧，其远端附着于尺骨的近侧末端。肱肌的平均生理横截面积是跨越肘关节的所有肌肉中横截面积最大的肌肉，因此在所有跨越肘关节的肌肉中肱肌所产生的力量可能最大。

肱桡肌是所有肘关节肌肉中最长的，其近端附着于肱骨外髁上嵴的外侧缘，远端位于桡骨的茎突附近。肱桡肌的最大收缩可引起肘关节的完全屈曲和前臂旋转至近中位。EMG 研究表明，肱桡肌是主要的屈肘肌，尤其是在较高的拮抗力下作快速运动时。

肘关节在屈曲约 90° 和前臂中立位时，在前臂的前外侧方易于触及肱桡肌，特别是拮抗肘关节屈曲可以使通过肘关节的肱桡肌突出，或呈“弓弦状”。注意该肌肉的弓弦状态将其屈曲的力臂长度超过所有其他的屈肘肌。

旋前圆肌的主要作用是使前臂旋前，尽管它的肌肉生理横截面只有肱肌的一半，却能产生与肱肌一样的瞬时屈肘力臂，因此也属于屈肘肌。

因年龄、性别、承受负荷、肌肉收缩速度和跨越关节的位置不同从而可以导致屈肘肌产生的屈曲力矩不同。根据研究结果，一般优势一侧的肢体所产生的屈曲力矩、所做的功和功率显著高于对侧，但是对于肘关节伸展运动和前臂旋前与旋后运动，两侧肢体未见显著差异。但肘关节的屈曲力矩比其伸展力矩约大70%，此外，前臂旋后位时所产生的屈肘肌力矩约比前臂处于完全旋前状态时所产生的力矩大20%～25%。这种差异是在前臂处于或接近完全旋后状态时，肱二头肌和肱桡肌的屈肌力臂增加引起的。

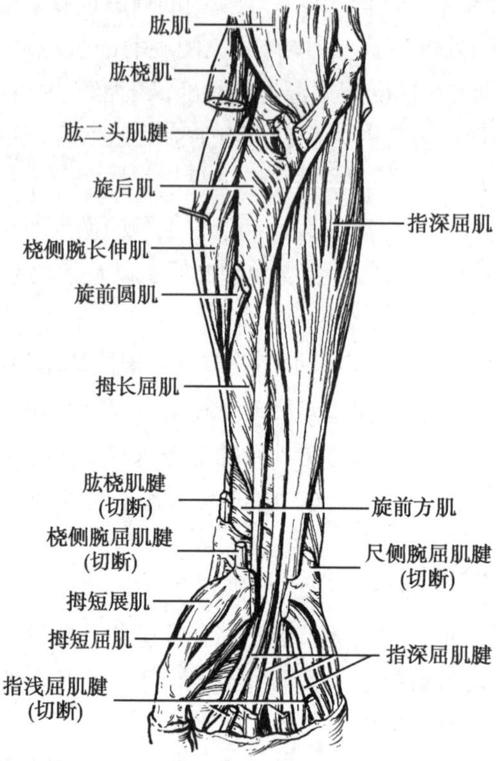

图2-31 屈肘肌

生物力学和生理学数据可以用来预测整个运动范围中主要屈肘肌所产生的最大屈曲力矩。所有的肌肉在屈曲约90°时可产生预计的最大力矩，这一角度与在健康人中所测定的实际力矩相符合。

影响屈肘肌的最大力矩-角度曲线形状的两个主要因素是：①肌肉的最大屈曲力；②内力臂的长度。

三块屈肘肌肉（肱二头肌、肱肌和肱桡肌）的最大力量是在相当于屈曲80°时的肌肉长度状态下产生的，而平均最大内力臂则是相当于屈曲100°的状态下产生的。关节处于此角度时，肱二头肌肌腱与桡骨干的夹角为90°，这种力学状态使肌肉的内力臂达到最大，从而使肌肉力量在最大程度上转换成旋转力矩。在直立位屈肘90°状态下，这些肌肉产生最大的力矩去拮抗前臂重力产生的外力矩（图2-32）。

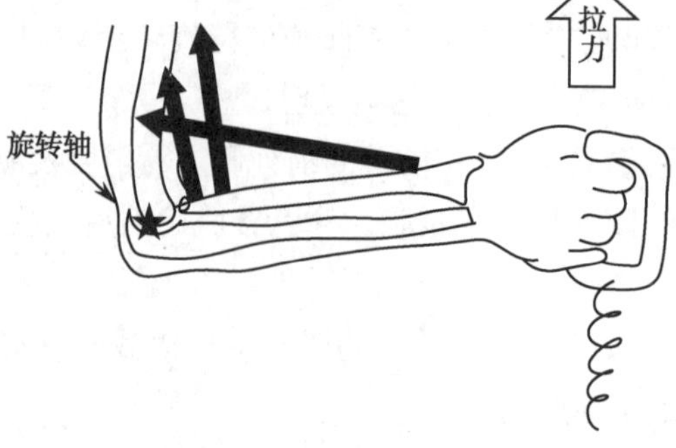

图2-32 屈肘肌内力臂

肱二头肌是一块多关节肌肉，在屈肘伴伸肩的复合运动中（如拖拉重物时），产生一种更自然且更有效的主动的屈曲肘关节的做功。三角肌后束肌纤维辅助肱二头肌控制最佳收缩速度和运动中的长度，尤其是在大功率活动中，三角肌后束是屈肘肌的一个非常重要的协同肌肉。

2. 伸肘肌肉（elbow extensors） 肱三头肌和肘肌是主要的伸肘肌（图 2-33）。肱三头肌具有三个头端；长头、外侧头和内侧头，它们的肌肉汇集至同一个肌腱并附着于尺骨的鹰嘴。长头的近端附着于肩胛骨的盂下结节，因此使得该肌肉能够伸展和内收肩部，长头体积较大，超过了所有的肘关节肌肉。

肱三头肌的外侧头和内侧头的近端附着于肱骨的两侧并沿桡神经沟走行。内侧头在肱骨近端后方的附着点较阔，所占据的位置与肱骨前方的肱肌相似，其部分远端的纤维附着于肘后关节囊。

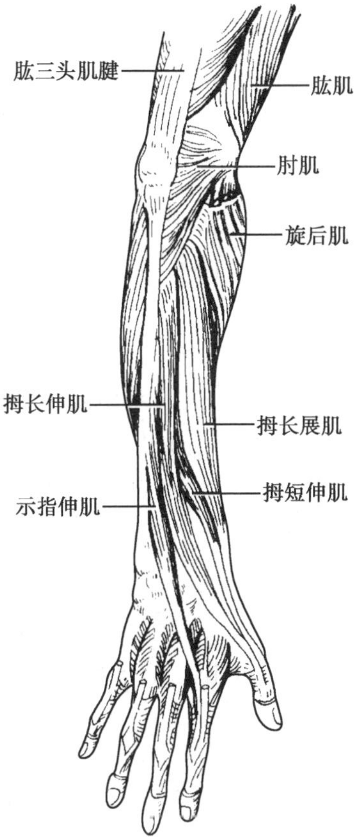

图 2-33 伸肘肌

肘肌是一块较小的三角形肌肉，跨越肘关节的后外方，该肌肉位于肱骨的外上髁和尺骨近端后方的条状区域之间。肘肌在伸肌作用中表现好比肱三头肌的第四个头，与下肢的股四头肌相似。肘关节处总的伸肌力矩大部分由肱三头肌产生，肘肌的横截面积相对较小，因此伸展的力臂也较小。尽管不能提供一个较大的伸肘力矩，但对肘关节的纵轴和内 - 外轴方向提供稳定作用。

一般伸肘动作时，首先肘肌被激活，并且一直保持一个较低水平的伸肘力量；其次肱三头肌的内侧头被激活，其功能与对侧的肱肌拮抗；随着伸肘功能要求的提高，随后外侧头和长头被先后激活，长头是一块“储备型”肘伸肌，其体积较大，适合于完成需要高工作效能的任务。

伸肘肌为肘关节提供了静态稳定性，与作用于下肢稳定膝关节的股四头肌相似。肘关节保持部分屈曲姿势可看作上肢承重的一般姿势，伸肘肌通过等长收缩或非常低速的离心收缩来稳定屈曲的肘关节。与之相反，这些相同的肌肉通过高速向心或离心运动中产生较大的伸肌力矩，这些运动包括投掷球类、从较低的椅子上撑起或迅速推开一扇门等。在推开动作中，肘关节的伸展通常伴随某种程度的肩关节的前屈。三角肌前束的屈肩功能是产生向前方推开动作的一个重要的协同肌肉。

三角肌前束所产生的屈肩的力矩驱动上肢向前，并中和了肱三头肌长头使肩伸展的趋势。从生理学角度看，肩屈曲和肘关节伸展相结合使肘关节完全伸展时使肱三头肌的收缩速度和缩短的程度降到了最低。

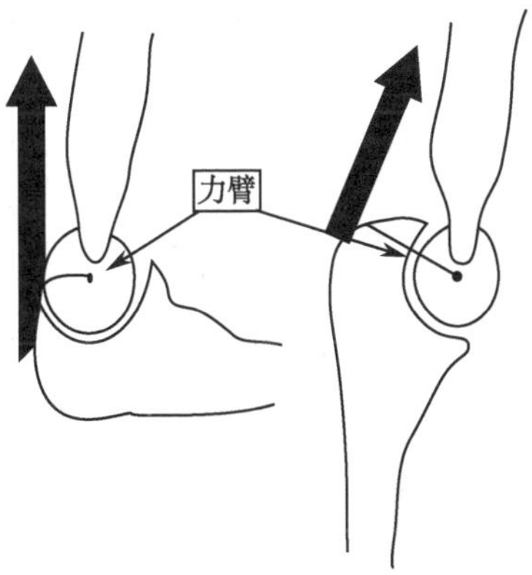

图 2-34 伸肘肌内力臂

与屈肘肌相似，当肘关节屈曲约 90° 时伸肘肌产生的力矩水平最高，但与屈肘肌不同的是，此时伸肘肌的内力臂却不是最大。当接近完全伸展的状态时肘伸肌的内力臂才最大，这一位置将较厚的鹰嘴置于关节的旋转轴和肱三头肌的力线之间，实际上，在屈曲约 90° 而非伸展状态时伸肘肌的力矩达到最大值，此特点表明，在肘关节伸展过程中，肌肉的长度是影响最大力矩产生的主要因素，而不是杠杆本身（图 2-34）。

3. 旋前肌肉和旋后肌肉（the supinator and pronator muscles） 旋前和旋后肌肉必须具有两个生物

力学特征：第一，该肌肉附着在前臂旋转轴的两边，即近端附着在肱骨或尺骨上，远端附着在桡骨或手腕部；第二，该肌肉收缩能产生一个围绕前臂旋转轴旋转的内力臂，该力的力线与旋前旋后的旋转轴相交。一般力学原则看，更靠近力线的肌肉与旋转轴垂直相交且该肌肉很可能是力矩发生器，如肌肉的力线同旋转轴平行，与旋转轴相交角度为 0°，则该肌肉没有产生旋前或旋后动作的力臂。因此，有些肌肉，如肱肌或拇短伸肌不能使前臂旋前或旋后，而旋前方肌虽小，却有非常理想的力线，成为有效的前臂旋转肌（图 2-35）。

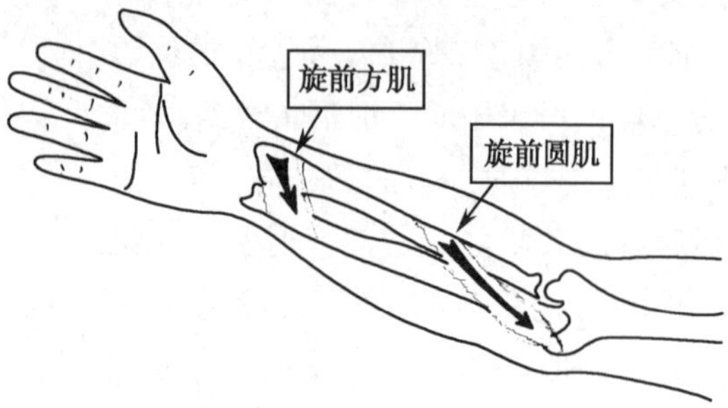

图 2-35　旋前肌力方向

旋后肌和肱二头肌是主要的旋后肌肉，附着于外上髁外侧附近的桡侧伸腕肌群以及拇长伸肌和示指伸肌具有一定的旋后功能。此外，肱桡肌也可以看作是次要的旋后肌和旋前肌，但是其力量较小，肱桡肌的收缩可以辅助从完全旋前状态旋后至中立位，以及从完全旋后旋前至中立位。

旋后肌有一个宽阔和复杂的近端附着点。表浅的一层起于肱骨的外上髁和外侧副韧带与环状韧带，较深的一层起于尺骨的旋后肌嵴附近及旋后肌嵴上，深浅两组肌肉纤维止于桡骨的近端三分之一处。在旋前的位置，旋后肌围绕着桡骨被拉长而变得紧张，因此，这是个使桡骨旋后的最佳位置。旋后肌在肱骨上仅有一个小的附着点，且距离肘关节的内 - 外旋转轴太近而不能产生导致肘关节屈伸的力矩。

旋后肌的使前臂旋后作用非常明显，在前臂处于旋后状态时，不论肘关节的角度或动作的速度或功率怎样，旋后肌均能产生显著的旋后力矩。肱二头肌也是主要的旋后肌肉，尤其是在与肘屈曲相关的高功率旋后运动中需要肱二头肌的参与。通常情况下，简单低功率的旋后动作仅需由旋后肌完成，肱二头肌保持相对静止。如用较大的多关节肌——肱二头肌来执行一项简单的动作，肱三头肌和三角肌后束则在肩部和肘关节处被用来中和各种不必要的肱二头肌的活动来维持关节的稳定，从而最终使得一个简单的动作变得更加复杂且消耗了更多的能量。

肱二头肌是一块强有力的前臂旋后肌肉。肱二头肌的肌肉横截面积是旋后肌的三倍。前臂处于旋前状态时，肱二头肌的肌腱包绕桡骨近端，肱二头肌的主动收缩可以使处在完全旋前状态的桡骨迅速旋转至旋后状态。

当肘关节屈曲约 90° 时，肱二头肌的肌腱以 90° 直角止于桡骨，使肱二头肌作为旋后肌的收缩效率最大。肘关节屈曲 90° 时所产生的旋后力矩是肘关节接近完全伸展状态所产生的旋后力矩的两倍。

日常活动中，如需要用力拧动螺丝钉时需要高功率的旋后力矩时，肱二头肌同时被用来辅助其他肌肉，例如：旋后肌和拇长伸肌。肘关节通常屈曲成约 90° 以增加肱二头肌的旋后力矩。在完成此项任务时，屈肘 90° 姿势的维持需要肱三头肌与肱二头肌共同同步收缩以维持肘关节的稳定。在该动作中，肱三头肌提供的重要的力量以防止肱二头肌在每次旋后动作中屈曲肘关节和肩关节，而不影响旋后动作。如此时肱二头肌的屈肘作用没有被肱三头肌拮抗，将导致肘关节有过度屈肘趋势，而无法将螺丝刀从螺丝钉顺利拧紧。这种肌肉之间的协同作用是用以说明两块肌肉是如何作为协同肌肉且同时作为拮抗肌来完成一个动作的实例。

旋前方肌和旋前圆肌是主要的旋前肌肉。桡侧腕屈肌和掌长肌是次要的旋前肌肉，这两肌肉起点均附着于肱骨的内上髁；肱桡肌在旋后位时也具有旋前功能。

旋前圆肌近端有两个头端：肱骨端和尺骨端。正中神经在这两个头端之间通过。旋前圆肌是主要的前臂旋前肌，同时也是次要的屈肘肌。肱三头肌是旋前圆肌的重要的协同肌肉，通常需要中和旋前圆肌使肘关节屈曲的趋势。旋前圆肌是最具活力的旋前肌，不论是用手尽力拧松一个螺丝钉，还是用力投掷棒球，在所有的旋前运动中均会激活此肌肉。

旋前方肌这块扁平、方形的肌肉附着在尺骨和桡骨的远侧四分之一的前内侧面，在所有腕屈肌和指屈肌肌腱的深部，其肌纤维方向从近侧到远侧有所倾斜，与旋前圆肌的走行方向相似但倾斜角度不同。

旋前方肌在生物力学方面是一个有效的力矩发生器和下尺桡关节稳定器。旋前方肌的力线的方向几乎垂直于前臂的旋转轴，这使得该肌肉所产生的旋前力矩能达到最大。旋前方肌产生旋前力矩的同时，它还将桡骨的尺骨切迹和尺骨头之间直接压紧，为下尺桡关节提供了一个重要的稳定作用力，而且在整个旋前运动中持续存在。

正中神经在肘关节的近侧发生损伤的病例中，所有的旋前肌均瘫痪，主动的旋前运动基本丧失，导致受桡神经支配的旋后肌和肱二头肌的收缩失去有效的拮抗，从而使得前臂趋向于保持旋后的状态。

在正常关节中，来自旋前方肌和其他肌肉的压力被下尺桡关节轻而易举地吸收缓冲掉；而在严重的关节炎病例中，关节软骨、骨和关节周围的结缔组织失去了其足够的吸收缓冲关节所受力的能力，这些肌源性的压力对关节的稳定性反而产生不利作用，导致关节进一步破坏。

（冯　伟）

第三节　腕　与　手

02章03节

一、腕

腕关节是人体大关节之一，腕的运动是手精细运动的基础，它是手取得理想抓握位置的重要环节。腕关节的活动在人们的生活、生产劳动和体育运动中占有重要位置。

腕具有广阔的活动度以及结构的稳固性。虽然腕关节被列入具有两个自由度的髁状关节，但它位于高度复杂的区域，该区域有 15 块骨、17 个关节和 1 个广泛的韧带系统。

（一）骨骼

腕关节由手的舟骨、月骨和三角骨的近侧关节面作为关节头，桡骨的腕关节面和尺骨头下方的关节盘作为关节窝而构成。

1. 尺骨头　为腕背尺侧的隆起，当旋前时尤为明显。前臂在做旋后运动该隆起渐变小，直至消失，这是因为旋后时桡骨的远端绕尺骨头旋转。

2. 桡骨茎突　在桡骨下端的外侧即可触摸到突向下方的桡骨茎突，它比尺骨茎突伸向远端，因此它们的连线与水平面形成约 15° 的角。尺骨茎突和桡骨茎突分别有尺侧副韧带和桡侧副韧带的附着。

3. 腕骨 有8块，即排成两列，每列4块。远侧列有桡侧到尺侧依次为大多角骨、小多角骨、头状骨和钩骨；近侧列由桡侧到尺侧依次为舟骨、月骨、三角骨和豌豆骨。为了便于记忆，其排列歌诀为“大小头状钩，舟月三豌豆”。大多数的腕骨在其近侧、远侧、内侧和外侧均有关节面，而掌侧和背侧面为粗糙骨面供韧带的附着，但豌豆骨仅有一个关节面。

远侧列骨——大多角骨、小多角骨、头状骨和钩骨组成了一个相对稳定的横截面，它与掌骨连接形成了腕掌关节；这四块骨之间密切适合，被坚韧的骨间韧带连在一起。相对较活动的近侧列骨——月骨和三角骨与桡骨形成了桡腕关节；手舟骨在解剖学上和功能学上横跨两列骨；第八块腕骨是豌豆骨，它作为一个籽骨功能形式，用以加强腕骨最有力的原动肌屈腕肌的力学优势，它与三角骨形成自己的小关节。

头状骨位于中央（与中指在一条直线上），在手背面该处稍凹陷。腕的尺侧和桡侧外展运动轴以矢状方向通过头状骨。

手舟骨可在桡骨的远侧触摸到；腕内收时，手舟骨更为突出而易触摸；当腕外展时退缩。在腕骨中手舟骨最容易发生骨折，它与大多角骨形成解剖鼻烟窝的底，解剖鼻烟窝是在拇长展肌腱、拇短伸肌腱和拇长伸肌腱之间的凹陷。

大多角骨可在拇指腕掌关节的近侧和手舟骨的远侧触摸到。

月骨可在桡骨背侧结节的远侧和头状骨的近侧摸到，当被动屈腕时，月骨就变得十分明显，被动伸腕则退缩。月骨是腕骨中最易发生脱位的骨。

在手掌侧面近尺侧边缘摸到的是豌豆骨；它可被抓住，侧向来回移动。尺侧腕屈肌腱附着该骨。

（二）关节

腕关节由桡腕关节、腕骨间关节、腕掌关节组成，在功能上前两个关节构成一个联合关节（图2-36）。

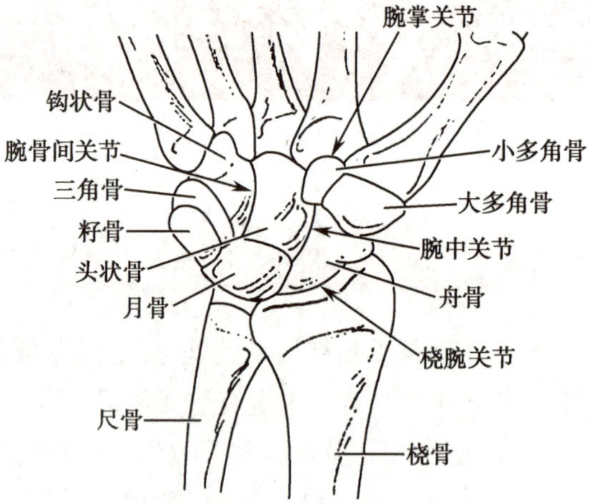

图2-36 腕关节组成

1. 关节基本特征

（1）桡腕关节（radiocarpal joint）：又称腕关节（wrist joint），是典型的椭圆关节，由桡骨的腕关节面和尺骨头下方的关节盘作为关节窝，近侧列的手舟骨、月骨、三角骨的近侧关节面作为关节头而同构成。手舟骨、月骨、三角骨之间被坚韧的骨间韧带连接在一起，可将它们看成一块骨。三角形的纤维软骨关节盘附于桡骨远侧的尺侧缘，尺骨茎突之间；关节盘的远侧尖端附着于三角骨。关节盘将桡、尺骨连接在一起，并将桡腕关节与桡尺远侧关节和尺骨分开。尺骨由于被三角形关节盘隔开，不参与桡腕关节的组成，从结构上看此关节属于简单关节。

（2）腕骨间关节（intercarpal joints）：腕骨间关节由近侧的三个腕骨（手舟骨、月骨、三角骨）和远侧的四个腕骨（大多角骨、小多角骨、头状骨、钩骨）组成。包括近侧列腕骨间关节、远侧列腕骨间关节、腕横关节三组关节。前两组是由相邻接的腕骨间构成，均属平面关节，只能微动；腕横关节又称腕中关节，属于球窝关节，由近侧列腕骨的远侧端作成关节窝，远侧列腕骨的近侧端作成关节头构成，关节腔略呈 S 形。远侧列的四个腕骨之间也被坚韧的骨间韧带连接起来，可将它们看成一块骨，因此从结构上来看，称两列腕骨之间的关节为腕中关节，它仍是一个简单关节。由于受腕关节两侧副韧带的限制，此关节仅能作屈伸运动，且幅度很小。通常腕骨间关节和桡腕关节是一起运动的。

（3）腕掌关节（carpometacarpal joints）：由远侧列腕骨与 5 个掌骨底构成。拇指腕掌关节是由大多角骨与第 1 掌骨底构成的鞍状关节。第 2～4 掌骨基底部相互关节，并与远侧列腕骨以不规则的形式构接。总关节腔在 4 块腕骨、腕掌关节和掌骨间关节之间。

2. 关节周围结缔组织

（1）腕关节周围韧带：腕骨由坚韧的韧带相连，防止腕骨移动。腕关节的韧带装置复杂（图 2-37～图 2-39），包括掌侧韧带、背侧韧带以及内在骨间韧带 3 个部分。掌侧韧带包括桡腕韧带、尺腕韧带、腕骨间韧带和腕掌侧韧带 4 个部分。背侧韧带包括背侧桡腕韧带、背侧腕骨间韧带以及背侧腕掌韧带三部分。内在韧带分为近排腕骨间内在韧带、远排腕骨间内在韧带和掌骨近端内在韧带。近排腕骨间内在韧带包括舟月骨间韧带和月三角骨间韧带。远排腕骨间韧带包括大小多角骨间韧带、小多角骨头状骨间韧带和头钩骨间韧带。腕关节韧带也可分为两组，即外在韧带和内在韧带。外在韧带起于桡骨、尺骨和掌骨，止于腕骨；内在韧带起止均在腕骨。最重要的韧带是三角韧带，其起于头状骨，分别止于三角骨和舟状骨。这些韧带不仅加固了腕关节，而且也维持着由于 8 块腕骨不在一个平面上排列，其在腕背侧形成隆起的拱形结构，称之为“腕穹窿”。它们的存在允许和引导骨的运动、限制关节的运动、传送从手到前臂的力和防止运动时的腕骨脱位。

如果手部受到重击（往往是手在过伸、尺偏和有些旋转下摔倒），能够发生骨折、韧带损伤或者合并的这两种损伤。韧带损伤是否合并腕骨脱位，临床上很难诊断。常见的损伤是舟月韧带或者月三角韧带的损伤。其症状包括疼痛、肿胀、压痛和活动范围受限。

桡腕关节的关节囊前后松弛，前后左右均有韧带增强，在外侧有腕桡侧副韧带，在内侧有腕尺侧副韧带，前面有桡腕掌侧韧带，其中掌侧韧带最为坚韧。腕中关节的韧带分别位于掌侧和背侧。

腕部的韧带性结构有屈肌和伸肌支持带，它们压束了手的肌腱。屈肌支持带（flexor retinaculum），又称腕横韧带（transverse carpal ligament），是腕掌侧深筋膜特别增厚形成的厚而坚韧的结缔组织扁带，此韧带厚 1～2mm，宽 2～3mm。它在手关节掌侧，是一条有筋膜局部增厚形成的强有力的韧带，位于腕骨沟上，横架于腕尺侧隆起（钩骨和豌豆骨）和腕桡侧隆起（大多角骨和钩骨）上，它与深面的腕骨沟共同构成腕管。在管内有屈指肌腱、血管和神经通过。此韧带不但具有保护结构的作用，而且还可以把它看作弓弦，加强腕部的弹性起缓冲的作用（图 2-38，图 2-39）。腕掌侧韧带是前臂深筋膜延伸至腕前区而成。对前臂屈肌腱起固定、支持和保护作用。

（2）腕管（carpal canal）：腕管为一骨性纤维管，其桡侧为舟状骨及大多角骨；尺侧为豌豆骨及钩状骨；背侧为头状骨、舟状骨及小多角骨；掌侧为腕横韧带。由屈肌支持带和腕骨沟共同围成，管里有指浅、深屈肌腱及其屈肌总腱鞘、拇长屈肌肌腱及其腱鞘和正中神经通过。指浅、深屈肌腱被屈肌总腱鞘（尺侧囊）包绕，拇长屈肌被拇长屈肌腱鞘（桡侧囊）包绕。两个腱鞘均超过腕横韧带近侧和远侧 2.5cm，尺侧囊常与小指腱滑液鞘相通，桡侧囊与拇指的腱滑液鞘相连。正中神经在腕管内变扁平，紧贴屈肌支持带桡侧端深面，由两个滑液鞘之间进入手掌。若这些区域的骨折、损伤或肿胀均可造成对正中神经的压迫，造成腕管综合征。

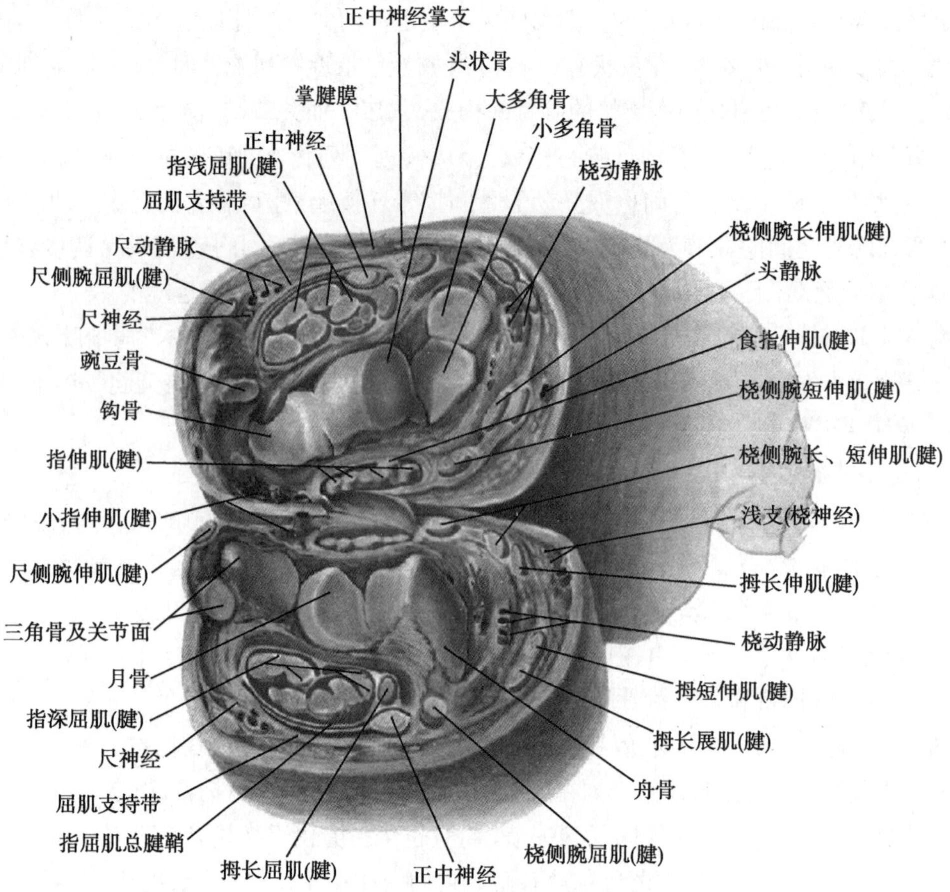

图2-37　腕关节的结构（通过横断面）

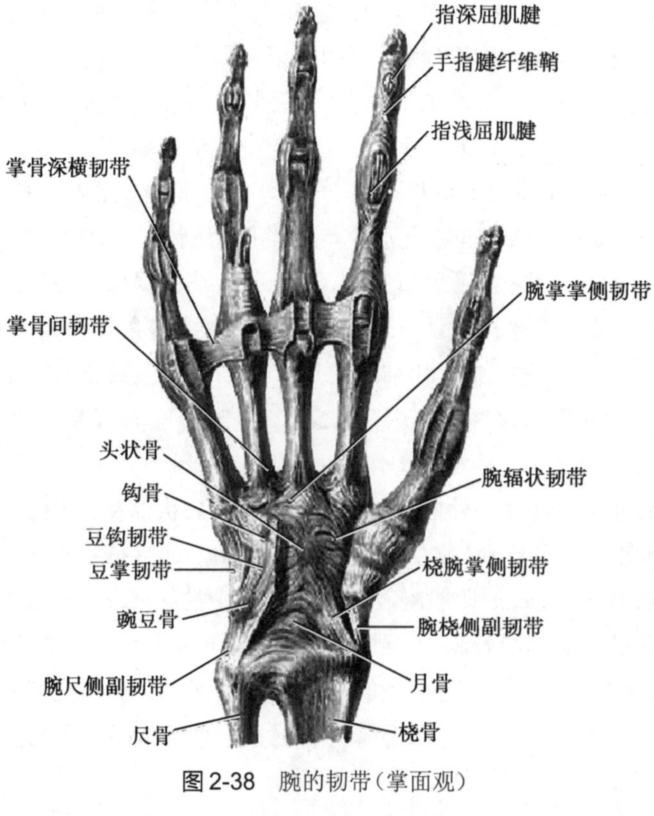

图2-38　腕的韧带（掌面观）

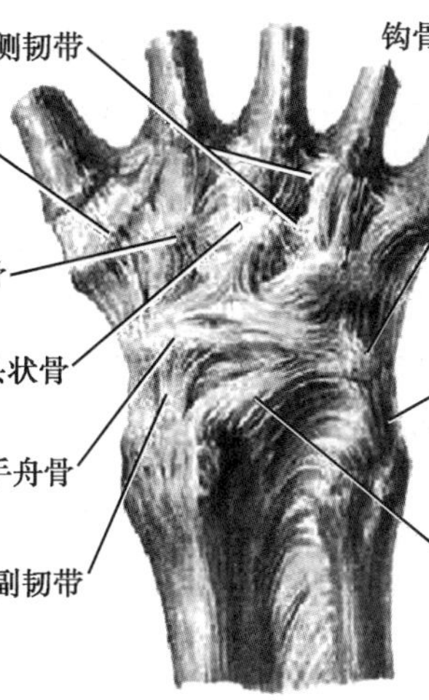

图 2-39　腕的韧带（背面观）

3. 关节运动学

（1）腕关节的运动方向：桡腕关节是典型的椭圆关节，可以绕两个运动轴运动。其关节囊松弛，关节的前、后和两侧均由韧带加强，其中掌侧韧带最为坚韧，所以腕的后伸运动受限。桡腕关节可作屈、伸、外展、内收及环转运动。

腕中关节各关节腔彼此相通，只能做轻微地滑动和转动，属微动关节，腕的屈、伸、外展、内收也发生于此，即腕中关节和桡腕关节的运动通常是一起进行的，并受相同肌的作用。腕骨间关节可以看成三个相连续的椭圆形关节，腕骨间关节的运动幅度补充了桡腕关节。

对于腕掌关节，除拇指和小指的腕掌关节外，其余各指的腕掌关节运动范围极小。

（2）腕关节的运动范围：腕关节的解剖学特点允许它在两个平面内运动，矢状面内的屈 - 伸（掌屈和背屈）和额状面内的桡尺偏移（外展 - 内收）。这些运动合起来也是可能的，腕关节的最大运动范围从外展和伸到内收和掌屈。

头状骨近侧的圆形表明头状骨 - 舟骨 - 月骨连接面可以作为一个能轴向旋转的球绞关节运动。虽然少量的轴向转动是可能的，在个别人的腕关节是存在的，但是从实用的立场观点来看，这种转动通过腕复合体是不出现的。手的轴向转动，用旋前旋后表示，是由于在近端和远端的桡骨关节发生的运动并且依赖于它们正常的排列。①屈 - 伸：腕关节绕额状轴可以做屈伸运动，前者的运动范围是 60°～70°，后者为 45°。屈腕在桡腕关节为 50°，腕中关节为 35°。而伸腕则相反，即 35° 在桡腕关节，50° 在腕中关节。其运动轴通过头状骨。但从完全屈曲到完全伸时，其运动轴向远侧移位。完全的伸腕需要桡、尺两骨远端稍分离。若将两骨牢固连在一起则不可能完成伸腕的动作；②内收 - 外展：腕关节绕矢状轴可以做内收和外展运动，前者运动范围为 35°～40°，后者为 20°。腕中关节具有腕外展 1/2 的运动，内收 1/3 的运动，其余的运动则在桡腕关节。这些运动通过头状骨的轴进行。外展的正常运动终末感是硬的，这是由于手舟骨与桡骨茎突的接触所致。内收范围较大，其运动终末感来自桡侧副韧带的张力。

（3）腕掌关节的运动范围：拇指腕掌关节：关节囊厚而松弛，所以掌骨可从大多角骨牵开可达 3mm，还允许有 15°～20° 的旋转。可作屈、伸、收、展、环转和对掌运动。由于第 1 掌骨的位置向内侧旋转了近 90°，故拇指的屈、伸运动发生在冠状面上，即拇指在手掌平面上向掌心靠拢为屈，离开掌心为伸。而拇指的收、展运动发生在矢状面上，即拇指在与手掌垂直的平面上离开示指为展，靠拢示指为收。

对掌运动（opposition movement）则是拇指向掌心、拇指尖与其余 4 个指尖掌侧面相接触的运动。使得手具有强有力的抓握功能，利于从事各种劳动与运动。这一运动加深了手掌的凹陷，是人类进行握持和精细操作时所必需的主要动作。余下的腕掌关节有小多角骨、头状骨、钩骨与2～5掌骨底构成，被包在一个关节囊内，是平面关节，其活动范围很小。

其他腕掌关节：第2～3腕掌关节的运动为1°～2°或更小。第4腕掌关节的掌指运动为10°～15°，第5腕掌关节更灵活运动为25°～30°。虽然在每个关节的运动量不大，但对手的功能是重要的，并提供手横弓形态的改变，如从紧握拳到手张开。

（4）附属运动：当前臂和手放松时，腕处于不稳定状态，允许有一定量的被动运动。假如检查者用一个手固定桡骨、尺骨的远端，另一个手放在近侧腕骨处，腕骨可很容易地向背侧、掌侧，内侧和外侧滑动移位，并能牵开几毫米。若将手放在腕中关节的两侧，也有相似的运动，但运动幅度较小。此外，每块掌骨可与相邻的掌骨之间做被动运动。如检查者用左拇指和中指放在头状骨的掌侧和背侧来固定头状骨，用右拇指和中指抓住其他腕骨（大多角骨、手舟骨、月骨和钩骨），头状骨可做一定量的被动运动。腕的最稳定位是全伸位。

（5）前臂的旋前-旋后：前臂通过远侧桡尺关节的运动虽然不是腕关节运动的一部分，但是它在腕关节的功能和手在空间的位置起着一个复杂的作用。尺骨与腕骨没有实际的接触，它被一个纤维软骨盘分离。这种排列使尺骨在前臂旋前-旋后时能够滑动而不影响腕或腕骨的运动。

（6）腕的稳定性：腕关节中近侧关节和腕中关节的存在形成了双铰链的系统，能提供其固有的稳定性。按照双关节肌和双关节链理论，这个结构在压力复合下遭受锯齿形破坏。实际上，在腕骨没有肌肉附着以提供稳定性，所以可以推断通过腕部的各长屈肌和长伸肌的压力引起腕骨在近侧腕骨间关节和腕中关节发生弯曲。复杂的韧带限制和精确的多关节面相对使关节稳定。

腕的纵向矢状面显示手舟骨和月骨是楔形的，两块骨的掌侧面比背侧面宽。既然压力使一个楔挤入最窄的部分，那么月骨和手舟骨将倾向于旋转成延长位。这种排列对对称的双关节面系统有一个好处，因为稳定性仅仅集中在一个方向，而在相反方向施加的力能够抵消。手舟骨跨过远侧列和近侧列是起作用的。手舟骨在腕的自然位置是倾向于腕关节伸直固定的，而大多角骨和小多角骨与手舟骨的背面用关节连接推动它的远端成弯曲。因此，手舟骨抵消了月骨的伸展趋势，这样增加了屈伸过程中双关节面腕骨复合体的稳定性。

腕关节复合体在手指和拇指的肌肉活动中的动力稳定性要求外力和内力有一个好的平衡。手指和腕周围伸肌和屈肌系统的排列有利于原动力的对抗肌群。

（三）肌肉和神经支配

1. 神经支配 在腕和手部有重要的三大神经正中神经、桡神经以及尺神经支配，将在后文做详细阐述。

2. 肌肉与肌腱

（1）腕关节周围肌：包括桡侧腕长伸肌、桡侧腕短伸肌、尺侧腕伸肌、桡侧腕屈肌、掌长肌、尺侧腕屈肌。

1）屈腕肌：包括桡侧腕屈肌、掌长肌、尺侧腕屈肌、指浅屈肌和指深屈肌等，近固定收缩时，使手在腕关节处屈曲。该肌群大多起于肱骨内上髁和前臂筋膜（深部屈肌起于尺骨和骨间膜），长短不一，分别止于掌骨、指骨掌面。桡侧腕屈肌和尺侧腕屈肌对屈腕贡献最大，而掌长肌是变化的并且它和一个肌腱一样小，甚至在大约13%的人群中它是没有的。最强的屈腕肌—尺侧腕屈肌包绕豌豆骨并将它作为一个籽骨来增加力学优势，减少肌腱的整体拉伸，通过这种效果增加它的力量。因为大多数运动需要用到小量的腕屈，所以应该注意这个肌群的训练。采用两手反握杠铃做屈腕的练习，可发展屈腕肌群的力量。

2）伸腕肌：包括桡侧腕长伸肌、桡侧腕短伸肌、尺侧腕伸肌、指伸肌和示指伸肌等。伸腕肌（尺侧腕伸肌、桡侧腕长伸肌、桡侧腕短伸肌）起于外上髁附近，近固定时使手在腕关节处伸。该肌群分深浅两层，浅层大多起于肱骨外上髁，深层起于桡骨、尺骨背面和骨间膜，分别止于掌骨和相应指骨背面，沿着前臂大约 1/3 的长度是肌腱。伸腕肌在肘关节也产生和引起运动。这样，肘关节的位置对于伸腕肌的功能是重要的。桡侧腕长伸肌和桡侧腕短伸肌在肘关节形成弯曲状态，这样作为一个伸腕肌在肘关节伸展时能够被加强。尺侧腕伸肌在肘关节形成伸展，作为一个伸腕肌在肘关节屈曲时被加强。伸腕在伴随和支持屈指时抓握的动作中也是一个重要的动作。这样，伸腕肌在这个运动中是激活的。采用两手正握杠铃做伸腕的练习可以发展伸腕肌群的力量。

3）桡偏和尺偏腕关节的肌：解剖位外展腕关节，也叫桡偏；解剖位内收腕关节，也叫尺偏。屈腕肌和伸腕肌成对的收缩产生尺偏和桡偏。尺偏是由尺侧腕屈肌和尺侧腕伸肌共同收缩产生的；桡偏是由桡侧腕屈肌、桡侧腕长伸肌、桡侧腕短伸肌和示指伸肌等共同收缩产生的。虽然桡偏的运动范围只有尺偏的一半，但是它在许多持拍的运动中是重要的，因为它使腕关节处于紧的位置以使手得以固定。

（2）腕关节的肌腱：腕关节被周围的 10 个腕肌肌腱包绕。腕关节运动时有三个屈肌和三个伸肌，控制着屈腕和伸腕时桡骨和尺骨的分离。四块附加的肌肉控制着前臂旋前和旋后。有 8 块肌肉起于前臂，2 块肌肉起于肘关节上部。除了尺侧腕屈肌腱附着于籽骨，所有其他肌腱横跨腕骨嵌到掌骨，因此，腕关节的动态稳定性是受限制的。

每个腕肌肌腱都有一个实际的偏移范围。桡侧腕短伸肌和桡侧腕长伸肌各有一个约 37mm 的最大偏移。桡侧腕屈肌偏移约 40mm，尺侧腕屈肌偏移约 33mm，旋前圆肌偏移约 50mm。由于损伤和手术后的黏附导致任何肌腱偏移的损伤都能严重限制腕关节的运动。

在关节的肌腱滑动处，多发生腕部腱鞘囊肿，这是一种常见的伤病。临床常见于舟、月骨关节的背面，位于拇长伸肌腱及指总伸肌腱之间；其次是腕部掌面桡侧，位于桡侧腕屈肌腱与拇长展肌腱之间，故称“腕筋瘤”，本症多见于青壮年女性。一般认为多由于局部气血凝聚而成，与外伤沉积和慢性劳损有关，也有认为是因局部胶样变性所引起。它也严重限制了腕关节的运动。

另外在桡骨茎突部常发生狭窄性腱鞘炎，它是由腱鞘发生纤维病变，使腱鞘内脏变窄，肌腱在腱鞘内活动受阻碍，引起运动困难。病因：在日常生活中，由于经常过度使用腕部和拇指，使外展拇长肌和伸拇短肌不断收缩摩擦，因而在腱鞘内发生水肿增厚，日久纤维性变，形成腱鞘狭窄。该处腱鞘之腱沟浅而狭窄，底面凹凸不平，沟面覆盖腕横韧带。其内只能紧密地通过拇长展肌和拇短伸肌肌腱，回缓余地很小；两根肌腱出鞘管后成一折角，分别止于拇指与第一掌骨。拇指及腕活动时，折角更大，当腕、拇指活动时，尤其是拇指内收、腕关节侧屈时，鞘管壁极易对肌腱产生压迫和摩擦。若腕指长期从事固定姿势的活动或短时期活动过度，则肌腱在腱鞘内摩擦加剧，局部产生炎性水肿，鞘壁也随之增厚，造成肌腱在鞘内受压变细而在鞘外上下端则变粗，即形成狭窄性腱鞘炎。在病变晚期可产生摩擦音。临床表现为：在拇指内收、握拳，同时腕关节向尺侧屈曲时，桡骨茎突处有剧痛。

（3）鼻烟窝（anatomical snuffbox）：其近侧界为桡骨茎突，桡侧界为拇长展肌肌腱及拇短伸肌腱，尺侧界为拇长伸肌腱，窝底为手舟骨和大多角骨。其内有桡动脉通过。此处可触及桡动脉搏动。手舟骨骨折时，鼻烟窝可因肿胀而凹陷消失，并有压痛。

（四）腕部动力学以及腕和手运动的相互影响

1. 腕部动力学 腕骨主要的动力学功能是从手到前臂以及从前臂到手传递压力负荷。通过研究观察到这个功能是复杂的。关节角度在腕中关节和桡腕关节是变化的。在腕中关节，相对的关节面相当精确地一致，而近侧的桡 - 腕复合体的关节面很不一致。

腕关节在小负荷时，近侧列桡骨和远侧列桡尺面之间初始的接触面积在手舟骨，月骨和远侧桡骨盘中间，但是随着负荷增加，接触面积延伸到覆于尺骨远侧端的纤维软骨盘。除去纤维软骨盘，月骨和远侧列桡-尺面之间的接触面积消失，这样增加了这些结构之间单位面积上的应力。

压力负荷跨过腕骨沿着一个力的矢量指向头状骨的头，手舟骨-月骨连接，然后到远侧列桡-尺三角纤维软骨盘。远侧和近侧腕骨结构排列的改变可能引起局部面积应力的增加，这将加速关节软骨的磨损。

对腕瞬时运动中心周围的肌力进行分析表明：尺腕关节的屈肌在所有的腕的原动肌里是最有力的，趋向于将腕放在屈曲位且和尺骨偏离的位置。并且所有跨过腕的肌趋向于将腕置于这个位置。

2. 腕和手运动的相互影响 腕的运动对于增加手指的精细运动控制是基本的。安置腕与指的方向相反改变了指肌腱的功能长度以致指能获得最大的运动。伸腕和屈指是相互促进的，伸腕增加了屈指肌的长度，允许在伸的时候屈。相反的，腕的部分屈曲增加了指长伸肌的伸展，引起手指自动张开并帮助手指完全伸展。

腕关节结构便于伸腕肌的协作运动和更有力的指屈。屈指肌腱在腕弓深度跨过腕，靠近腕的屈-伸轴，这样最小限度地影响腕的位置。通过比较，外部的屈腕肌和伸腕肌在周围广泛分布为腕关节的安置提供了最大的力臂。

当腕改变位置时，指屈肌腱的功能长度被改变，这样引起指的合力改变，从而影响抓握能力。腕的位置也改变拇指和指的位置，这样影响抓握能力。当腕在手放松弯曲时，拇指的掌侧仅达到示指远侧指骨关节水平；伸腕时，拇指和示指掌侧被动接触，引起抓握和掐捏的最佳位置。

二、手

手是人体上最有特色的器官之一。根据不同需要，能够很快地产生不同的动作，如张手、握拳或捏物等，以便发挥其功能。

（一）骨骼

手部骨骼包括掌骨和指骨。

1. 掌骨（metacarpal bones） 共5块，由桡侧向尺侧依次为第1～5掌骨。掌骨属于长骨，近侧端称掌骨底，邻腕骨，远侧端称掌骨头，与指骨相关节。握拳时，掌骨头显露于皮下。

2. 指骨（phalanges of fingers） 共14块。指骨也是小型长骨，指骨的近侧端为底，中部为体，远侧端为滑车。拇指有2节指骨，分别为近节、远节指骨；其余2～5指均为3节，由近侧至远侧依次为近节指骨、中节指骨和远节指骨。近节指骨底为卵圆形凹陷的关节面，与掌骨小头相关节，远侧的头呈双髁状，其间有髁间凹陷。中节指骨和远节指骨基底具有的关节面类似于近节指骨。远节指骨远侧端无滑车，其掌面有粗糙隆起，称远节指骨粗隆（甲粗隆）。

（二）关节

1. 关节基本特征 手部关节的组成（图2-40）：包括掌指关节和指间关节。

（1）掌指关节（metacarpophalangeal joint，MCP）：共5个，由掌骨头和近节指骨底构成。为髁状关节，只有两个自由度。掌骨的圆形头与稍凹的近节指骨底相关节，掌骨头接近3/4的面覆有关节软骨，并向掌面延伸。近节指骨基底部的关节软骨通过纤维软骨掌板（fibrocartilaginous volar plates）延伸。当关节屈曲时，掌板在掌骨的掌侧向近侧滑动，并使关节囊形成皱褶。这种机制可使有小关节面的指骨有较大范围的运动。

内侧和外侧副韧带附于掌骨头与指骨基底部。这两个韧带的附着点之间的距离在关节屈曲时大于伸直时。所以在关节伸直时可外展和内收。当掌指关节屈曲 90°，副韧带变得紧张，不再可能做外展运动。当握拳时，掌指关节最稳固。

掌骨深横韧带附于掌板的掌面。这两块籽骨在拇收肌、第一背侧骨间肌、拇短屈肌和拇短展肌的附着腱内。籽骨还有多条韧带连于指骨基底部。当拇指精细掐捏物体时，籽骨作用是使拇指产生动力性旋转。

（2）指间关节（interphalangeal joints of hand）：共 9 个。第 2～5 指，每指都有 2 个指间关节，分别称近侧指间关节（proximal interphalangeal joints，PIP 关节）和远侧指间关节（distal interphalangeal joints，DIP 关节）。拇指仅有两节指骨，所以只有一个指间关节。指关节由各指相邻两节指骨的底和滑车构成（图 2-40）。

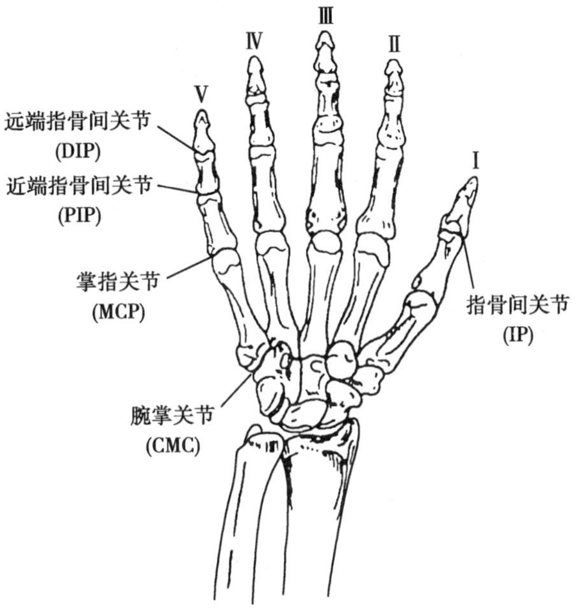

图 2-40　手部关节组成

2. 关节周围结缔组织

（1）浅层结构：手指掌侧皮肤比背侧皮肤厚，富有皮纹和汗腺，但无皮脂腺。指掌浅筋膜聚集成球，而且由纤维隔介于其中，将皮肤和指屈肌腱鞘连在一起，在指横纹处由于没有浅筋膜，皮肤直接与指屈腱鞘相连。因此当手指刺伤感染时，常导致腱鞘炎。手指远侧 4/5 段指骨掌侧的骨膜和皮肤之间，有纤维隔连于指远横纹的皮下和指深屈肌腱鞘末端，形成指端的密闭间隙。纤维隔将指腹的脂肪分成许多小叶，小叶内有血管和神经末梢分布，总称为指髓间隙（pulp space）或指髓（pulp of finger）。如果指髓感染化脓，脓液集聚产生的压力被上述纤维组织隔限制，压迫神经末梢引起剧痛，应及早切开引流，否则末节指骨可因血液供应受阻坏死。为避免伤及肌腱、减少瘢痕以及影响手指触觉，故切忌在手指掌面切口，而应在指端两侧切开引流。

（2）深层结构：在掌骨头处，由位于指蹼深面的掌浅横韧带与掌腱膜纵、横行纤维束围成三个指蹼间隙，内含脂肪、血管、神经和蚓状肌腱，是手掌、手背与手指三者间的通道。掌腱膜具有协助屈指的功能。当外伤和炎症时，可引起掌腱膜挛缩，影响手指的运动功能。深层较浅层薄弱，包括位于指屈肌腱与骨间肌和掌骨之间的骨间掌侧筋膜，以及覆盖于拇收肌前面的拇收肌筋膜。

（3）手掌的血管、淋巴管和皮神经：手掌的浅血管、淋巴管和皮神经浅动脉分支细小、数目较多，且无静脉伴行。前静脉和淋巴管常相互吻合称网。正中神经掌支在屈肌支持带上缘处发自正中神经，在屈肌支持带的表面穿出深筋膜，分布于鱼际和掌外侧 2/3 区的皮肤。尺神经掌支与尺神经前方行至手掌，穿出深筋膜后分布于掌内侧 1/3 区皮肤。桡神经浅支的分支分布于鱼际桡侧的皮肤。每个手指的浅筋膜内均有两条指掌侧固有动脉和两条指背侧动脉及其同名伴行神经。这些动脉和神经位于指掌、背面与侧面的交界线上；而静脉主要位于指背侧；浅淋巴管与指腱鞘、指骨骨膜淋巴管相交通，一旦感染炎症可互相蔓延。

（4）指屈肌腱鞘滑车系统：它是腱纤维鞘在不同部位增厚所形成的。是一系列不同宽度、厚度和形态的致密结缔组织束；其主要作用是约束指屈肌腱，防止形成弓弦畸形，从而充分发挥指屈肌腱的屈指功能。各滑车间的间距是与手指的屈曲功能相适应的。在屈指过程中，滑车间距的可变性使滑车相互靠近而又不致使滑车发生重叠，故滑车在防止肌腱形成弓弦的同时又不会妨碍手指的屈曲。

滑车的宽度、厚度、形态及附着部位：滑车在手指呈节段性排列，相邻各滑车间的间距各不相同。每个手指均有五个环形滑车，为 A_1、A_2、A_3、A_4 及 A_5 滑车。四个交叉滑车为 C_0、C_1、C_2 及 C_3 滑车。另有一个掌腱膜滑车（palmar aponeurosis pulley，PA）。各滑车在手指自近端至远端的排列为：PA、A_1、C_0、A_2、C_1、A_3、C_2、A_4、C_3 及 A_5（图 2-41）。在诸多滑车中，以 A_2 滑车最宽，其次是 PA、A_1 和 A_4、A_3、A_5 和交叉滑车均较窄，在 2～4mm 范围内。腱鞘的厚度并不均匀，其中 A_2 远端部和 A_4 中部最厚，约厚 1mm，A_3 滑车和交叉滑车均较薄弱。环形滑车主要由横行纤维组成，在各指恒定出现且形态变异小；而交叉滑车通常由两束斜行纤维交叉形成。除 C_1 外，其他交叉滑车的出现并不恒定，且形态变异较多，表现为单一斜形、环形、Y 形等。滑车在附着部位上有一定的规律性：A_2、A_4 滑车主要附着于关节之间的骨干部（近节、中节指骨）；而 A_1、A_3、A_5 则主要附着于关节掌板，分别附着于掌指关节掌板、近端指间关节掌板、远端指间关节掌板。交叉滑车通常一端附着于指骨，一端附着于关节掌板。A_2 远端缘位于近节指骨远端 3/5～2/3 部位，A_4 近端缘位于中节指骨近侧 1/4 的远端。

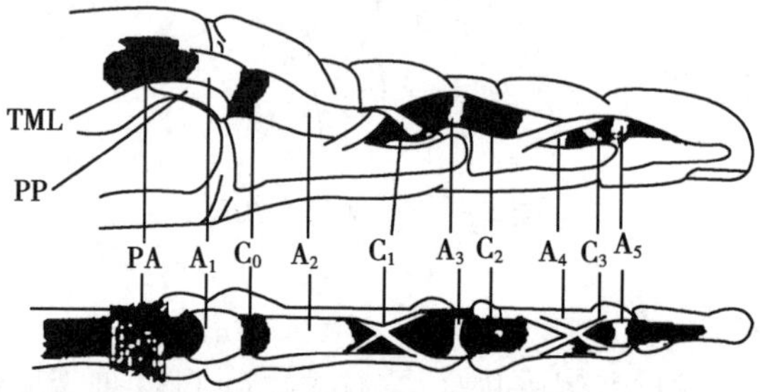

图 2-41　指屈腱鞘滑车系统示意图

伸指位各滑车在屈指过程中的位置变化：手指从伸直位至屈曲位的过程中，相邻滑车的间距逐渐变小，相邻滑车的相对缘逐渐靠近。由于交叉滑车的易变形性，在手指接近完全屈曲时，相邻环形滑车的相对缘相互靠近并触接，形成了一个比较坚韧的弯曲套管。尽管手指在伸直位时 A_2 远端缘和 A_4 近端缘相距较远，但在屈指过程中仍可以观察到此两者随着近节指间关节的弯曲而相互靠近。

滑车的作用：A_2 和 A_4 滑车在屈指过程中发挥的作用最大，并且 A_2 远端部和 A_4 近端部是此两滑车发挥作用的关键部位，但没有观测 A_2 远端部和 A_4 近端部的位置和间隔距离。为此，我们进行研究时着重测量手指在伸直位时各滑车间的间距，并观察手指在屈曲过程中滑车间距的变化，为滑车重建提供形态学依据。

滑车应用原理：在三个指关节中，PIP 关节是使指尖接触远端掌横纹的最重要的关节，肌腱在此关节部位最易形成弓弦畸形。但形态学观察显示，位于 PIP 关节部位的 A_3 滑车窄而薄弱；生物力学则证实 A_2、A_4 滑车对防止弓弦的形成起主要作用，而 A_3 滑车仅起辅助作用。屈指时，随着 PIP 关节的屈曲，A_2 远端缘和 A_4 近端缘相互靠近，PIP 关节部位的 C_1、A_3、C_2 三个滑车均易变形、缩窄，其间的间距可缩小至零，从而使 A_2 远端缘和 A_4 近端缘抵达 PIP 关节。由于 A_2 近端部和 A_4 远端部均附着于指骨，不易变形和缩短，故能有力地限制肌腱在 PIP 关节部位不形成弓弦。因此，A_2 远端部和 A_4 近端部是 A_2 和 A_4 起作用的关键部位，同时也是整个手指屈曲过程中防止弓弦作用的关键结构。

滑车重建的应用要点：基于上述原理，在进行肌腱手术时，须注意不要损伤 A_2 远端部和 A_4 近端部。在重建滑车时，应重点重建 A_2 和 A_4 滑车。在重建此两滑车时，可只重建 A_2 远端部和 A_4 近端部，但要确定把 A_2 远端部和 A_4 近端部重建于适当的位置，即 A_2 远端缘位于近节指骨远端 3/5～2/3 部位，A_4 近端缘位于中节指骨近端 1/4 的远端，且 A_2 远端缘与 A_4 近端缘的间距在 22mm 左右为宜。间距过小易使 A_2 远端部和 A_4 近端部在 PIP 关节部位重叠，间距过大则不能防止弓弦形成。A_3 滑车的薄弱和易变形性，提示不宜在关节部位重建宽厚的滑车，否则不但不能达到防止弓弦的目的，反而可能降低关节屈曲度。

3. 关节运动学 手是在肩关节开始的杠杆的力学链的最后一个环节。所有在不同平面上的肩、肘和腕的运动允许手在一个大的空间中移动，而够到所有相对容易的身体的所有部分。手本身是相当灵活和有延展性的。它有许多功能，从抓握各种形状的物体到触摸探查，到强调一个要表达的想法。手的 19 块骨和 14 个关节的唯一排列和运动提供了手有超常功能适应性的结构基础。

指和拇指是手的基本组成。因为每个指趋向于伸向手的中间，术语“掌指体”用于显示整个的链，由一个掌骨和三个指骨（拇指有两个指骨）组成。掌指体从桡侧到尺侧排列：Ⅰ（拇指），Ⅱ（示指），Ⅲ（中指），Ⅳ（环指），Ⅴ（小指）。

每个掌指体在近侧与腕掌关节（CMC）中的一个特殊的腕骨连接。每个掌指体邻近的关节—掌指关节（MCP）连接着掌骨和近侧指骨。在第一个掌骨的掌侧面手掌最突出部位由拇指的固有肌形成。它的尺侧相对应的较突出的部分有小指肌和上面的脂肪垫形成。掌指关节复合体示意图（图 2-42）。

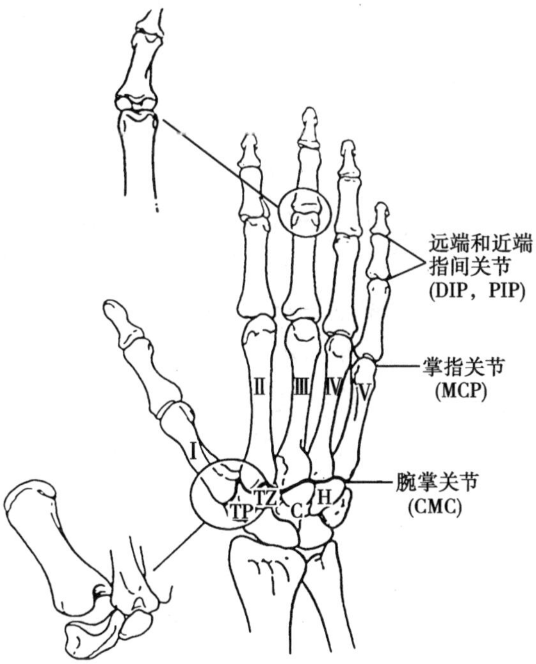

图 2-42 掌指关节复合体示意图

（1）手关节的运动的基本特征：拇指掌指关节属于鞍状关节，主要作屈伸运动，微屈时，也可作轻微的侧方运动，但运动幅度均较小。其余四指的掌指关节，为球窝关节，可作屈、伸、收、展运动。

指间关节是典型的滑车关节，关节面近似球窝状关节，关节囊松弛，没有回旋活动的肌，加之受两侧韧带的限制（图 2-43），故不能做内收、外展、回旋和环转运动，只能做屈伸运动。指间关节仅有一个自由度，有相似于掌指关节的掌板机制和关节囊的限制，所以较坚实，并且带有附加的控制韧带在屈指腱鞘的两侧跨越关节掌侧面，能防止指关节的过伸。

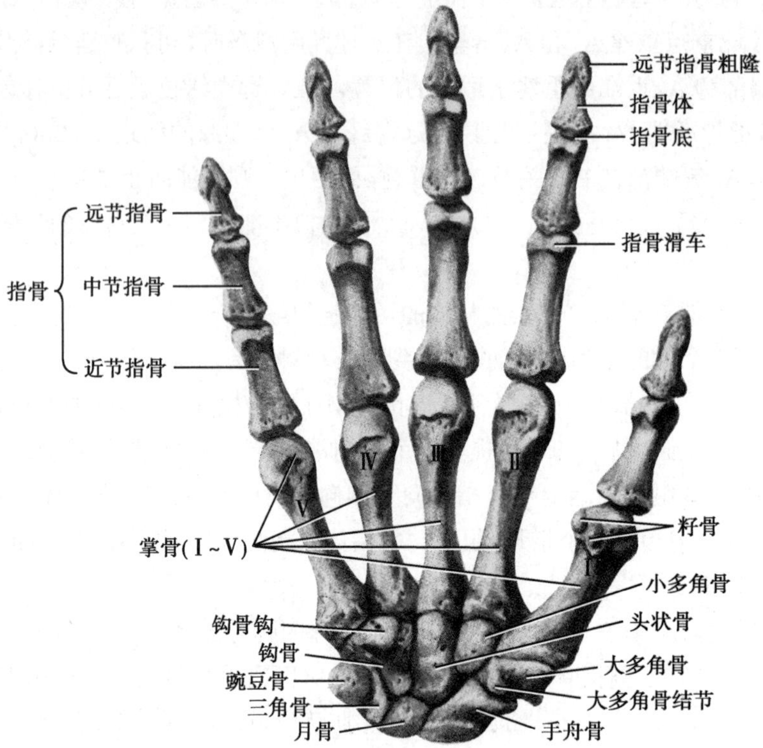

图 2-43　手骨（掌面观）结构图

指间关节的运动与掌指关节密切相关。

掌指关节接近有 90° 屈，示指稍小一些，中指、环指则依次递增其运动范围。运动终末感可能是由于指骨与掌骨接触是硬的，也可能由于关节囊的限制而比较坚实。

当伸掌指关节时，侧副韧带松弛允许大约 20° 的外展。假如邻近指张开，则有 20° 左右的内收。在屈 90° 时侧副韧带紧张，收展均被限制，至多只有 1°～2°。这是这个关节的紧锁位。

拇指掌指关节为屈戌关节，比其他手指的掌指关节运动范围小，屈为 45°～60°，过伸为 0°～20°。在充分屈或伸时，韧带紧张几乎没有收或展的运动。在半屈位，则有 5°～10° 侧向运动以及有附于内、外侧籽骨肌的收缩所产生的指骨的动力性旋转。这些运动适应于拇指精确地掐捏物体。

PIP 关节和 DIP 关节也为一个运动自由度的屈戌关节。指骨的双髁状头以及侧副韧带的较大的张力无法做收展运动。近侧指间关节屈大约为 120°，而远节指间关节则稍小于 90°。除了韧带松弛的个体有过伸外，近节和远节指间关节的过伸为 0°。拇指指间关节过伸为 5°～10°，被动过伸则更大。

（2）手部各关节的运动范围：手部的腕掌关节（CMC）、掌指关节（MCP）和指间关节（IP）不同的形态决定了这些关节不同的自由度。拇指方向的唯一性、大的网络空间，和拇指指间关节（IP）的特殊结构提供给这个手指大的活动性和多样性。

1）拇指：在腕掌关节水平，大拇指掌骨的底与大多角骨形成了一个鞍状关节。这个结构允许大拇指掌骨在手掌方向从手的平面通过一个圆锥形的空间伸展有一个大的运动范围。掌骨Ⅰ的运动应该从掌骨Ⅱ的外展度来描述，这样用以定义在手的平面进行运动的平面。术语拇指的“屈”和“伸”应该被掌指关节和指间关节的运动所预定。

功能上，拇指最重要的运动是对掌，在腕掌关节伴随着旋转的外展移动大拇指向小指尖。掌指关节和指间关节屈带动拇指靠近指尖。

大拇指的掌指关节类似于其他手指。从 0° 位置屈的范围在不同人之间变化很大。从小的 30° 到大的 90°，从 0° 位置过伸大约 15°。

2）其他手指：第二和第三块掌骨连接着小多角骨和头状骨，相互之间被基本上不动的合适关节紧密连接（见图 2-42）。结果这些掌骨和腕骨组成了手的“不动单位”。第四、第五掌骨和钩骨之间的连接允许一个适度的运动量：在第四个腕掌关节处屈伸 10°～15°，在第五个腕掌关节屈伸 20°～30°。这些掌骨有限的手掌位移或下降都可能发生。这些运动允许手呈杯状，对于抓握也是基本的，下面将描述。

四个手指的掌指关节都是髁状关节（见图 2-42），允许在三个平面内运动：屈伸（矢状面），内收 - 外展（冠状面）和微小的旋内 - 旋外（水平面），它与内收 - 外展成对出现。

掌指关节从零位置屈的范围约 90°（图 2-44A），但这个值在各手指间不同。小指弯曲最大（约 95°），示指约 70°。超过 0° 位置的伸在不同人群间和不同人之间变化很大，这依赖于关节的松弛性。

四个手指的近侧和远侧指间关节是双髁铰链关节（见图 2-42）。这些连接面在整个屈 - 伸范围内紧密适合。近侧指间关节出现最大的屈范围是 110° 或更多（图 2-44B），在远侧指间关节屈约 90°（图 2-44C）。超过 0° 位置的伸，其术语为“过伸”，是远侧和近侧指间关节的一般特征，虽然它大多数依赖韧带的松弛，尤其是近侧指间关节。

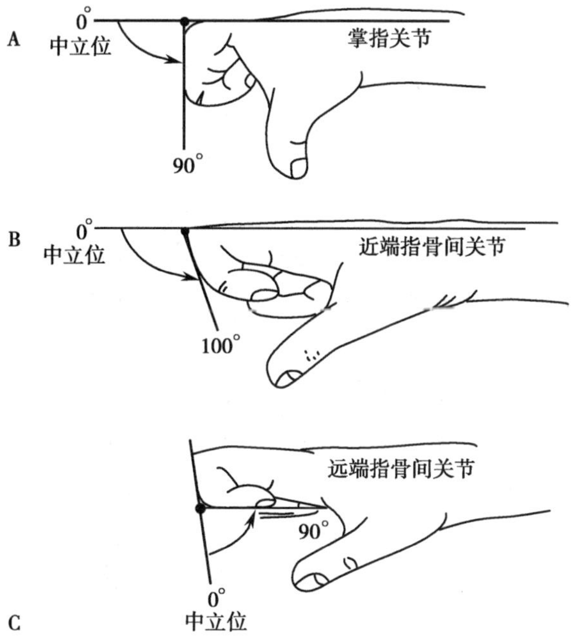

图 2-44 手指的三个关节从中立位置屈，在这个中立位置，伸展的手指在手背和腕的平面内

A. 掌指关节平均屈 70°～90°；B. 在近侧指骨间关节屈，平均 100° 或更多；C. 在远侧指骨间关节屈，平均 90°

（3）手的稳定性和控制：许多解剖学特征有利于手的各关节面的稳定和控制。手的外来肌和固有肌的协调活动允许掌指复合体的控制。众所周知的伸肌群的腱帽对指骨间关节的控制和稳定性有贡献；一个好的屈肌腱鞘滑车系统便于这些关节的光滑和稳定的屈。掌指关节的多骨性和韧带的不对称性使得手具有多种功能。指骨间关节的稳定性来自于它们关节面的轮廓和特殊的韧带限制。

一般情况下，所有指骨的连接都有一个本质的特征：它们都被设计为执行屈的功能。每个关节双侧有坚韧的间接韧带和前面一个厚的由纤维软骨结构加强的囊。通过比较，手背部的囊窄而松弛。掌侧腱器由两个屈肌肌腱组成，比背侧伸肌群强壮，掌侧面的皮肤相对较厚。

掌指复合体受外来肌和固有肌的控制。外来肌起自臂和前臂。固有肌完全限制在手上。虽然外来肌和固有肌的起止点不同，但因为两者的协调活动才使得手可以在大范围内活动自如。

每个手指独立工作在某种程度上受手指伸肌腱及腱鞘之间连接的限制。中指、环指和小指在它们独立的功能中受进一步的限制，因为它们的屈肌深层肌腱在同样的伸肌腱鞘中出现。示指有较大的功能独立性，因为它的屈肌深层肌腱在相对独立的腱鞘中出现。

伸肌长头腱是从腕骨背侧滑液鞘出现的扁平结构，它从腕掌关节溢出。它们被矢状带保持在位置上。在近侧掌骨的背侧，这些伸肌肌腱和骨间交织的部分形成了一个腱复合体，伸肌群延伸到两个指间关节。

伸肌长头腱的三个分支和骨间纤维的铺开导致一个中间带和两个侧面带的形成。中间带从背部溢出近侧指骨的滑车，附着于中间指骨的底部。两个侧面带伸入近侧指间关节的侧翼。这些带在远端沿着它们的路涌入中间指骨的背部，形成肌腱末端，插入远端指骨的背侧结节，这个末端肌腱通过间接支持带的韧带连接近侧指骨。这些韧带起自近侧指骨，从侧面贯穿于近侧指骨间关节，就在伸展位置靠近这个关节的运动中心，加入肌腱末端。

如果一个手指仅在近侧指间关节弯曲，那么伸肌群整个的三个分支在远端牵引，伴随着向中心的滑动。这个单独的滑动被拉紧因为远端的牵引出现在中间指骨；侧面的支持带保持松弛但允许在远端移动同样的距离。只有侧面支持带松弛的部分要求近侧指间关节弯曲，因为这些带比向中心的滑动更靠近这个关节的运动中心。因此，一些松弛将保持，允许远侧指骨被动和主动弯曲但不主动伸长。“释放”的远侧指骨是远侧指间关节和近侧指间关节屈伸的功能基础。

相反，如果远侧指间关节主动弯曲，整个的伸肌群就被远侧替换。这样将放松向中间的滑动同时增加间接支持带的韧带的拉伸，这个拉伸在近侧指间关节形成了一个弯曲力。既然向中心的滑动已经卸载，那么这个关节的屈曲是不可避免的。远侧指骨的释放是指面对指面（pulp-to-pulp）掐捏的基础。通过深层屈肌间歇的收缩，它也允许从指面对指面掐捏到指尖对指尖（tip-to-tip）掐捏，这是用于精细握比如刺绣和主动触摸探测的机制。

当手指移动时，每个肌腱滑动一定的距离，这被定义为“肌腱的偏移”。偏移在关节运动期间屈肌和伸肌肌腱中同时发生；原动肌的肌腱在一个方向上转移，而对抗肌的肌腱在相反方向上转移以适应运动。肌腱偏移的知识应用在用夹板和肌腱修补后手的康复以及肌腱转移的外科手术中手肌力的理论计算。应用几何学的基本规则，允许与一个关节角移动相关的肌腱偏移的测量。当一个杠杆绕一个角的轴旋转时，杠杆上每一个点移动的距离正比于它自己离轴的距离。特殊地，当一个杠杆通过一个弧度（约 60°）的角绕一个轴转动时，杠杆上的每个点移动的距离等于它自己离轴的距离（它的力臂）。

在手指的肌腱中，因为力臂，肌腱的偏移在更近的关节中较大。屈肌表面的肌腱比屈肌深层的肌腱有一个较大的整体肌腱偏移。屈肌肌腱的偏移大于伸肌肌腱的偏移，外来肌肌腱的偏移通常大于固有肌肌腱的偏移。

滑车系统的破坏是在关节运动中肌腱力臂改变的一种情形。在这种情形下，滑车可能越过一个或多个关节绞索，增加肌腱偏移的要求。

任何一个关节需要过度偏移会导致较多远侧关节的偏移不够和由之产生的弱点。当这个弱点影响近侧指间关节和远侧指间关节时，一个手指屈到它的极限可能导致不能接触到手掌。不能接触到手掌可以被测量并且用于评价一个给定滑车或滑车组的重要性。

(4) 适于抓握功能的模式：手的抓握功能指物体被抓后部分或整个地包在手里。这种运动用于有目的性的活动(包括了触摸所有形状和大小的物体)一个很大的范围。有效的抓握功能依赖多种因素，最重要的是：①大拇指腕掌关节的活动和到一个较小的程度，第四、第五掌指关节的活动；②第二和第三腕掌关节的相对硬度；③手指和拇指纵弓的稳定性；④长的外来肌和固有肌之间的协作和对抗的平衡；⑤手的所有部位足够的感觉输入。每个掌指体的长度、活动和位置之间的精确关系也起着本质的作用。

正常手的易于抓握运动的两个不同的模式是有力握(power grip)和精细握(precision grip)。有力握是手指在三个关节弯曲时进行的有力的动作，物体握在手指和手掌间。拇指位于物体的掌侧，对物体施加力以确保物体在手掌里(图 2-45A)。通常情况下，腕的尺侧偏移和轻微背屈能增加屈肌肌腱的拉伸。精细握包括在一个精确控制方式中拇指和手指屈肌之间对小物体的控制(图 2-45B)。

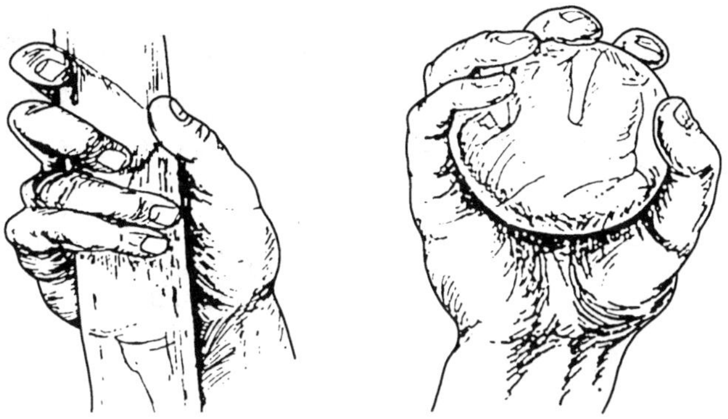

A　　B

图 2-45　手适于抓握功能的两个基本模式
A. 一个典型的有力握；B. 一个典型的精细握

腕的位置变化以增加操作范围。手指通常在半屈位置，大拇指外展且相对。某些易于抓的运动包括了有力握和精细握(图 2-46)。

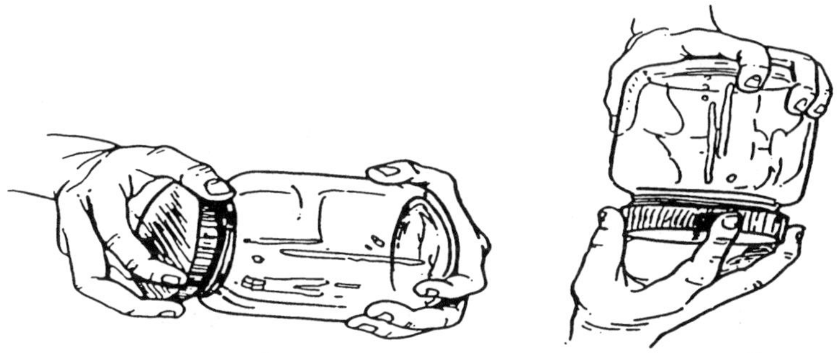

A　　B

图 2-46　手的功能用于旋开关紧的瓶子的盖子的两个基本模式
A. 当运动开始，右手呈现有力握姿势；B. 当盖子松动时，手呈现精细握姿势完成旋开的最后阶段

既然精细握包含了不用力抓物体是，一个没有静态阶段的动力学过程。在有力握和精细握中拇指和小指的完全相对运动经由这些手指掌骨的掌侧位移来实现。

精细握变量经常用于"动力三脚架"，其中拇指、示指和中指在紧密配合精细握物体的工作中有一个动态的动作，而示指和小指主要用于支撑和静态控制(图 2-47)。

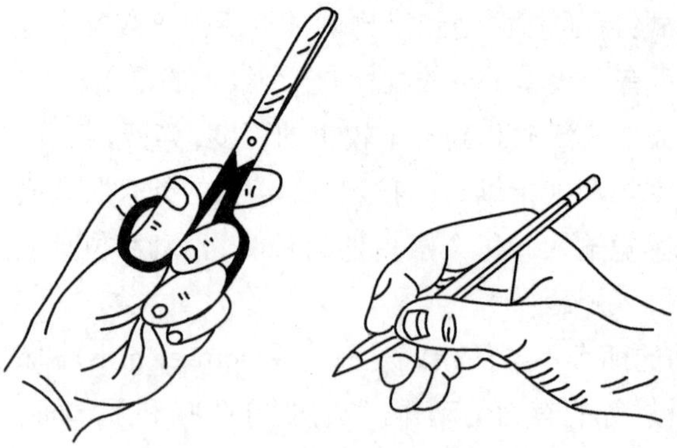

A　　B

图2-47 "动力三脚架"精细握的一种类型
这种功能的结构用剪刀和铅笔来举例说明

更精细的动作是拇指和示指掐捏一个小的物体。这种动作通常分为指尖捏（tip pinch）、掌捏（palmar pinch）、侧捏（lateral pinch）和指面捏（pulp pinch）或楔样捏（key pinch），这依赖于触摸物体时手指接触的部位（图2-48），在作业疗法中是手功能训练和日常生活活动训练的重要内容之一。

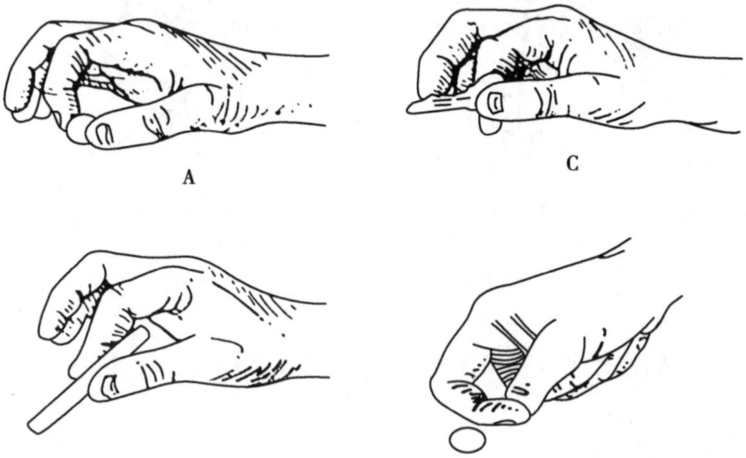

A　　C　　B　　D

图2-48 精细握中小物体被拇指和食指之间掐捏的例子
A. 指尖掐捏（tip grip）；B. 掌面掐捏（palmar grip）；
C. 侧面掐捏（lateral grip）；D. 指面掐捏（pulp grip）

精细握与有力握的一个重要区别是每个抓握中拇指位置的不同。在有力握中，拇指内收；在精细握中，拇指外展（见图2-45）。

手和前臂的关节也显著不同。在有力握中（见图2-45A），手通常向尺侧偏移，腕约保持在中间位置，以致拇指的长轴与前臂的长轴一致。在这种方式下，旋前和旋后能从前臂传到物体。在精细握中（见图2-45B），通常手位于桡侧偏移和尺侧偏移之间，腕明显背屈，以致拇指的长轴与前臂的长轴不在一条直线上。

力量和精确在几乎所有有力握和精细握姿势中都起着作用。但是一个因素比另一个因素占优势，对于每个姿势的解剖学特征有责任。在有力握中精确的因素反映在拇指的姿势中。当对精确的要求最小或根本不需要时，拇指被包在中指的上面完全执行增强的机制。当在一个有力握占优势的动作中要求精确的因素，比如篱笆抓握（fencing grip）（图2-49A），拇指内收和圆柱体的长轴呈一条直线，通过姿势的小的调节，能够控制力作用的方向。在有力握范围的另一个极端是砸煤锤子的抓握（coal-hammer grip)(图 2-49B)，抓握功能最自然的形式，拇指被完全占用，用以增强手指加紧的动作。这个极端空手的例子是握拳(the bunched fist)(图 2-49C)。

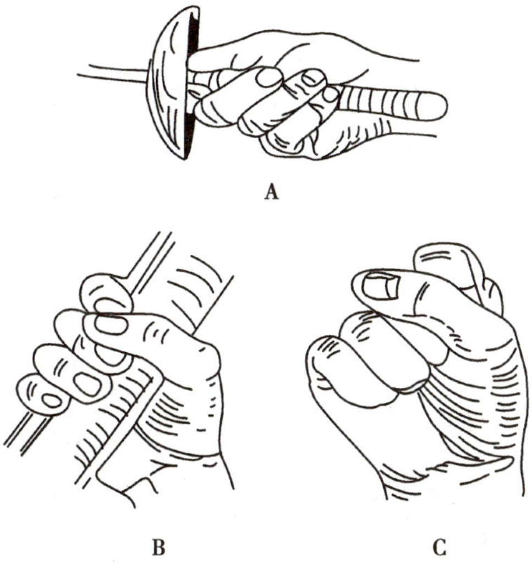

图 2-49 三种不同的握物模式

A. 篱笆抓握是一个有力握姿势，精确因素起很大的作用；

B. 砸煤锤子的抓握；C. 握拳是有力握没有精确因素的例子

内收拇指成对掌姿势是手的多个功能活动的一个成分。不管是有力握还是精细握。然而，在有些例子里拇指可能根本不包含在里面，像钩子抓握，手指弯曲，以至于指肚平行并且轻微远离手掌，形成一个钩子，这个姿势要求相对较小的精确肌活动，并且能够持续用力的时候使用。当只有远端指间关节控制时也会使用，比如抬起一个窗扇。在一个正常人，这种抓握限制范围较少应用。在残疾人中，由于他们手的固有肌瘫痪，实际上成为其可能就是抓握的唯一形式。

（三）肌肉和神经支配

1. 神经支配

(1) 正中神经(median nerve)：正中神经支配指浅屈肌(C_7～T_1)，第一、二蚓状肌(C_8～T_1)，拇长屈肌(C_8～T_1)、拇短屈肌浅部(C_8～T_1)、拇对掌肌(C_7～T_1)、拇短展肌(C_5～T_1)(可能由尺神经支配)。正中神经紧贴屈肌支持带的深面通过腕管进入手掌。位于掌腱膜的深面，并立刻分成鱼际肌支或返支(recurrent branch)和 3 条指掌侧总神经。鱼际肌支是正中神经出腕管后，立即分出的返支，绕屈肌支持带下缘进入鱼际，分布于鱼际肌。鱼际肌支由于位置浅表，易损伤，使拇指失去对掌功能。正中神经从指分支至第一及第二蚓状肌。正中神经发出的 3 条指掌侧总神经，它们在掌浅弓的深面和指屈肌腱的浅面向下行，在掌骨头水平各分为两条指掌侧固有神经，分布于桡侧三个半指掌侧皮肤及中、远节指骨背侧皮肤。

(2) 尺神经(ulnar nerve)：尺神经支配第三、第四蚓状肌(C_8～T_1)，所有骨间肌(C_8～T_1)、掌短肌(C_8～T_1)、拇短屈肌深部(C_8～T_1)、拇收肌(C_8～T_1)。尺神经在尺动脉的内侧和屈肌支持带的浅面经尺侧腕骨进入手掌，分浅支和深支。尺神经浅支(superficial branch of ulnar nerve)行于掌腱膜深面，向下分为 2 支：指掌侧固有神经(proper palmar digital nerve)到小指的尺侧；指掌侧总神经(common palmar digital nerve)与同名动脉伴行，分为两支指掌固有神经分布于环、小指的相对缘。尺神经深支(deep branch of ulnar nerve)与尺动脉掌深支伴行，在钩骨沟的尺侧，行于掌深弓的近侧或远侧，发出肌支供给小鱼际肌、第三及第四蚓状肌、拇收肌以及骨间肌。

(3) 桡神经(radial nerve):桡神经支配指伸肌($C_{6\sim8}$)、示指伸肌($C_{7\sim8}$)、小指伸肌($C_{7\sim8}$)、拇长伸肌($C_{7\sim8}$)、拇短伸肌($C_{7\sim8}$)、拇长展肌($C_{7\sim8}$)。腕部以下无桡神经运动支。

手部外伤所致的神经损伤,主要表现为手部感觉功能和手内在肌功能障碍。正中神经损伤:拇短展肌麻痹所致拇指对指功能障碍及拇指、示指捏物功能障碍,手掌桡侧半、拇指、示指、中指和环指桡侧半掌面,拇指指间关节和示指、中指及环指桡侧半近侧指间关节以远的感觉障碍。尺神经损伤:骨间肌和蚓状肌麻痹所致环指、小指爪形手畸形,骨间肌和拇收肌麻痹所致的 Froment 征,即示指用力与拇指对指时,呈现示指近侧指间关节明显屈曲、远侧指间关节过伸及拇指掌指关节过伸、指间关节屈曲,以及手部尺侧、环指尺侧和小指掌侧感觉障碍。桡神经损伤:腕部以下无运动支,仅表现为手背桡侧及桡侧 3 个半手指近侧指间关节近端的感觉障碍(图 2-50)。

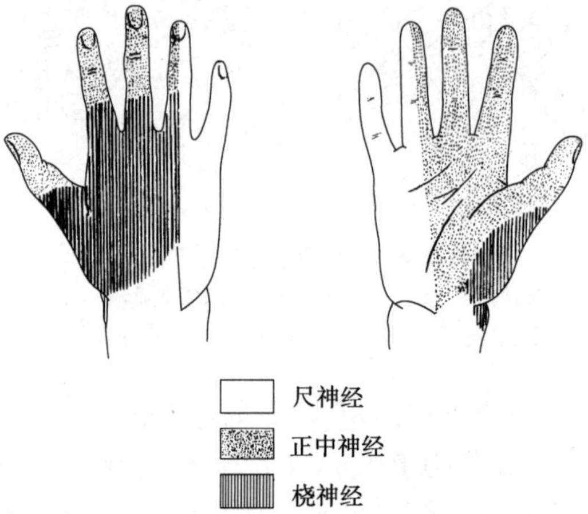

图 2-50 手部感觉神经的分布

2. 肌肉与肌腱

(1) 肌肉:作用于手指的肌肉可分为外来肌和固有肌。

手的外来肌均起自前臂或肱骨,包括指伸肌、示指伸肌、小指伸肌、拇长伸肌、拇短伸肌、拇长展肌、指浅屈肌、拇长屈肌。因为外来肌的起点在前臂或者肱骨,所以他们收缩时均可作用腕产生伸腕或屈腕。假如肌缺乏正常的长度,它们就会影响到指和腕的运动范围。指伸肌和小指伸肌以总腱起自外上髁,它们除了作用于手指和腕外,还能屈肘。

手的固有肌,均为短肌,都集中配布于手的掌侧面,由 3 个骨筋膜格分隔并包绕,将其分为外侧群、中间群和内侧群。

1) 外侧群:名为鱼际(thenar),由 4 块运动拇指的肌组成,分别是拇短展肌(abductor pollicis brevis)、拇短屈肌(flexor pollicis brevis)、拇对掌肌(opponens pollicis)、拇收肌(adductor pollicis);各肌主要起自屈肌支持带。除拇短屈肌由正中神经和尺神经双重支配,拇收肌由尺神经支配外,其余两肌均由正中神经支配。这群肌可以使拇指屈、内收、外展和对掌运动。

2) 中间群:包括蚓状肌(lumbricales)、掌侧骨间肌(palmar interossei)和背侧骨间肌(dorsal interossei)。蚓状肌为 4 条细长的小肌。其在手掌起于指深屈肌腱,因此,当指深屈肌松弛时,蚓状肌将指深屈肌腱拉向远侧。蚓状肌除第 1、第 2 蚓状肌由正中神经支配外,其余各肌均由尺神经支配。它们屈掌指关节,伸指骨间关节。掌侧骨间肌共 3 块,除屈掌指关节、伸指骨间关节外,主要作用是内收第 2、第 4、第 5 指(示指、环指和小指向中指靠拢)。背侧骨间肌共 4 块,可使第 2、第 4 指外展(离开中指),还有屈掌指关节和伸指骨间关节的作用。掌侧或背侧骨间肌起自掌骨骨干的侧面。中间群在手掌中部凹陷处形成掌心,这群肌能使手指屈伸及向中指靠拢和分开。

3）内侧群：又称小鱼际（hypothenar），由运动小指的肌形成。包括小指展肌（abductor digiti minimi）、小指短屈肌（flexor digiti minimi brevis）和小指对掌肌（opponens digiti minimi），由尺神经深支支配。小鱼际能使小指屈、外展和对掌运动。掌短肌位于小鱼际近侧部的浅筋膜内，为退化的皮肌，起固定浅筋膜、保护深面的尺神经和尺血管的作用，由尺神经支配。大多数的鱼际肌和小鱼际肌起自屈肌支持带和腕骨，而屈肌支持带可由掌长肌和尺侧腕屈肌的收缩得以巩固。它们可通过豌豆骨的放射状筋膜发挥其作用。

（2）伸指装置与肌腱系统：伸指装置是一个肌腱系统，包括指伸肌腱、蚓状肌、骨间肌、大小鱼际肌的腱以及筋膜和韧带的支持带系统。伸指的肌腱以及几乎所有手固有肌都置于伸指装置中。该装置的作用是伸不同屈位的指；提供伸肌腱跨越关节的短路和允许指完全的屈。伸肌腱从完全过伸位到完全屈曲位必须有一段较长的距离，约25mm。

肌腱系统：长伸肌腱（如指伸肌）越过掌指关节扩展为一宽松的腱，止于掌指关节囊以及近节指骨基底部。越过近节指骨该腱又分为3束，中央束止于中节指骨基底部。骨间肌在每一指两侧有多个终止腱，包括止于近节指骨基底部的腱、止于掌板的腱、加入侧带的腱以及止于中节指骨基底部的腱。蚓状肌的腱经掌指关节的桡侧和骨间肌腱的掌侧，止于侧带。这样对于每一个指来说，从侧带输入的运动至少来自4块肌即外来的伸肌（指伸肌）、2块骨间肌和1块蚓状肌。该运动是伸近侧和远侧指骨间关节。

示指伸肌腱平行于指伸肌腱的尺侧，在前臂有单独的肌腹，即使其他指都屈，它还能使示指伸。小指伸肌常在盖膜区分为两根腱，是小指的主要伸肌。小指展肌止于盖膜和伸指装置的侧带。

拇指有一个相似的伸指装置，拇收肌、拇短屈肌、拇短展肌的腱都加入该装置。

（黄晓琳）

第三章
躯干

第一节　咀嚼与呼吸运动学

一、咀嚼

咀嚼（mastication）是使用牙齿咀嚼、撕扯以及磨碎食物的过程。这个过程包含了中枢神经系统、参与咀嚼动作的肌肉、牙齿、舌头以及颞下颌关节（temporomandibular joints，TMJs），关节在下颌骨和颅骨的基底部之间形成一个支点。颞下颌关节是人体中最常使用的关节之一，除咀嚼动作外，它还参与吞咽以及言语动作。

（一）解剖学基础

牙齿与骨骼：下颌骨髁突（mandibular condyle）位于颞骨下颌窝内（图3-1），髁突紧邻外耳道（external auditory meatus）。颞窝是由颞骨、顶骨、额骨、蝶骨和颧骨共同构成的颅骨外侧略微凹陷的头骨区域，颞肌充填其中。与颞下颌关节有关的其他表面解剖结构包括颞骨乳突部、下颌角和颧弓。颧弓

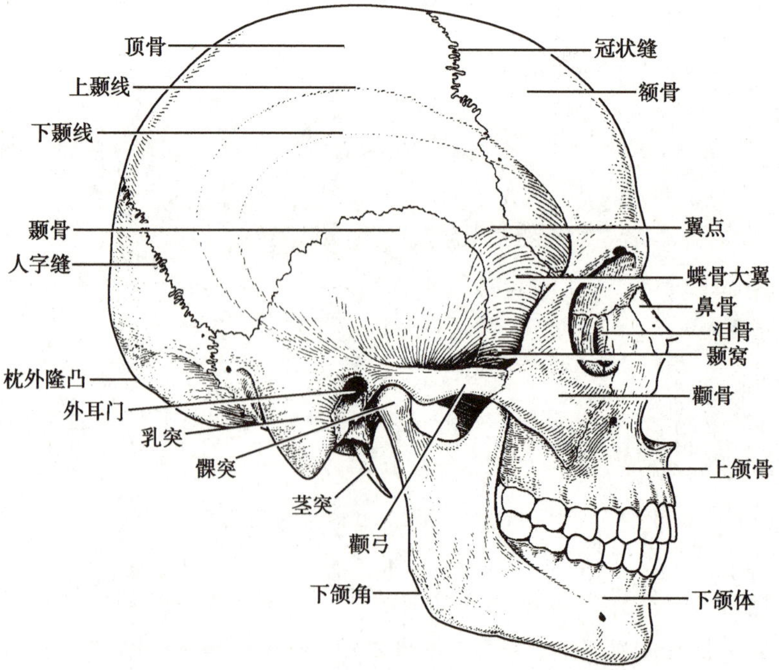

图3-1　颅骨侧面观，显示颞肌和咬肌的近端附着处

由颞骨颧弓与颧骨颞突组成。下颌骨、上颌骨、颞骨、颧骨、蝶骨和舌骨与颞下颌关节的结构和功能相关。

1. 下颌骨 下颌骨（mandible）是最大的颌面颅骨，活动性很强，通过肌肉，韧带，以及颞下颌关节的关节囊悬挂在颅骨下方。咀嚼肌的收缩直接或间接地使上颚牙齿与下颚牙齿相对嵌入以实现良好的咬合功能。

下颌骨由下颌体（mandibular body）和两个下颌支（mandibular ramus）组成（图 3-2）。下颌体是下颌骨的水平部分，下颌体上有 16 颗成牙，下颌骨的下颌支从下颌体的后部垂直伸出，每个下颌支都有内外两个表面和四个边界。下颌支的后缘和下缘在下颌角处相连接。咬肌和翼内、外肌这些强大的咀嚼肌在该处附着。在下颌支的上部末端有冠突，下颌骨髁突和下颌切迹。冠突（coronoid process）是一个从下颌支前缘向上延伸出来呈三角形的较为纤薄的骨头，这个凸起点是颞肌主要的止点。下颌骨髁突从下颌支后缘向上延伸形成了颞下颌关节（TMJs）骨突部分，冠突和下颌骨髁突之间延伸出来的是下颌切迹（mandibular notch）。下颌颈（mandibular neck）是位于髁突下方的一个稍微狭窄的区域。翼外肌附着于下颌颈前内侧面的凹陷处，被称为翼窝（pterygoid fossa）（图 3-2）。

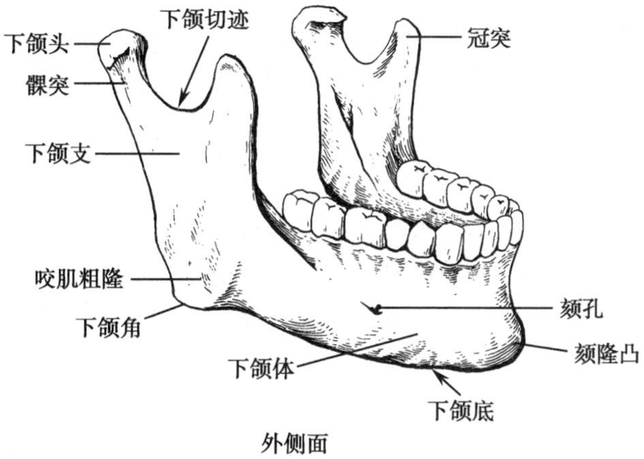

图 3-2　下颌骨侧面观，显示远端肌肉附着点

2. 上颌骨 左右两块上颚相互融合形成一块上颌骨（maxilla），上颌骨通过邻近骨骼的刚性关节固定在颅骨上（图 3-1），具有优越的延伸性并形成了鼻腔与眼窝，上颌骨的下面水平部分为口腔及上部牙齿。

3. 颞骨 颞骨（temporal bone）存在于头骨的两侧，下颌窝（mandibular fossa）形成颞下颌关节的骨性凹陷。下颌窝的最高点是穹顶小凹（dome），薄如膜状，下颌窝的前关节结节（articular eminence）和盂后结节（postglenoid tubercle）及颞骨鼓部限制了下颌骨在下颌窝内的前后滑移，在嘴完全张开的时候，下颌骨髁突向前下方倾斜滑动越过关节结节。茎突（styloid process）是从颞骨下方延伸出的一个细长的骨头（图 3-1）。是茎突下颌韧带和三块小肌肉（茎突舌肌、茎突舌骨肌、茎突咽肌）的附着点。颞骨的颧突（zygomatic process）形成了颧弓的后二分之一。

4. 颧骨 左、右颧骨（zygomatic bone）构成脸颊的主要部分和外眼眶（图 3-1）。颧骨的颞突构成了颧弓的前半部分。很大一部分的咬肌附着在颧骨和相邻的颧弓。

5. 蝶骨 虽然蝶骨（sphenoid bone）并不构成颞下颌关节，但它是翼外肌和翼内肌的近端附着点。蝶骨横穿过颅骨底部。蝶骨的相关骨学特征是蝶骨大翼（greater wing）、翼内板（medial pterygoid plate）和翼外板（lateral pterygoid plate）（图 3-3）。当切除一段颧弓，大翼及翼外板的外侧面就会显现。

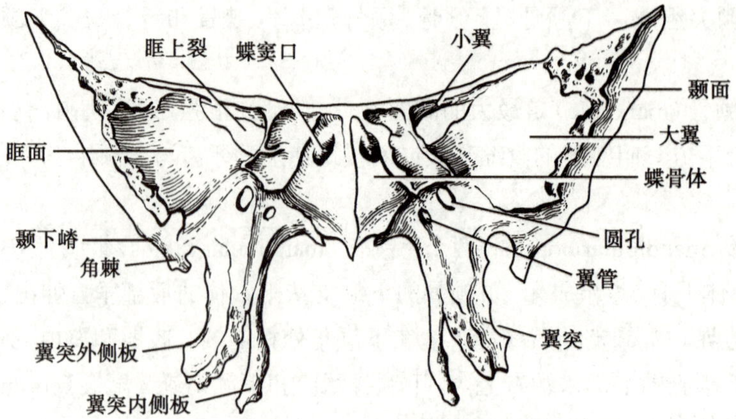

图3-3 蝶骨的后面观。可见翼内肌近端附着点

6. 舌骨 舌骨（hyoid bone）是一个U形骨头，在喉咙的基底部可触及，位于第三颈椎椎体前方（图3-4）。舌骨体的前部突出，两侧的舌骨大角形成略微弯曲的边缘，舌骨主要由双侧茎突舌骨韧带悬吊一些附着于舌骨的肌肉参与舌的运动、吞咽与语言功能。

7. 牙齿 上颌骨和下颌骨各有16颗恒牙（permanent teeth）。每颗牙齿的结构反映了其在咀嚼中的功能（表3-1），每一颗牙齿都有两个基本部分：牙冠与牙根，通常牙冠覆盖着牙釉质位于牙龈上方，每颗牙齿的根都嵌在牙槽骨内。牙周韧带有助于使牙齿的根部附着在牙窝内。牙齿的尖端呈锥形，从牙齿的表面凸起，当相对的牙齿最大程度的接触时，称之为最大牙尖吻合（maximal intercuspation）。这个术语特别用于描述颞下颌关节面的相对位置。放松的姿势下，下颌骨的位置允许在上、下牙之间存在轻微的咬颌面间隙。通常情况下，牙齿的接触只有在咀嚼和吞咽过程中。

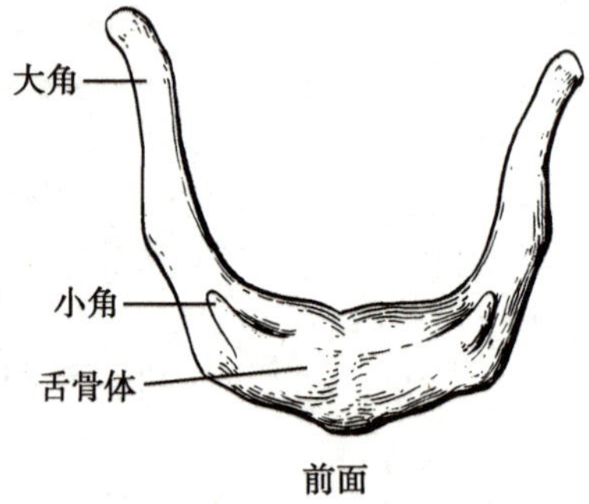

图3-4 舌骨的俯视图

表3-1 恒牙

名称	功能	数量	结构特点
切牙	切割食物	上颚4，下颚4	有锋利的边缘
尖牙	撕开食物	上颚2，下颚2	是最长的恒牙，牙冠上只有一个尖端
前磨牙	粉碎食物	上颚4，下颚4	牙冠有两个尖端（叶）；较低的第2前磨牙有三尖端
后磨牙	将食物磨碎成小颗粒以便于吞咽	上颚6，下颚6	牙冠有4～5个尖端

（二）颞下颌关节

颞下颌关节（temporomandibular joints，TMJs）是下颌骨髁突和颞骨的下颌窝之间所形成的宽松的关节，见图3-1。它是一个滑膜关节，允许大范围的旋转和平移。关节盘用来缓冲咀嚼时所反复产生的巨大力量，这个关节盘将这个关节分成两个滑膜关节腔，下关节腔位于关节盘和髁突之间，较大的上关节腔位于关节盘的上表面与下颌窝及关节结节所形成的骨骼节段之间。尽管左、右颞下颌关节的功能是结合在一起的，但各自保留了相对独立的功能。由于咀嚼通常是不对称的，一侧下颌骨往往比另一侧施加更大的咬合力。主导方常常被称为“工作侧”，而另一侧则被称为“平衡侧”。工作侧和平衡侧对肌肉和关节通常有不同的要求。

1. 骨性结构

（1）下颌髁突：髁突（mandibular condyle）由前向后呈扁平状，其内外侧的长度2倍于前后长度，见图3-2。髁突通常为凸形，具有短的突起，并分为内侧端和外侧端。内侧端比外侧端更为突出，当嘴巴张开和关闭时，在外耳道的前方可以触及皮肤下髁突外侧端的外边缘。下颌骨髁突的关节面是一个薄而致密的纤维软骨。这种组织可以比透明软骨更好地吸收与咀嚼运动相关的力量，并且具有良好的修复机制。考虑到颞下颌关节的特殊要求，上述两者的功能都是非常重要的。

（2）下颌窝：颞骨的下颌窝分为关节和非关节的两个面。关节面是由占据窝前壁的倾斜的关节结节形成，这种厚而光滑的承重面内镶有一层厚厚的纤维软骨。充分张嘴这个动作要求髁突向前越过关节结节。关节结节的平均倾斜度是55度。在嘴的张开与闭合的过程中关节结节倾斜度大小决定了髁突的运动路径。下颌窝非关节面的部分由非常薄的骨头以及覆盖大部分穹顶和窝后壁的纤维软骨组成。这种薄薄的结构是不足以作为承重面的。如果一个向上而且足够大的力量施加到下颌就可以破坏下颌窝这一区域的结构，甚至可以将碎骨片挤压进颅骨内。

2. 关节盘 颞下颌关节的关节盘主要由致密的纤维软骨构成，除关节盘的边缘外，其他部位缺少感觉神经分布与血液供应。关节盘的组织学通常是类似于身体其他部位的承重关节盘，如远端桡尺关节内的关节盘和膝关节半月板。由于其胶原含量高所以颞下颌关节的纤维软骨不仅柔软而且坚固。关节盘的外周附着于周围的关节囊。关节盘分为三个区域：后部，中间部，和前部，每个区域的形状使得关节盘适应下颌骨髁突和下颌窝的不同轮廓。关节盘的后部是向上凸和向下凹的。凹陷接受大部分的髁突，很像一个球窝关节。富含胶原蛋白的盘后下板区与颞下颌关节关节囊一起附着于下颌颈上部的边缘，富含弹性蛋白的盘后上板区，附着于下颌窝后部的颞骨鼓板。网状的脂肪、血管和感觉神经填充于上下板区之间。关节盘的中央区域是下凹上平的，而关节盘的前部区域是下平上凹的，以适应关节结节的凸出。关节盘的前部与以下几个组织相连如：下颌骨上颈的边缘、颞下颌关节的关节囊前部、翼外肌浅头肌腱和颞骨前部关节结节。

关节盘在其前、中、后部区域之间的厚度有所不同。最薄的中间区域只有1mm厚，而前部和后部的厚度大约为中间区域的2～3倍。在最大的牙尖吻合（intercuspation）处，颞下颌关节关节盘凹陷部的中间区域位于髁突的前上缘与关节结节之间。在张嘴这一动作过程的后期阶段：髁突向前滑动越过关节结节时，关节盘的位置保护了髁突。关节盘通过使颞下颌关节的一致性最大化来减少关节内的接触压力。关节盘还增加了关节的稳定性，并且在运动中帮助引导下颌骨髁突。在健康的颞下颌关节内，关节盘的滑动伴随着髁突的移动。运动是由关节内压力、肌肉力量以及附着于盘与髁突周围的韧带所共同完成的。

3. 关节囊和韧带结构

（1）纤维囊：颞下颌关节及关节盘被包围在一个松散的纤维囊中，在囊的内表面衬有滑膜。在关节髁突的前方，关节囊的上部附着于下颌窝边缘，关节囊下部附着于关节盘的周边以及下颌颈。翼外肌肌腱上头附着于关节囊前部和关节盘的部分前缘。颞下颌关节的关节囊给关节提供了重要的支持。关节囊的内侧和外侧是相对坚固的，在侧方运动中保持关节的稳定，例如咀嚼时产生的横向运动。然而关节囊的前部和后部是相对松弛的，使髁突及关节盘在张嘴时可以向前滑动。

（2）外侧韧带：颞下颌关节外侧韧带（lateral ligament of the temporomandibular joint）是加强颞下颌关节的主韧带，分为水平纤维和斜向纤维。表浅的斜向前上方的纤维沿着下颌颈后部到关节结节的侧缘以及颧弓，更深的水平纤维与其共用颞部的附着点，他们水平地向后延伸并附着在下颌骨髁突的侧面。外侧韧带的主要功能是稳定关节囊的侧面，撕裂或过度拉伸外侧韧带可能由于无法拮抗翼外肌上头的牵拉而导致关节盘向内侧移位。在关节运动学的描述中，张口时外侧韧带的斜向纤维在引导髁突的运动中有着特殊的功能。

（3）副韧带：蝶下颌韧带（sphenomandibular ligament）和茎突下颌韧带（stylomandibular ligament）都是颞下颌关节的副韧带。两者均位于关节囊内侧，有助于将下颌骨固定在颅骨上，在咀嚼方面可能只有有限的动力作用。

（三）咀嚼肌与神经支配

1. 咀嚼肌及其神经支配 咀嚼肌及其神经支配，根据其功能及大小主要分为两大类原动肌和副动肌（表3-2）。原动肌包括咬肌、颞肌、翼内肌和翼外肌。原动肌由下颌神经（第5对脑神经三叉神经的一个分支）所支配。其通过卵圆孔穿出颅骨走行于下颌窝内侧稍前的位置。颞下颌关节关节盘的中央部分缺乏感觉神经支配。然而关节盘的边缘、关节囊、外侧韧带和盘后上下板区都具有痛觉感受纤维和机械感受器。此外，口腔黏膜的机械感受器和感觉神经、牙周韧带以及肌肉提供给神经系统丰富的本体感觉。这种感觉信息有助于保护例如舌和面颊等柔软的口腔组织，免受咀嚼或说话时由牙齿造成的创伤。而且这种感觉有助于协调来自于颞下颌关节的肌肉和颅颈交界区的神经肌肉反射。来自颞下颌关节的感觉神经分出两个分支，即耳颞支和咬肌支。

表3-2 咀嚼肌以及神经支配

肌肉	神经
原动肌	
咬肌	下颌神经的分支（第5对脑神经分支）
颞肌	下颌神经的分支（第5对脑神经分支）
翼内肌	下颌神经的分支（第5对脑神经分支）
翼外肌	下颌神经的分支（第5对脑神经分支）
副动肌	
舌骨上肌群	
二腹肌（后腹部）	面神经（第7对脑神经）
二腹肌（前腹部）	下牙床神经（下颌神经的分支）
颏舌骨肌	通过C_1的舌下神经（第12对脑神经）
下颌舌骨肌	下牙床神经（下颌神经的分支）
茎突舌骨肌	面神经（第7对脑神经）
舌骨下肌群	
肩胛舌骨肌	$C_{1\sim3}$腹支
胸骨舌骨肌	$C_{1\sim3}$腹支
胸骨甲状腺肌	$C_{1\sim3}$腹支
甲状舌骨肌	C_1腹支（通过第12对脑神经）

2. 咀嚼肌及其功能

（1）原动肌：咀嚼的原动肌包括咬肌、颞肌、翼内肌及翼外肌。

1）咬肌（masseter）：咬肌是一个厚而结实的肌肉，很容易在下颌角的上方触及。咬肌起源于颧骨和颧弓，向下插入下颌支的外表面，见图3-2。咬肌有浅头和深头，更大的浅头纤维向下向后穿行附着于下颌角的下后部，而更小的深头纤维向下附着于下颌支的上部靠近冠突的基底部。

咬肌两个头的动作基本上相同。在咀嚼过程中双侧咬肌收缩牵拉下颌骨使牙齿相接触。肌肉的力线几乎垂直于磨牙的咬合面。因此咬肌的主要功能是在臼齿之间产生巨大的力量以有效地粉碎和磨细食物，双侧咬肌的动作会使下颌骨前伸，然而一侧咬肌的收缩会导致下颌骨轻微的侧移。这种动作可能发生在咀嚼的横向研磨过程中（图 3-5）。咬肌的多维动作对于有效的咀嚼是非常必要的。

2）颞肌（temporalis）：颞肌是一个扇形的扁平肌肉，填充了头骨颞窝的大部分凹陷。从它的颅骨附着点开始，肌肉形成了一个宽肌腱，当它穿过一个由颧弓和头骨外侧形成的空隙时，它的远端就会变窄。肌肉远端连接到喙突和下颌支的前缘和内表面，见图 3-2。两侧颞肌的收缩会抬高下颌骨。更倾斜的后部纤维会抬高并向后牵拉下颌骨。与咬肌类似，颞肌走行到接近它的远端附着点时会有轻微的内偏。因此，单侧颞肌的收缩就像在用一侧咀嚼一样，会导致下颌骨轻微的侧移（图 3-5）。

3）翼内肌（medial pterygoid）：翼内肌从两个头开始。更大的深头附着于蝶骨侧翼板的内侧面，见图 3-3。较小的浅头附着在上颌骨的后侧区域，刚好位于第三磨牙之上。这两个头的走行几乎平行于咬肌，附着于下颌支的内表面并靠近于下颌角，见图 3-2。翼内肌的两个头的动作本质上是相同的。双侧翼内肌收缩抬高下颌骨的同时一定程度上前伸了下颌骨。由于肌肉的力线相对于前平面是倾斜的，一侧翼内肌收缩时会产生非常显著的下颌骨对侧偏移（图 3-5）。翼内肌和咬肌形成了一个功能上的吊索并且围绕着下颌角。这些肌肉的同时收缩通过下颚最终在上下磨牙之间会产生一个强有力的咬合力，成年人这一区域的最大咬合力平均约为 422N（95 磅），是切牙间所能产生咬合力的两倍。在下颌骨内外部的作用下，咬肌和翼内肌也产生上下磨牙之间的一个重要的侧移力（side-to-side force）。右侧翼内肌和左侧咬肌的同时收缩产生了左侧偏移。在这种协同作用下，双侧这些肌肉的收缩可以在磨牙和食物之间产生一种非常有效的剪切力，在吞咽前可以有效地研磨和粉碎食物（图 3-5）。

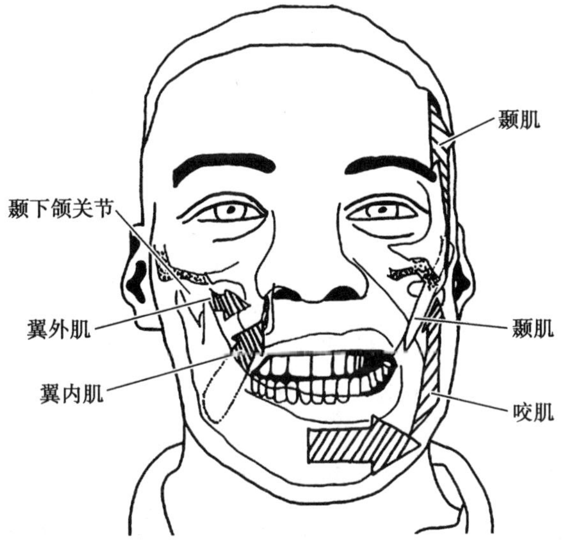

图 3-5　显示下颌骨向左横向偏移时的肌肉相互作用

4）翼外肌（lateral pterygoid）：翼外肌通常被描述为有两个分开头的双羽状肌肉。上头起源于蝶骨大翼。而较大的下头起源于外侧翼状骨板与上颚的相邻区域。从整体上讲翼外肌几乎水平地插入下颌颈、翼状窝、关节盘以及颞下颌关节的关节囊。这个问题仍然处于争论中，许多资料表明大约 65% 的上头纤维附着于翼窝，然而剩下的纤维附着于关节囊的中壁以及关节盘边缘中部的一部分，见图 3-2，下头附着在翼状窝和相邻的下颌颈上。在咀嚼过程中翼外肌两个头的精确动作和作用尚未被完全了解，学术上还存有争议。对在深层位置的肌肉及对其肌电图研究过程中遇到的技术挑战导致了对于上述问题缺乏足够的了解。大多数的研究者都同意单侧翼外肌两个头的收缩会产生下颌骨的对侧偏移（图 3-5）。单侧肌肉收缩会使同侧的髁突在水平面上向前内侧旋转。通常，在咀嚼过程中双侧的翼外肌会与其他肌肉协同工作。一个由左侧咬的动作所产生的左偏移是由右侧的翼内肌和翼外肌以及左侧的咬肌与颞肌共同控制的(图 3-5)。两侧翼外肌两个头的同时收缩会使下颌骨向前伸。正如在讨论口的开合过程中的肌肉控制所描述的那样,翼外肌的两个头在嘴张开和闭合的不同阶段都处于活跃状态,出于对这个现象及其形态学上的考虑,一些文献的作者认为翼外肌的两个头实际上是两个不同的肌肉。大多数的资料表明,翼外肌的下头是下颌骨的主要减压器,尤其是在用力咬合时。与之相反,在保持开口的过程中上头有助于控制关节盘内的张力和位置。这一动作在单侧下颚保持张开时尤其重要,比如在咬一块硬糖的时候。

(2)咀嚼肌的副动肌:舌骨上和舌骨下肌肉被认为是咀嚼肌的副动肌(表 3-3),这些肌肉产生的力量直接或间接地传递到下颌骨。舌骨上肌附着于颅骨的底部,舌骨下肌位于舌骨和下颌骨之间向上附着于舌骨,向下附着于甲状软骨、胸骨和肩胛骨。舌骨上肌群包括二腹肌的前腹、颏舌骨肌、下颌舌骨肌。当舌骨下肌充分激活使舌骨稳定后,舌骨上肌可以协助下颌骨下降,从而让口张开。舌骨上肌和舌骨下肌在言语、舌的运动、吞咽及吞咽前控制食团的过程中发挥作用。

表 3-3 提供了参与咀嚼肌肉的独立运动的总结

肌肉	上抬(闭嘴)	下降(张嘴)	侧移	前凸	后缩
咬肌	XXX	—	X(IL)	X	—
翼内肌	XXX	—	XXX(CL)	X	—
翼外肌上头	*	—	XXX(CL)	XXX	—
翼外肌下头	—	XXX	XXX(CL)	XXX	
颞肌	XXX	—	X(IL)	—	XXX(后部纤维)
舌骨上肌群	—	XXX	—	—	X[†]

CL:对侧偏移;IL:同侧偏移;

*:稳定或者调整关节盘的位置;

†:通过颏舌骨肌、下颌舌骨肌以及二腹肌前腹直接激活。

移动下颌骨潜在的肌肉运动分级标准:X 最小,XX 中等,XXX 最大。"—"意为没有有效的肌肉运动。

(四)运动学特征

1. 下颌骨的骨运动学 下颌骨的骨运动学通常描述为前伸、后缩、侧向偏移、下降及上抬(图 3-6~图 3-8),所有这些运动在咀嚼过程中都有不同程度的变化。

(1)前伸与后缩:下颌骨的前伸在下颌前移时不伴有明显的旋转(图 3-6A)。下颌前伸是最大限度张口这一动作的一个重要组成部分。相反的方向就是下颌的后缩(图 3-6B)。下颌的后缩是闭口这一动作的一个重要的组成部分。

(2)侧移:下颌骨的横向偏移主要发生在从一侧到另一侧的位移(图 3-7A)。主动横向偏移的方向(右或左)相对于主动肌肉运动的方向可以被描述为对侧或同侧。正常成人最大单侧偏移平均为 11mm。下颌骨的侧向偏移通常伴有其他相对的轻微的移动和旋转。正常的运动路径主要由下颌窝的形状和关节盘的位置所决定。

(3)下降与上提:下颌骨的下降使得嘴可以张开,并成为咀嚼动作的一个基本组成部分(图 3-8A)。最大张口通常出现在打哈欠和唱歌这样的动作中。成人的嘴可以张开到平均 50mm(从上、下切牙切缘之间测量)。上下切牙之间通常足以容纳三个成人"指节"(近端指间关节)。然而典型的咀嚼动作需要一个平均最大 18mm 的张开程度,也就是 36% 最大张口程度(足以接受一个成人指节)。在一般成年人身上,上下切牙之间不能容纳两个指节一般被认为是不正常的。下颌骨上提闭嘴,通常是存在于用来磨碎食物的咀嚼动作中(图 3-8B)。

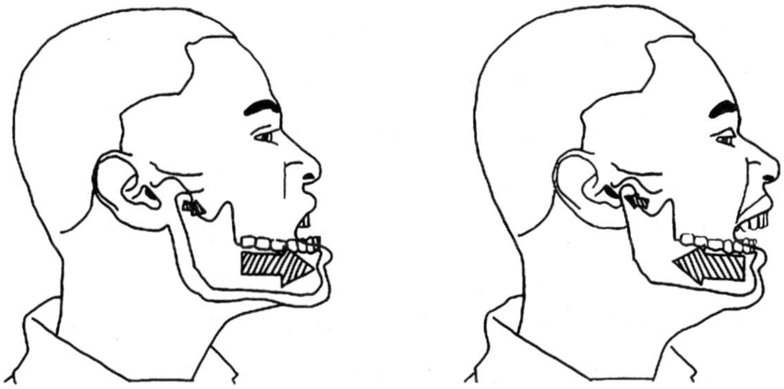

A B

图 3-6　下颌骨前伸与后缩
A. 下颌骨前伸；B. 下颌骨后缩

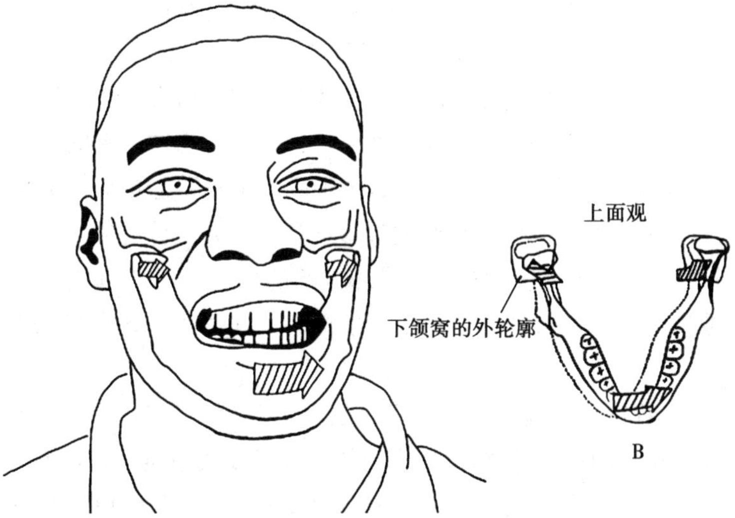

A B

图 3-7　下颌骨的横向偏移与水平旋转
A. 下颌骨的横向偏移；B. 合并水平面旋转

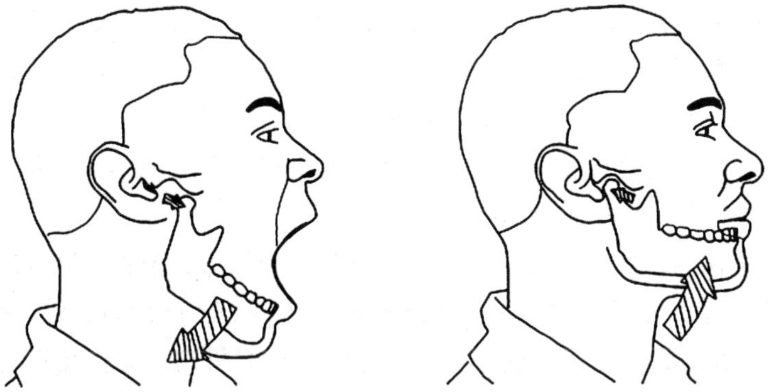

A B

图 3-8　下颌骨的下降与上提
A. 下颌骨的下降；B. 下颌骨的上提

2. 颞下颌关节的运动学 下颌骨的运动通常涉及双侧颞下颌关节的运动。一个关节的功能异常通常会干扰到其他部位的功能。根据骨运动学，颞下颌关节的关节运动学通常涉及双侧的旋转和平移。一般来说，在旋转运动中下颌骨髁突相对于关节盘的下表面滚动，在平移运动中下颌骨髁突和关节盘基本上是一起滑动的。关节盘通常与髁突平移的方向一致。

(1) 前伸与后缩：在前伸和后缩的过程中下颌骨的髁突和关节盘相对于下颌窝向前和向后平移（图 3-6）。髁突和关节盘在关节结节上向下的斜坡移动使得下颌骨在前伸过程中有轻微的向下滑动，在后缩过程中有向上滑动。运动轨迹的变化取决于嘴张开的程度。

(2) 侧移：侧移主要涉及髁突和关节盘在窝内的横向移动。侧移通常伴有轻微的多维旋转（图 3-7B），图中显示了轻微的横向偏移结合水平面旋转。当右髁突轻微地向前向内旋转时，左髁突在窝内形成了一个支点。

(3) 下降与上提：口的开合是通过下颌骨的下降和上提来完成的。在这些运动中每一个颞下颌关节都出现了下颌骨髁突、关节盘和关节窝之间的旋转和平移的复合运动。身体的其他关节没有经历过这么大比例的平移和旋转。因为旋转和平移是同时发生的，所以旋转轴是同时移动的。在理想的情况下，双侧颞下颌关节这种复合运动在颞下颌关节面上以最小的应力获得最大的张口范围。开口的关节运动学分为早期和晚期两个阶段。构成运动范围的前 35%～50% 的早期运动主要涉及下颌骨相对于颅骨的旋转。髁突在关节盘的下凹面向后滚动将下颌体向下方和后方摆动。旋转轴不固定但就在髁突附近移动。髁突的转动牵拉了外侧韧带的斜韧带部分。韧带张力的增加有助于开口后期的启动。开口后期构成了开口总活动范围的最后 50%～65%。这个阶段的主要特征是从以旋转为主过渡到以平移为主。这个过渡可以很容易地在嘴完全张开时通过触诊下颌骨髁突分辨出来。在平移中髁突与关节盘同时向前向下滑动，这与关节结节的倾斜度相反。在张开嘴的最后过程，旋转轴向下移动，轴的准确轴心很难被确定，因为它取决于个体独特的旋转与平移的比率。在张开口这个过程的后期，转动轴通常已经低于下颌颈。

完全开口位可以最大程度地牵拉关节盘向前。在某种程度下颌骨的前伸受限于盘后上板区的弹性。当关节盘的中间部分向前平移并且维持在髁突的上面以及关节结节之间时，关节盘的这个位置具有最大化的一致性并且可以减少关节内的应力。闭口的关节运动学与张口的顺序相反。当口完全张开并准备关闭时，关节盘后上板层的张力开始将关节盘向回拉，开始闭口的早期是平移阶段。后期为髁突在关节盘的凹陷处旋转，当上下牙齿开始接触时这个阶段就结束了。

3. 口开合的运动学

(1) **口的张开**：口的张开主要是通过翼外肌的下头和舌骨上肌群的收缩来完成的，例如嘴巴张开准备咬一个葡萄时，翼外肌的下头主要负责下颌骨的前伸，这块肌肉与收缩的舌骨上肌是一对力偶，这对力偶以旋转轴为轴心旋转下颌骨。虽然在开口的最后阶段下颌骨的旋转是最小的，但它确实促进了这个动作到达末端。重力也有助于张开口。如前所述，在口张开的后期由于关节内髁突的平移以及翼外肌下头激活所导致的关节内压增高使关节盘被拉向前方。尽管翼外肌的上头是直接附着在关节盘上，但大多数资料表明它在口张开时相对不活跃。

(2) **口的闭合**：口的抗阻闭合主要是由咬肌、翼内肌和颞肌的肌肉收缩完成的，这些肌肉都有非常有利的杠杆完成这个动作。而颞肌的斜后向的纤维也会将下颌骨向后拉。这一动作将下颌骨转化为向后上方移动，帮助下颌骨髁突重新回到窝中。虽然学术界对肌肉的动作还没有达成共识，但普遍认为翼外肌的上头在闭合口腔的过程中很可能是离心收缩的。下颌骨的“工作”侧（最主要用于咀嚼的一侧）活化程度是最高的。离心收缩在下颌骨的关节盘和下颌颈上产生向前的张力，张力有助于稳定和优化关节盘在髁突和关节结节之间的位置。肌肉的激活也有助于平衡由颞肌后纤维产生的强大回缩力。

（五）颞下颌关节障碍

颞下颌关节障碍（temporomandibular disorders TMDs）这个术语通常是宽泛而且模糊的，指的是许多涉及到咀嚼系统的临床问题。TMDs 通常与肌肉、关节或两者的损伤有关。除了在运动过程中所产生的疼痛以外，TMDs 的症状还包括关节发出的声音（“爆裂声”）、磨牙咀嚼力的减弱、口腔张开范围的减少、头痛、关节锁定以及脸部和头皮的牵涉痛。许多因素都会导致 TMDs，包括压力或其他情绪障碍、日常不当的口部运动习惯（如磨牙，经常性地咬伤嘴和舌头）、不对称的肌肉活动、睡眠时磨牙、长时间头部前屈姿势或者中枢神经系统高敏感性。虽然大多数病例都是自限性的，但有一小部分可能会进展为骨关节炎，导致关节内发生严重的退行性变化、骨重建以及显著的功能丧失。

单用力学或生理学都不能解释与 TMDs 有关的多种症状。与某个特定的疾病相关的病理机制可能源于不正常的解剖形态或牙齿排列而增加的关节的压力；或者关节盘的内部紊乱；或者是外伤，如摔倒、脸部受伤或颈椎损伤。其他的易发因素可能包括关节的慢性负荷和风湿性疾病。然而，通常情况下，TMDs 的确切原因是不清楚的。对 TMDs 的治疗是多样的，主要取决于潜在问题的性质。与 TMDs 相关的各种症状通常需要由临床医疗团队合作治疗，其中可能包括牙医、医生、物理治疗师和心理学家。常见的保守治疗方法包括运动疗法、生物反馈、放松疗法、压力管理、冷热疗法、病人教育、手法治疗、超声离子导入疗法、超声透入疗法、经皮神经电刺激、行为矫正、药物治疗、关节内注射、咬合训练以及口腔内矫治器等。然而，值得注意的是，一些临床研究报告指出，在对 TMDs 患者的治疗中，治疗性训练、手法治疗、夹板治疗和对病人教育可以减少疼痛，改善下颌运动的范围。但是并非所有研究都与上述发现一致。对 TMDs 治疗效果的结果差异，在一定程度上是由于研究设计的不同。许多研究并没有对混杂变量进行很好的控制，例如不同的治疗干预措施或者使用了病变程度不同的研究对象。对于有 TMDs 的患者来说，手术干预是相对少见的，而且通常只有在剧烈疼痛或动作严重受限的情况下才会进行。除了关节穿刺术以外，手术还包括关节镜下检查和滑膜切除、髁截骨术以重组髁突与关节盘的关系、关节切开术（如关节盘复位和关节盘切除术等开放式关节手术）以及 TMJ 置换手术等。但如果没有其他保守的干预措施，手术通常是无效的。

二、呼吸

呼吸（ventilation）是指空气通过呼吸道和肺部吸入和呼出的机械过程。安静状态下呼吸频率是每分钟 12～20 次，这对维持生命至关重要。呼吸可以使肺泡和血液之间的氧气和二氧化碳进行交换，这种交换对于肌纤维中的氧化代谢至关重要。这一过程将使 ATP 中储存的化学能转化为机械能，从而为身体各个关节的移动和稳定提供能量。根据呼吸的强度可以分为“平静呼吸”或“用力呼吸”。在健康人群中，平静呼吸发生在代谢需求较低的相对安静的活动中。相反，用力呼吸发生在剧烈的需要快速而大量空气交换的活动中，例如运动或一些呼吸系统疾病的发病过程中。在平静呼吸和用力呼吸之间呼吸强度、持续时间存在很大差异。

图 3-9 显示了健康成年人的肺容积和容量。如图所示，肺容量约为 5.5～6L。肺活量通常约 4500ml，是最大吸气后所能呼出的最大气体量。潮气量是指在一个呼吸周期中每次吸入或呼出的气量。在休息时，潮气量约为 0.5L，约占肺活量的 10%。

换气主要是由主动和被动用力造成胸腔体积的改变而产生的。胸腔内容积的改变引起气压变化符合波义耳定律（Boyle’s law）。该定律指出，在恒温下密闭容器中的定量气体，其压力和体积成反比关系。例如，增加活塞空腔的体积，可以降低腔体内空气的压力。由于空气是从高压区域流动到低压区

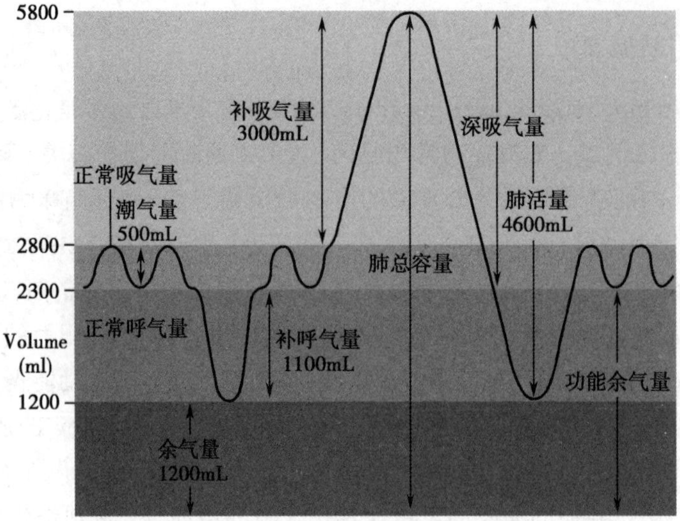

图 3-9 健康成人的肺容积和肺容量

域，因此活塞外相对较高的气压会迫使空气进入活塞顶部的一个开口。换言之，活塞内部产生的负压将空气吸入的胸腔（图 3-10A），这个在胸腔和活塞之间的类比对理解呼吸机制非常有帮助。正如我们所描述的，人类呼吸的大部分原理都是基于气体的体积和压力的反比关系的。

在吸气时，连接肋骨和胸骨间肌肉的收缩增大了胸腔的容积（图 3-10B）。随着胸廓的扩张，胸膜腔内空间的压力为负，在胸内压力进一步减少的过程中，产生了一种吸力让肺扩张。而肺部扩张可以使肺泡压力减少到低于大气压，最后气体会从大气中吸入肺里。

呼气是将气体从肺部排至外部环境的过程。与前面描述的活塞相类似，减少活塞内的体积增加了容器中空气的压力，迫使空气向外。人类的呼气运动也是相类似的过程。减少胸内的容积会增加肺泡的压力，从而使空气从肺泡外流到大气中。

在健康人身上，平静呼气主要是一种不依赖肌肉活动的被动过程。当收缩后的肌肉放松时，肺、胸和被牵拉的吸气肌结缔组织会回缩，胸内的容积会自然减少。用力呼气如咳嗽或吹灭蜡烛，需要由呼气肌群例如腹肌产生力量。

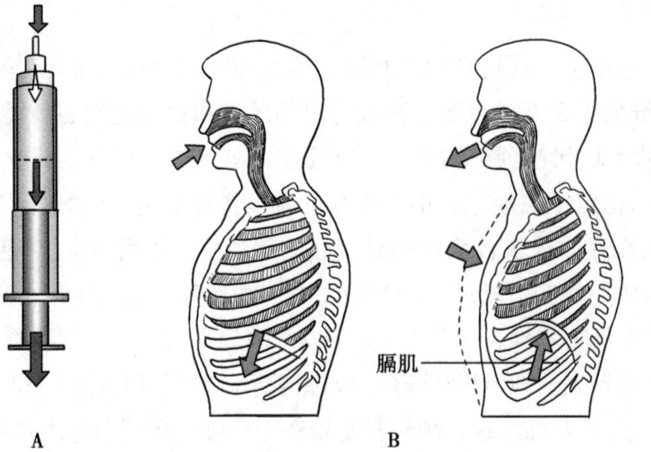

图 3-10 呼吸肌肉的运动机制

A. 利用膨胀的活塞和空气来类比展示波义耳定律。增加活塞内的体积可以减少活塞内的空气压力。负的空气压力产生了吸力，通过在活塞顶部的一个孔，将外部的空气吸入活塞；B. 用一个健康的成年人展示了如何收缩主要的肌肉（膈肌，斜角肌和肋间肌）增来加胸内的容积，从而扩张肺并减少肺泡的压力，负的肺泡压力将空气吸入肺里

（一）关节学

胸廓是一个封闭的系统，功能就像换气的风箱。它的内部是由外在的几个结构（表 3-4）封闭起来的。同时也保护了心肺器官和大型血管，为颈椎提供一个结构性底座，另外为直接或间接地连接头部、颈部和四肢活动的肌肉提供了一个附着点。

在呼吸过程中，胸廓可以通过不同的胸骨关节和另外五组关节的运动改变形状，这五组关节分别是胸骨关节、胸肋关节、软骨间关节、肋横突关节和胸椎椎间关节。

表 3-4　封闭胸腔的结构

部位	组织和肌肉
后外侧部	胸椎（thoracic vertebrae） 肋骨（ribs） 肋间肌和膜（intercostal muscles and membrane）
前部	肋软骨（costal cartilages） 胸骨（sternum） 肋间肌和膜（intercostal muscles and membranes）
上部	上肋骨和锁骨（upper ribs and clavicles） 围绕着食道和气管的颈筋膜（cervical fascia that surrounds the esophagus and trachea） 颈部肌肉（cervical muscles）
下部	膈肌（diaphragm muscle）

1. 胸骨柄关节　胸骨借由胸骨柄关节与胸骨本体连接在一起。这种纤维软骨关节被归类为一种不动关节，类似于耻骨联合。在胸骨柄关节内的部分关节盘，在人的晚年钙化前，可以帮助适度地扩张胸廓。

2. 肋胸关节　位于两侧第 1～7 根肋骨前侧软骨末端和胸骨的连接处。从广义上讲，这些关节被称为胸肋关节。由于软骨组织位于肋骨和胸骨之间，因此又将每一个胸肋关节在结构上分为肋骨与肋软骨连接和肋软骨与胸骨连接两部分。肋骨与肋软骨连接介于骨和每根肋骨前端软骨之间。没有关节囊或韧带加强这些连接。肋骨的骨外膜逐渐转变成软骨上的软骨膜。肋骨与肋软骨连接处极少发生运动。软骨与胸骨连接是肋骨的中段末端软骨和胸骨的肋结节的关节凹形成的。第一个肋软骨与胸骨连结处是一种不动关节，它与胸骨是一个相对稳定的连接。第二到第七肋软骨与胸骨连接处具滑液，允许有一定的滑动。纤维软骨盘有时会出现在较低的关节处，这些地方通常没有关节腔。每一个滑膜关节都被关节囊包裹，而肋头放射状韧带会加强关节囊。

3. 软骨间关节　第 5 到第 10 肋骨上的软骨两两相对的边缘形成小且有滑膜的软骨间关节，其中会有软骨间韧带加强。第 11 和 12 根肋骨前端不与胸骨相连，是游离肋。

4. 肋椎关节和肋横突关节　肋骨的后端通过肋椎关节和肋横突关节连接到椎体上。肋椎关节连接着 12 根肋骨每一根的头部和胸椎椎体相对两侧的位置；肋横突关节连接着第 1 到 10 肋骨关节结节和胸椎体两旁的横突，而第 11 和 12 肋则没有肋横突关节。

5. 胸椎椎间关节　胸椎关节运动主要发生在椎体间及骨突关节。用力换气时会让这些关节产生适度的运动。

（二）换气过程中胸腔容积的变化

1. 垂直改变　在吸气时，胸腔的垂直直径增加主要是通过膈肌的收缩和随后的下降（图 3-10B）。

在平静呼气时，膈肌放松，使底部向上反弹回到原本的休息位置。

2. 前后径和内外径的变化 肋骨和胸骨的上升和下降会改变胸廓的内外径和前后径的变化。在不同程度上，胸椎上所有关节的角度变化都会影响胸廓内径的变化。在吸气时，肋颈通常沿着一条约垂直于经由肋头关节和肋横突关节的旋转轴的路径上提升（图 3-11），向下倾斜的肋颈会向上向外旋转，增加了胸内容积的前后径和内外径。这些椎体后侧关节的轻微旋转会使肋颈产生较大的位移。这个机制有点类似水桶提柄的转动。在用力吸气时，肋骨的运动会伴随胸椎轻微的伸展。

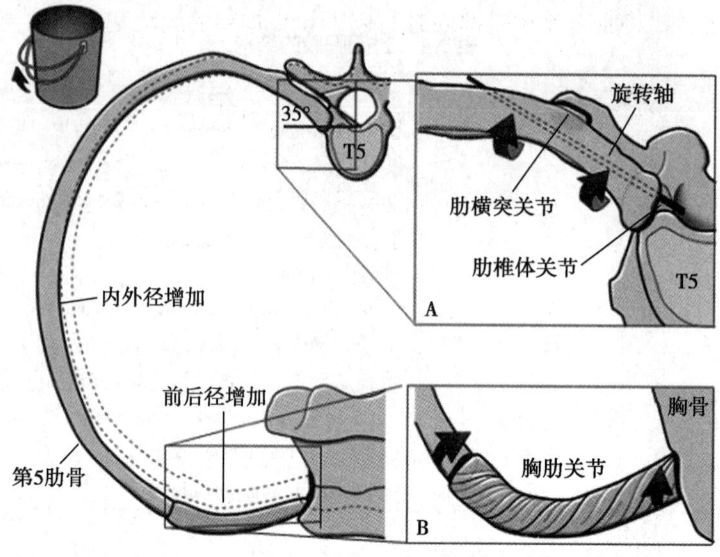

图 3-11 呼吸过程中肋骨向上移动“水桶提柄”机制

第五根肋骨的顶部视图显示了在吸气时肋骨抬高的“水桶提柄”机制。在吸气之前，肋骨的轮廓线显示了它的位置。肋骨的升高会增加胸腔的内外（AP）和前后（ML）的直径。肋骨通过肋头关节和肋横突关节（A）与脊柱相连并且通过胸肋关节（B）连接到胸骨上。在上移时，肋颈绕着肋头关节和肋横突关节之间的旋转轴旋转。上移的肋骨在与胸肋关节相连的软骨中产生扭转

肋骨运动的特定部分是取决于其独特的形状和相对于肋椎关节和肋横突关节在旋转轴的空间定位造成的。在上六根肋骨，旋转轴在水平方向上与冠状面夹角约为 25°～35°；而下 6 根肋骨，与冠状面呈约 35°～45°。解剖标本显示了正面平面的大约 35° 水平位移（图 3-11）。这种角度上的轻微不同，造成上面的肋骨会有较多的向前上升，从而促使胸骨向前和向上运动。肋骨和胸骨的上移会让胸廓关节相连的柔软软骨上产生轻微的弯曲和扭曲。如图 3-11B 所示，肋胸关节被扭曲的软骨可以储存提供肋骨上升的能量。在呼气的时候，胸腔会重新收缩到相对狭窄的状态，而部分能量会被重新收集。在呼气的时候，吸气的肌肉会放松，让肋骨和胸骨回到它们的吸气前的位置。肋骨的下降与胸骨的后下运动共同降低了胸腔的内外径和前后径。在用力呼气时，肋骨的运动伴随着轻微的弯曲。

呼吸运动中胸廓的扩张除了与前面讲的关节有关外，负责吸气的肌肉所做的功必须克服肺组织和构成胸廓的结缔组织本身的弹性回缩。另外，负责吸气的肌肉还需要克服吸入空气时，空气在气道中的阻力。肌肉收缩和回缩的机械性效应会阻碍胸廓扩张，使肺泡压力下降，这在一定程度上决定了到达肺泡的气量。有几个因素可以明显地抵抗胸腔的扩张。例如，年龄的增长与构成胸腔的关节和结缔组织的僵硬（顺应性下降）有关。然而，在老年期肺组织失去了弹性反冲，顺应性上升（在这种情况下，顺应性是指在一定的压力下肺扩张的程度）整个呼吸系统（胸腔和肺）的净顺应性随着年龄的增长而降低。因此，需要更大的压力来吸入给定的空气量。实际上，肌肉在吸气时必须更加用力收缩。这在一

定程度上解释了为什么进入老年期通常与潮气量的轻微下降和呼吸频率的轻微增加有关。疾病或不正常的姿势也可以阻碍胸廓扩张。例如，风湿性关节炎可以增加胸肋关节软骨的硬度，从而阻碍胸内体积的增加。严重的脊柱侧凸可能也会限制胸腔的扩张。

（三）呼吸中的肌肉运动

呼吸的运动学是非常复杂的，与整个中轴骨上肌肉之间的相互作用有很大关系。像这样一个大的系统必须精确地控制各种不同强度的呼吸运动，包括大笑、打哈欠等活动，还有游泳、叹气和闻气味时的屏气。此外，除了膈肌，其他的呼吸肌都同时与躯干和头颈部的运动和稳定性控制有关，并且间接地控制着上肢和下肢。

关于呼吸肌的具体功能还有待进一步的研究。表 3-5 列出了一些用于研究这个问题的方法。此外，通过对脊髓损伤后造成肌肉瘫痪的临床研究，对于了解呼吸肌的正常功能方面有很大的帮助。如后面内容描述的，任何连接胸腔的肌肉都有可能协助参与呼吸机制。更确切地说，增加胸内容积的肌肉是吸气肌；减少胸内容积的肌肉是呼气肌。

表 3-5 呼吸肌功能的常用测量方法

序号	项目
1	肌肉形态学，如质量，横截面积，相对肋骨的力线
2	纤维类型
3	呼吸压力，包括每标准单位肌肉力量的胸膜腔压变化
4	肌电图
5	X 线，超声波和磁共振成像
6	神经刺激的反应

1. 平静呼吸肌 包含有膈肌、斜角肌和肋间肌。这些肌肉被认为是主要的安静状态下的呼吸肌群，因为它们在所有的工作强度下都是活跃状态。膈肌的收缩活动完全是为了吸气。然而，肋间肌和斜角肌也能稳定和旋转部分的中轴骨骼。表 3-6 总结了吸气的主要肌肉的动作和神经支配的模式。

表 3-6 平静呼吸肌肉

肌肉	运动模式	支配的神经
膈肌	主要：吸气时膈肌圆顶下降变扁，增加了胸腔的垂直径 次要：膈肌下降受到腹腔的限制，稳定了膈肌穹顶的位置，膈肌收缩还可以提起低位的肋骨	膈神经（$C_{3\sim5}$）
斜角肌	斜角肌的前、中和后部通过提起肋骨来增加胸腔容积	脊神经根腹侧（$C_{3\sim7}$）
肋间肌	肋间内肌的胸骨旁纤维与肋间外肌通过提起肋骨增加胸腔容积，吸气时，所有肋间肌稳定肋间隙，可以避免胸壁塌陷	肋间神经（$T_{2\sim12}$）

（1）膈肌：膈肌是一种向上膨隆呈穹隆形的扁薄阔肌，位于胸腹腔之间，它将胸腔和腹腔分隔开。它的凸面是胸腔的底，它的凹面是腹腔的顶。膈肌依据与骨的附着点分为三部分：肋部起自下部 6 对肋骨和肋软骨的上缘；胸骨部起自剑突后侧，相对较小且可变；还有腰部以左右两个膈角起自第 1～3 节腰椎。隔角包含最长和最多垂直走向的纤维。

这 3 组横膈附着点的肌肉在上圆顶处汇聚形成一个中央腱。每一半的膈肌都通过膈神经接受其神经支配，此膈神经根起源于脊神经根 $C_{3\sim5}$，但主要是 C_4。

由于肝脏的位置，右边膈肌在休息位时会略高于左侧。在平静吸气时，膈肌圆顶会下降约 1.5cm。在用力吸气时，膈肌圆顶会变扁，下降约 6～10cm。在最大吸气时，右侧下降到 T_{11} 椎体位置；左侧下降到 T_{12} 的位置。

膈肌是最重要的吸气肌，在呼吸的过程中做 60%～80% 的功。此肌肉在吸气时的主要作用在于它在三个方向上增加胸腔的体积：垂直，前后和内外。因此，膈肌收缩会导致胸内压产生较大幅度下降。

在吸气时，膈肌是第一个被神经系统激活的肌肉。膈肌的初始收缩会使其穹顶下降且变窄，同时也稳定了下部的肋骨。这种下降的活塞动作会大大增加胸腔的垂直径。这个动作是膈肌增加胸腔内容积的主要方式，额外增加体积则需要来自腹腔内阻力。膈肌在腹腔内的下降动作会增加腹内压、压迫腹部内容物并拉伸腹肌，膈肌的下降被腹横肌的被动张力所限制。在某种程度上，这种腹部阻力稳定了膈肌圆顶的位置，使其能够持续收缩以提起下 6 根肋骨。

如前所述，肋骨的升高会在前侧和中央扩大胸腔（图 3-12 中箭头的方向所示）。

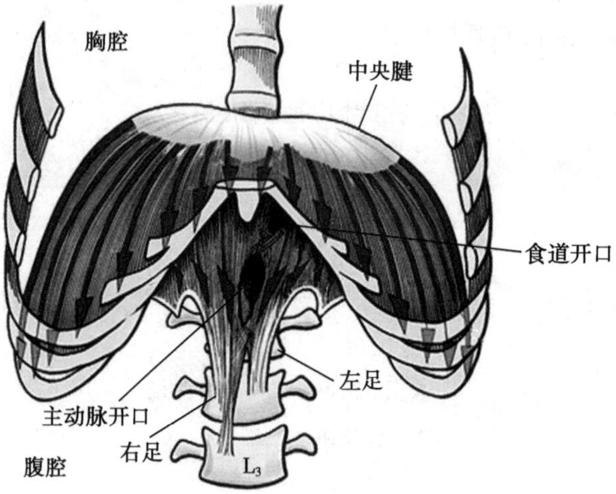

图 3-12　在吸气起始阶段膈肌的动作

（2）**斜角肌**：斜角前肌、中肌和后肌附着在颈椎和上两根肋骨之间。如果颈椎稳定性良好，那么肌肉的两侧收缩就会提升上部肋骨和附着的胸骨来增加胸腔的容积。在每一个吸气周期中，斜角肌和膈肌同时起作用。

（3）**肋间肌**：

1）解剖结构：肋间肌是一薄的三层为一组的肌肉，占据了肋间间隙。每一组肋间肌都由邻近的肋间神经支配。肋间外肌位于肋间隙浅层，在深度和纤维走向上与躯干的腹外斜肌相似。共 11 对，肌较厚，肌纤维在肋骨间沿斜向内下方向行走，从上一肋骨的近脊椎端斜向下一肋骨的胸骨端，自肋骨与肋软骨结合处向前。在前端胸肋关节的区域内，肋间外肌被一个薄的肋间外膜所取代。肋间内肌在肋间外肌的深处，其在深度和纤维走向上与腹内斜肌类似。与肋间外肌类似，同样每侧也有 11 条肌肉，每条肌肉占据一个肋间隙。但主要的区别是肋间内肌的纤维和肋间外肌的纤维的走行相互垂直。肋间内肌自胸肋关节区域内向前延伸，自胸骨侧缘向后至肋隔角处移行为肋间内膜。

由于功能上的差异，最近的研究文献中通常将肋间内肌指为两种不同的肌纤维：肋胸关节区域的为胸侧肋间肌，在较外侧与后外侧的肋间隙的为骨间肋间肌。在后续的讨论中会使用这个术语。

最后，肋间最内肌是肋间肌最深且最不发达的，这些肌肉通常被称为“最内侧肋间肌”，这些肌肉在肋间内肌的深处且走向与其平行。最内肋间肌的纤维位于肋骨角附近，可能跨越 1～2 个肋间隙（通常被看做肋下肌）。在下胸腔部，肋间内肌是最发达的。这些深层的相对难以触及的肌肉，其动作还没有得到广泛的研究。然而，也很容易推测，他们的动作与邻近肋间内肌的动作相似。

2）肋间外肌和肋间内肌的功能：肋间内肌和肋间外肌通常被称为外部的和内部的肋间肌。在呼吸过程中肋间肌的具体动作还没有被完全了解，并且对其作用还存在争议。这一争议可以追溯到 Galen（约 130—200），Da Vinci（1452—1519），Vesalius（1514—1564）时期的教学中。而最近，关于这个传统问题的主张是外部的肋间肌驱动吸气，内部的肋间肌驱动用力呼气。在很大程度上，这些功能是基于相对于通过肋骨后端旋转轴的肌肉力（纤维方向）来比较的。从理论上讲，肋间外肌的单独收缩相较于上部肋骨的下压动作，用来提高下部肋骨的力矩更大。相反地，一个肋间内肌的单独收缩则在下压上部肋骨上比提起下部肋骨的力矩大。

虽然提出的肋间内肌与外肌的相对简单交互动作已经基本上通过肌电图和其他研究方法得到支持，但整个肌肉运动学要复杂得多。De Troyer 和他的同事们提出了一个令人信服的论点，即任何一种肋间肌的作用不仅受其纤维方向和拉力线的影响，而且更重要的可能是与肌肉所在的特定区域的因素相关。这些特定区域包括局部肌肉的力量和扭矩产生的能力（分别基于横截面积和力臂长度），肋骨的弯曲，其他肌肉的稳定影响，以及最重要的神经驱动的不同强度等。尽管肋间肌的具体动作可变性大，且尚未被完全理解，但下面的总结陈述反映了动物和人类研究中最一致的结果。①肋间外肌是主要的吸气肌肉。吸气动作的效果在胸腔的后上部区域（头颅）是最大的，并且沿着腹侧向尾部的方向减少；②肋间内肌的胸侧纤维是主要吸气的肌肉。然而，动作效果会在从头侧到尾侧的方向上减弱；③肋间内肌的骨间纤维是主要的用力呼气肌肉。这种动作效果能持续贯穿于整个胸腔。

除了作为吸气或呼气的肌肉，外侧肋间肌（包含外与内）在躯干轴向旋转时表现明显的活动。类似于“腹斜肌”，肋间外肌在对侧躯干的旋转时最活跃，然而肋间内肌在同侧躯干旋转时最活跃。这些肌肉对整个躯干轴旋转的生物力学的比重尚未被确定。

在吸气时除了扩大胸腔外，肋间外肌和胸骨旁肋间肌的收缩也增加了胸腔的硬度。虽然经常被忽视，但是这个稳定功能是呼吸的一个非常重要的组成部分。在斜角肌的帮助下，肋骨的夹板作用可以防止胸壁由于膈肌收缩引起的胸内压力减少的内吸。

如同肋间肌在吸气时收缩使胸廓变得坚硬，位于咽部的肌肉也会轻微收缩，使上呼吸道变硬并且扩张。主要的上呼吸道扩张肌之一是舌肌，是舌头的主要外部肌。这种肌肉在呼吸过程中的神经控制受到了广泛的研究，主要是由于它在阻塞性睡眠呼吸停止中可能起到重要作用。

2. 用力吸气肌 用力吸气肌需要额外的肌肉来协助主要的吸气肌。作为一个肌群，这些额外的肌肉被称为“用力吸气肌”，或者是“吸气的辅助肌肉”。表 3-7 列出了一些用力吸气肌以及它们的运动模式。每一块肌肉都有一个可以直接或间接增加胸腔容积的动作，如后上锯肌和后下锯肌（图 3-13）。用力呼吸的肌肉通常用于健康人以增加吸气的频率和体积。这些肌肉也可以在休息时被募集去代偿那些无力或疲劳的肌肉，或者减少主要吸气肌一个或几个功能，如膈肌。

在健康人身上，呼吸通常涉及到胸腔和腹部之间的一种运动模式。在吸气时，由于肋骨的隆起，胸腔向外扩张。由于被下沉的横膈挤压腹腔脏器向前移位，腹部可能会略微突出。在 C_4 水平下的完全性脊髓损伤通常不会使膈肌瘫痪，因为它的神经支配主要来自于 C_4 脊髓神经根。然而，肋间肌和腹肌则会完全瘫痪。患有脊髓损伤的人通常会表现出一种“逆呼吸”的呼吸模式。这种呼吸模式的病理机制是在吸气时，膈肌、肋间肌和腹部肌肉之间重要功能的相互作用。如果没有肋间肌的夹板作用，膈肌的穹顶就会在胸腔内产生一个内部吸力使上胸收缩，尤其是它的后径。在吸气时，“逆呼吸”这个词描述的是胸腔的收缩，而不是正常的扩张。胸腔的收缩会减少急性颈椎损伤的患者的肺活量。在健康的成年人中，肺活量大约是 4500ml。大约 3000ml 的肺活量来自于膈肌的收缩和完全下降。一个人在 C_4 水平脊髓损伤后，肺活量可能会下降到 300ml，尽管膈肌可能以接近正常水平运作，但收缩（而不是正常

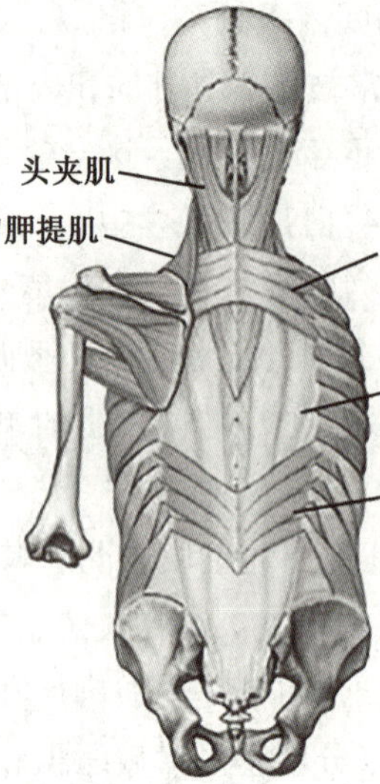

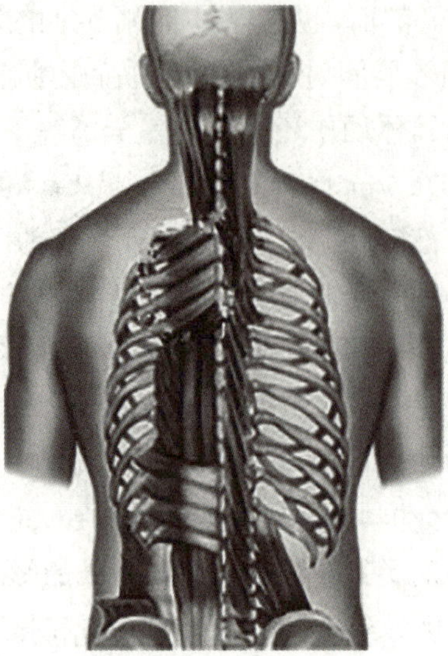

图 3-13 后上锯肌与后下锯肌

表 3-7 用力吸气肌

肌肉	运动模式	神经支配
后上锯肌	通过提升上肋骨增加胸内的体积	肋间神经（$T_{2\sim5}$）
后下锯肌	稳定下肋骨的初始状态，收缩膈肌	肋间神经（$T_{5\sim12}$）
肋提肌	通过提升肋骨来增加胸内的体积	邻近胸椎神经根的背侧支（$C_7 \sim T_{11}$）
胸锁乳突肌	通过提升胸骨和上肋骨来增加胸内的体积	主要来源：脊副神经（脑神经）
背阔肌	通过提升下肋骨来增加胸内容积；需要固定的手臂	胸背神经（$C_{6\sim8}$）
髂肋肌和颈部竖脊肌	通过延长躯干来增加胸内容积	脊神经根背侧支
胸小肌	通过提升上肋骨来增加胸内容积；需要从像斜方肌和肩胛提肌这样的肌肉的激活来稳定肩胛骨	胸内侧神经（$C_8 \sim T_1$）
胸大肌（肋胸头）	通过提升中肋骨和胸骨来增加胸内的体积；需要固定的手臂，肩关节的更大的屈伸相对于胸廓附着的肌肉增加了肌肉纤维力量的垂直线；这一策略增加了这肌肉在胸内体积内的有效性	胸内侧神经（$C_8 \sim T_1$）
腰方肌	在用力吸气的早期，稳定膈肌的收缩	脊神经根的腹支（$T_{12} \sim L_3$）

扩张的）的胸腔限制了近乎 2700ml 空气的吸入。然而，在脊椎受伤后的几周内，无张力（松弛）的肋间肌通常会变得更加僵硬。增强的肌肉张力可以作为胸壁的夹板，这一事实证明，一个中等身材的成年人在 C_4 或以下受伤的情况下，其肺活量通常会恢复到 3000ml。

除了在吸气时会有胸部的收缩外，一个有急性脊髓损伤的人在吸气时通常会有明显的腹部前突。迟缓和瘫痪的腹部肌肉对腹内肌的前移几乎没有任何阻挡。如果没有这种阻力，收缩膈肌就失去了扩大中间和下部肋骨的效率。这些病理机制会使颈椎脊髓损伤后的肺活量下降。

在坐的时候，一个患有严重的颈椎脊髓损伤的人可能从一个有弹性的腹部束带中受益。在坐位，膈肌圆顶比在仰卧位置要低。腹部束带可以对膈肌的下降提供有益的助力，直到在支撑前腹壁的肌肉中达到预期的恢复。

3. 用力呼气肌 平静呼气通常是一个被动的过程，主要由胸腔、肺和放松的膈肌弹性回缩引起的。在健康的肺中，这个被动的过程足以呼出大约 500ml 的气体，通常是在安静的状态下释放出来的。

在用力呼气时，需要肌肉主动收缩来迅速减少胸腔内的容积。用力呼气肌包括四块腹肌、胸横肌和肋间内肌的骨间纤维。表 3-8 总结了强制呼气过程中的肌肉运动的模式。

表 3-8　用力呼气肌

肌肉	运动模式	神经支配
腹肌 腹直肌 腹外斜肌 腹内斜肌 腹横肌	1. 通过弯曲躯干和抑制肋骨减少胸内体积 2. 压缩腹壁和内容物，增加腹内压；因此，放松的膈肌被向上推，使胸内体积减小	肋间神经（T_7～L_1）
胸横肌	通过抑制肋骨减少胸内容积	相邻肋间神经
肋间内肌的骨间纤维	肋间内肌的骨间纤维通过下压肋骨来降低胸内的体积	肋间神经（$T_{2\sim12}$）

（1）腹肌：腹肌包括腹直肌、腹外斜肌、腹内斜肌和腹横肌。这些肌肉的收缩对用力呼气有直接和间接的影响。腹肌的直接收缩会引起胸腔屈曲，肋骨和胸骨下压动作。这些动作迅速而有力地减少胸腔内容积，如咳嗽、打喷嚏或用力呼气到呼气的极限等。腹肌的间接收缩，尤其是腹横肌收缩会增加腹内压，并挤压腹腔脏器。增加的压力能有力地将放松的膈肌向上推进而进入胸腔。通过这种方式，腹部肌肉的主动收缩利用了降落伞形状的膈肌来帮助呼出胸腔内的空气。腹内压的增加也被用于包括排便、分娩、负重或稳定腰椎等活动中。尽管腹部肌肉被描述为强力呼气的肌肉，但它们的收缩也同样能增强吸气功能。当膈肌在最大呼气时被推向上时，它被拉伸到它的长度 - 张力曲线上的最佳点。因此，肌肉在下一个吸气周期中更有准备地产生有力的收缩。

（2）胸横肌和肋间内肌：胸横肌（也称为三角肌胸肌）是一种有力的呼气肌肉。肌肉位于胸腔的内侧，在下三分之一胸骨和邻近第四或第五根肋骨附近的胸肋关节间呈水平与斜上走向。在用力呼气时，肌肉的神经活动与腹肌和肋间内肌的内膜纤维同步。

机体在呼气主要是由腹部肌肉收缩引起。这些肌肉同样也参与了一些较为激烈的生理功能，包括唱歌、大笑、咳嗽，以及当一个人窒息时对“呕吐”反射的反应。后两种功能对健康和安全尤为重要。咳嗽或剧烈地“清清喉咙”，可以去除支气管的分泌物，从而减少肺部感染的发生。腹部肌肉的强烈收缩也被用来清除在气管内的异物。如果患者腹部肌肉完全瘫痪或虚弱，必须改用其他的方式来咳嗽，或让其他人“手动”帮助完成。例如，一个 T_4 水平完全性脊髓损伤的患者，由于腹部肌肉的神经支配为 T_7～L_1 的腹侧神经，此人的腹部肌肉可能会完全瘫痪。这类患者必须格外小心，以免窒息。脑瘫患者也可能发生肌肉功能异常，尽管这些病人可以完全支配他的肌肉，但肌肉可能表现出过度张力。例如，腹部肌肉的过度紧张可能导致腹内压力持续增加，在吸气时阻碍膈肌的下降。如果膈肌不能克服由此产生的阻力，则肺活量可能会减少，会限制包括移动在内的其他活动的身体耐力。这种情况可能和该患者的下肢肌肉张力异常增高、虚弱或者神经控制困难有关。

除了肌肉功能异常外，影响骨骼和其他结缔组织系统的疾病也会影响到呼吸的机制。例如，有中度至重度脊柱侧弯，创伤后的胸椎后突或强直性脊柱炎。所有这些条件都可以阻碍胸廓扩张，因此肺活量会减少。在通常情况下，这些状况的次要影响是降低了运动耐力，并且难以维持有氧适能的健康水平。在可行的情况下，针对这些人制定的康复治疗方案要对心肺系统有适度的挑战，同时也要考虑到疾病所造成的功能限制。

（钟卫权）

第二节 脊 柱

人体是由许多器官和系统共同组成的完整的统一体。躯干是人体结构的主体部分，头部和四肢与之依附，中间由脊柱连接。人体重心的转移及一切动作都可能通过躯干而影响全身，因此，躯干是全身运动的关键要素，可视为人体运动与平衡的中枢。脊柱的前部（椎体和椎间盘）为负重、吸收震动和各方位的运动，脊柱的后部则保护脊髓，限制运动，以及为躯干和肢体肌肉起杠杆作用。由于脊柱是头部与躯干的连接主体，在结构和功能上紧密联系，已成为有机整体。本节内容主要包括：脊柱运动学概述，颈、胸、腰部运动学，姿势与腰椎运动等与颈部和躯干紧密相关的运动学知识。

一、 脊柱的结构功能与生物力学特征

（一）脊柱的结构功能特征

1. 脊柱的基本结构 脊柱由形态特殊的椎骨和椎间盘连接而成，自上而下可分为颈椎、胸椎、腰椎、骶椎及尾椎五段，即脊柱是由24块椎骨（颈椎7块、胸椎12块、腰椎5块）、1块骶骨和1块尾骨借韧带、关节和椎间盘连接而成。每个椎骨包括椎体、椎弓根、椎板、上下关节突、横突和棘突。椎骨与前纵韧带、后纵韧带、黄韧带、棘间韧带和棘上韧带以及椎间盘和关节囊连成运动节段。这些连接的结构，使脊柱产生有限的三维运动。脊柱是身体的支柱，位于背部正中，上端接颅骨，中部与肋骨相连，下端和髋骨组成骨盆。脊柱复杂的解剖和生物力学特性，使脊柱能够耐受正常的载荷。

脊柱从侧面观呈S形，有4个生理弯曲，即颈椎前凸、胸椎后凸、腰椎前凸和骶尾椎后凸（图3-14）。这些弯曲是在重力作用影响下，随着人体的活动，由于发育和生理需要而形成的。当婴儿开始抬头时，颈段脊柱形成一个向前凸的曲度，开始行走时，髋关节开始伸直，由于髂腰肌向前牵拉，形成脊柱腰段向前凸的曲度。曲度虽大小不同，但重力线应该通过各曲度的交界处。从功能上来看，相邻椎体间的活动可能有限，但其链柱状的整体结构，则使得脊柱在运动中保持稳定的同时，又可随着身体姿位调整及运动载荷变化，呈现较大的形变，以适应运动的需求。脊柱的运动依赖于椎间盘的完整和相关脊椎骨关节突间的精确对合。

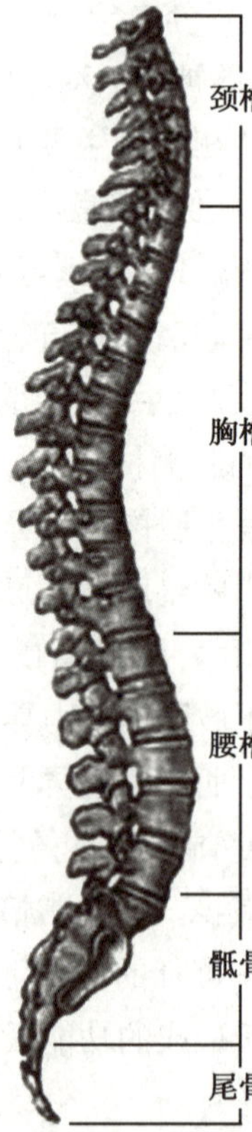

图3-14 脊柱生理弯曲（侧面观）

维持脊柱生理弯曲的因素主要为作用于脊柱并与姿势有关的脊柱肌肉，脊柱肌肉之间的平衡和协调维持着脊柱的姿势以及整个脊柱自上而下的链式运动。此外，脊柱骨的形状、韧带的附着、大小及方向、椎间盘的坚韧性对维持脊柱曲度也起重要作用。脊柱曲度的存在使脊柱如同一个大的弹簧，增加了脊柱缓冲震荡的能力。生理曲度还扩大了躯干重心基底的面积，加强直立姿势的稳定性。脊柱正常生理弯曲构成的生物力学方面优势是：使脊柱的强度和弹性比直立的脊柱

大10倍。腰椎生理曲度前凸，对负重及维持腰部稳定尤为重要。

2. 脊柱功能单位 脊柱功能单位（functional spinal unit，FSU）又称为脊柱的运动节段，它包括相邻的两个脊柱及其之间的链接结构。脊柱功能单位是脊柱节段运动的基本结构单位，影响脊柱整体运动功能。

脊柱功能单位从结构上大致可以分为前、后两部分。其前部包括两个相邻的椎体，其间的椎间盘，前纵韧带和后纵韧带；后部包括相应的椎弓，关节突关节、横突、棘突以及其间的韧带。椎弓和椎体形成椎管以保护脊髓（图3-15）。

图3-15 脊柱功能单位

脊柱的运动节段能够显示出与整个脊柱相似的力学特性，各个运动节段的运动综合起来，便构成了脊柱的三维空间活动。脊柱的功能单位主要由几乎位于同一平面的两个关节突和一个椎间盘一起，共同形成"关节三联体"，以椎体水平面正中间的中后三分之一交界处和两侧关节突关节面的中心在水平面上所构成的三角称为运动节段的稳定三角，也就是脊柱功能单位的生物力学特性的基础。

（1）脊柱功能单位的前部：

1）椎体：椎体是由软骨板、骨松质及骨密质组成的复合结构，其主要功能是承受压缩载荷。随着椎体负荷由上而下地增加，椎体（椎体的横断面）也自上而下地变大，如腰椎椎体的形态与胸椎和颈椎相比既厚又宽，可承受较大的负荷。椎体的力学性能与解剖形状、骨量相关。椎体皮质骨和骨松质在承受压缩载荷时，皮质骨以承受应力负荷为主，骨松质以吸收能量为主；在压缩载荷下，皮质骨首先骨折，如载荷继续增大，才出现骨松质破坏，因此皮质骨比骨松质更容易发生骨折。

2）椎间盘：椎间盘位于人体脊柱的两椎体之间，由髓核、纤维环和软骨板三部分组成。髓核是一种由含有大量亲水性氨基葡萄糖聚糖的胶样凝胶组成，其含水率高，出生时含水量高达90%，成年后约为80%。周围由纤维环围绕，上方及下方为软骨板而没有上下活动余地，只能前后向移动。髓核随着人的衰老，水分含量逐渐降低，椎间盘的黏弹性就会改变。这些变化是椎间盘退变的基础。纤维环由纤维软骨组成，纤维软骨内有多层相互斜行交叉重叠的胶原纤维束，纤维环纤维的独特排列方向使纤维环成为坚实的组织，环包密封髓核而防止其向周围突出。可以承受身体一定程度的弯曲、扭转负荷和压力，并起着缓冲作用。在椎体与纤维环、髓核之间为软骨终板，由透明软骨构成。

由于椎间盘可承受并分散负荷，同时能制约过多的活动，这是其重要的生物力学功能。椎间盘在低载荷时主要提供脊柱的柔韧性，并随负荷的增加而加大刚度，在高负荷时则提供脊柱的稳定性。压缩载荷通过终板作用于椎间盘的髓核和纤维环，髓核内部产生的液压使纤维环有向外膨胀的趋势。压缩载荷通常只会造成椎间盘的变形。纤维环的前侧及两侧较厚，而后侧较薄。纤维环的前部有强大的前纵韧带，后侧的后纵韧带较窄、较薄。因此，髓核容易向后方突出，压迫神经根或脊髓，造成腰椎间盘突出症。临床上常见的后外侧椎间盘突出是由某些特定的载荷类型造成的，可能是弯曲、扭转和拉伸复合作用的结果，而非纯压缩载荷造成的。

椎间盘还具有一定的黏弹特性，使其自身能够有效地缓冲和传递负荷。负荷量越大，所产生的变形就越大。椎间盘发生退行性改变后，缓冲和传递负荷的功能相应减弱。椎间盘在承担载荷时有松弛和蠕变现象，蠕变的特点与椎间盘的退变程度有关。正常的椎间盘蠕变很慢，经过相当长时间才能达到最大变形，显示出黏弹性性质，退变的椎间盘则相反。

3）前纵韧带和后纵韧带：见脊柱韧带。

（2）脊柱功能单位的后部：脊柱功能单位的后部控制运动节段的运动。

1）椎弓根：椎弓多数是由皮质骨构成，椎弓根是椎弓的一部分，外形呈弧形，起于椎体后上部，短而厚，与椎体方向垂直向后方突起，这些突起作为肌和韧带的附着点。如果肌或韧带的力量变得不平衡，那么整个椎弓就会相对于椎体做向上或向下屈曲。椎弓根是组成椎间孔的组成部分，与椎体、关节突和椎板融合在一起，其上方有一较浅的切迹构成椎间孔的下壁，椎弓根下方有一较深的椎弓根下切迹构成椎间孔的上壁。

2）关节突：脊柱节段的活动类型取决于椎间小关节面的方向，而小关节面方向在整个脊柱上有一定的变化。下颈椎的小关节面与冠状面平行，与水平面呈45°，允许颈椎发生前屈、后伸、侧屈和旋转运动。胸椎的小关节面与冠状面呈20°，与水平面呈60°，允许侧弯、旋转和一定程度的屈伸。腰椎小关节面与水平面垂直，与冠状面呈45°，允许前屈、后伸和侧弯；而限制腰椎的轴向旋转活动是腰椎关节突关节的主要功能。

关节突除了控制运动节段的活动外，还与椎间盘一起担负承载功能，主要包括压缩、拉伸、剪切、扭转等不同类型的负荷，其承受负荷的多少因脊柱的不同运动而变化。后伸时关节突的负荷最大，占总负荷的30%（另外70%由椎间盘负荷）。前屈并旋转时关节突的负载也较大。关节突和椎间盘之间的载荷分配随脊柱位置而异，当脊柱处于过伸位时，关节突的承载能力最为明显。由于关节突承载能力和其有限的活动范围，因而极易受到损伤，这是引起疼痛的原因之一。

3）横突和棘突：作为脊柱肌肉的附着点，为脊柱肌肉的运动功能诱发运动并为脊柱提供外在的稳定性。

4）后部韧带：见脊柱韧带。

3. 脊柱韧带

（1）脊柱的主要韧带：前纵韧带、后纵韧带、椎间韧带、棘间韧带和棘上韧带、横突间韧带、黄韧带和关节突关节囊韧带（图3-16）。将其分为以下两组：

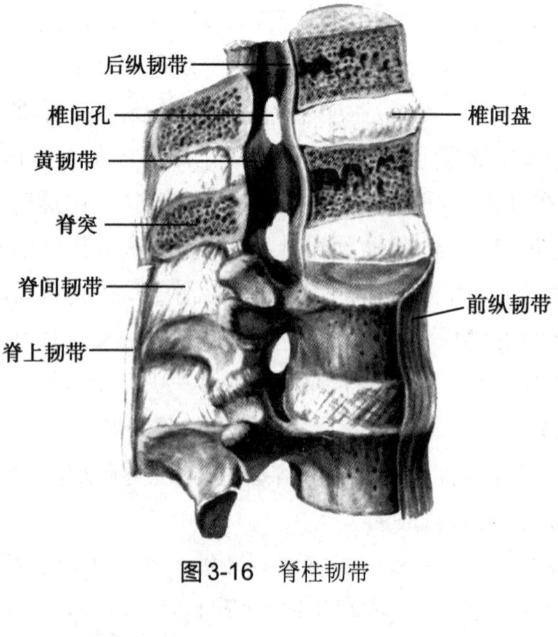

图3-16　脊柱韧带

1）前部韧带：前部韧带主要由前纵韧带和后纵韧带组成。前纵韧带较后纵韧带宽厚且坚韧，附着于椎体的前缘有助于对抗脊柱的过度后伸；后纵韧带附着在椎间盘的后表面的束状带，离旋转中心很近，它在保护脊柱免于过度屈曲中作用很小，但可以防止椎间盘向后脱出，保护脊髓免受椎间盘突出物的压迫。

2）后部韧带：主要有椎间韧带、棘间韧带、棘上韧带、横突间韧带、黄韧带和关节突关节囊韧带。

椎间韧带位于脊柱矢状面旋转中心的后面，它们的主要作用是保护脊柱免于过度屈曲。棘间韧带对控制节段运动的作用不明显，而棘上韧带具有制约屈曲活动的功能，在脊柱稳定性方面发挥重大的作用。在侧屈时横突间韧带可以伸长，它在对抗侧屈中起很重要的作用。黄韧带具有限制脊柱过度前屈的作用。在所有脊柱韧带中，黄韧带在静息时的张力最大，单纯切除黄韧带不会引起脊柱不稳定，但脊柱不稳定会促进黄韧带的退变及骨化。关节突关节囊韧带短但很强壮，可以在脊柱屈曲时提供最大的抵抗力。

（2）脊柱韧带功能：脊柱韧带的主要作用是维持脊柱的稳定、为相邻脊椎传递载荷、保持脊柱平稳的生理运动和保护脊髓。

韧带装置为脊柱提供部分内在的稳定性，韧带在拉伸或缩短中常使椎间盘受到预应力，这为脊柱提供内在支持，并通过维持姿势、限制脊柱运动，以及吸收能量，对脊柱提供保护；韧带把不同载荷从一个椎体传递到另一个椎体，并使脊柱在生理范围内以最小的阻力进行平稳运动；在高载荷、高速度外力的作用下，通过限制位移，吸收能量来保护脊髓免受损伤。

4. 脊柱的肌肉　肌肉动力系统使脊柱产生运动并维持脊柱的稳定，既灵活又坚固。维持脊柱稳定性的肌群称为核心肌群，依其功能和属性，可分为两大群：

（1）整体稳定肌（global muscle）：这类肌肉为较表层的肌群，颈部有胸锁乳突肌、斜角肌、头夹肌、头最长肌、斜方肌上部、肩胛提肌、髂肋肌，腰部包括腹直肌、腹内斜肌、腹外斜肌、竖脊肌、腰方肌及臀部肌群等，其收缩时主要功能在于控制脊柱的运动方向，产生较大的力及较大范围的动作，可对抗施加在躯干上的外来负荷，主要用于产生运动及辅助维持脊柱稳定性。

（2）局部稳定肌（local muscle）：这类肌肉为较深层的肌群，有多裂肌，颈部包括头长肌、颈长肌、头后大直肌、头后小直肌、头后上斜肌、头后下斜肌，腰部包括腹横肌、横突棘肌、棘突间肌等，它们有的直接与椎体连接，通过肌肉的收缩直接固定相邻椎体，有的则是通过各肌肉的协同收缩调节腹内压来维持各椎体间的稳定。产生较小的力及轻微运动或无运动。深层核心肌群主要用于维持身体姿势和脊柱稳定性。

椎旁肌在维持脊柱直立姿势中发挥作用，对脊柱稳定性产生影响。躯体重心在前、后、侧方的移位分别需要有背肌、腹肌和腰大肌的活动来保持平衡。腹肌和腰肌可使脊柱的屈曲开始启动，随着屈曲力矩的增加，骶棘肌的活动逐渐增强，以控制这种屈曲活动，而髋部肌可有效地控制骨盆前倾。骶棘肌及腹肌是脊柱侧屈的动力，对侧肌参与运动调节。在腰椎完成轴向旋转活动时两侧的背肌和腹肌均产生活动，同侧和对侧肌产生协同作用。

5. 脊柱的功能　脊柱为人体运动的中轴，具有支持躯干、负重、减震、保护内脏、保护脊髓和进行运动的功能。主要包括：

（1）保护功能：脊柱具有保护椎管内脊髓和神经的作用，在运动中发挥减震作用；同时，参与构成胸腔、腹腔和盆腔，保护各腔内的器官。

（2）承载功能：脊柱是身体的支柱，有负重和承载功能，可将来自头和躯干载荷传至骨盆。脊柱的弯曲随重力的变化而改变，并进行调整。

（3）运动功能：脊柱具有灵活的运动功能。虽然在相邻两椎骨间运动范围很小，但脊柱运动往往是几个节段的联合动作，多个椎骨间的运动角度或范围的叠加可使脊柱进行较大幅度的运动。其运动方式包括前屈后伸、左右侧屈以及旋转等。脊柱各段的运动度不同，这受椎体结构、椎间盘的厚度和椎间关节连接和方向等制约因素的影响。胸椎参与胸廓的组成，运动很少；骶尾椎骨性融合不能运动；颈椎和腰椎部分运动范围较大，也比较灵活。人在立正姿势时，通过身体所引的垂直重力线经过颈椎体的后方，在第7颈椎和第1胸椎处通过椎体，经胸椎之前下降，再于胸腰结合部越过椎体，经腰椎后方并穿过第4腰椎至骶骨岬再经骶骨前方、骶髂关节而传至下肢。脊柱的弯曲，特别是颈曲与腰曲，随重力的变化而改变其曲度。

(4) 全身运动协调控制功能：脊柱不仅仅是支撑人体的一根立柱，更是生命信息的网络枢纽。机体的各种组织、器官之间的活动，以及与大脑之间的通讯联系，都必须通过脊柱区的这个信息网络系统来完成其传达、中转或直接指挥或处理等，我们每个人在做某一动作时都有脊柱参与协调和控制来完成。

（二）脊柱的生物力学特征

1. 脊柱的节段运动 在脊柱运动分析中，一般将椎骨视为不变形体，也称为刚体，将椎间盘、韧带看成是可以伸缩的变形体。整个脊柱的运动范围代表节段运动的总和。脊柱节段运动就是相邻上、下两椎骨间的相对运动，属三维运动，有6个自由运动度，需要用6个独立变量来描述（图3-17），其中围绕X轴（冠状轴）有前屈、后伸运动；围绕Y轴（纵轴）有顺、逆时针的旋转；围绕Z轴（矢状轴）有左、右侧屈运动。此外，脊柱节段运动还有左、右侧向平移、轴向压缩、轴向牵张及前后平移，其幅度较小。

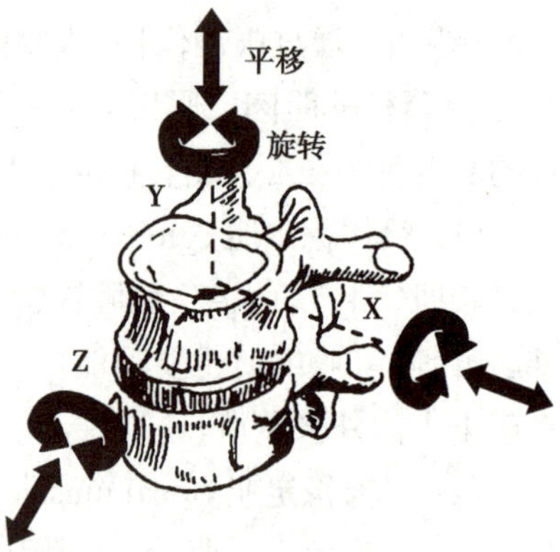

图3-17 脊柱节段运动

脊柱节段运动通常可以用3个角度位移和3个线性位移来表示。3个角度位移量分别是前屈后伸、左右侧弯和左右轴向旋转，3个线性位移量分别是上下、左右和前后的位移。

脊柱的运动范围随脊柱部位的不同而不同，它取决于每一部位椎间关节小关节突的朝向。两个脊椎间的运动很小，并不能单独发生。脊柱运动往往是几个节段的联合动作。影响脊柱运动的骨性结构有胸廓和骨盆，胸廓限制胸椎运动，骨盆的倾斜则可以增加躯干的运动。

2. 脊柱的稳定机制 脊柱的稳定性是指承受内在及外在负荷的情况下，组成脊柱的各个部分之间的相对位移保持在正常生理范围内，不会引起神经的损害。

(1) 脊柱稳定系统：脊柱稳定系统由内源性稳定系统、外源性稳定系统和控制系统三个部分组成。内源性稳定系统，又称被动子系统，主要包括：椎骨、椎间盘、关节囊和脊柱韧带；外源性稳定系统，又称主动子系统，主要由脊柱周围的肌肉和肌腱组成。内源性稳定系统和外源性稳定系统由神经系统控制，使得它们功能协调，以实现脊柱稳定。

在生理载荷下，脊柱各结构能够维持其与椎体之间的正常位置关系，不会引起脊髓或者脊神经根的压迫和损害，称为临床稳定（clinical stability），而当脊柱丧失这一功能时，称为临床不稳定（clinical instability）。

(2) 脊柱的不稳定性：脊柱稳定系统受损可导致脊柱不稳定。脊柱不稳定意味着脊柱受到很小的外部载荷（外力）或内部载荷（应力）作用时，椎体就会出现显著位移，并可能产生不良的后果。脊柱的不稳定性可以表现在两个方面：

1) 从力学角度看：脊柱不稳定是指脊柱运动节段的结构刚度下降，活动度增加。与稳定的脊柱相比，在同样负荷作用下容易发生更大的位移，例如椎间盘突出导致颈腰椎椎节段的不稳定。X线摄片下，在脊柱过伸时椎体间移位大于3mm则提示脊柱节段不稳定（图3-18）。

2）从医学角度看：脊柱过度活动可以导致疼痛、潜在的脊柱变形和神经组织受压损伤。前者是后者的基础，后者是前者的反映。

3. 脊柱的负荷 脊柱的负荷为某段以上的体重、肌肉张力和外在负重的总和。脊柱的负荷有静态和动态两种。静态负荷是指站立、坐位或卧位时脊柱所承受的负荷及内在平衡；动态负荷则指身体在活动状态下所施于脊柱的力。这些负荷需要相应的关节、韧带和肌肉来维持。脊柱椎体承受的负荷自上而下地逐渐递增，不同的部位的脊柱节段承担着不同的负荷，腰椎承受的负荷最为显著，又是活动段与固定段的交界处，相关力学分析亦最令人关注。

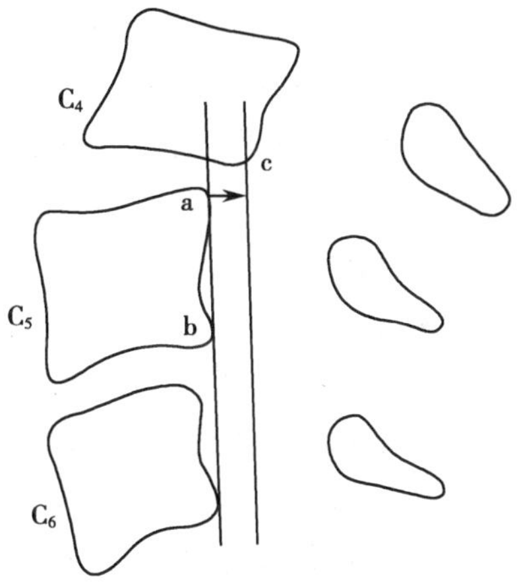

图 3-18 脊柱节段不稳定性测量

人类生活中的运动形式多种多样。脊柱作为人体中的主要受力结构，在运动及身体运动载荷变化条件下，其结构和功能都可产生显著改变，甚至导致脊柱损伤。脊柱的损伤和许多疾病都与受力情况相互关联，如腰椎间盘突出症与脊柱受压的负荷及弯矩有关。脊柱力学损伤是躯干运动学的重要内容，学习相关知识理论，对于脊柱损伤的预防、康复治疗都具有积极意义和实际应用价值。

以下介绍在压迫、剪切力、扭转、前屈、侧屈、后伸以及弯曲和压迫等不同力学条件下，脊柱的结构、功能和损伤性变化，以及颈椎加速伸展性损伤（挥鞭伤）。

（1）压迫

1）力学损伤机制：脊柱的压力主要来自于椎旁肌内的张力和作用于上身的重力。压力负荷大部分为由椎体和椎间盘构成的前柱来抵抗，部分由椎间关节承负，严重的压力负荷可导致终板骨折和椎间盘内破裂。

椎体终板是腰椎的薄弱环节，当压力升高到很高的水平时，终板或支持它的骨小梁极易受损。年轻成人的椎体终板是扁平的，随着年龄的增长、长期和反复的轻度损伤积累，可能导致其逐步向凹陷转变。对于具有骨质疏松的老年人，骨密度减低，在椎体内骨内压快速增加，甚至常压时，也可导致椎体骨折裂线或压缩性骨折损伤。此外，较低的、持续的、反复的或循环负荷，可导致骨的抗压强度降低，易于导致椎体疲劳骨折。

过度压缩负荷可以间接导致椎间盘破坏。同时，很大程度上，终板损伤对于椎间盘的内部功能的作用与年龄紧密相关，年轻人的椎间盘通常不易受到影响。可能的原因是：年轻的椎间盘内层板层像液体，很容易变形以适应终板形状的改变。椎体终板初始的压迫损伤可以导致纤维环的内部塌陷，进而可影响邻近椎间盘的营养通道，最终可导致椎间盘内破裂。

2）可能在压力下导致脊柱损伤的运动：在日常生活中，作用在脊柱的压力大部分是由腰背和躯干肌的张力产生。任何需要这些肌肉最大收缩的运动都会对脊柱产生有威胁的过度压力。卧床的癫痫病人可因强烈的肌收缩出现椎骨骨折，以快速和不正确的姿势抬起重物和较大的物体时，脊柱可受到高于疲劳阈值压力的影响。如果这些活动经常发生，当微损伤积聚的速度超过机体适应性重建的速度的话，疲劳性破坏就会发生。

（2）剪切力

1）力学损伤机制：剪切力大部分源于上身的重量，受椎间盘与水平面倾斜角度影响，前屈体位及较低的腰椎节段所受剪切力较大。作用于脊柱的剪切力可能大多会被椎弓所抵抗。下腰椎关节突关节的方位使它们很适宜于抵抗脊柱的剪切力。剪切力损伤使关节突关节撞击负荷增加，它可能是椎骨脱离的原因之一。在椎间盘退变时，椎体滑移的范围会因此增大，使脊柱的稳定性受到影响。

2）可能在剪切力下导致脊柱损伤的运动：垂直的重力负荷可以在 L_4 和 L_5 的椎体上产生向前的剪切力，这些椎体相对于水平面向前倾斜，向前的剪切力随着躯干前倾或者体重增加而增加。背负重物久行可导致椎弓剪切骨折。以腹部过度扩展的前凸姿势站立，可增加骶骨的倾斜度，增加作用于 L_5～S_1 的剪切力。

（3）扭转

1）力学损伤机制：①扭转抵抗：很小的旋转运动就可以使腰椎关节突关节紧密接触，在扭矩增加时，旋转轴移向关节突关节的撞击增加。这些关节对于扭转的抵抗，起着限制和引导运动的作用。随着年龄的增长，老年腰椎的轴向旋转范围增加，这可能与关节软骨老化、厚度降低，自由活动度增加有关。此外，与屈曲相比，扭矩对椎间盘产生的压力的影响要比相等的屈曲力矩产生的压力要小，这与骨性关节面扭转抵抗强于韧带和纤维环有关；②扭转损伤：研究表明，当施加的扭矩增加到约 10～30Nm，相当于对压紧的关节突关节施加 250～500N 的力时，损伤就会发生。初始扭转损伤可能主要包括关节突关节的软骨损伤或软骨下骨损伤。

2）可能以扭转力损伤脊柱的运动：跌倒中的手臂支撑、投掷铁饼、链球运动等动作使上身产生很大的扭力矩。为了稳住身体，脊柱和躯干肌就会抵抗此力矩，从而增加了扭转损伤的可能。网球运动、板球中的投球以及高尔夫中的击球动作，都伴有腰椎的扭曲、后伸和侧屈运动，这些动作常伴有一定量的扭矩，可增加腰椎间盘突出的风险，也是导致腰痛的重要原因。

（4）前屈

1）力学损伤机制：在矢状面的前屈和后伸运动中，旋转中心围绕髓核运动，同时椎体间产生相对滑动。前屈时，椎间韧带提供了大部分的抵抗力，后伸时力的抵抗主要来自于椎间盘和前纵韧带。

脊柱在运动的过程中，其整体的抗压性能与脊柱运动的速度有一定的关系，如快速前屈动作比慢速前屈动作更可能损伤椎间盘和韧带。在快速弯曲运动中，当弯曲力矩升高或超过弹力极限 50～80Nm 时，就会发生典型的前屈损伤，最先损伤的部位是棘间韧带和棘上韧带复合体。当弯曲力矩达到 120Nm 时会发生总体的损伤，140～185Nm 时会发生彻底的破坏，最后一个损伤的结构是后侧纤维环的外层。在过度前屈中，椎间韧带在前屈位保护椎间盘中的作用严重受损，可导致椎间盘破坏。在动力性运动中，持续的前屈可能降低韧带对椎间盘的保护作用，同时也降低腰肌的保护作用。

2）在前屈下导致脊柱损伤的运动：过度前屈损伤在生活中是很常见的。穿袜子、穿鞋子、弯腰提起地上的重物时，腰椎完全前屈，可以达到或超过正常静态的极限。在长时间的前屈位，拉伸的韧带或胶原组织会发生应力松弛，极易造成损伤。此外，脊柱蠕变使前屈位易于发生椎间盘突出；韧带和肌腱的应力松弛也将极大地削弱肌肉对脊柱的反射性的保护作用。

（5）侧屈：小范围的侧屈可伴随轴向旋转，这基本可为肌肉所控制。过度的脊柱侧弯，易导致屈侧关节突关节的压迫、对侧纤维环和关节囊韧带的拉伸，及横突间韧带损伤。此外，侧屈对髓核施加的压力常影响椎间盘的结构和功能，退变椎间盘更是如此。

（6）后伸

1）力学损伤机制：运动节段后伸时，对后伸力矩的抵抗主要包括椎弓的抵抗，以及来自于椎间盘和前纵韧带的抵抗。确定后伸运动中最先受损的结构并不容易，关节突关节、棘间韧带和椎间盘均有最先损伤的可能，这可能与腰椎的解剖结构有关。在体育运动中，如体操、田径、网球和板球中的腰椎快速的伸展运动，椎弓受到剧烈的挤压，常可导致峡部骨折，进而造成峡部裂。

运动节段过度后伸位，髓核自前侧纤维环突出的现象不多见，更多地表现为后侧膨出或突出。这是因为前侧纤维环较厚，故前侧突出很难。在后伸和压迫下施加强烈的循环负荷，就可以导致后侧纤维环的后方膨出。因此，如不理解这一原理，我们在运动分析时就可能得出错误甚至相反的结论。

2）可以通过后伸损伤脊柱的运动：在从事如向天花板喷漆等头顶上方的体力活动中，腰椎可以达到完全后伸。类似的腰椎后伸动作在生活和劳作中是很常见的，这是引发腰痛的姿势。在直立或后伸位用力也可能在躯干肌产生很大的拮抗作用，导致脊柱承担很大的压力负荷。体育运动如网球中的击球、板球中的快速投球等都会使腰椎承受后伸、侧屈和扭转的联合运动，并可以导致椎弓发生很多的损伤，包括椎骨脱离等。

（7）弯曲和压迫

1）力学损伤机制：在关节突关节受损，而且椎间盘扭转角度超过正常的10倍时，扭转负荷也不会导致椎间盘突出。但在弯曲和压迫负荷下，即使纤维环无损，椎间盘也可以因为强大而重复的负荷而突出。①突然负荷而致椎间盘突出：当腰椎运动节段处于前外侧屈曲或过屈时的迅速压迫可致节段破坏，大约一半的节段会通过后外侧椎间盘突出而破坏。这类椎间盘突出具有以下特点：常见于低腰椎节段，以 L_4～L_5，L_5～S_1 最多；多发生于没有退变的椎间盘，即已出现老化、相关的纤维环弱化但依然年轻的椎间盘，而严重退变的椎间盘可能因为髓核过于纤维化和脱水，不会对纤维环施压而不易脱出；多发生于轴向旋转加入弯曲和压迫时；后侧椎间盘脱出多见，这可能与前部韧带坚韧肥厚，以及后纤维环的基质内出现应力集中紧密相关。②重复负荷导致椎间盘脱出：在循环疲劳负荷中，压力、屈曲和侧屈的结合能够在很低的负荷水平下产生椎间盘脱出。在屈曲、侧屈和压迫下加上扭转时，后外侧的内层纤维环的压力增加，在重复负荷下，也可以在较小的前屈角度下产生椎间盘脱出。

2）椎间盘脱出的后果：从力学和生物学角度来看，椎间盘脱出可产生以下不良后果：①可导致髓核内压降低，并降低了椎间盘对屈曲的抵抗力，使受累节段的稳定性降低；②增加了相邻板层之间的剪切力，这使得运动节段进一步倾向于力学破坏；③压迫周围组织，引发周围组织的炎症反应，导致疼痛，如坐骨神经痛等；④以上因素相互影响，并有可能形成恶性循环，加速椎间盘的退变进程。

3）可以导致椎间盘脱出的运动：许多体力劳动都会对腰椎同时加载压迫、屈曲和侧屈负荷，当某一因素升高到损伤水平时，就可能导致椎间盘脱出。常见的损伤性运动形式有：①跌倒时臀部着地，腿伸直向前；②抬重物时绊倒，或抬举重物时受到惊吓，都可能形成脊柱过度屈曲与压力的结合；③当身体突然前冲去抓或稳住一个正在下坠的物体，或者试图在脊柱过度前屈时抬举重物，附带较高压力的过度屈曲就可以发生；④有循环负荷积累，以至于疲劳损伤积聚的速度超过椎间盘适应性重建反应速度时，椎间盘就会脱出。

（8）挥鞭伤：汽车低速相撞时，驾驶员的上半身被甩向前，然后再向后，这种相向运动过程，常可导致颈椎损伤，这是典型的挥鞭伤。挥鞭伤通常多累及颈椎，故又称之为颈椎加速伸展性损伤，但是相似的情形也可以发生在腰椎。

挥鞭伤损伤的部位和程度取决于受到撞击前病人受到前兆警告的程度大小。任何紧急刹车声或后视镜里的闪动图像都会为腰肌或颈肌赢得时间而发生反射性收缩来保护脊柱，否则脊柱就对弯曲变得更为脆弱易损。挥鞭伤可能是压迫性的，损伤部位涉及椎间盘、椎体以及肌肉本身。损伤的部位也受到头或躯干任何轴向扭转的影响。$C_{5\sim7}$ 是最有可能发生过伸损伤的颈部节段。此外，颈椎快速伸展还可导致颈部神经及周围软组织的损伤性改变，严重者则可导致脊髓的损伤。

二、颈椎

颈椎（cervical vertebra）是脊柱轴活动范围最大的部分，是人体的重要部位，起着联系头部和躯干的作用，同时有保护其内脊髓的作用。脊髓是神经活动的传输通道，一方面脑发出的各种指令得以传输到躯干和四肢；另一方面身体感受到的各种刺激以神经冲动的方式也可以传送到大脑。颈髓损伤可以导致其横截面以下的运动和感觉障碍，形成高位截瘫。颈部脊柱，为了支持头颅的重量，需要有坚强的支持力；同时为了适应视觉、听觉和嗅觉的刺激反应，需要有较高的灵活性。

（一）骨与关节

颈部脊柱，由7块颈椎骨、6块椎间盘（其中包括第7颈椎骨和第1胸椎骨之间的椎间盘，而第1、第2颈椎骨间无椎间盘）和所属的韧带构成。颈椎是脊柱椎骨中体积最小，但灵活性最强、活动频率最高且负重较大的节段。具有特殊的关节连接和不稳定的骨结构，以适应颈的支撑、保护和运动功能。

第一颈椎又称寰椎，它没有椎体和棘突，由前后弓和侧块组成，有一对横突，其横突外突显著，可在乳突尖的紧下方触及。其与头的枕部连接形成寰枕关节。寰枕关节为椭圆状关节。第二颈椎又叫枢椎，其椎体上方有齿状的隆突称为齿状突，枢椎的齿状突向上伸入寰椎，并与寰椎前弓后的关节面共同形成寰枢关节，寰枢关节为枢轴关节。

上颈椎（$C_{0\sim2}$），亦称枕-寰-枢复合体，包括$C_{0\sim1}$和$C_{1\sim2}$两个节段，其运动最为独特。与脊柱其他节段运动相比，上颈椎的运动幅度较大，尤其是$C_{1\sim2}$的轴向旋转运动。从解剖结构上看，上颈椎椎管相对较大，轴向旋转运动的轴线靠近脊髓，从而保证在较大的上部颈椎运动中不损伤脊髓。

下颈椎（$C_{2\sim7}$）在解剖上与枕-寰-枢复合体有明显的不同，第三至第七颈椎都由椎体和椎弓两部分组成，每个颈椎上有7个突起，突向后下方的是棘突，其尾部多呈叉状。伸向两侧的为横突，其上有一横突孔，内有椎动脉通过。在椎弓的两侧各有一上关节突和下关节突。第7颈椎的棘突很长，末端不分叉而呈结节状，隆突于皮下，而被称为隆椎，它是临床上辨认椎骨序数的标志。为此，其运动学也有特殊性。

下颈椎的大多数屈曲或后伸活动出现在中位颈椎，尤其是$C_{5\sim6}$节段。侧屈和轴向旋转活动则是越往下逐渐变小。在下颈椎，其运动类型与颈椎小关节的取向密切相关。节段的各向运动之间存在耦合，如侧弯运动与轴向旋转运动之间的耦合。由于下颈椎小关节面在矢状面上与水平面呈45°，侧弯运动时伴有轴向旋转运动，当左侧弯时，上位颈椎的左下关节突沿下位颈椎的左上关节突下移，使上位颈椎的左侧向后移动。同时，右下关节突沿下位颈椎的右上关节突上移，使上位颈椎的右侧向前移动。其综合效果是产生左轴向旋转，棘突移向右侧。

颈椎的生理弯曲：颈椎的生理曲度主要是C_4、C_5椎间盘前厚后薄造成颈椎中段有一向前凸出的弧度。颈椎生理曲度的存在，能增加颈椎的弹性，减轻和缓冲重力的震荡，防止对脊髓和大脑的损伤。由于长期坐姿、睡姿不良和椎间盘髓核脱水退变时，颈椎的前凸可逐渐消失，甚至可变直或呈反张弯曲，即向后凸。

（二）颈部肌群与韧带

1. 颈部肌群 颈部肌群分为颈前肌和颈后肌。它们在头颈姿势保持、活动及保持颈椎稳定性方面发挥重要作用。

（1）颈前肌：头前直肌和头侧直肌均起于寰椎横突。双侧同时收缩，产生头在寰椎上做前屈运动。头侧直肌对头的内外侧控制或单侧收缩使头侧屈时均具有很好的杠杆作用。头长肌和颈长肌两侧同时收缩，产生头和上颈椎的前屈，单侧收缩产生颈的侧屈和旋转。胸锁乳突肌是颈部最浅表的肌肉之一，一侧收缩头转向对侧，颈屈向同侧；两侧同时收缩则伸头、伸颈。此外，胸锁乳突肌附着在胸锁关节上，在哮喘发作或呼吸困难时，成为呼吸辅助肌，以帮助吸气。斜角肌在颈部前屈和左右侧屈中发挥作用。

（2）颈后肌：脊柱颈部的后面肌群比前组强且厚，这是为了伸颈的需要。主要有枕下肌、横突棘肌和竖脊肌。

枕下肌有4块深层的小肌肉连接第1、第2颈椎和枕骨之间。解剖学作用：两侧枕下肌收缩可使寰枕关节做伸头动作，一侧收缩时可产生侧屈头和在寰枢关节旋转。

横突棘肌联结于横突和棘突之间，包括回旋肌、多裂肌和半棘肌。后伸为颈半棘肌和多裂肌的作用；如果两侧一同收缩可以发生后伸，如仅一侧收缩则仅发生侧屈；颈部变长则是因为颈半棘肌、多裂肌和头长肌共同收缩以及头半棘肌松弛的结果；相反，“缩脑袋”则是颈半棘肌、多裂肌、头长肌松弛及头半棘肌收缩而引起。

骶棘肌为许多椎后肌的总称。其联合功能是后伸脊柱或阻止脊柱前屈。

2. 颈部韧带 颈椎椎体之间为椎间盘，椎体、椎间盘、椎体由分别位于椎体前后方的前、后纵韧带紧密相连。前纵韧带的弹性和张力很大，当颈椎前屈受到压挤时能保持其形态不变，且能限制其过伸的运动。颈椎的横突之间没有韧带。椎板之间有黄韧带，棘突之间有棘间韧带和棘上韧带，使之相互连接。在颈部，棘上韧带形成项韧带，项韧带是三角形的弹力纤维膜，其底面向上方附着于枕外隆凸和枕外嵴，尖端向下移行于棘上韧带。项韧带有协助颈肌支持头颈的作用，并有对抗颈椎屈曲的作用。

（三）颈椎运动学特征

为了适应视觉、听觉和嗅觉的刺激反应，颈椎需要有较大而敏锐的可动性。颈椎的活动范围要比胸椎和腰椎大得多。颈椎的运动可分为前屈后伸，左右侧屈，左右旋转以及上述运动综合形成的环转运动（图3-19）。颈椎的前屈、后伸运动是上下椎体的椎间关节前后滑动的结果。颈椎中立位时，上关节突朝后朝上，下关节突朝前朝下；屈曲时，上一颈椎的下关节突在下一颈椎的上关节突上朝前滑动，椎间盘前窄后宽，亦朝前滑动。颈椎侧屈及旋转时，下关节突向后下滑动，上关节突向前上滑动。过度前屈受后纵韧带、黄韧带、项韧带和颈后肌群限制；过度后伸则受前纵韧带和颈前肌群的约束。

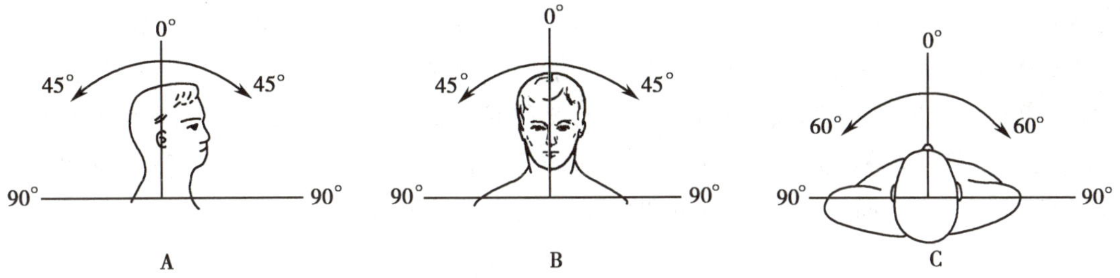

图3-19 颈部活动范围

颈椎的屈伸活动主要由第2～第7颈椎完成。左右侧屈主要依靠对侧的关节囊及韧带限制过度侧屈，侧屈主要由中段颈椎完成。左右旋转由寰枢关节来完成。环转运动则是上述活动的连贯作用来完成。

点头运动中，寰枕关节的主要运动发生在矢状面上，其运动为通过两侧枕髁的额状轴。可用两示指尖各放在两侧乳突尖端显示该轴的大概位置。寰枕关节还可做小量的侧屈，但会受到相当大的限制。寰枕关节和寰枢关节联合，形成多轴关节运动，使得头可以进行各个方向的运动。

（四）颈部运动障碍

从致病因素来看，颈部运动障碍的原因如下所述。

1. 损伤 颈部急性、慢性损伤致颈部脊柱不稳或运动障碍。直接损伤包括颈肌痉挛、挥鞭伤、颈部椎骨骨折和脱位等，间接损伤可导致颈部血管、神经根和脊髓损害。

2. 退行性改变 长期坐位工作者坐姿的异常、剧烈活动后休息体位的异常、卧位枕头的使用不当等各种原因，可造成头部过度向前、下颌突出、颈椎曲度变直进而可出现椎间盘退行性变、椎间隙变窄、椎间关节紊乱、椎体缘或钩椎关节骨刺形成，以及椎间孔缩窄等现象，导致患者颈椎运动范围减少，出现硬脊膜、肩袖受压等一系列症状。此时若及时进行康复主动训练，配合局部保温促使上下颈椎力学关系恢复，使颈椎间盘自动回位，可取得良好疗效。

严重退行性改变可导致颈椎病，表现为颈椎间盘退变，纤维环萎缩、破裂，髓核脱出；由于椎间隙变窄、周围韧带松弛等原因致颈椎失稳，又进一步发生劳损，促进退行性变，形成恶性循环。同时继发椎体骨质增生；韧带变性、增生、钙化；钩椎关节及关节突关节增生、变性、脱位等。以上诸多因素均可造成脊神经根、脊髓、椎动脉、交感神经等组织受压、损害而发生一系列临床表现。

3. 颈椎先天性畸形 主要为胚胎发育所致椎管狭窄，轻度椎间盘退变，可提前出现压迫症状。但较为少见。

三、胸椎

（一）骨与关节

胸部主要骨性结构包括胸椎、肋骨和胸骨。主要肌群包括胸大肌、胸小肌、膈肌、肋间肌和背部肌群等。

胸椎（thoracic vertebra）有12块椎骨，（即$T_{1\sim12}$）自上而下逐渐增大，下位胸椎与腰椎结构相近；上位胸椎相对较小，小关节面的方向与颈椎相似，但在矢状面上的角要大些。胸椎小关节面从上至下逐渐转向矢状面，因而上位胸椎的轴向旋转运动比下位胸椎的要大。

胸椎与颈椎和腰椎有明显区别，它有肋骨协助维持稳定。一个典型的胸椎椎骨都有椎体、椎弓和突起。在椎体的后面有棘突，侧面有横突，左右各有一个关节突。在椎体侧面后部近体上缘和下缘处，各有半球形肋凹，与肋骨形成肋横突关节。上关节突和下关节突的关节面几乎呈冠状位；棘突较长，伸向后方，并依次相掩，呈叠瓦状。这些都是与颈、腰椎不同的解剖特点。实际上在脊柱的胸段是一个由胸椎、肋骨和胸骨组成的桶状结构，与颈椎和腰椎相比，因其稳定性好，错位的机会较少。

（二）胸椎运动学特征

1. 胸椎关节与运动 胸椎支持头和躯干并允许它们做运动。胸椎参与胸廓的构成，是脊柱活动最小的部分，对直立姿势起重要作用，保持躯干稳定，其与肋骨和胸骨形成胸腔，具有保护心脏和肺脏的作用。

上位胸椎（$T_{1\sim5}$）的平均屈伸的运动范围为4°，中位胸椎（$T_{6\sim10}$）为6°，下位胸椎（$T_{11\sim12}$和$T_{12}\sim L_1$）为12°。上、中位胸椎的侧弯运动范围为6°左右，下位胸椎为8°～9°。上位胸椎轴向旋转的运动范围为8°～9°，愈往下愈小，在下部胸椎只有2°，这与胸椎小关节面逐渐转向矢状面相关。下位胸椎受肋骨的限制较少而关节面的方向逐渐转为矢状位，其椎骨间的运动更类似腰部的运动，即增加屈伸和侧屈运动，减少旋转运动。

胸椎的耦合运动类型与颈椎相似。胸椎侧弯运动与轴向旋转运动相互耦合。在上位胸椎，这种耦合作用非常显著，侧屈时棘突同时转向凸侧。但在中、下位胸椎的耦合运动则不明显，而且耦合作用的方向亦不一致，例如左向侧屈时，棘突可以向右侧旋转，也可以向左侧旋转。整体胸椎可完成胸部前屈、后伸和侧屈运动形式。

关节突关节的关节面的方向为额状位，可以限制胸椎前屈运动，允许做侧屈，但侧屈运动范围受到肋和胸骨的限制，棘突是限制胸部脊柱后伸的因素。胸椎整体运动范围较为局限。

肋椎关节：肋骨后端与胸椎的侧面形成两个滑膜关节，即肋头关节和肋横突关节，总称肋椎关节。肋头关节与肋横突关节都是平面关节，两关节同时运动（联合关节），运动轴是通过肋颈的斜轴，通过肋头关节和肋横突关节的轴做旋转运动，运动时肋颈沿此运动轴旋转，使肋的前端做提升和下降的运动，两侧缘做内、外翻活动，从而使胸廓前后径和横径发生变化。上位肋较水平，因而提升运动使胸廓的前后径增加；而下位肋较斜向下方，因而提升时能增加胸廓的横径。

2. 胸廓的运动 胸廓是由肋骨、胸骨、脊柱和肋间肌构成的骨性笼状支架。胸廓具有一定的弹性和活动性，起着支持和保护胸腹腔脏器避免被外力损伤的作用。胸廓的运动为肋骨和胸骨的综合运动，是呼吸运动不可缺少的条件，也是肺通气的动力源泉。其中主要呼吸肌群是膈肌和肋间肌，膈肌运动使胸廓上下径发生变化，而肋间肌的运动可引起肋骨和胸骨的升降，使胸廓矢径和横径发生变化。胸壁靠肋骨升降及旋转动作，配合膈肌的下降产生胸内负压，进行呼吸运动和促进血液回流。呼吸时，肋骨的活动随呼吸深度而有所变化。此外，呼吸运动还包括部分颈部和腹部辅助肌群参与。上述相关骨与肌群功能受损，将严重影响呼吸运动，对心肺功能产生影响，直接体现是机体耐力水平的降低。

需要强调的是，平静呼吸时，呼吸运动主有吸气肌群实施，机体能耗较少；而深呼吸或急促呼吸时，主要呼气肌群、吸气肌群和辅助呼吸肌群的运动均显著增加，机体能耗也显著增加，并可导致呼吸肌和机体的疲劳。

四、腰椎

（一）骨与关节

腰椎（lumbar vertebrae）椎体较大，棘突粗大呈垂直的板状，水平伸向后方，因此棘突的高度接近于同序数椎骨椎体的高度。腰椎相邻棘突间隙宽，临床上可在此处作腰椎穿刺术。髂嵴最高点的连线通过第 4 腰椎棘突、髂后上棘为第 2 骶椎高度。

1. 腰椎柱 腰椎柱介于脊柱胸椎尾侧与骶尾椎之间，是腰部脊柱的骨性结构，由 5 个腰椎体和它们的椎间盘组成（图 3-20）。

腰椎柱主要由 5 个腰椎组成，从上至下按数字命名为腰 1～5 椎体，即 L_1、L_2、L_3、L_4、L_5。椎间盘也就按照它们分开的椎体而命名为 L_1～L_2、L_2～L_3、L_3～L_4、L_4～L_5，最后一个为 L_5～S_1。椎体和椎间盘共同形成了一个柱体，具有一定的硬度和长度，并可以运动。椎体和椎间盘能坚强地抵抗压力，较容易地承担胸部和上肢的负荷。前屈是每一个椎间盘前方轻度压迫形成的，并为纤维环后部的张力所抵抗（图 3-20，图 3-21）。后伸是在相应的相反方向的活动，而侧屈是在冠状面的活动。腰椎的旋转是依靠每一个椎间盘较小角度的扭转来完成的，并为纤维环的张力所抵抗。

腰椎间盘与颈段、胸段椎间盘的功能基本相似，在脊柱承受躯干重量，联系肢体，保持整个身体正常的生理姿势，进行躯干的各种运动时，腰椎间盘发挥着特殊的功能：①保持脊柱的高度，维持身高：随椎体的发育，椎间盘增长，以此增加脊柱的长度；②联结椎间盘上下两椎体，使椎体间有一定活动度：椎间盘的特殊结构允许椎体间借助髓核的弹性和移动以及纤维环的张力做运动，使脊柱有最大的活动度，能进行腰部的各方向活动；③使椎体表面承受相同的力：椎体间仍然有一定的倾斜度，但通过髓核半液状的成分使整个椎间盘承受相同的应力；④缓冲作用：由于椎间盘的弹性结构，特别是髓核具有可塑性，在压力下可变扁平，使加于其上的力可以平均向纤维环及软骨板方向传递；椎间盘是脊柱吸

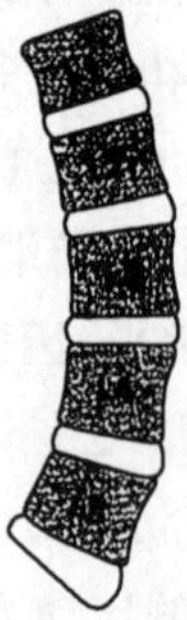

图 3-20 基本腰椎柱

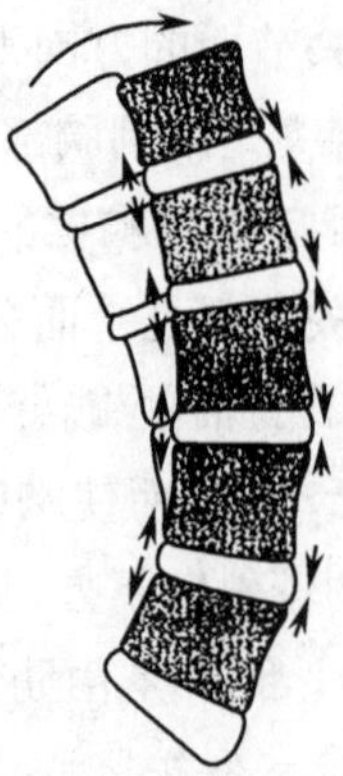

图 3-21 腰椎前屈抵抗

收震荡的主要结构，起着弹性垫的作用。当椎体承受纵向负载时，髓核用纤维环借其良好的弹性向外周膨胀，起着力传导的缓冲作用，有减震作用，在行走、弹跳、跑步或者高处坠落或肩、背、腰部突然负荷时，起到保护脊髓及脑部重要神经作用，防止震荡颅脑和脊髓；⑤维持后方关节突间一定的距离和高度，保持椎间孔的大小；⑥维持脊柱的曲度：不同部位的椎间盘厚度不一，在同一腰椎间盘其前方厚，后方薄，使腰椎出现生理性前凸曲线。

2. 腰椎的后部结构 腰部椎体和椎间盘并不是腰椎的全部结构。为了维持稳定，控制运动，腰椎还需要其他的因素帮助，这就是腰椎的后部结构。

腰椎的后部结构添加在基本的椎体柱上，在椎体和椎间盘后方形成了一系列的相互交锁的骨性结构（图 3-22）。连续椎体的椎板被一个小的间隙所分开，但是却通过关节突关节所连接。完整的腰椎体柱位于骶椎上方，前方通过 L_5～S_1 椎间盘连接，后方通过腰骶（L_5～S_1）关节突关节连接。

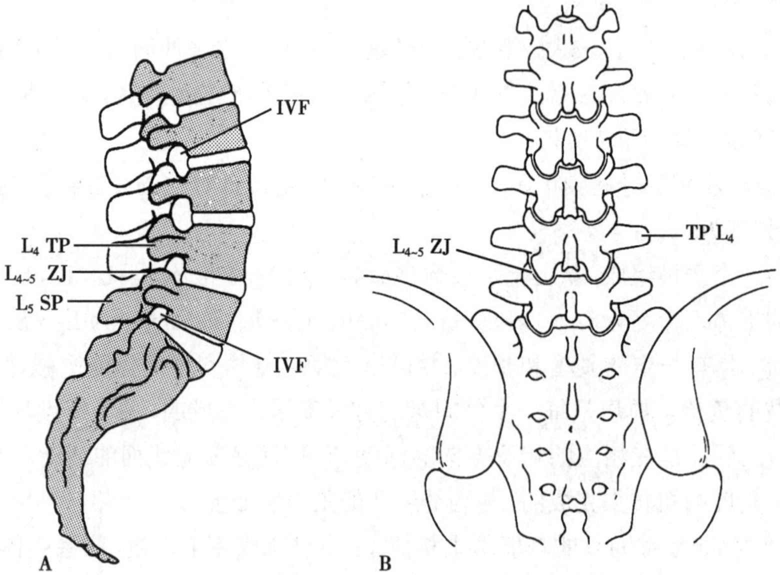

图 3-22 完整腰椎柱侧面（A）及后面（B）
TP：横突；SP：棘突；ZJ：关节突关节；IVF：椎间孔

腰椎后关节又称腰椎间关节，是由相邻的上位腰椎的下关节突与下位腰椎的上关节突构成。腰椎后关节由几部分构成：①上一椎体的下关节突；②下一椎体的上关节突；③关节囊、关节突位于椎管的后外方出发，扩大呈圆形、斜向后外呈乳头状，下关节突由椎板外下方出发，被下一个椎骨的上关节突抱拢着。腰椎后关节属滑膜关节，有滑膜及少量关节滑液，关节面覆有关节软骨，关节囊附于关节软骨周缘。腰椎后关节突的关节面与水平面成直角，与额状面成45°角，可做前屈、后伸和侧屈运动，几乎不能旋转。腰椎后关节为微动关节，因此，该关节易扭伤，引起腰痛。

3. 腰椎的生理弯曲 正常腰椎也保持一定的生理弯曲。脊柱的曲度随着年龄的增加而变化，老年人骨关节退变明显，椎间隙变窄，腰椎前凸变小。腰椎曲度不正常时，躯干重力的传导将失去平衡，过度的前凸时重力线后移，椎间关节负重增加，导致其退行性变，甚至关节面分离失去稳定性，椎间盘负荷增加，继发退行性变，引起下腰痛。

（二）腰部肌群与韧带

1. 腰部肌群 腰椎前屈，其功能肌群为腹直肌和腰大肌、腰小肌，腹直肌可防止腰椎过分前凸。腹直肌位于腹前壁正中线的两侧；其上固定时两侧收缩，可使骨盆后倾或保持较高水平位置，产生收腹；其下固定时使脊柱前屈。

伸展脊柱的肌肉主要为骶棘肌各个成分。骶棘肌位于脊柱两侧，像两根立柱从头部的枕骨到脊柱的最末端（骶骨），脊柱置于骶棘肌之间明显的凹形槽内，是一块强大的脊柱伸肌。下方固定时，两侧同时收缩，使头及脊柱伸展，抬头、挺胸、塌腰动作；一侧收缩时使躯干向同侧屈，如体侧屈运动。

脊柱侧屈的主要作用肌为骶棘肌、半棘肌、腰方肌、腰大肌和腹外斜肌。腹外斜肌位于腹前外侧浅层，为扁阔肌；其下固定时，两侧同时收缩使脊柱前屈；其一侧收缩可使脊柱向同侧屈和向对侧回旋；其上固定时，两侧同时收缩使骨盆后倾。腰大肌近端固定时，使大腿屈和旋外；远端固定时，两侧肌肉同时收缩，能使躯干前屈和骨盆前倾。腹内斜肌下段固定时，两侧收缩与腹外斜肌作用相同；一侧收缩时除使脊柱向同侧屈外，还使脊柱向同侧转动，此作用与腹外斜肌相反。所以，体侧转的运动实际上是同侧腹内斜肌与对侧腹外斜肌协同作用的结果。

2. 腰部韧带 腰椎主要的韧带包括前纵韧带、后纵韧带、椎体侧方韧带、黄韧带、关节囊韧带、横突间韧带、棘上韧带、棘间韧带等。前纵韧带的功能是限制脊柱过伸，连接椎体，保护椎间盘不至于前突；后纵韧带具有限制脊柱过屈的作用。椎体侧方韧带：位于前、后纵韧带之间，纤维较短，从椎体连接相邻的椎间盘，起到连接椎体、保护椎间盘的作用。黄韧带行走于相邻椎板之间，主要由坚韧的黄色弹力纤维构成，其上面附于上一椎板前面，向外至下关节突面构成椎间关节囊的一部分，再向外附于横突的根部，黄韧带的外侧游离，构成椎间孔的后界，此韧带由上而下增强，以腰部韧带最厚，此韧带有限制脊柱过屈的作用。关节囊韧带包绕在相邻椎体椎间关节的关节囊外面，此韧带比较松弛，便于脊柱运动。棘上韧带具有限制脊柱前屈的作用。棘间韧带：棘间韧带位于棘突间，从上一棘突的基底部到下一棘突的尖部。此韧带前缘接黄韧带，后方移行于棘上韧带，在颈椎和上胸椎处韧带较薄，在腰椎棘间韧带明显增厚，它和棘上韧带具有限制脊柱前屈的作用。髂腰韧带将下两节腰椎与髂骨相连。

（三）腰椎运动学特征

腰椎运动有前屈、后伸和左右方向的侧屈、水平面上的旋转，三者之间的作用综合形成环转运动（图3-23）。在上述的运动中以前屈的运动最为频繁，由于小关节面的取向，腰椎的轴向旋转运动很小。腰椎的活动范围在脊柱中比颈椎小一些，比胸椎的活动范围大得多。腰椎的活动范围与年龄成反比，即随着年龄的增长腰椎的各个方向上的活动范围逐渐减小。一般儿童时期腰椎的活动范围要大一些，尤其是后伸运动。幼年经过训练的人可以将这种较大范围的后伸运动保持到成年，因此腰椎的活动范围与正常的锻炼有密切关系。腰椎和骨盆的运动构成了躯干的活动。

1. 腰椎的运动范围 腰椎的屈伸运动范围从上至下是逐渐增加的，其中 L_5～S_1 节段屈伸运动最大。

除 L_5～S_1 节段的侧弯运动和轴向旋转运动较小以外，腰椎的侧弯和轴向旋转运动是相近的。$L_{4\sim5}$ 和 L_5～S_1 节段承受的载荷最大，运动的幅度也最大，其独特的生物力学机制与临床上这两个节段疾患较多的现象有密切的联系。

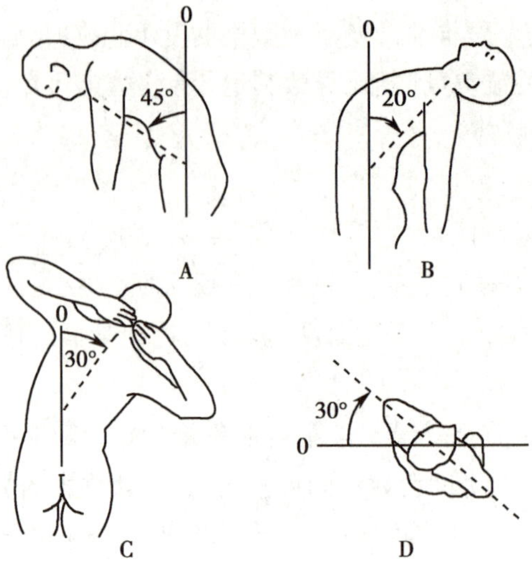

图 3-23　腰部活动范围

2. 腰椎的节段运动　腰椎前屈，其功能肌群为腰大肌、腰小肌和腹直肌，腹直肌可防止腰椎过分前凸。髋关节伸直时，髂腰肌紧张，可以加大腰椎前凸，如果此肌的伸展因病变受到限制，平卧伸直下肢，腰椎的前凸将会加大。值得注意的是腰椎前屈的运动，即“弯腰”。腰椎活动自如的人在伸膝的情况下弯腰前屈可以达到 120°，可以用手触到脚面。其实，弯腰的大部分动作在于髋关节的屈曲，而不是腰椎的单独运动的结果，因此不要将髋关节的活动误认为腰段脊柱屈曲功能活动，以免误判为功能良好。腰椎在后方的后纵韧带、黄韧带、棘间韧带、棘上韧带等组织的限制下，一般只能前屈 45°左右，约为整个弯腰活动的 1/4～1/3。腰椎的前屈是上一椎体下缘在下一椎体上缘表面向前滑动的结果。强直性脊柱炎同时累及脊柱及髋关节，将使脊柱活动明显受限。

腰椎后伸运动是上一椎体下缘在下一椎体上缘向后方滑动。此时，后伸运动主要受前纵韧带及后方突起的小关节、棘突等骨性结构的限制，因此后伸的范围较小，约为 30°。脊柱的伸肌主要为骶棘肌各个成分。脊柱侧屈的主要作用肌为骶棘肌、半棘肌、腰方肌、腰大肌和腹外斜肌。

3. 腰椎间盘的作用　运动时，腰椎间盘内的髓核可能起支点作用，是因髓核系半流体性，运动轴可以发生改变，后伸时运动轴前移，前屈时则后移。此外，在行走时腰椎还起到维持平衡和保持重心的作用。行走时，两足交替迈出，一足着地时，身体的重量加于一侧肢体，骨盆倾斜，骨盆提高的一侧腰椎发生侧凸，躯干的上部仍可维持平衡，这种侧屈的改变，可以使身体的重心随时得到矫正。

（四）腰椎生物力学

腰骶椎是脊柱的重要组成部分，主要功能是将颈腰部的载荷传递到骨盆，提供腰椎在三维空间中的活动范围。腰椎及其韧带、椎间盘、肌肉组织共同协调维持腰椎的稳定，保护脊髓。

1. 作用于腰椎的力　脊柱在保持姿势或不同运动过程中，其既定部位都可能受到来自不同方面力的影响，这些作用力能够结合形成合力。合力分解，其分力在脊柱不同部位、空间或方位产生作用，据此，可将作用于脊柱的分力分为压力、剪切力、弯曲力和扭转力。

脊柱的压力，即垂直作用于椎间盘水平中切面的分力。平行于椎间盘的分力被视为剪切力。使脊柱围绕位于椎间盘内的旋转中心弯曲或扭转的，又分别称为弯曲力和扭转力。这些分力是脊柱受压、屈曲、扭转和运动的基础，也可能是导致脊柱损伤或病变的根源（图 3-24）。

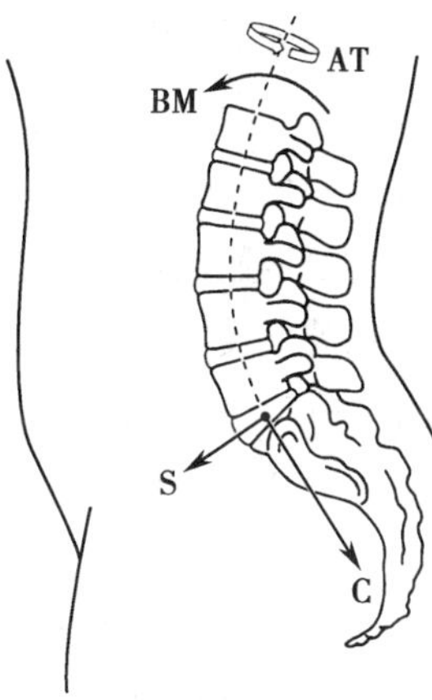

图 3-24　作用于腰椎的分力

C：压力；S：剪力；BM：矢状面弯曲力矩；AT：轴向扭矩

作用于脊柱的力可来自外部，也可源自于机体本身。主要包括：重力、惯性、肌肉的应力、筋膜和韧带的牵张力、腹内压力。

（1）重力：重力是对身体的不同部分施加的垂直力，力的大小与其质量呈正比。当人直立时，躯干、头和手臂的质量会对下腰椎施加相当于体重 5% 的垂直作用力。

（2）惯性：当快速加速或减速时，身体节段的质量能够产生更大的惯性。根据牛顿运动第二定律（力等于质量和加速度的乘积），力与加速度成正比（加速度 = 速度变化 ÷ 时间）。飞行员从飞机弹出时所承受的很高的垂直加速度可以产生对脊柱冲击性的压力，这足以导致椎体骨折。同理，臀部着地跌倒产生的减速度足以导致椎体骨折。

（3）肌肉的应力：背肌和腹肌的作用为保护脊柱，维持脊柱于直立位置和防止过度弯曲和轴向旋转。然而，因为许多躯干肌与脊柱长轴平行，所以当背肌产生保护和拉动脊柱的张力时，也会同时产生作用于脊柱的很大的压力。在放松的直立或坐位，肌肉作用于椎间盘的压力，约相当于体重的 2 倍；而在活动时，如前屈或抬起重物，背肌需要产生更大的力来克服上身的重力作用。

（4）筋膜和韧带的牵张力：腰椎的联结除依靠椎间盘组织外，筋膜和韧带也发挥了重要的作用。腰椎主要的韧带有 9 条，分别为前纵韧带、后纵韧带、椎体侧方韧带、黄韧带、关节囊韧带、横突间韧带、棘上韧带、棘间韧带和髂腰韧带。筋膜和韧带是被动结构（不收缩），当它们伸展时候可以承受较高的张力。当一个人前屈来触摸脚趾时，上身产生的前屈力矩必须由被动组织的张力来对抗，如椎弓的韧带、骶棘肌筋膜和腰背筋膜等。当脊柱屈曲时，被动组织伸展储存了弹性势能；当恢复直立时，则释放了弹性势能。因此，体力劳动时，脊柱应该充分屈曲以使腰背筋膜紧张，但是过度的前屈易使脊柱压力增大，导致椎间盘突出，故应予避免，尤其中老年及重体力劳动者。

（5）腹内压：在抬举过程中升高腹内压是一种自肩膀至骨盆的直接地传递负荷的方式，从而可以减少对于脊柱的压力。憋住呼吸可以升高腹压，产生主观的脊柱稳定感。轴向扭转躯干可以导致腹压异常升高。使用腹带的目的是产生较高的腹压，以便减低抬举物品时对于脊柱的压力（可减低约 15% 的压力）。这在腰椎损伤或病变以后广泛应用，以帮助维持脊柱于平直位（中度屈曲）而不是在前屈或后伸位置，以举重运动员的伤后治疗最为典型。此外，腹带可以减少突然承受负荷时脊柱产生的弯曲活动，对脊柱起保护作用。值得注意的是，腰腹带的宽厚部分应该放置在靠近脊柱而不是靠近它所要支持的腹壁。

2. 腰椎负荷

（1）身体位置对腰椎负荷的影响：腰椎是脊柱主要承重部位，也是脊柱载荷研究的主要对象。由于腰椎处于脊椎的下部，负荷重，又是活动段和固定端的交界处，因而损伤机会多，成为腰痛最常发生的部位。

1）站立位：正常的站立位下，关节及椎间盘传导重力，韧带维持姿势，躯干、双上肢和头部的重量可经椎间盘均匀传到椎体各部。在放松直立位时，椎间盘压力是受椎间盘内压、被测部位以上的体重和运动节段肌应力的影响。临床上椎间盘脱出不只是由于受压，更主要的原因是椎间盘内应力分布不均匀。脊柱前屈易使椎间盘向背侧膨出，而在腹侧回缩，若有旋转运动，则增加扭转载荷，椎间盘上应力进一步增加。若姿势不正，如腰椎前凸增加，则重力后移到关节突关节，可以引起关节退变，胸椎后突增加，进而易引起韧带慢性劳损。

2）坐位：在放松而无支撑的坐位时，腰椎所承受的载荷比放松直立位时要大，腰椎后部韧带紧张，应力增大，椎间盘受压大。这与骨盆后倾，腰椎前凸消失，身体重力中心移向脊柱前方，椎间盘受压和力矩加大有关。支撑坐位时，背部支持身体上部的部分重量，故腰椎载荷要小于无支撑坐位时。当坐有腰托的坐椅时，腰椎前凸接近直立位置，负荷也较小。

3）卧位：仰卧位时，因没有体重产生的载荷，脊柱承载量最小。屈髋仰卧位时，即髋和膝关节有支撑下屈曲时，由于腰肌放松使腰椎前凸变直，椎间盘负荷减少。因此椎间盘突出患者屈曲仰卧比伸髋仰卧时疼痛减轻。使髋关节处于半屈位进行腰部牵引时，载荷可以进一步减小。伸髋仰卧位时腰大肌紧张，增加了对脊柱的压力。俯卧时，腰椎前凸增加，因肌肉牵拉而增加了腰椎间盘的负荷。

（2）外部载荷：提举或携带物品是脊柱承受外部载荷最常见的情况。提物对脊椎负荷的影响，与物体的大小、轻重、搬运方式和腰椎的弯曲情况有关。外部载荷对脊柱载荷的影响主要取决于：①物体重心与脊柱运动中心的距离；②脊柱屈曲和旋转程度；③物体的形状、体积、重量和密度。物体重心与脊柱运动中心之间的距离越小，腰椎负荷也越小。如贴近身体持物，可以减少作用于腰椎上的弯曲力矩，使加载到腰椎上的负荷减少。反之，物体距离身体越远脊椎负荷越大。重量和密度相同物体，物体重心随其形状和体积变化而变化，腰椎载荷仍以物体重心与脊柱运动中心的距离为参考依据。体积较大物体产生的重力臂较长，则腰椎载荷也较大。弯曲重（阻）力矩比直立时产生更大的腰椎载荷。直腰屈髋屈膝搬物，脊椎负荷较少，劳损也较轻。因此说，劳动姿势不正确，是造成腰部损伤的常见原因。提举重物时，应以减少重力臂为原则，故避免腰部前屈提举，而采用屈膝后的提举，可以减少脊柱的负荷，防止腰部受伤。

（五）姿势与腰椎运动

1. 体位对腰椎运动功能的影响 如前所述，体位对腰椎负荷的影响极大。姿势不正时，如腰椎前凸增加，则重力后移到关节突关节，可引起关节退变，而胸椎后凸增加时，则易引起韧带慢性劳损。

人体在背、抬、搬、推、提重物等活动时，腰椎所承受的外力则更大，尤其是腰椎下部受力更大，而且除所搬物体的重量外，还与物体的大小、搬物方式及腰椎弯曲等情况有关。因此，不正确的劳动姿势是造成腰肌劳损和产生腰背疼痛的常见原因。

2. 姿势与椎间盘的力学 很小的姿势改变就会对椎间盘纤维环内的压力分布产生很大的作用。当在中立位承受压力负荷时，它们通常会在后侧纤维环内呈现很小的压力峰值，在整个髓核和前侧纤维环内，这种压力平均分布。在前凸姿势中，椎间盘的应力峰值增加；中度屈曲位时，整个椎间盘的应力呈平均分布，在完全屈曲位时，前侧纤维环会出现峰值压力。在完全伸直时后侧纤维环内的峰值压力会异常增高。

姿势也会影响髓核的静水压。施加 500N 的压力，髓核的压力在后伸 4° 时比中立位时低 40%。因为在后伸位，邻近椎体的椎弓会紧密地挤压在一起，从而抵抗了更多的压力。在完全屈曲位时，髓核的压力加倍，这与被牵张的韧带压迫椎间盘有关。

3. 姿势与椎间盘的营养 保证正常椎间盘内细胞代谢物的供给是维持椎间盘结构和功能的基础，椎间盘的退变与代谢物运输减弱有关，并受体位或姿势因素影响，其主要影响机制为弥散和液体流动改变。

（1）弥散：弥散到椎间盘某一区域的代谢物质的量依赖于弥散路径的长度，即到达椎间盘表面或椎体血管的最近的距离。研究表明，屈曲有利于促进代谢物质弥散进入后侧内层纤维环内，而对前侧纤维环代谢物质的弥散作用则相应降低。

（2）液体流动：姿势也影响到椎间盘内部的液体的流动，这对于弥散较慢的高分子量的代谢物质的运输就尤其重要。

4. 姿势与脊神经根 姿势对椎间孔内的脊神经根产生影响。与中立位相比，中度屈曲可以增加椎管的横截面积达到12%，后伸则降低15%。在前屈、中立和后伸位，椎间孔内神经根受压比率分别为15%、21%和33%。在完全后伸位时，黄韧带向前膨隆，可导致姿势性椎管狭窄。腰椎屈曲可以降低对神经根的压迫，但可以增加神经根的张力。在被瘢痕组织束缚的周围结构中神经根易于受到压迫刺激，这是导致腰痛的重要原因之一。

5. 姿势与肌肉活动 姿势影响到腰腹肌的三个特性：长度、牵拉椎体的角度和相对于旋转中心的力臂，其中最重要的影响是长度。

当拉伸到"静息时肌肉长度"的100%～110%时，肌肉会产生最大的主动性张力；当肌肉短缩、横桥连接形成减弱时，主动张力就会降低。另外，肌肉还可受到来自其非收缩性组织产生的被动张力的影响，被动张力随肌肉拉伸延长而增加。当脊柱位于中立位时，躯干肌位于静息位置；挺直站立时，腰椎后伸12°，腰肌轻度缩短，屈曲位时则拉伸延长。腰肌的肌力也随屈曲角度增加而增加。

后伸姿势时，骶棘肌在一个逐渐增加的角度下向后牵拉下腰椎，并限制作用于椎体的重力向前的剪切力。

6. 侧屈姿势 在不对称的体力劳动和不适当的姿势中，侧屈及合并前屈的侧屈姿势非常常见。由于椎间盘左右方向的直径较前后方向的直径大，因此两个椎体在冠状面一定角度的运动可以导致椎间盘周围纤维环在垂直方向上的变形，且变形程度也较矢状面同样的运动幅度大，即同样角度运动在冠状面产生的峰值应力比矢状面产生的峰值应力大。同样，冠状面上的小角度的脊柱弯曲就可能在同侧关节突关节产生很高的压力，在对侧关节囊产生很高的张力。可以推断，涉及在冠状面和矢状面内角度运动的姿势能够在椎间盘、关节突关节和椎间韧带产生非常高的应力。而前外侧的弯曲可以在后外侧的纤维环产生很大的应力集中。应力集中、弯曲和压迫共同影响椎间盘脱出的敏感性。侧屈通常合并有轴向扭转，压迫、弯曲和轴向扭转，其共同作用结果，可直接导致椎间盘后外侧纤维环和内层椎间盘压力的异常增高，这可能导致椎间盘的损伤，是促发腰椎间盘突出病变的重要机制。

7. 姿势评定 不同姿势对腰椎的结构和功能产生影响，一些不良的姿势甚至可以导致严重后果。因此，保持对机体有益的好的姿势，避免不良姿势的影响，已成为人们的共识。

（1）良好的姿势的标准和评定：有益的姿势具有一些共同的生物力学和功能特征。

1）对腰椎、肌肉和筋膜都有利的姿势：一般认为，与前屈位相比，后伸位可以降低髓核的压力，并降低脊柱的负荷。而事实上，后伸姿势降低髓核压力仅仅是它将负荷转移到后侧纤维环和关节突关节，它可通过在椎间盘和椎弓之间分配载荷而加强运动节段。但过度的后伸，因其活动范围超过了许多局部组织构件的生理极限，则增加了损伤和病变的可能，如在完全屈曲和过度屈曲位，拉伸的后侧纤维环增加了椎间盘后方脱出的风险。腰椎后侧结构变化成为腰痛的常见根源，而髓核却不是。

2）适度屈伸：腰椎不要过度屈曲和后伸，保持适度最为重要。中度屈曲时，从生物力学和营养学的角度都有较显著的益处。在腰部姿势中，一般说来，在静态下保持轻度屈曲，在运动中保持轻度后伸都是可取的方式，有一定益处。腰椎屈曲度增加，危害也随之增加，过多的腰椎屈曲更是如此，长时间的完全屈曲将严重减弱腰肌保护腰椎的能力。而在负重和大负荷负重时，轻至中度的腰椎曲度变平在抬举中是有益处的，因为它降低了椎间盘内的胶原纤维的应变峰值，降低了需要稳定腰椎的肌肉的活动。对于抬举重物者，腰椎需要采取适度前凸姿势来保持平衡，降低其过度屈曲的风险。

3）最小的应力或损伤负荷：理想的姿势应该是最小或最少肌肉活动就可以保持脊柱的稳定，同时对组织的损伤也最小。因此，保持腰椎前凸位有利于减轻疼痛和避免组织进一步受损。

（2）姿势调整：实际上，没有一个单一的姿势能够维持很长时间。腰部组织结构复杂，要实现不同部位、不同特性组织对神经支配和血液供应的需求都能够得到满足，又能充分地实现其功能是很困难的。因此，适时的姿位调整非常必要，这可以缓解或纠正被压或收缩的组织内的血流受限，保持组织结构和功能的完整。可见任何关于好的站或坐的姿势的建议都必须与间歇性姿势调整紧密结合。

（黄晓琳）

第四章
下肢

第一节 髋与骨盆

骨盆由骶骨、尾骨和左右髋骨组成，为许多下肢肌肉和躯干肌肉的共同附着点。骨盆的连接有7个关节：腰骶关节、骶髂关节（2个）、骶尾关节、耻骨联合和髋关节（2个）。虽然骶髂关节、耻骨联合和骶尾关节的运动较少，但这些关节非常重要并且容易受损。髋关节是连接躯干与下肢的重要关节，也是全身负荷体重最大、受力最重、结构上最稳定的可动关节。髋的许多解剖结构是为了在站立、行走和跑动时能更加稳定，股骨头的稳定性是靠四周囊韧带围成的臼来维持的，许多大肌肉提供了使身体向前和向上运动所必需的力矩，这些肌肉无力会对整个身体的活动产生严重的影响。

一、骨骼

（一）髋臼

髋臼是指髋关节球臼结构中的凹形部分，呈半球形，由髂骨、坐骨和耻骨三部分组成。髋臼侧壁为马蹄形关节，内有软骨衬垫，其下部被深层的髋臼切迹所间断，髋臼中间部位被关节软骨所深陷，不形成关节面，称为髋臼窝。髋臼窝内衬半月形软骨，其下缘由髋臼横韧带连结，使其与股骨头紧密联合。髋臼唇是在髋臼外缘围绕而成的以纤维软骨为主要成分的弹性环，在接近髋臼切迹的地方髋臼唇增宽转变为髋臼横韧带。三角形的纤维软骨的唇围绕于髋臼的边缘，充分地包裹了股骨头（图4-1）。髋臼上部在外侧覆盖股骨头，覆盖范围所成的角度（Wiber角）正常情况为30°。髋臼顶部承受股骨头最大的压力，此处的软骨最厚。

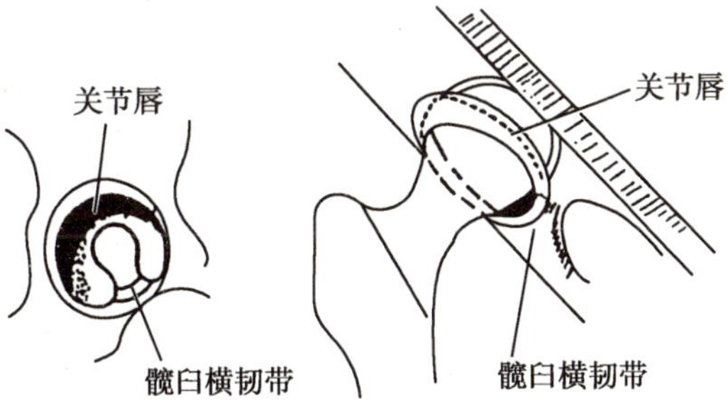

图4-1　髋臼唇及横韧带

正常髋臼面外展约45°，前倾约15°，髋臼前倾角度不像股骨颈前倾角，不会因骨性关节炎而发生改变。髋臼腔因髋臼边缘软骨盂唇附着而加深，可容纳股骨头的2/3，使髋关节稳定。

1. 髂骨 在髂骨的最前部可触及髂前上棘，这个突出的髂嵴在髂骨上缘延续向后并且止于髂后上棘，髂后上棘在软组织外表面的标志为皮肤上的浅凹而突起较不明显的髂后下棘标志着坐骨大切迹的上缘，这个开放的切迹和骶结节、髂嵴韧带共同形成坐骨大孔。髂骨内面观有两个面，前面光滑的凹面髂窝被髂肌充填，后面耳状面与骶骨在骶髂关节处以关节样连接（图 4-2）。

2. 耻骨 耻骨上支是由髋臼前壁向前延伸到耻骨体平面而形成（图 4-2），在耻骨上支的上面则是耻骨线，它是耻骨肌附着处的标志，在耻骨上支的前面为耻骨结节，其为腹股沟韧带的附着处。两块耻骨在中间以纤维软骨形成耻骨联合关节，此关节属于微动关节与透明软骨相一致。并且由纤维软骨、耻骨内板和支持韧带相连，构成了骨盆环的前部，在行走和妇女分娩时耻骨联合可通过骨盆环来减轻压力，耻骨下支是由耻骨体后部延伸到耻骨与坐骨的连接处而成。

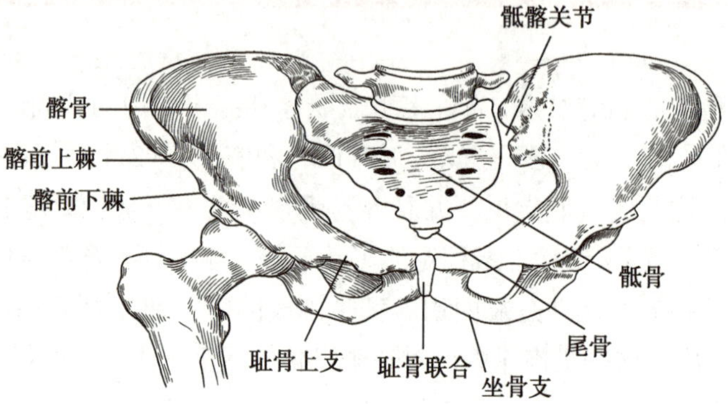

图 4-2 骨盆（前面观）

3. 坐骨 坐骨嵴由坐骨后方伸出，位于坐骨大切迹的下面（图 4-3），从髋臼后方和下方延伸出的是大而粗壮的坐骨结节。这个可触及的结构适用于作为下肢许多肌肉的近端附着点，最显著的就是腘绳肌，坐骨支从坐骨结节向前延伸终止于坐骨与耻骨下支的接点处（图 4-2）。

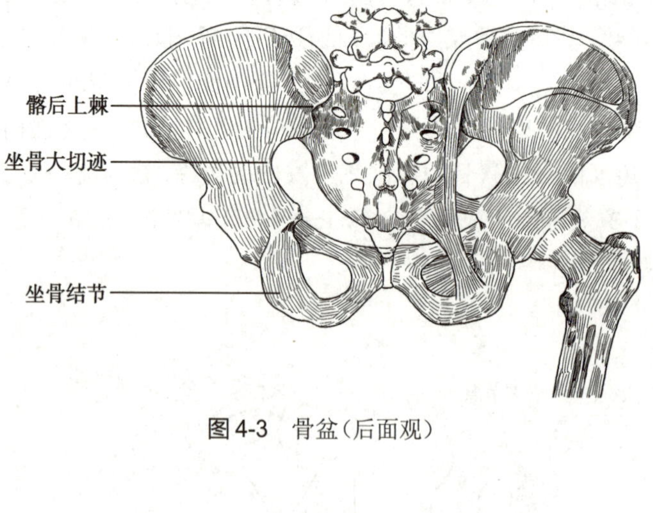

图 4-3 骨盆（后面观）

（二）股骨

股骨是人体中最长和最强壮的骨骼，在其近端，股骨头向内侧延伸与髋臼形成关节，股骨颈连接股骨头和股骨干，股骨颈向外侧偏离，使得股骨干近端远离髋关节，减少了股骨干和骨盆骨性撞击的概率。股骨干轻度前凸，作为一个长形的离心性负重柱，当其在体重的作用下会稍稍形成弓形时，压力通过股骨干前部进行分散；张力则通过后部来分散。如果股骨有比较好的强度，则它可以通过弓形变形来增加其负重量。

1. 股骨头 股骨头的形态为球体的2/3，股骨头被股骨颈所支撑，是髋关节球臼结构中的凸出部分，方向朝上、内、前。在大转子水平内侧，股骨头有一凹陷，称股骨头凹，圆韧带附着其上。股骨头的关节软骨厚薄不一，中间及内侧面最厚，周边部最薄（图4-4）。

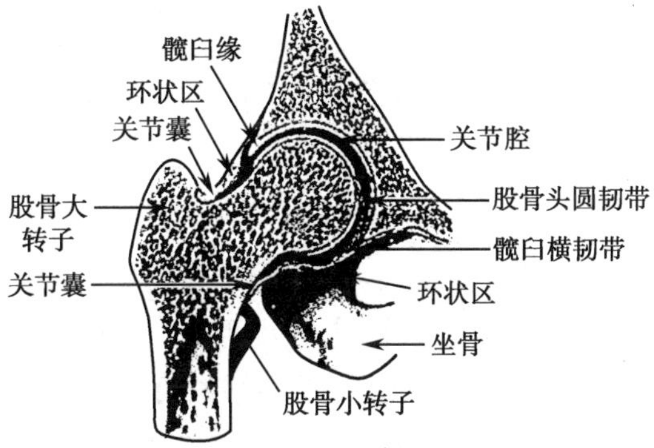

图4-4 髋关节结构

2. 颈干角（neck shaft angle，NSA） 股骨头借股骨颈与股骨干相连。股骨颈与股骨干纵轴所形成的角为颈干角（图4-5）。成年人颈干角平均呈125°，如果大于125°，称为髋外翻，并伴有下肢长度的增加；小于125°成髋内翻，并伴有下肢长度的减少。这两种结构的变化引起肌肉的杠杆力臂——张力关系改变而造成力矩的变化，导致肌肉强度的下降。

3. 前倾角（femoral anteversion angle，FAA） 股骨的第二个角称前倾角，即股骨颈的轴线与股骨内外髁的髁间连线间有一向前扭转的角度，为10°～30°（平均12°）锐角（图4-6）。前倾角＞12°，将使股骨头部分裸露，走路时为保持股骨头处于臼窝内，下肢有内旋倾向。前倾角＜12°，走路时有外旋倾向。婴幼儿时期股骨前倾角大约30°，随着骨骼生长和肌肉力量的增加，前倾角逐渐减小，6岁时此角减少到15°，前倾角过度前倾常常由于先天性缺陷和关节软骨的增厚而造成。在儿童当中其过分的前倾且伴有步态异常的情况称为“内八字”(in-toeing)，是一种髋关节过度内旋的步态，此种异常步态的形成是一种纠正，使股骨头能完全置于髋臼中，避免股骨头从前方脱出。

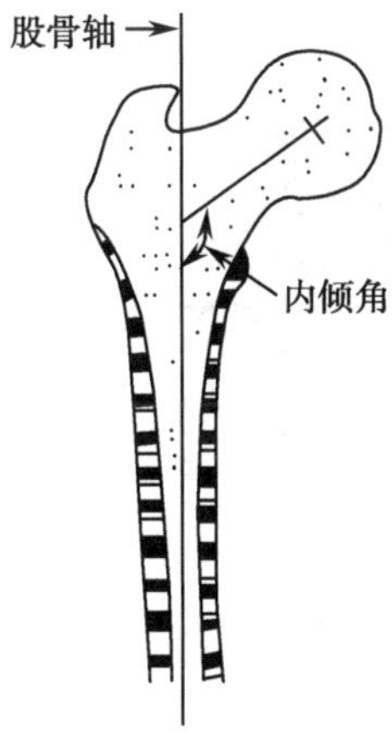

图4-5 颈干角

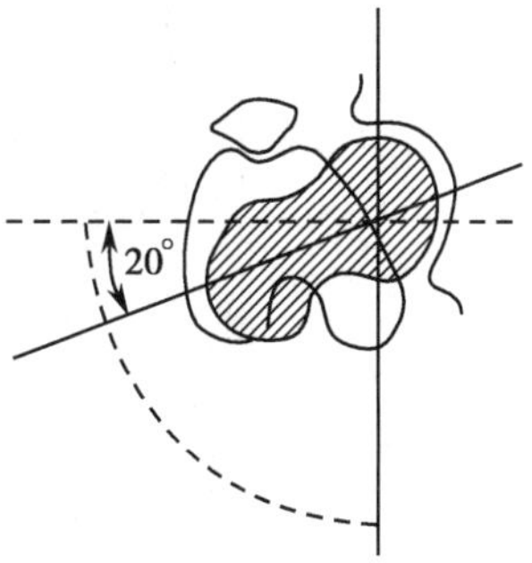

图4-6 股骨前倾角

4. 大转子 股骨颈与股骨体连接处上外侧的方形隆起称之为大转子。大转子内侧与股骨颈的骨松质连接，后上部游离于股骨颈形成转子窝。其外侧面及后缘是来自臀部、骨盆和闭孔的肌附着点，这些肌对旋转和外展下肢起重要作用。大转子尖部与髋关节中心在同一水平面上。大转子下外侧是股外侧肌起点（图4-4）。

5. 小转子 股骨后上内侧股骨颈内下方的骨性隆起称为小转子。位于股骨干的内后面，在股骨大转子平面以下，为髂腰肌止点。大小转子间的前方是转子间线，在后为转子间嵴。它们均为关节囊及旋转髋关节肌的附着点（图4-4）。

二、关节

（一）髋关节

1. 基本特征 髋关节是多轴性球窝状关节，由股骨的股骨头和髋骨的髋臼两部分组成，其中心位于腹股沟韧带中1/3稍下，关节面相互成曲面状，但大小不等，也不完全适应，只在完全伸展并轻度外展及内旋时紧密对合，年幼时其表面更似卵圆形，随年龄增长而变成球形。

2. 关节周围的结缔组织 髋关节有多条韧带加强（图4-7）。

（1）髂股韧带（iliofemoral ligament；Y ligament）：位于髋关节关节前面，是人体强有力的韧带之一，它起于髂前下棘，向下呈“人”字形，经关节囊前方止于转子间线。髂股韧带很强大，除加强关节囊外，还可以限制大腿过度伸展（使其最大只能伸展15°左右），髂股韧带的上部和髂转子部的张力同时可以限制大腿内收，从而限制由于过伸引起的股骨头向前脱位。站立时，髂股韧带使身体的重量落于股骨头上，与臀大肌共同将身体牵拉至直立位，防止骨盆在股骨上向后运动。在髋关节所有动作中，除屈曲外，髂股韧带均维持一定的紧张状态。

（2）耻股韧带（pubofemoral ligament，PL）：耻股韧带沿着髋臼的前下缘、邻近的部分耻骨上支和闭孔膜附着在关节囊的前下方，和坐股韧带位于后上方，呈螺旋状走形，作用为限制髋关节过度外展和外旋。

（3）坐股韧带（ischiofemoral ligament，IL）：较薄，起自坐骨，位于髋关节后面，限制髋关节的内旋和伸展。耻股韧带和坐股韧带的张力共同限制髋关节的外展。

（4）股骨头韧带（ligaments of head of femur，LHF）：位于关节腔内，连接髋臼横韧带和股骨头凹，营养股骨头的血管从此韧带中通过，成年后封闭，对股骨头起固定作用。

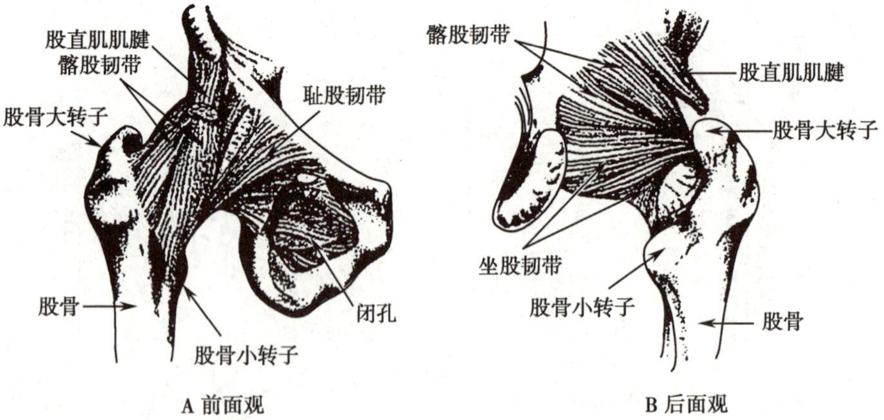

图4-7 髋关节的主要韧带

3. 运动学 髋关节能绕三个基本轴运动，其基本运动方向有：屈、伸、内收、外展、旋内、旋外。

（1）屈伸：屈伸的轴是水平的额状轴。该轴为左右股骨中心的连线。当站立位骨盆向前或向后转动或在仰卧位上拉两膝靠近胸腔时的运动，就是绕该轴的运动（图4-8）。髋关节屈曲大约120°会使三条主要的关节囊韧带呈现松弛的状态，但会牵拉下关节囊和臀大肌，当膝关节完全伸直时，髋关节屈曲通常会被限制在 70°～80° 左右，这是因为腘绳肌作为双关节肌的张力增加所致。髋关节伸直 20° 左右会增加整个关节囊韧带的被动张力，尤其是髂股韧带及髋关节屈曲肌群，当膝关节完全屈曲时，髋关节伸直的关节活动度会受限在几乎中位的位置，这是因为被牵拉到的双关节肌股直肌的被动不足。

（2）内收 - 外展：内收 - 外展的运动轴为矢状轴（图 4-9）。外展时，肢体对骨盆的运动如提腿向外侧，或骨盆对下肢的运动如躯干向站立侧的腿方向倾斜。髋关节的外展关节活动度平均大约为 40°，主要是受限于耻股韧带以及内收肌群。髋关节从中立位进行内收活动度约有 25°，除了对于对侧下肢相撞外，被牵拉的髋外展肌群、髂胫束以及坐股韧带上部纤维的被动张力都会限制完全的内收。

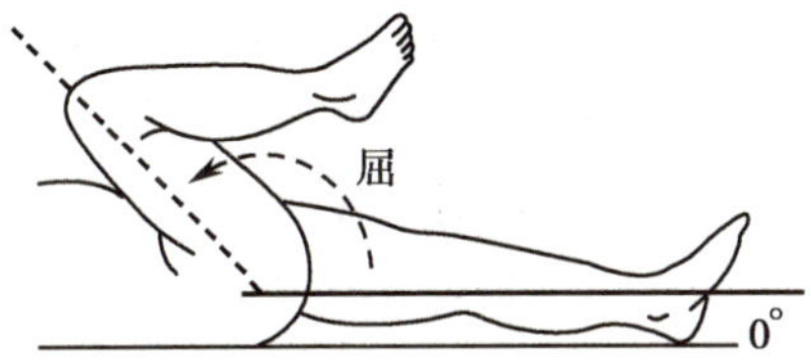

图 4-8　髋关节屈曲

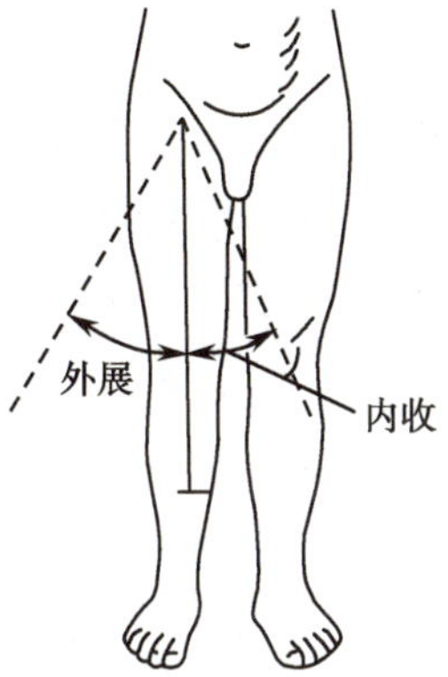

图 4-9　髋关节展收

（3）旋转：内旋和外旋的运动轴是横穿于股骨的垂直轴（图 4-10）。内旋是大转子向前移动接近骨盆的前部。外旋是与内旋相反方向的运动，髋关节从正中位置内旋的幅度约 35°，当髋关节位于伸直状态下时，最大髋关节内旋会拉长外旋肌群，例如梨状肌，以及部分的坐股韧带。伸直状态下的髋关节平均外旋约 45°。髂股韧带的外束若张力过高，会限制完全的外旋动作。此外，任何来自髋内旋肌群的过多张力也都可限制外旋动作。

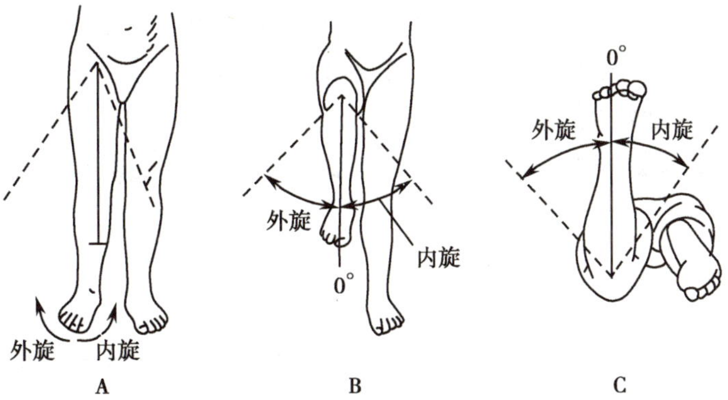

图 4-10　髋关节内旋和外旋

（二）骶髂关节

1. 基本特征　骶髂关节（sacroiliac joint, SI joint）是由骶骨与髂骨的耳状面相对而构成，属微动关节。关节面凸凹不平，骶骨的关节面覆有透明软骨，而髂骨的关节面表面为纤维软骨，互相嵌合十分紧密。在关节腔内有滑液，并有关节囊，关节囊坚韧（见图 4-2）。

2. 关节周围的结缔组织 骶髂关节周围有坚强的韧带加固。主要的韧带是骶髂骨间韧带，位于关节面的后上方，骶髂骨间韧带填充了骶粗隆和髂粗隆之间的间隙，韧带有多种方向的纤维并覆盖了关节全长的一半，多层骶髂后韧带覆盖骨间韧带和骶骨的后面。这些韧带附于髂骨粗隆（到臀后线），向内下方连于骶骨。在骶髂关节的腹侧为骶髂前韧带，它较薄以及没有像后方的韧带那样宽阔。前、后骶髂韧带将骶骨悬在髂骨上，当所负的重量将骶骨压向下时，这些韧带能够起到减震的作用。强厚的前纵韧带覆盖在腰椎的前方，向下附于骶骨和髂腰韧带。骶结节韧带和骶棘韧带为宽而长的韧带，连接在骶骨和坐骨结节以及坐骨棘之间。通过韧带极好的杠杆作用来防止由于重力的作用使骶岬向前下方倾斜，同时韧带的长度限制了骶岬向前下倾斜运动的幅度。骶髂关节的骨性结构和强厚而广泛的韧带系统形成了关节的自锁机制。当压力增加导致骶骨在髂骨表面向下运动和后韧带紧张，紧张的后韧带将两侧的髂骨更向中间靠拢，将骶骨夹得更紧阻止髂骨的下降。

3. 运动学 骶髂关节活动范围很小（1～3mm）以及测量困难，所以常被作为不动关节进行考虑。骶骨仅可在髂骨上做上下滑动和少量前后运动或髂骨在固定的骶骨上做同样的运动，骶髂关节的平均运动为 4°，其范围为 2°～8°。在倾斜运动中，骶骨的骶岬向前下移动而骶骨的远侧和尾骨向后上方移动，同时伴有髂嵴靠拢和坐骨分离，造成骨盆出口变大。逆倾斜是与倾斜相反的运动，即骶岬向后上方移动，尾骨向前移动，髂嵴分离，坐骨靠拢，这一运动使骨盆入口增大。女性怀孕期间身体分泌的松弛激素造成韧带松弛、耻骨联合轻度分离以及增加骶髂关节运动幅度，使骨盆入口变大以适应胎儿的生长，并在分娩时骨盆出口变得更大。韧带过度松弛将产生疼痛以及骶髂关节和耻骨联合的分离。若骶髂关节和耻骨联合重新靠拢时左右不对称，是慢性腰骶部痛的原因之一。

在站立和行走时，头、臂和躯干的重量从第五腰椎传到骶骨并通过骨盆到达耻骨和股骨头，然后向下传至地面。在坐位时，重量分布到耻骨联合和坐骨结节，然后到达所坐的椅子上。引起骶骨在两髂骨之间向前下方移动（或使髂骨在骶骨上向后上方移动），这种运动被强厚的韧带系统所限制。

（三）耻骨联合

1. 基本特征 左右两块髋骨的耻骨在骨盆前正中线上以耻骨间盘连接形成耻骨联合（图 4-2）。

2. 关节周围的结缔组织 两侧耻骨联合的关节面均覆有透明软骨，它们之间有纤维软骨盘将其分隔，耻骨联合的周边有强厚的韧带保护。腹直肌、锥状肌和腹内斜肌的附着加强了纤维软骨。耻骨联合以及骶髂关节使骶骨和髋骨围成完整的骨环，即使在骶髂关节发生最小的运动也伴有耻骨联合的运动。

3. 运动学 耻骨联合通常情况下仅有极小量的运动，过度的力如发生在跳跃落地时、交通事故中膝部撞击仪表板时、两腿长度不同行走时或在强力的屈髋动作突然受阻时，可造成骶髂关节或耻骨联合的损伤或脱位。

（四）尾骨连结

骶尾连接和尾骨间连接均属软骨联合，有少量的前后运动，这些运动被腹侧、背侧和外侧的韧带所限制。

（五）骨盆-股骨骨运动学

腰骨盆节律（lumbar-pelvic rhythm）由于在股骨头上的骨盆的旋转而改变了腰部脊柱的构型，这个重要的运动学关系被称为腰骨盆节律。

1. 同方向腰骨盆节律 其表现为骨盆和腰椎在同一方向旋转，这个运动使下肢末端的角位移达到最大化，并且它有助于增强上肢的伸展能力（图 4-11A）。

2. 反方向腰骨盆节律 为当骨盆向一个方向转动时腰椎同时向另一方向转动（图 4-11B），此种转动重要的结果是当股骨上的骨盆旋转时，腰椎以上的躯干（指身体在第一腰椎以上的部分）还能保持相对稳定。这种类型的节律主要发生在行走、跳舞和其他的有关腰椎以上躯干活动的运动中。在此种运动中腰椎以上的躯干在空间位置固定而骨盆能独自旋转。在此种方式中，腰椎的功能为机械性力偶使骨盆和腰椎以上躯干能独立地旋转。因此如果患者为融合的腰椎，没有上腰椎干的旋转，那么髋关节的骨盆则不能旋转，这种异常情况在行走时很常见。

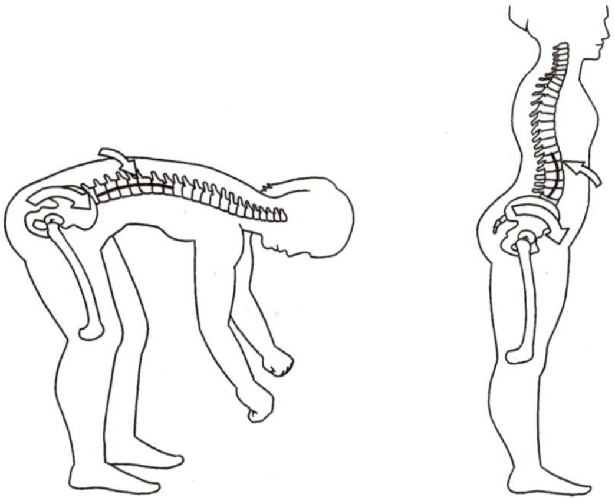

图 4-11 腰骨盆节律

（六）骨盆的平衡

由于骨盆的牢固连接，所以骨盆运动必定伴有脊柱的重新对线，这种重排列在腰部最显著。

1. 骨盆的倾斜度 人体直立，骨盆的运动产生屈髋而身体的上部仍保持直立姿势，此时骨盆的倾斜度增加，称骨盆前倾。当这种运动发生时，髂前上棘位于耻骨结节的前方，而正常时髂前上棘与耻骨结节在同一个垂直面上或稍后方。当骨盆作相反方向的运动（伸的方向）时，称为骨盆后倾，使骨盆倾斜度减小。

骨盆倾斜度可通过髂后下棘和耻骨联合上缘的平面来测量。它们与水平面的夹角称骨盆的倾斜角。成年男性正常为 50°～60°，女性稍大。在直立位，骨盆的后倾范围取决于髋关节的关节囊和韧带的张力，特别是髂股韧带。若要进一步后倾，只有在骨盆运动的同时屈膝才能完成，同时也造成屈髋而放松这些韧带。

在坐位时，这些韧带不再限制骨盆的运动，所以骨盆向后倾斜使经髂后上棘和耻骨联合的平面变为水平。骨盆的后倾伴有生理性腰曲减小或消失，骨盆前倾使生理性腰曲增加。

2. 骨盆倾斜的机制 骨盆倾斜主要分为前倾、后倾与侧倾。骨盆前倾时腰椎前凸的角度增大，可能导致腰椎间盘后侧及此部位的关节突关节面压力增加。在前面，髋部屈肌会向下拉动骨盆，导致前倾；在后面，竖脊肌向上拉动骨盆后部，同样导致前倾。因此骨盆前倾主要与较长且较弱的腘绳肌、腹直肌被拉长，而竖脊肌、腰大肌和股直肌缩短有关。骨盆后倾则与此相反，腰椎前凸的角度变小，在前面，腹肌会向上拉动骨盆，导致后倾；在后面，腘绳肌向下拉动骨盆后部，同样导致后倾。主要与髋部伸展肌、腹肌较短，髋部屈曲肌、竖脊肌较长有关。侧倾主要在于单侧腿支撑时，尤其是在步行过程当中，骨盆侧倾于支撑腿这一侧，摆动侧骨盆平面低于支撑侧。

3. 骨盆倾斜度的临床评估 骨盆的倾斜角很难测量，但髂前上棘和耻骨联合的前部较浅表并容易定位和观察，当从侧面观察被检查者，若这两个点接近垂直排列，这种骨盆倾斜度被认为是正常的。

三、 肌肉和神经支配

髋关节有丰富的肌覆盖，总共有21块肌跨越髋关节，多数起自骨盆止于股骨或胫腓骨，这些肌对髋关节的稳定性和活动起着重要的作用。髋关节可作三轴运动，即屈伸，内收、外展和内旋、外旋。髋关节的中立位是髋关节伸直，髌骨向上，无外展或内收，也无旋转。屈髋时，须同时屈膝，否则股后肌群能限制髋关节的屈曲。

1. 臀大肌 是一块大而浅表的肌，形成臀部的圆形。臀大肌起自髂嵴、胸腰筋膜、骶骨和尾骨的后面和骶结节韧带。肌纤维行向外下止于髂胫束和股骨干后面的臀肌粗隆。臀大肌由臀下神经（L_5～S_2）支配。解剖学的作用为后伸和外旋髋关节。在俯卧或直立时臀大肌可看到。如同股四头肌，不需要任何关节的运动仅简单地站立，臀大肌就能变得紧张。伸和外旋髋关节可使臀大肌的强力收缩。在登梯、跑步和跳跃时也可看到臀大肌强力的收缩。

2. 腘绳肌 股二头肌、半腱肌和半膜肌（三者合称腘绳肌），起自坐骨结节止于胫骨和腓骨。于这样的附着方式，腘绳肌可以伸髋屈膝，是双关节肌，由坐骨神经（L_4～S_3）支配。

3. 股直肌和缝匠肌 股直肌起自髂前下棘和髋臼的上方，止于髌骨，主要作用是屈髋伸膝（详见膝部肌肉）。缝匠肌是一块浅表带状肌，起自髂前上棘内下方，止于靠近胫骨前缘上部的胫骨内侧面，在股薄肌和半腱肌止点的前方。它由股神经（L_2、L_3）支配。解剖学上，缝匠肌的作用为前屈、外旋和外展髋关节以及屈和内旋膝关节。缝匠肌的作用线离髋关节的屈伸运动轴的垂直距离是相当大的。因此，即使缝匠肌的截面积相对较小，但它也能产生较大的力矩。并且缝匠肌有较大的长度，所以能缩短较长的距离。缝匠肌是一块双关节肌，其功能为屈髋、屈膝关节。

4. 阔筋膜张肌 作用于髋关节和膝关节。阔筋膜张肌起自缝匠肌外侧的髂嵴及其邻近结构，在大腿外侧的上1/3处经髂胫束止于胫骨外侧髁。阔筋膜张肌由臀上神经的分支（L_4～S_2）支配。解剖学作用为屈、外展和内旋髋关节。在缝匠肌上部的外侧，可摸到阔筋膜张肌。抗阻屈和内旋髋关节，可使阔筋膜张肌强烈收缩。阔筋膜张肌形成“V”字形区域的外侧边（其内侧边为缝匠肌），该区域内能摸到股直肌肌腱。在足跟着地的闭链运动中，臀中肌和阔筋膜张肌均能伸膝和稳定膝关节。

5. 髂腰肌 由两部分组成，即髂肌和腰大肌。它们的起点不同，但有共同的止点。位于髋关节下方的髂腰肌部分在缝匠肌上部的内侧，部分被缝匠肌所遮盖。髂肌起自髂窝和髂前上棘、髂前下棘的内侧面。髂肌覆盖了髋关节和股骨颈的前面，然后向内后的方向绕股骨颈，止于股骨的小转子。髂肌由股神经的分支（$L_{1\sim4}$）支配。腰大肌位于腹后壁，紧靠腰部脊柱和髂骨。腰大肌起自T_{12}～L_5的椎体、椎间盘和横突。肌纤维形成一个圆而相当长的肌腹，位于髂肌的内侧，最后止于股骨的小转子。它由腰丛直接发支（$L_{1\sim4}$）支配。髂腰肌的解剖学作用为屈和外旋髋关节。当仰卧腿固定时，两侧同时收缩能抬高躯干并使骨盆在股骨上屈曲，如同仰卧起坐的动作。

6. 臀中肌 是髋外侧肌群中最大的一块。部分被臀大肌和阔筋膜张肌覆盖，中上部浅表仅被厚的筋膜所覆盖。臀中肌呈扇形起自髂嵴和髂骨外侧面的广大区域，直到臀前线，这条线分隔了臀中肌和臀小肌的起点。肌纤维向股骨的大转子尖端集中，并止于大转子的尖端及其邻近骨面。臀中肌像三角肌一样有前、中和后3部，但这3部不能清楚地分开。后部比较小但有梨状肌补充。臀中肌由臀上神经（L_4～S_1）支配。解剖学作用为外展髋关节。前部能屈和内旋髋关节，而后部为伸和外旋髋关节。在侧卧或站立时，主动外展腿均可产生臀中肌的收缩。当用一条腿支持身体的重量，并在站立腿触诊，整个臀中肌都可能摸到。在这种情况下，臀中肌提供骨盆的侧向稳定，防止骨盆向对侧倾斜。这是臀中肌最重要的作用。

7. 臀小肌 臀区最深层的肌。它紧邻髋关节的关节囊，并被臀中肌所覆盖。臀小肌呈扇形，起自髂骨在臀前线和臀下线之间的骨面和在臀小肌与臀中肌之间的肌间隔，止于股骨大转子前缘，为臀上神经支配（L_4～S_1），其作用为外展、内旋和屈髋。因为在大腿外展和内旋时，臀中肌和臀小肌同时收缩，所以臀小肌不易与臀中肌区分，臀小肌的前部最厚，在内旋髋时可与臀中肌一起摸到。

8. 梨状肌 该肌与臀中肌均被臀大肌所覆盖。梨状肌起自骶骨的前面、坐骨结节和骶结节韧带，肌纤维随臀中肌的后缘向外下，止于大转子的内面。它由第 1 和第 2 骶神经直接发出的支支配。解剖学的作用为髋关节屈曲 60° 以内时，髋关节外旋，髋关节屈曲 60° 以上时，髋关节内旋。

9. 内收肌群 占大腿内侧的 1/4，在构造上，内收肌群可分为 3 层（图 4-12）。耻骨肌、内收长肌以及股薄肌属于表层。在近端，这些肌肉都沿着耻骨上支和耻骨下支以及邻近的耻骨骨体而附着；在远端，耻骨肌和内收肌附着到股骨的后侧表面，靠近粗糙线的位置。位于大腿内侧前缘是股内侧肌和缝匠肌，后缘是半腱肌和半膜肌之间的肌群。它们包括大收肌、长收肌、股薄肌、短收肌和耻骨肌。此外，闭孔外肌、股方肌和臀大肌下部也能内收大腿，但不属于大腿内收肌群。这些肌的起点为耻骨支和坐骨支，止于股骨后面的粗线和胫骨内侧，当屈髋时这些肌的作用线与其相关的轴发生改变，因此每块肌的作用取决于髋关节所处的特殊位置。内收肌群主要受闭孔神经支配，大收肌还受一支来自坐骨神经的分支支配，耻骨肌还受股神经的支配；其作用为收髋关节（在一定的位置，不同的内收肌还可能有屈、伸和旋转髋关节的作用）。

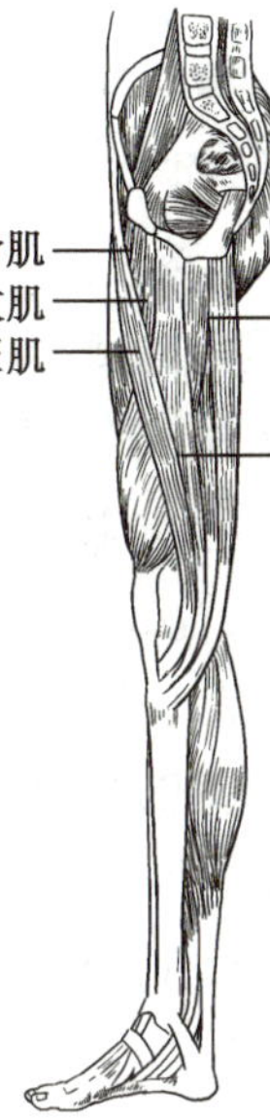

图 4-12　髋关节内收肌群

与髋关节运动有关的肌肉及其功能见表 4-1。

表 4-1　髋关节运动与肌肉

运动的形式	参与运动的肌
屈曲	髂腰肌、股直肌、缝匠肌、耻骨肌、臀中肌前部及阔筋膜张肌；当髋关节由完全伸展位开始屈曲时长收肌也参与
伸展	臀大肌、股二头肌长头、半腱肌、梨状肌
外展	主要为臀中肌、臀小肌，辅以缝匠肌和阔筋膜张肌
内收	长、短大收肌，辅以耻骨肌和股薄肌
内旋	臀小肌、阔筋膜张肌及臀中肌的前侧纤维
外旋	梨状肌、臀大肌、闭孔肌、孖肌、股方肌

（王　艳）

第二节　膝　关　节

膝关节是人体内最大最复杂的关节，在人体生物力学中扮演重要角色，它在参与下肢活动的同时还要承受较大压力，起着对人体承重，传递载荷的作用，同时允许股骨和胫骨间较大的运动幅度。从功能上来讲，在站立位时膝关节能支持体重而不需要肌肉的收缩，在步行时，正常的膝关节通过减少身体重心垂直和侧方的震荡来减少能量的消耗。下肢的活动又通常是由多关节协同运动来完成，例如跑步、爬山、坐以及站等动作，都是由髋、膝、踝关节共同来完成，从肌肉分布也可看出这些关节的关联性，大部分与膝关节运动相关的肌肉同时也跟髋关节或踝关节有关。因此，下肢各个关节联系很紧密，彼此之间也可以相互影响。

一、骨骼

1. 髌骨 髌骨是全身最大的籽骨，上宽下尖，前面粗糙，位于关节囊上，与股骨髁前下方的鞍状关节面（滑车面）相关节，上方有髌韧带通过。关节面的形态有相当大的变异，而且骨的形状与关节软骨面不完全一致。髌骨的关节面有一明显的纵嵴将其分为内侧和外侧关节面。

2. 股骨内侧髁、外侧髁 为股骨的下端突向下后方的两个膨大，两髁的前面、下面和后面都是光滑的关节面。其前面的关节面彼此相连，形成髌面，与髌骨相接，后方被髁间窝分开，两者之间有髁间切迹，形成一道供十字韧带通过之通道，若是髁间切迹的空间较小则会增加前十字韧带受伤的可能性。内上髁的上方有一三角形突起，叫做股收肌结节，为内收肌附着处。股骨内、外侧髁与较小的胫骨髁形成胫股关节。

3. 胫骨内侧髁、外侧髁 胫骨的上端膨大，稍向后倾，形成内侧髁和外侧髁，胫骨髁稍凹（胫骨外侧髁前后方向也凸起）。两髁的上面各有一上关节面，与股骨内侧髁、外侧髁的关节面相关节。两上关节面之间的骨面粗糙，形成向上的髁间隆起，胫骨的髁间隆起和楔形的内、外侧半月板共同增加了关节面的适应性。

二、关节

（一）胫股关节

1. 基本特征 胫股关节分为内侧胫股关节和外侧胫股关节。股骨内侧髁、外侧髁与胫骨内上髁、外上髁分别组成内侧胫股关节、外侧胫股关节。外侧胫股关节面的前 1/3 为一逐渐上升的凹面，而后 2/3 则呈逐渐下降的凹面，内侧胫股关节面则呈一种碗形的凹陷。胫股关节以一个不寻常的方式达到它们最大的稳定性和具有两个自由度的运动。股骨的内、外侧髁纵向和横向均凸起，前方它们与髌面相连，后方被髁间窝分开。股骨内、外侧髁与较小的胫骨髁相关节，胫骨髁稍凹（胫骨外侧髁前后方向也凸起），凸起的股骨关节面和凹陷的胫骨关节面彼此吻合，使膝关节得以在矢状面上作屈伸活动。然而外侧胫骨关节面的特征凹陷结构又使得外侧胫股关节面并非完全吻合，从而允许膝关节的屈伸活动也不是同轴运动而是具有多个瞬时活动中心的运动。胫骨的髁间隆起和楔形的内、外侧半月板增加了关节面的适应性。

2. 关节周围的结缔组织 有半月板以及周围众多韧带附着，以保证其运动的稳定性。

（1）**半月板**（meniscus）：位于胫骨平台表面，是垫在膝关节股骨与胫骨之间半月形的纤维软骨盘，其边缘较厚，中间很薄，上面凹陷，下面平坦，填充在两侧的胫骨髁上。两端借韧带附着于胫骨髁间隆起。两块半月形纤维软骨板，分别称为内、外侧半月板。内侧半月板（medial meniscus）较大，呈 C 形，前脚窄而薄，后角宽阔而稍厚，外侧缘与关节囊及胫侧副韧带紧密相连，因此胫侧副韧带的损伤常合并为半月板撕裂。外侧半月板（lateral meniscus）较小，近似 O 形，前、后角的距离很接近，外侧缘亦与关节囊相连。两个半月板的前端常借膝横韧带相连。

半月板是关节内唯一没有滑膜覆盖的组织，其冠状断面呈三角形结构。半月板唯一的骨性附着是通过它们的角连于胫骨的前、后髁间区和通过冠状韧带连于半月板的周缘和胫骨的边缘之间，冠状韧带是关节囊的一部分。因此，半月板并不附于胫骨的关节面，是可动的。它们还有很多其他附着：①横韧带连接2个半月板的前角；②纤维带连接2个半月板前角和髌内、外侧支持带之间（半月板髌纤维）；③内侧副韧带附于内侧半月板；④半膜肌腱发出纤维到内侧半月板；⑤腘肌发出纤维到外侧半月板的后缘；⑥半月板股韧带从外侧半月板后端附着到后交叉韧带附近的股骨内髁的内面。半月板有一定的活动度，在膝关节伸直装置中对最后伸直拧紧的功能起重要作用。半月板使关节面不匹配的股骨下端和胫骨上端紧密配合，使膝关节稳定并发挥其活动功能。半月板在膝完全伸直关节运动中可前后移动，对膝关节有着重要的作用。概括起来，有以下几点：①传导负载：减少膝关节活动时，接触面不吻合，使接触面积增大，压力分布均匀；②维持稳定：加深胫骨髁关节面，并在前后移动中，始终使膝关节的接触面积最大；③减轻震荡：起到一定的缓冲作用，能吸收一定的负荷震荡。

半月板的位置随着膝关节的运动而改变，被动和主动的力使半月板在胫骨上运动和控制其运动。被动的有：在伸膝时，股骨髁将半月板推向前方，使股骨髁与胫骨髁的接触面向前移动。相反，半月板在屈膝时移向后方。在半屈膝旋转小腿时，一个半月板滑向前，另一个滑向后。此外，半月板的移动或变形是根据轴旋转时股骨髁运动的方向。韧带和肌的附着也可直接牵动半月板。例如半月板髌纤维在伸膝时使半月板向前移动，而屈肌的附着（半膜肌和腘肌）使半月板向后运动。

（2）**髌韧带**（patellar ligament）：为股四头肌肌腱的中央部纤维索，自髌骨向下止于胫骨粗隆。髌韧带扁平而强韧，其浅层纤维越过髌骨连于股四头肌肌腱。

（3）**腓侧副韧带**（fibular collateral ligament）：为条索状坚韧的纤维索，起自股骨外上髁，向下延伸至腓骨头。韧带表面大部分被股二头肌所遮盖，与外侧半月板不直接相连。

（4）**胫侧副韧带**（tibial collateral ligament）：呈宽扁束状，位于膝关节内侧后份。起自股骨内上髁，向下附于胫骨内侧髁及相邻骨体，与关节囊和内侧半月板紧密结合，损伤时常伴有上两者损伤。

胫侧副韧带和腓侧副韧带的主要作用是保持膝关节内外侧的稳定，由于内外侧副韧带位置和斜度不同，在伸膝时紧张，屈膝时松弛，半屈膝时最松弛。因此，在半屈膝位允许膝关节做少许旋内和旋外运动。

（5）**腘斜韧带**（oblique popliteal ligament）：由半膜肌腱延伸而来，位于关节囊后方，此韧带从后面加固膝关节。起自胫骨内侧髁，斜向外上方，止于股骨外上髁，部分纤维与关节囊融合，可防止膝关节过伸。

（6）**膝交叉韧带**（cruciate ligaments of knee）：位于膝关节中央稍后方，非常坚韧。由滑膜衬覆，可分为前、后方两条。膝交叉韧带牢固地连接股骨和胫骨，对保持膝关节内外侧、前后方及旋转的稳定起着一定的作用。可防止胫骨沿股骨向前、后移位。前交叉韧带在伸膝时最紧张，能防止胫骨前移和限制膝部过伸。后交叉韧带在屈膝时最紧张，可防止胫骨在股骨上面向后移动（图4-13）。

3. 运动学 股骨髁的纵向关节面长度相当于胫骨髁关节面长度的2倍。因此，膝关节的屈伸运动并不是纯的屈伸运动。股骨髁可进行滚动和滑动两种运动，这两种运动，随运动的范围不同而变化。在开始屈膝（一般膝屈曲0°～20°）时以滚动为主，在屈曲20°至全屈时则有更多的滑动。因为股骨外侧髁关节面的长度大于内侧髁，所以两髁的运动也不同。

（1）屈和伸：活动的范围与年龄和性别有关，但一般来说，正常的膝关节膝完全伸直到完全屈曲的范围是0°～140°左右（图4-14），约5°～10°的过伸。胫股关节在横面内的活动范围，随膝完全伸直到屈曲90°而有所增加。在膝关节伸展的最后20°时，股骨内旋（或胫骨外旋），使得胫股关节具有旋紧功能（即膝伸直与胫外旋发生联合动作，每伸直1°约有0.5°的外旋，当完全伸直时旋紧）。这主要由于股

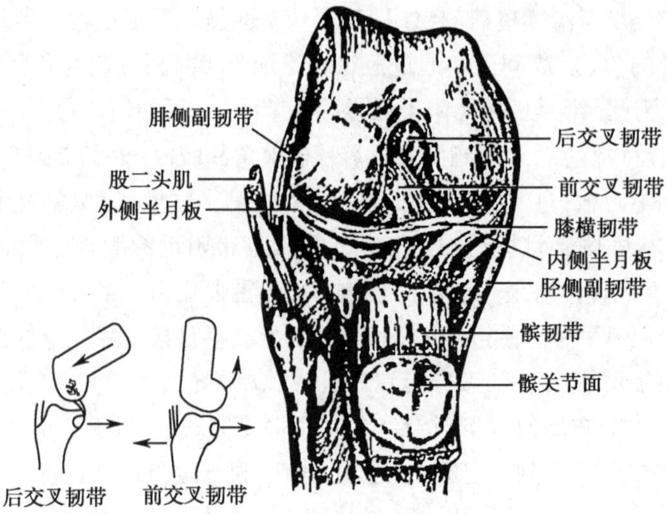

图4-13 膝关节周围的韧带

骨内髁长于外髁，使股骨髁与胫骨髁发生交锁，这种旋紧功能使膝站立承重时最稳定，在这个平面内几乎没有运动（无旋转和侧方运动）的可能。屈曲90°时，膝的外旋范围从0°～45°左右，内旋范围从0°～30°。膝屈曲90°以上时，横截面内的运动范围减少，这主要是由于软组织的限制功能所致；在冠状面内可得到同样的模式。膝完全伸直时几乎不可能有外展或内收。当膝屈曲到30°时，该面内的运动增加，但无论在被动外展或被动内收时，其最大运动也只有几度。同样，由于软组织的限制功能，屈曲超过30°时，这个面内的运动减少。

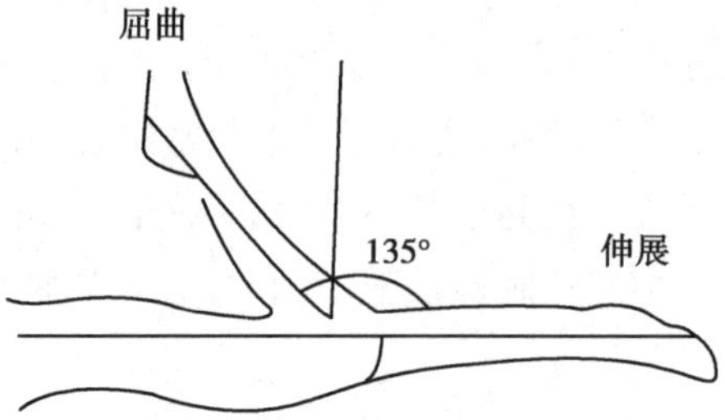

图4-14 膝关节屈曲

屈伸运动的内外侧旋转轴并不固定，但其仅在股骨髁间移动。这一轴线的移动路径被称为旋转的临时中心点（图4-15）。这一轴线的移动路径受股骨髁离心曲率的影响。旋转的移动轴具有生物力学和临床意义。首先，移动轴改变了屈伸肌固有力臂的长度。这就部分解释了为什么最大效率固有力臂随运动范围而变化。其次，许多膝关节外部装置，例如测角器或铰链式膝关节矫形器，可围绕同一固定轴旋转。因此，在膝关节的运动中，外部装置可在与小腿不同的平面上进行旋转。例如，铰链式矫形器可相对于小腿呈活塞运动而产生与皮肤的摩擦。

（2）内旋转和外旋转：膝关节的旋转活动是伴随膝关节屈伸活动进行的，为不随意运动。当膝关节完全伸直时，膝关节结构和韧带共同作用，内、外侧副韧带紧张，关节稳定，几乎无旋转运动。胫骨旋转是从膝关节伸直约30°时开始，由于前交叉韧带完全拉紧，导致胫骨外旋。在伸直10°时达到最大限度的旋转，此后旋转的程度降低，直到完全伸直时关节被锁紧（伸膝运动就如同旋紧螺丝的最后动作被称为关节扣锁），旋转的轴线约在内侧胫骨棘。在扣锁活动开始，股骨髁在胫骨上初期的滚动变成滑动时，股骨髁扁平部分与胫骨相接触。在扣锁活动结束时，韧带绷紧。当膝关节进行反向活动即从伸到屈曲时，初期为开锁状态。在屈膝时，半膜肌和半腱肌稳定胫骨的内旋，并向后牵拉外侧半月板，使之进入胫股间隙内，不受股骨髁侵犯。屈曲时股骨外髁向后移动约 1cm，这是外侧副韧带潜在松弛的结果。外侧半月板须移动同样范围，以适应股骨的活动。胫骨的内旋是由半膜肌和半腱肌肌腱实现的，外旋是由股二头肌实现的，少部分是股外侧肌作用的结果（图 4-16）。在正常行走时，胫骨旋转运动范围约为 ±6°。膝关节旋转运动产生的机制主要有：①股骨内外髁弧度不同，内髁大、外髁小，屈伸时出现以胫骨髁间隆突内侧为轴的旋转运动；②胫骨平台内外侧外形不同；③韧带的制约作用（包括前后交叉韧带和内外侧副韧带）；④内旋肌力大于外旋肌力。

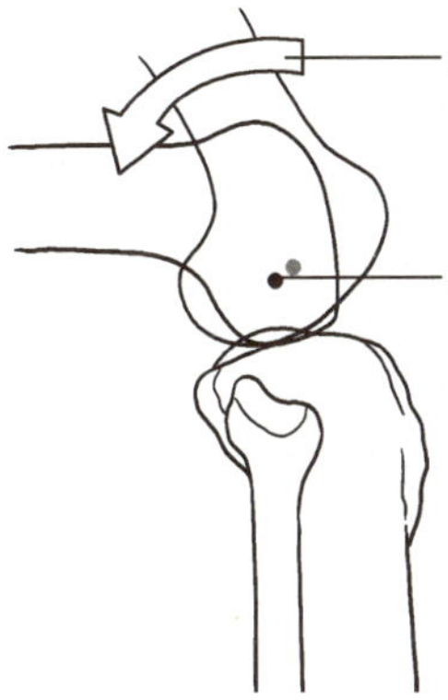

图 4-15　旋转的临时中心点

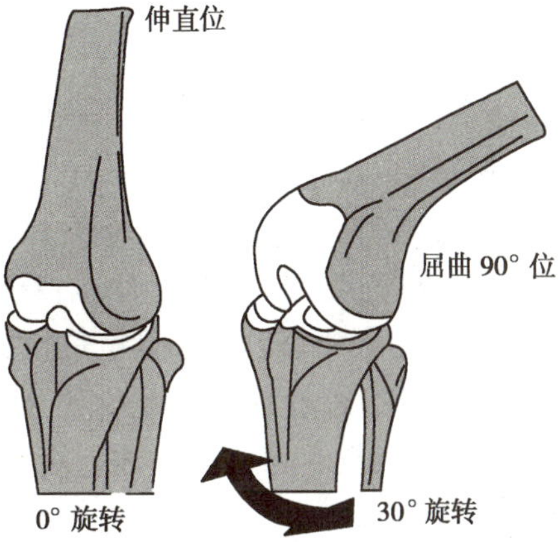

图 4-16　膝关节旋转

（3）前后滑移：屈膝时股骨在胫骨上向后滚动，这是由于股骨髁的解剖形态和后交叉韧带的作用，同时产生向后滑动。伸膝时，由于前交叉韧带的作用，使股骨髁产生向前的滑动。如交叉韧带被破坏，则就破坏了正常的向后滑动的功能，使前后滑动变得不可预测（图 4-17，图 4-18）。整个膝关节前后活动较小，在屈曲 45° 时大约为 3mm，当膝关节屈曲接近 90° 时则继续减少。

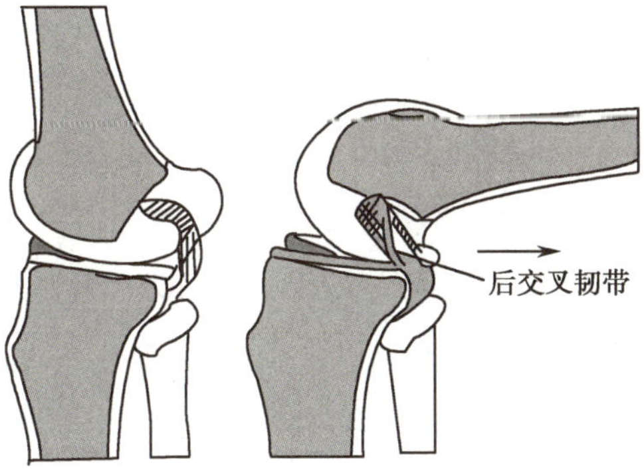

图 4-17　后交叉韧带限制胫骨后移

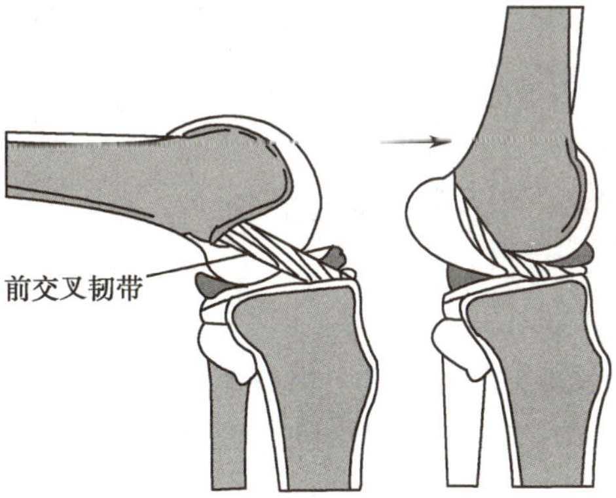

图 4-18　前交叉韧带限制胫骨前移

（二）髌股关节

1. 基本特征　髌股关节是膝关节的重要组成部分，是由髌骨与股骨下端两者对合构成的关节。

（1）髌骨：髌骨是一块籽骨，位于关节囊上，并于股骨髁前下方的鞍状关节面（滑车面）相关节。髌骨有下列作用：①通过增加与运动轴的距离（力臂）来增强股四头肌的杠杆作用和力矩；②当屈膝时提供股骨髁关节面的骨性保护，减少对股骨髁的压力和分散股骨髁上的力；③在抗阻屈膝时，能防止对股四头肌肌腱损伤性压力（该腱能抗大的张力但不能抗压力或摩擦力）。正常人膝关节伸屈活动中，髌骨在股骨滑车及髁间沟间既有矢状面上的滑动，也有冠状面上的滑动。

（2）关节软骨：髌股关节软骨是人体中最厚的软骨。最大厚度可达7mm。髌股关节软骨厚度并非均匀一致，软骨最厚的部分位于骨嵴处，60%位于髌骨的外侧关节面，分布于内侧者约20%。关节面软骨厚度变化特点有助于增加髌股关节面的适合性。

2. 关节周围的结缔组织 股四头肌从各边稳定髌骨，并引导髌骨和股骨之间的运动。远侧，髌骨经强厚的髌韧带附于胫骨粗隆。致密的纤维性支持带附于髌骨的两边。在外侧，深、浅支持带，髂胫束和股外侧肌稳定了髌骨。当屈膝时，这些结构向后外移动产生对髌骨的侧向斜力。正常时，这种运动受内侧稳定结构（髌股韧带、内侧半月板髌韧带和股内侧肌的斜纤维）所产生的平衡力阻止。在上方，股直肌和股中间肌止于髌骨的基底部。这样，髌骨受到静态（筋膜）和动态（肌）力的影响。

3. 运动学 在膝关节的屈伸中，髌股关节面之间的接触区域存在着动态变化过程。在膝关节完全伸直时，髌股关节面之间是分离的。其接触自屈膝15°时开始，髌股关节开始接触，首先是外侧关节面接触，然后才是内侧关节面，通常屈膝在30°以内时，髌骨尚未进入髁间沟内，最不稳定，由于受到外力拉伸、或扭转、或高位髌骨、或股骨髁发育不良因素的影响，容易造成髌骨脱位或半脱位，当屈膝超过30°后，髌骨进入股骨髁间沟内，髌骨嵴受到股骨髁的制约和引导，同时髌股间的积压力减小，此时髌骨相对稳定。膝关节屈曲过程中，髌股关节面的接触区域自远端向近端移动；当屈膝在90°时接触面主要集中在髌股关节面的上部；当屈膝超过90°，接触面又回到了髌股关节面的中部，分居两侧。屈膝达80°以上时，出现了股四头肌肌腱与股骨髁滑车的接触，即“腱股接触”，并且随着屈膝角度的增加，腱股接触区域也在增大。腱股接触对于调整髌股接触面积与压力有重要意义。

胫骨和股骨间的轴向旋转运动，导致髌韧带在附着处胫骨结节出现内外侧移动，造成髌骨出现相对于股骨的旋转运动。在正常运动时，大约有内旋6°和外旋8°，如果运动范围增加还会增大（图4-19）。

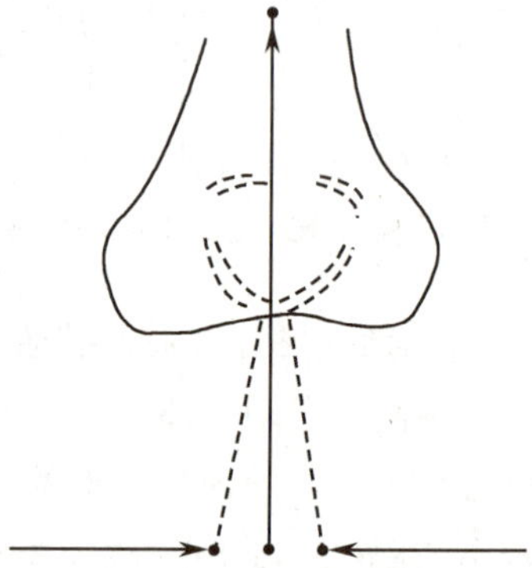

图4-19 髌骨相对于股骨的旋转运动

三、肌肉和神经支配

1. 股四头肌 位于大腿前面，是人体中最大的肌，为羽状肌。由四块肌组成：股直肌、股内侧肌、股外侧肌和股中间肌。这四块肌形成单一而强厚的腱止于髌骨、膝关节囊和胫骨上端的前面。肌发达而脂肪组织较少的人，股直肌、股内侧肌和股外侧肌均清楚看到。骨中间肌位置较深，不能从体表看到。在近固定时，股四头肌使小腿伸，股直肌还能使大腿屈。远固定时，股四头肌可以使大腿在膝关节处伸。一般认为是维持人体直立的重要肌。髌骨的存在，增大了股四头肌的力矩和旋转力矩。

（1）股直肌：在大腿中部，较表浅并直行向下。它通过两个腱：前或直腱起自髂前下棘；后或反转腱起自髋臼边缘的上方。当腱转向前时，它与髋关节紧邻并与关节囊交织。这两腱联合，在前方覆盖了部分关节囊。它的肌纤维向下连于一深部的腱膜，然后变窄，形成宽腱止于髌骨上缘，并借髌韧带止于胫骨粗隆。它受股神经（$L_{2\sim4}$）的两条分支支配。解剖学作用为屈髋和伸膝。当屈髋时，股直肌的起点腱可在缝匠肌和阔筋膜张肌之间的V形区内看到和摸到。肌部浅表可随其向下直至髌骨的附着处均可触及。

（2）股外侧肌：是四块肌中最大的一块，位于股直肌的外侧。它以宽的腱膜起自股骨的后外方，上至大转子高度，下达粗线。它止于髌骨的外侧缘、髌外侧支持带，并借髌韧带附于胫骨粗隆。肌纤维以

12° ～15° 的角度向髌骨汇聚。它由股神经的分支（$L_{2\sim4}$）支配，解剖学作用为伸膝。从大转子向下直到髌骨均可被看到和摸到。

（3）股内侧肌：位于股直肌的内侧。它起自股骨的后内方，上至转子间线，后至粗线。它止于髌骨上缘的内侧部、髌内侧支持带，并借髌韧带附于胫骨粗隆。股内侧肌由股神经（$L_{2\sim4}$）的分支支配。解剖学作用为伸膝。它的远侧部分相当大，在大腿下 1/3 内侧可摸到。

（4）股中间肌：位于股直肌的深层，部分与股内侧、外侧肌融合。它起自股骨的前外侧面，上达小转子和后到粗线，肌纤维与股骨长轴平行，止于髌骨的上缘，并与股内、外侧肌的腱融合，直接进入膝关节囊。它由股神经的分支（$L_{2\sim4}$）支配。解剖学作用为伸膝。若抓住股直肌并稍提起，从股直肌的外侧或内侧缘进入其下方，可能摸到股中间肌。

髌骨在股四头肌的总腱内，该腱附于髌骨的上和两侧缘。髌韧带作为股四头肌肌腱的延续从髌骨尖延伸到胫骨粗隆。在髌骨的两侧，腱纤维从内、外侧支持带中伸展出来，附于胫骨髁。

股四头肌为一块大而有力的肌，能产生超过 450kg 的力。在闭链运动中，抬高或下降身体（如从椅子上站起来、攀登、跳跃等），在步行、跑步或从跳跃着地时均需要如此大的力以防止膝部无力。大致来说，膝关节伸肌肌群（股四头肌）产生的力矩较屈肌肌群（腘绳肌）大 2/3 以上，股四头肌产生的扭矩可以用来执行协助膝关节的各种活动：等长收缩可以增加膝关节的稳定性；离心收缩可以控制身体重心下降速度，如当人下蹲或坐下时，股四头肌的离心收缩同时可以提供膝关节吸震能力；而股四头肌向心收缩可以加速胫骨朝向股骨做膝关节伸直的活动，如踢足球。

2. 腘绳肌

（1）股二头肌：是一块在大腿后外侧浅层的肌，为梭形肌。它有长、短两个头：长头与半腱肌形成总腱起自坐骨结节；短头起自股骨干的下部和外侧肌间隔。这两个头合起来止于胫骨的外侧髁、腓骨头和小腿筋膜。它由坐骨神经的分支（$L_{4\sim5}$, S_1）支配。解剖学作用为伸和外旋髋关节以及屈和外旋膝关节。在近固定时，长头使大腿伸，并使小腿屈和外旋。远固定时，使大腿在膝关节处屈（如下蹲动作），当小腿伸直时，则使骨盆向后倾。当俯卧抗阻屈膝时，股二头肌的长头从坐骨结节到腓骨头全长均可看到和摸到。坐位外旋小腿时，股二头肌肌腱也容易摸到。

（2）半腱肌：是一块内侧腘绳肌，其位于股二头肌长头的内侧。它与股二头肌长头形成总腱起自坐骨结节，止于胫骨髁的内侧面股薄肌止点的远侧。它由坐骨神经的分支（L_5, $S_{1\sim2}$）支配。解剖学作用为伸和内旋髋关节以及屈和内旋膝关节。俯卧抗阻屈膝时，半腱肌肌腱可在腘窝内上界看到和摸到。坐位时也摸到该腱。将触诊的手指放在腘窝的内上界，那里可区分出几根松弛的腱。然后使这区域的肌紧张，但不伴有关节运动，这时半腱肌肌腱从其下方的组织明显抬起，并为膝部背侧最突出的腱。沿该腱可向近侧摸到斜向近侧到坐骨结节的肌部。另一根小、圆而坚硬的腱在半腱肌的内侧摸到，这是股薄肌肌腱。可用触摸肌腹朝向近侧的起点，来区别股薄肌和半腱肌。股薄肌朝向耻骨故仍留在内侧。坐位时，内旋小腿也可使半腱肌和股薄肌肌腱显露出来。

（3）半膜肌：起自坐骨结节，止于胫骨的内侧髁。它由坐骨神经的分支（L_5, $S_{1\sim2}$）支配。解剖学作用为屈和内旋膝关节以及伸和内旋髋关节。虽然该肌的截面积在腘绳肌中最大，但它不是容易作为一块单独的肌摸到，因半腱肌覆盖了它的大部分，近侧又被大收肌所遮盖。和这些肌一起，半膜肌参与组成大腿后内侧大的肌质块。半膜肌的肌部比半腱肌的肌部伸向更远侧；因此，它的下部可能在半腱肌肌腱的两侧摸到。当半膜肌接近它的止点时，它的腱位于深层因而触摸较困难。

半腱肌和半膜肌在近固定时，使大腿伸，并使小腿屈和内旋。远固定时，与股二头肌相同，即使大腿在膝关节处屈（如下蹲动作），当小腿伸直时，则使骨盆向后倾。股二头肌、半腱肌和半膜肌合称为股后肌群（也称腘绳肌）。它们都是双关节肌，在运动中应注意锻炼它们的力量和伸展性，以克服多关节肌的“主动不足”和“被动不足”现象。

3. 腓肠肌 腓肠肌是形成小腿肌的主要部分，它的内、外侧两个头起自股骨髁的上方，跨过膝关节的屈侧边，附着处部分与膝关节囊紧贴。内侧头较大，肌腹比外侧头伸延更远。两个头的肌纤维附着于一块宽的腱板上。这块腱板起始于两头之间的间隔并与比目鱼肌表面的腱膜融合，腱板的远侧变窄形成跟腱，附着跟骨后部的跟结节。腓肠肌由胫神经支配（$S_{1\sim2}$），其作用为跖屈踝关节和屈膝关节。在抗阻屈膝、足踮起、走路、跑步、跳跃，均可看到腓肠肌的肌部收缩。在近固定时，使足跖屈，腓肠肌还能在膝关节处屈小腿。远固定时，在膝关节处拉大腿向后，协助伸膝，有维持人体直立的功能。

4. 跖肌 是在膝区后面的一块小肌，其自股骨外侧髁的上方，在腓肠肌外侧头和腘肌之间，紧靠关节囊并与囊交织，然后沿比目鱼肌的内侧缘下行参与跟腱并止于跟骨。它由胫神经（L_5～S_1）支配，跖肌的作用为屈膝和踝关节跖屈。

5. 腘肌 在膝关节的背侧，位置最深。它紧贴关节囊，被跖肌和腓肠肌的外侧头覆盖。它以强厚的腱起自股骨上外侧髁，肌纤维向内下止于胫骨干近侧部的后面。它的止点纵向分布较广，使该肌呈三角形。腘肌由胫神经（L_4～S_1）支配。解剖学作用为内旋和屈膝关节，当膝关节于伸直或闭链的姿势下准备做屈曲动作时，腘肌收缩提供重要的内旋力矩，以解锁及启动膝关节开始屈曲。腘肌的斜行走向使其在膝关节的屈曲肌群中有最有利于膝关节伸直时于水平面上产生的旋转力矩，因为腘肌具有较好的力臂以启动膝关节完全伸直时的内旋，因此获得“膝盖钥匙”的称号。腘肌另一重要功能是协助膝关节内侧与外侧动能的稳定性，其强大的关节囊内肌腱可对抗施于膝关节内翻的力量，同时由其离心收缩协助减低膝关节外旋的速度，以提升关节内侧的稳定性，以减少内侧副韧带、内侧关节囊以及前交叉韧带所受到的压力。

6. 缝匠肌 位于大腿前内侧浅层，肌纤维从大腿外上方向内下斜行。是人体中最长的肌，呈梭形。它和股直肌都跨过了膝关节和髋关节，为双关节肌，此肌在运动中容易发生“主动不足”和“被动不足”现象。在近固定时，使大腿屈和外旋，并使小腿屈和内旋。远固定时，两侧收缩，使骨盆前倾（图4-20）。

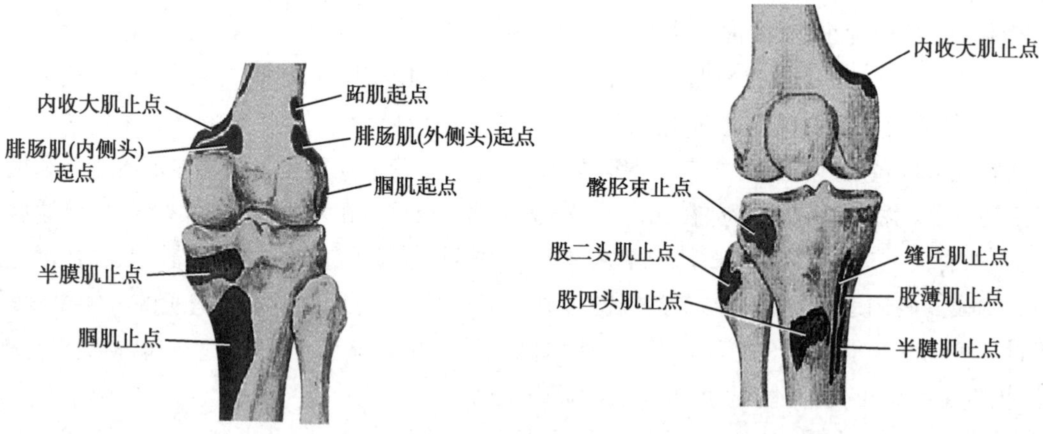

图4-20 膝关节周围肌肉的起止点

7. 作用于膝关节的单关节肌和双关节肌 作用于膝关节的单关节肌仅五块：股外侧肌、股中间肌、股内侧肌、腘肌和股二头肌短头。其余的肌（股直肌、缝匠肌、股薄肌、半腱肌、半膜肌、股二头肌长头和阔筋膜张肌的髂胫束）则跨越髋关节和膝关节，跨过膝关节和踝关节的肌肉如腓肠肌。这些双关节肌都存在主动不足和被动不足的现象，也就是说在膝关节上被充分拉长、在踝关节处就很难再拉长（被动不足），在膝关节处主动收缩产生力量，在踝关节处产生的力量就很小了（主动不足）。在一般的运用情况下，双关节肌极少用来同时运动两个关节。双关节肌的通常作用是用来克服一个关节来自重力或其他肌收缩的阻力。假如双关节肌在两个关节同时缩短，完成其所有的运动范围，那么该肌将缩短一个很长的距离，并在缩短的过程中很快丧失其肌力。一般来说该肌在其中一个关节逐渐延长而在另一个关节产生运动，借此来保持良好的长度 - 力关系。

与膝关节运动有关的肌肉及其功能见表 4-2。

表 4-2　膝关节运动与肌肉

运动的形式	参与运动的肌
屈曲	为腘绳肌、腓肠肌、跖肌、腘肌、股薄肌和缝匠肌
伸展	股四头肌
内旋	缝匠肌、半腱肌、半膜肌、股薄肌、腓肠肌的内侧头、腘肌
外旋	股二头肌、腓肠肌的外侧头

四、Q 角

Q 角（quadriceps angle）是股四头肌肌力线和髌韧带力线的夹角，即从髂前上棘到髌骨中点的连线为股四头肌肌力线，髌骨中点至胫骨结节最高点连线为髌韧带力线，两线所形成的夹角为 Q 角，正常 Q 角男性 10°～15°，女性 12°～18°。Q 角是临床中常用来评估股四头肌对于髌骨牵拉力量的大小。Q 角愈大，则股外侧肌使髌骨向外的拉力愈大（图 4-21）。Q 角大于 20° 认为有较高的髌股关节异常发生率如髌骨软骨软化和髌股关节行径轨迹异常。当髌骨在髌面上移动时，关节面的形态、较高的外侧滑车面和内侧软组织稳定结构可防止向外侧的过度移位。如髂胫束紧张或股内侧肌无力所致的不平衡可引起髌骨在股四头肌收缩时向外侧移动，这将导致关节接触区和压力的改变而影响髌骨的运动学，造成髌股关节的接触面积降低使其内压力增高，进而导致慢性髌骨内侧脱位的可能性增加。

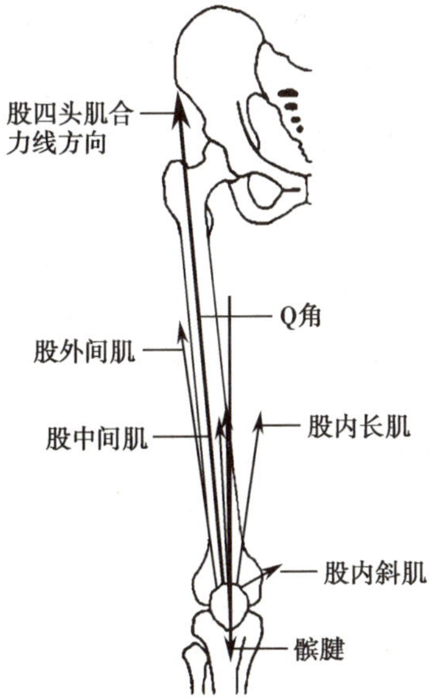

图 4-21　Q 角

（王　艳）

第三节　踝　与　足

踝关节是下肢运动链三大关节中最远端的关节。在站立、行走、跑、跳等动作中，踝关节的稳定性和灵活性起着十分重要的作用。踝关节通常与足部作为一个整体联合运动。踝、足的内在结构和复杂动力学组织能吸收各种振动、提供机体运动时的稳定性，并在直立和步行情况下推动身体前进。为了完成正常的运动功能，踝和足还具有能在不同时刻和不同位置上承受身体速度、运动方向和路面条件等复杂变化引起的较高负荷的作用。踝足部的运动主要表现为多关节相互配合下的三维复合运动，其特点是稳定中有灵活。

一、踝

（一）解剖学基础

1. 骨与韧带

（1）骨：踝部的骨性结构包括胫骨远端、腓骨远端和距骨体（图 4-22）。

1）胫骨远端：胫骨是小腿双骨之一，位于内侧，为小腿骨中主要承重骨。胫骨近端与股骨连接成膝关节。胫骨远端膨大，下面有与距骨相接的关节面，内侧有伸向下的骨突，叫做内踝。外侧有与腓骨相接的三角形凹隐，叫做腓骨切迹。成人的胫骨远端相对于其近端呈一定的自然旋外扭转。

2）腓骨远端：腓骨为细长的管状骨，位于小腿外侧，有支持胫骨的作用，约担负小腿负重的 1/6。腓骨远端膨大为外踝，其内侧面为外踝关节面，与胫骨下关节面、内踝关节面共同构成踝穴。外踝比内踝略偏下、偏后。

3）距骨：距骨连接小腿与足部，是足部位置最高的一块骨骼。它有 6 个关节面，与周围诸骨构成关节。距骨分为头、颈、体三部分，距骨头为前端具有球形关节面的部分，与足舟骨相关节。头后方缩窄处为距骨颈，近似方形的距骨体位于颈后方。距骨体的上面和两侧面都有关节面，称为距骨滑车，与内、外踝和胫骨下关节面共同构成踝关节。距骨体前宽后窄，故踝背伸稳定，而跖屈时稳定性较差。距骨头、颈、体三部分的下面都有关节面，与跟骨的相应关节面相关节。距骨与跟骨在踝足部特别增大，当人体站立时，有 50% 的下肢负重需要由距跟二骨承担。

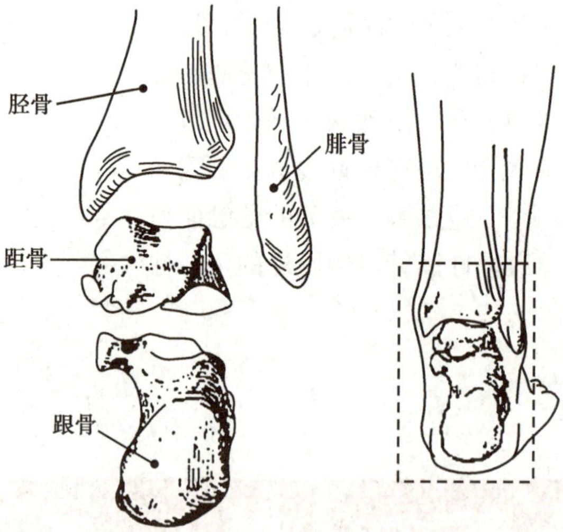

图 4-22 踝关节的组成（右）

（2）韧带：韧带是踝关节及足部的主要稳定性结构。踝关节及足部周围的韧带可达上百条之多，其重要性由此可见一斑。

踝关节韧带与其关节囊在结构和功能上互相关联。踝关节囊前后薄而松弛，有利于关节的活动；其两侧厚而坚韧，有副韧带加固，起维持关节稳定的作用。踝关节的主要韧带有：

1）内侧韧带：内侧韧带呈三角形，也称三角韧带。三角韧带宽而强韧，其顶点向上，起自内踝，自前向后呈三角形止于舟骨、距骨前内侧、跟骨内侧和距骨后内侧，分别形成胫舟韧带、胫距前韧带、胫跟韧带和胫距后韧带。此韧带十分坚韧并与关节束紧密相连（图 4-23）。

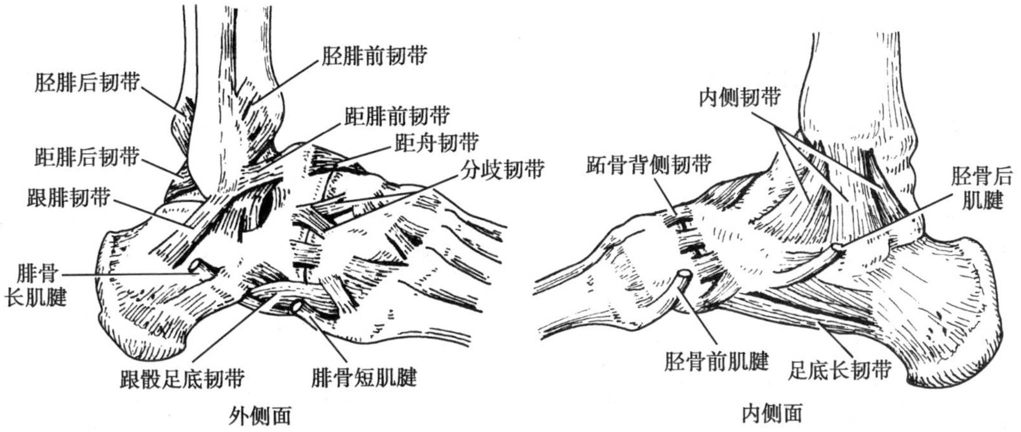

图 4-23　踝关节周围韧带

三角韧带的作用主要是限制足过度外翻。由于三角韧带十分坚固并与关节囊紧密相连，因此当踝关节受到外翻、外旋应力，使足踝过度外翻时，常只会发生内踝骨折或内踝撕裂，而三角韧带本身不会断裂。运动训练中，在足外翻状态往下按压踝关节的目的则是为拉伸三角韧带，以增大足、踝的外翻运动幅度。

2）外侧韧带：起自外踝，分三股由前向后分别止于距骨前外、跟骨外侧和距骨后方，其三条韧带分别是距腓前韧带、跟腓韧带及距腓后韧带（图 4-23）。此韧带较薄弱，用以增强关节囊。

a．距腓前韧带：成束状，起于外踝下 1/3 前缘，向内前、下斜行，止于距骨颈外侧面。距腓前韧带比较薄弱，在踝关节跖屈位可限制足内翻活动，而在踝关节中立位时，起对抗距骨向前移位的作用。

b．距腓后韧带：起于外踝内侧面，经关节后方水平向内伸展，至距骨后凸及邻近距骨部分。该韧带在外侧韧带中最为坚韧，紧连距腓二骨，有腓骨肌腱所跨越。其作用可限制踝关节过度背伸活动。

c．跟腓韧带：由外踝尖端正前方凹陷处，斜向下后，伸展至跟骨外侧面最凸处。并有多条腓骨肌腱跨越该韧带。跟腓韧带较坚强，在踝关节中立位限制足内翻活动。

概括而言，外侧韧带的主要作用是限制踝足的内翻幅度。当踝过度内翻时（如足扭伤），常发生外侧韧带挫伤或断裂。外侧韧带损伤是踝关节最常见的急性运动损伤之一。

3）下胫腓韧带：此韧带又可分为下胫腓前韧带、骨间韧带、下胫腓后韧带与下胫腓横韧带。其中骨间韧带是骨间膜的延续，最为坚固。下胫腓韧带连接胫腓骨的下端，维持踝穴的稳定性。

2. 关节　从解剖结构看，踝部仅包括一个关节，即踝关节。但下胫腓关节的位置及功能对于踝关节稳定非常重要，故在此加以讨论。

（1）下胫腓关节：下胫腓关节由腓骨远端内侧面和胫骨的腓骨切迹构成，其稳定性依靠胫腓骨之间的前后联合韧带和横韧带及骨间膜来保持。下胫腓关节是一个微动的弹性关节，生理状态时可随着踝关节的运动而出现相应的运动，具有传递和调节腓骨负重的作用，从而维持踝关节的力学稳定。

（2）踝关节：即距骨小腿关节，又称距上关节或胫距关节，由胫、腓骨远端关节面和距骨关节面组成（图 4-22）。踝关节的关节窝极具结构功能特征，呈叉状（又称踝穴），由胫骨远端关节面、内踝关节面及腓骨外踝关节面共同围成，其叉状关节窝在加强踝关节稳定性上起着十分重要的作用。踝关节的关节头由距骨体上关节面和距骨两侧的关节面所组成，关节面的形状为滑车状。踝关节主运动轴在横贯距骨体的横轴上，可做背伸与跖屈活动。距骨体前宽后窄，背伸时宽部进入踝穴，关节稳固，不能内收外展；跖屈时窄部进入踝穴，关节松弛，可有轻微的旋转、收展与侧方运动。此时踝关节容易发生扭伤，其中以内翻损伤最多见，因为外踝比内踝长而低，可阻止距骨过度外翻。

3. 肌肉、肌腱和神经支配 踝关节的活动主要由足外肌群，即小腿肌群完成。足外肌多为多关节肌，其近端多附着于小腿骨或远端股骨，远端止于踝足部，因此可以执行踝足部的多种动作。根据肌肉的位置和功能分为小腿的前侧、外侧和后侧肌群。

（1）踝关节运动肌：

1）小腿前群肌：由内侧向外侧依次为胫骨前肌、踇长伸肌、趾长伸肌和第三腓骨肌（图 4-24）。这些肌肉近端起于胫骨中部前外侧面、相邻腓骨前面及其间的骨间膜，向下肌腹渐细，移行为肌腱，通过伸肌支持带深面到足部。前群肌由腓深神经（L_4、L_5，S_1）支配。

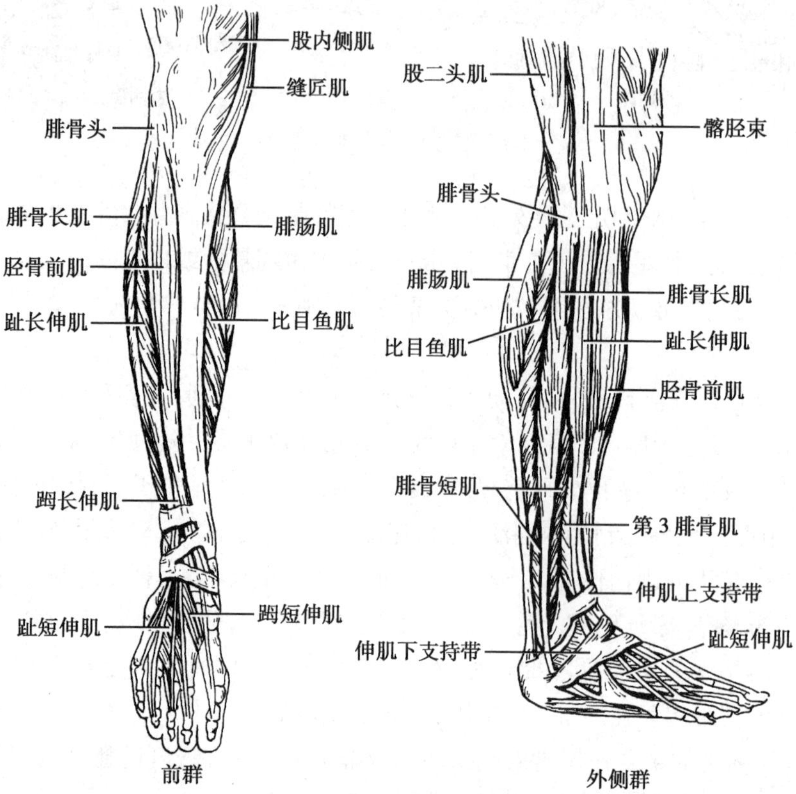

图4-24 小腿前群及外侧群肌

四块小腿前肌均位于踝关节旋转轴前侧，故均为踝背伸肌。在步态周期过程中，踝背伸肌在进入摆动期时向心收缩，以使足趾廓清离开地面；在足跟触地时踝背伸肌离心收缩以控制踝跖屈的速度。

除踝背伸功能外，小腿前群四块肌肉的其他作用与其止点位置有关。胫骨前肌止于第一楔骨及第一趾骨底，其解剖位置通过距下关节旋转轴内侧，故可产生足内翻动作。踇长伸肌止于踇趾远侧趾骨底，其可伸踇趾。趾长伸肌肌腱分为 4 束，分别以趾背腱膜止于第 2～5 趾的中间和远侧节，其作用为伸 2～5 趾，并可使足外翻。趾长伸肌在踝部有时分出一个肌腱止于第五趾骨底，即为第三腓骨肌。其亦可使足外翻。

2）小腿外侧肌群：主要包括腓骨长肌和腓骨短肌，受腓浅神经（L_4、L_5，S_1）支配（图 4-24）。腓骨长肌起自腓骨外侧上 2/3 骨面，其长腱绕外踝后方入足底，止于楔骨和第一跖骨骨底。腓骨短肌起自腓骨外侧下 2/3 骨面，肌腱绕过外踝后方，止于第 5 跖骨粗隆。外踝类似于固定的滑轮，腓骨肌肌腱由踝关节的旋转轴的后方通过，因此两块肌肉是踝关节跖屈肌。同时，腓骨长肌、腓骨短肌还是足部的主要外翻肌群，为踝足外侧提供稳定性。有重复性踝内翻扭伤和外侧副韧带损伤的患者应针对性加强腓骨肌的锻炼。

3）小腿后群肌：根据解剖位置分为深、浅两层，由胫神经（L_4、L_5，S_1、S_2）支配（图 4-25）。

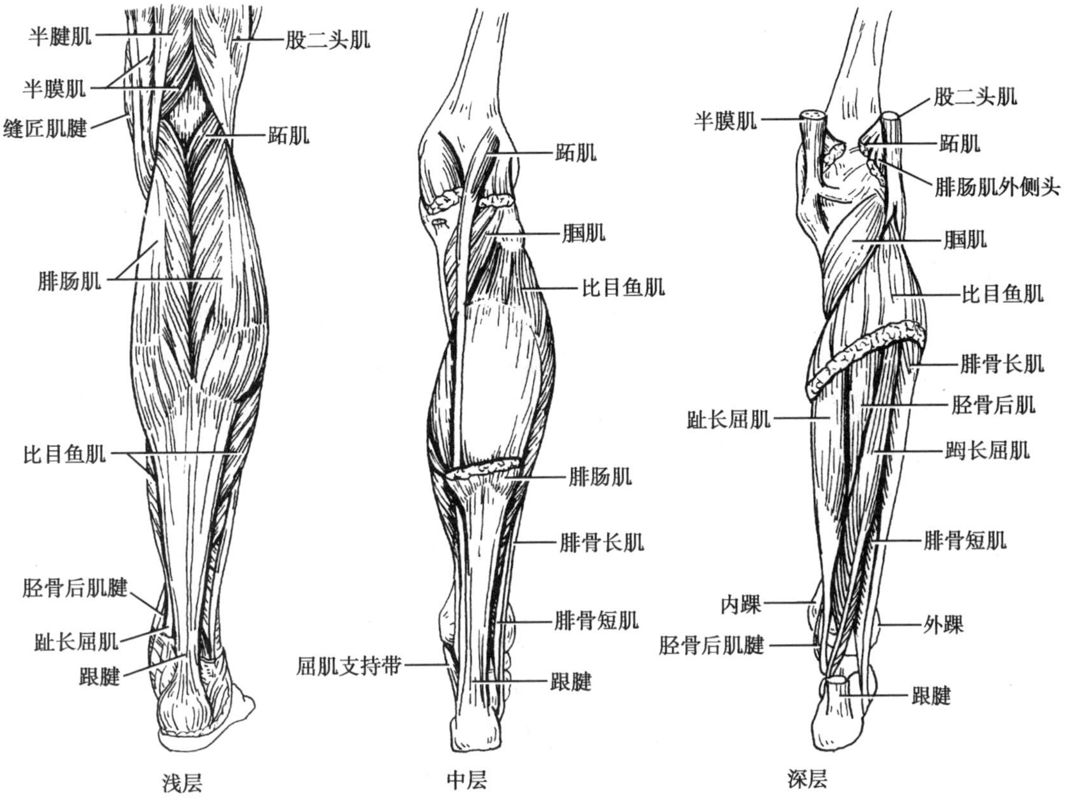

图 4-25　小腿后群肌

浅层肌包括有腓肠肌、比目鱼肌和跖肌。腓肠肌位于最外层，构成小腿最突出部分，以内、外侧头分别起自股骨内、外上髁，两头汇合沿小腿正中合并，末端与比目鱼肌肌腱融合，形成强大的跟腱，止于跟结节。腓肠肌是双关节肌，其收缩时可以产生踝跖屈并屈小腿。宽而平的比目鱼肌位于腓肠肌深面，起自腓骨头和腓骨上部、胫骨的内侧缘和比目鱼肌线，下通过比目鱼肌肌腱与腓肠肌融合，故两肌合称小腿三头肌。比目鱼肌的生理横截面积约是腓肠肌的两倍，是强力的踝跖屈肌，但其是单关节肌，没有屈小腿作用。此外，从跟腱的解剖位置看其具有内翻力臂，故小腿三头肌也可致踝内翻。跖肌位于腓肠肌与比目鱼肌之间，起自股骨外上髁，止于跟腱的内侧缘。跖肌腹短小，腱细长，约 7% 人群缺失。其对踝足运动的作用无足够的研究。

深层肌位于比目鱼肌里层，自内侧向外侧分别为趾长屈肌，胫骨后肌和踇长屈肌。三块肌肉分别起自胫骨、骨间膜和腓骨后面，其肌腱均经内踝后方及屈肌支持带止于足底不同部位。因三块肌肉走行分别位于踝关节和距下关节轴的后方和内侧，所以可跖屈踝关节，并协助足内翻。此外，趾长屈肌止于第 2～5 趾的远节趾骨底，可以屈第 2～5 趾。踇长屈肌止于踇趾末节趾骨底，可产生踇趾屈曲。

踝关节运动肌群在工作时，具有与踝关节功能相适应的功能特征，具体表现为：①跖屈肌所做的功远大于背伸肌。踝关节的动力肌多起于股骨远端、胫骨近端，止于足部，可产生强大的运动力量。使踝关节跖屈的肌肉主要是腓肠肌与比目鱼肌，其次是胫后肌、踇长屈肌和趾长屈肌等。使踝关节背伸的肌肉主要有胫前肌，协同肌有趾长伸肌、踇长伸肌和第三腓骨肌。运动时，踝背伸肌所做的功只相当于跖屈肌所做功的 1/5～1/4；②踝跖屈肌有对抗踝背伸与足外翻的作用。除腓骨长、短肌外，所有踝跖屈肌均是足内翻肌。当以全足放平站立时，在矢状面身体的重力线经过踝关节的前方，踝足具有背伸、外翻趋势。由于踝关节跖屈肌与足的内翻肌肌力强于踝背伸肌与足外翻肌，因此可以达到踝与足的稳定与平衡，以对抗踝背伸与足外翻的活动；③腓骨长肌腱和胫骨前肌腱在足底部共同形成“腱环”，有维持足横弓的作用。

（2）肌腱、筋膜、腱鞘及滑囊：

1）肌腱：踝关节周围有数条肌腱通过。

后面：跟腱，最粗大，易于识别。

前面：有胫骨前肌肌腱，也是前面所有肌腱中最粗大者。从胫骨前肌肌腱起由内向外后依次排列着：①踇长伸肌肌腱；②趾长伸肌肌腱；③第三腓骨肌腱；④腓骨肌腱；位于外踝后方；⑤胫骨后肌肌腱：位于内踝后方。

2）深筋膜、腱鞘和滑膜囊：踝、足部的深筋膜，腱鞘和滑膜囊对保护和稳定踝、足均起重要作用。

a. 深筋膜：小腿深筋膜的表层包绕小腿肌，并附着于胫骨的内侧面和腓骨前缘等处。其主要作用之一是形成支持带、跖腱膜等。

b. 支持带：支持带是深筋膜增厚所形成的，又称假性韧带，主要起约束肌腱的作用。踝部有四条支持带，分别是小腿横韧带、小腿十字韧带、分裂韧带及腓骨肌支持带。前两条韧带位于前方，后两者分别位于踝部内、外侧（图4-26）。

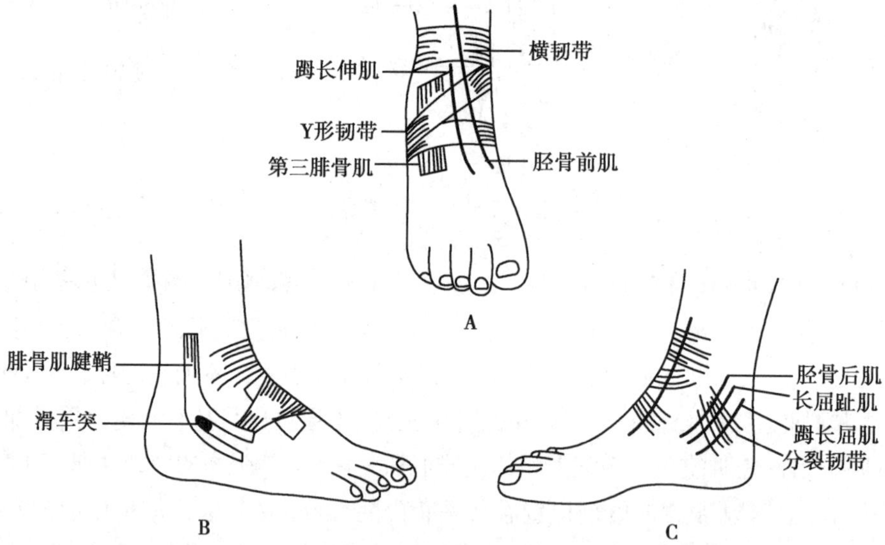

图4-26 足踝部支持带及韧带
A. 正位；B. 外侧面；C. 内侧面

c. 腱鞘与滑膜囊：腱鞘为包绕肌腱的管状滑膜囊，多位手腕足踝部。滑膜囊是由关节囊的滑膜层，从关节腔延伸出来后又返折回去所形成的滑囊，有减轻肌腱与骨等之间的摩擦及允许肌腱活动的功能，大多位于诸多关节或骨隆起处。

踝部腱鞘分布于其前部、前内侧部、前外侧部后部（图4-27）。前部腱鞘有胫前肌腱鞘、踇伸长肌腱鞘及趾伸长肌腱鞘，均自踝关节平面伸展至跖骨基部。前内侧腱鞘有胫后肌腱鞘、屈踇长肌及屈趾长肌腱鞘。外侧腓骨长肌、腓骨短肌共有一鞘。自外踝顶点上5cm处伸展至其下5cm处。在外踝上方两肌腱共居一鞘，至踝下，腱即分离，鞘亦随之分离。此外，后方有跟腱鞘，由跟腱止点向上伸展，长约7.5cm，此鞘的炎症常为跟痛症原因之一。

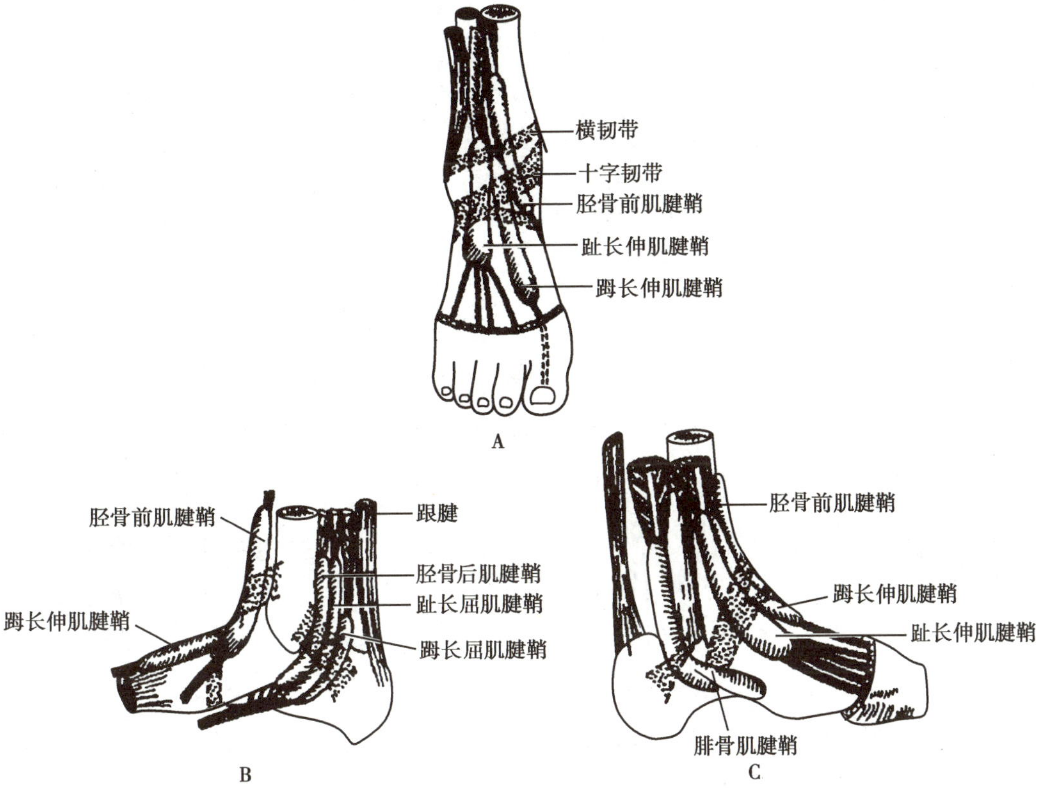

图 4-27 踝关节的腱鞘

A. 踝关节前部腱鞘；B. 踝关节前及内侧腱鞘；C. 踝关节前及外侧腱鞘

滑囊为纤维囊衬以分泌滑液的滑膜构成。可分为腱下、关节及皮下滑囊等 3 种。腱下滑囊位于肌腱与硬结构，如骨、软骨、韧带或其他腱之间，起减少摩擦的作用。在四肢多见。关节滑囊具有关节囊作用，皮下滑囊多在承受压力或摩擦的骨或韧带处。

踝足部的滑液囊较大的有：跟骨皮下滑液囊，在跟骨后面和跟腱的浅面；跟腱滑液囊，位于跟腱止端和跟骨后面上部之间。在日常生活中，鞋履不平整产生摩擦时，可促使皮下滑囊引发炎症。运动训练中，过度训练，也可导致慢性滑囊炎等损伤的发生。

（二）踝关节的运动学特征

踝关节是足后部最重要的关节，与足部的一系列关节加上膝关节的旋转轴构成了一个有三个自由度的关节，这使足部在任何位置可适应不同的不平整的路面行走（图 4-28）。

1. 踝关节的运动

（1）运动方向和范围：踝关节是典型的滑车关节，即主要绕冠状轴作跖屈和背伸运动。由于距骨的滑车关节面前宽后窄，当踝背伸时，距骨滑车较宽的部位位于踝穴内，被内外踝紧紧夹住，因两侧无空隙而不能侧向转动；但当踝跖屈时，关节头的较窄部分位于关节窝内，使关节头的两侧留有空隙，此时，距骨和足部的其他的所有跗骨、跖骨等一起作为一个整体，可绕足的矢状轴作内、外旋转运动，该类运动称踝关节的内翻和外翻。虽然，踝的内、外翻运动幅度有限，却是使机体在不平坦的或崎岖的路面行走时免受扭伤的重要保证。

踝关节的中立位（0°）为小腿与足垂直，足垂直向前。使足背远离小腿的运动为跖屈，使足背接近小腿的运动为背伸。由于胫骨远端关节面弧度约为 70°，距骨滑车关节面弧度 140°～150°，因此，踝关节的屈伸活动范围一般为 70°～80°。由于距骨滑车的后面较前面长，所以踝跖屈幅度明显大于背伸

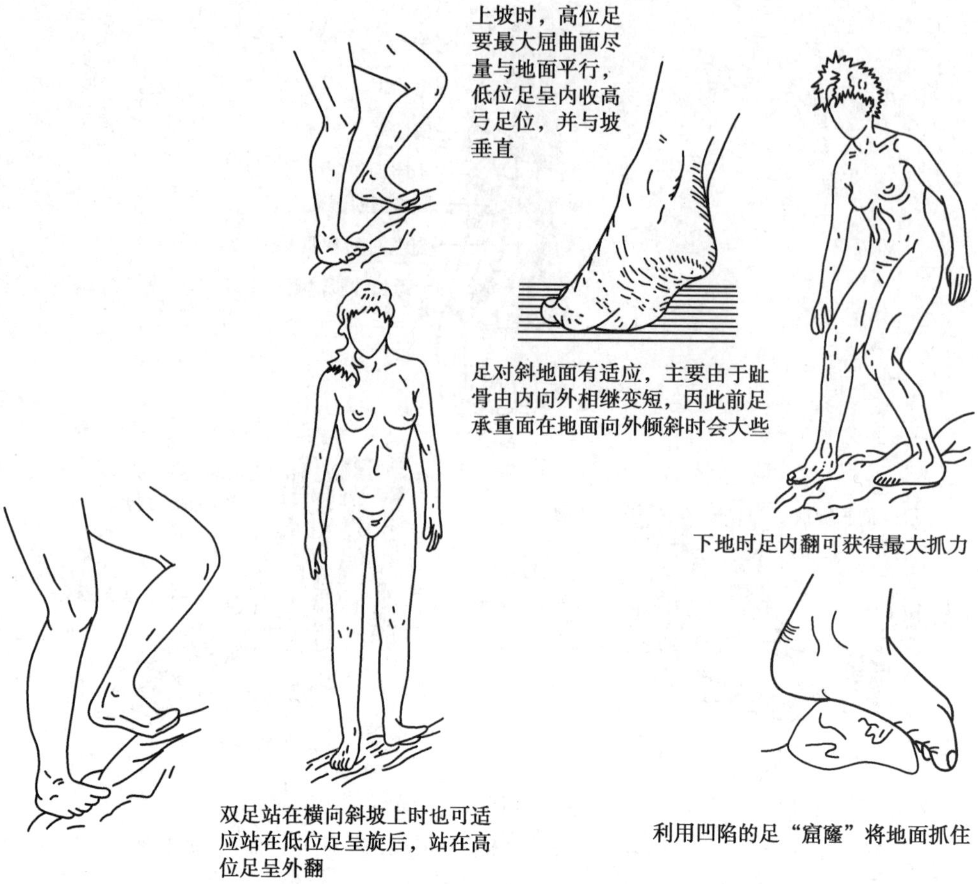

图 4-28 足对各种地面的适应性

(图 4-29、图 4-30)，正常踝背伸范围 20°～30°，跖屈范围 30°～50°。这在一定程度上也增加了踝关节外侧韧带损伤的可能性，因踝跖屈常伴有足内翻。

(2) 踝关节的转动轴：踝关节绕冠状轴在矢状面做屈伸活动，理想状态是其转动轴与水平面平行，与小腿纵轴垂直。但踝关节的实际转动轴并不水平，其横穿距骨体，基本与内外踝尖连线一致。因外踝较内踝略偏低、偏后，故踝关节转动轴自内上向外下倾斜。其在冠状面上平均偏离约 10°，水平面上平均偏离 6°(图 4-31)。

由于踝关节轴倾斜，所以踝关节绕此轴即足部背伸和跖屈时，在水平面上足兼有绕小腿纵轴旋转的内收、外展活动，以及在冠状面的足内、外翻。总之，踝关节的屈伸运动与距下关节和足的运动是联

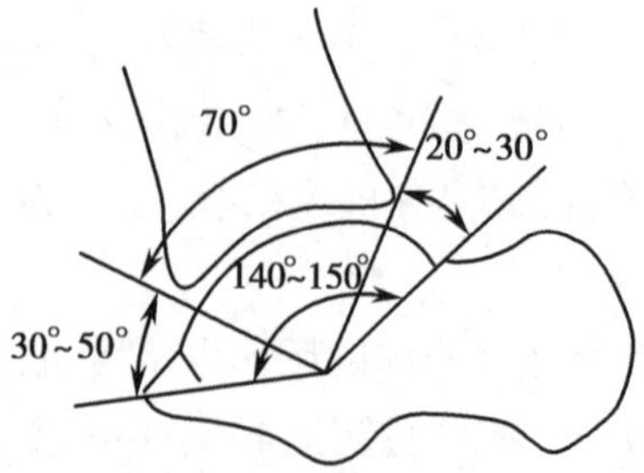

图 4-29 胫骨及距骨关节面弧度

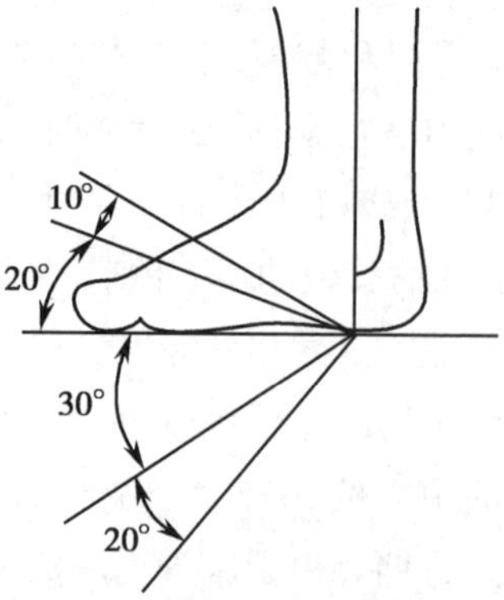

图 4-30 踝关节背伸跖屈活动度

合的。当踝跖屈时足内翻、内收，踝背伸时足外翻、外展。踝跖屈时足内侧缘抬高，外侧缘降低，足尖朝内称之为旋后。踝背伸时足外侧缘抬高，内侧缘降低，足尖朝外称之为旋前。

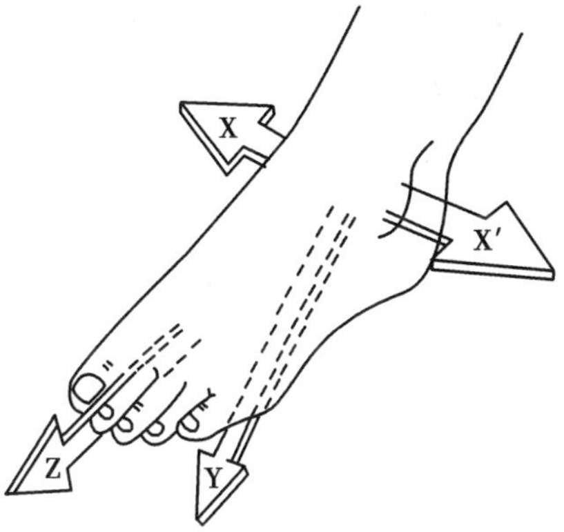

图 4-31　踝关节轴线

XX′ 横轴通过双踝，主跖屈背伸；Y 胫骨垂直轴，主内收外展；Z 矢状轴，主外翻内翻运动（实际上是所有跗骨作为一个整体绕其本身的矢状轴在踝关节处于跖屈时所发生的）

2. 踝关节负荷与平衡的生物力学机制　踝关节的主要活动是伸屈运动，由胫腓骨下端踝穴在距骨上的转动而实现的。自然站立时，体重负荷经股骨中位轴落在胫骨上。如重力负荷前、后移动，偏离原中位轴，即产生踝关节的跖屈或背伸。此时，如仍要维持关节原直立姿势位置，需在对侧施加一个平衡力。如果要改变任何一端负荷及与中位轴的距离，其对边平衡力和距离也得相应变化，平衡条件是两侧力矩相等。在膝关节静止时，只要作用于关节的伸屈肌收缩产生的力矩相等，即可以维持一定的姿势（包括自然站立状态）。

踝关节的负荷在静止状态或负重时，因其关节面的接触面积的大小而有很大的不同，即接触面积的大小与负荷有密切的关系。有研究表明，完全负重时距骨滑车关节面大约有 2/3 的面积与胫骨下端关节面相接触。

当作用力处中位轴时，分布在踝关节接触面上的应力为接触应力。接触应力与关节面上的作用力成正比，与接触面积成反比。踝关节上下接触面均有一定的曲率，作用力越偏离原中位轴作用点，关节面所受接触应力越小。例如，作用力渐渐倾倒，朝向倾斜的一侧应力增大，倾斜度越大，接触应力越集中。在踝关节，胫腓骨下端有三个关节面与距骨关节接触，踝关节各有其活动面和曲率中心。当负荷移向前侧时接触应力偏该侧，此时关节稳定性尚能维持。如果负荷移到前方的曲率中心以外，接触应力在关节旁集中，使关节负荷平衡破坏，产生关节不稳或脱位。

静止情况下双足放平站立负重时，踝关节承受的压缩应力相当于体重的 2 倍；以前足站立时相当于体重的 3 倍；而在负重时的前进期即在步行周期中支撑腿的后期，其关节面受到的应力相当于体重的 5 倍左右。

距骨在踝穴内有无倾斜，也会通过影响关节面接触面积而影响关节所受应力的大小。如果距骨在踝穴内有轻度倾斜，关节面所受到的应力会因为承重面积变小而明显增加。如图 4-32A 所示，距骨在没有倾斜情况下，主要接触面位于外侧。图 4-32B 所示的是距骨有倾斜的状态。当外侧降低 2mm 倾斜时，发现关节面接触面减少，而且主要接触面改在内侧。

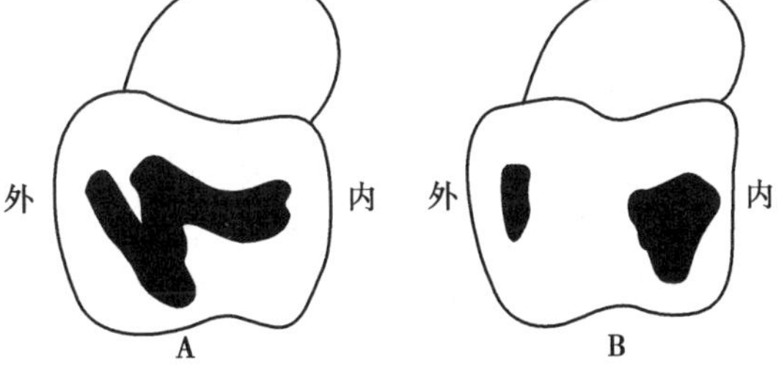

图 4-32　胫距接触面（阴影区）

A. 距骨无倾斜；B. 距骨向内侧

在临床上，关节面接触面减少，局部应力增加，常是导致发生踝关节创伤性关节炎的原因。

3. 踝关节的稳定性机制　踝关节是肢体与地面接触的重要部分，体重经踝传至地面。因此要求踝关节具有坚实可靠的稳定性。踝关节的稳定性，一般指距骨滑车在踝穴内的稳定性。当较宽的滑车前部进入踝穴内，踝关节较稳定，反之，当较窄的滑车后部进入踝穴内时，关节的稳定性下降。

影响踝关节的稳定性的因素很多，包括骨、韧带、肌力及重力等。其中，关节骨结构至关重要。距骨体呈楔形，与踝穴相适应，且宽的一端在前，可有效地阻止距骨后移和向侧方移动，而具有稳固作用。其次，大多数踝关节周围的韧带方向均向下及后行，均有阻止距骨后移位的作用。再者，在踝部韧带及骨有对抗肌力与重力的作用，因而可以阻止小腿骨的移位。一旦有外力超过其限度伤及各稳定因素，即易导致损伤的发生。

（1）背伸时的稳定性：正常关节滑车面后长于前，故跖屈大于背伸。背伸时距骨颈上面与胫骨远端关节前唇接触，关节囊后部拉紧，后侧韧带及肌肉紧张，阻止踝进一步的背伸。若强行背伸，即可使距骨颈骨折及后方组织损伤。

（2）跖屈时的稳定性：跖屈时，距骨后结节接触后唇，阻止跖屈过度。前关节囊及侧副韧带前部分亦有阻止作用。

正常距骨在踝穴中，胫骨前唇及后唇阻止距骨前后移动和过度屈伸。关节周围软组织起辅助作用。如过度活动，则可破坏稳定性，发生软组织撕裂和骨折脱位。

（3）横向稳定性：即侧方稳定性，其控制因素一是距骨体嵌入踝穴内，二是副韧带正好位于距骨侧方及下胫腓联合韧带，均可起到稳定作用。行走时，踝关节活动伴随腓骨略向近、远侧移位和外踝旋转，以适应踝穴的增宽或缩小，协助维持稳定。

生理载荷下踝关节的稳定性分析结果显示，踝关节内翻时的稳定以及约1/3的旋转稳定，是由关节面的接触面积维持的。而踝关节外侧韧带损伤则通常发生在踝关节的跖屈位，由暴力所引起的强烈内翻内旋所致。由此可见，在踝关节内翻时的稳定作用中，外侧韧带较之关节面接触的意义更重大。在运动实践中，一般足部暴力发生于内翻内旋时，最先伤及距腓韧带，随后是跟腓韧带受损。但很少有暴力可持续到引起距腓后韧带受损。

4. 踝关节的生物力学特性 正常步态时，踝关节的反作用力等于或大于髋关节、膝关节，但由于踝关节的负重面积大，因此，经踝关节传导的单位面积上的应力却低于髋或膝关节。

踝关节作为下肢三大关节中的最末端部分，在人体走、跑、跳等运动中有着举足轻重的作用。在对下肢的各种活动进行生物力学分析时发现，在跳跃活动中的起跳和蹬地阶段，踝关节起主要作用。踝关节力量的强弱直接决定完成动作时支撑整个身体的稳定性，包括决定上位环节作用的效率以及它参加工作的早晚。如果，踝关节具有足够的力量，便可“提前”参与“工作”，从而缩短整个动作完成的时间，提高动作的速率。如在跳高时，起跳腿踝关节及时、充分地提踵（足跟），可提高身体重心的初始高度，在起跳阶段踝关节最后的蹬伸将直接影响到人体腾空后的姿势和效果。因此，若要使人体在保持一定水平速度情况下，获得尽可能大的垂直速度，必须保证踝关节充分蹬伸。

实验表明，跑步活动的蹬地过程中，踝关节的活动幅度虽然可高达34°～38°，但小腿三头肌的收缩幅度却很小，在缓冲阶段只被拉长3～4cm，而在蹬伸阶段其长度几乎不变。可见，跑步的蹬伸和缓冲时，踝关节的活动是由小腿三头肌肌腱的弹性形变与复原进行的。它可在腾空之前的制动阶段，通过肌腱的形变而储备能量。据测算，它能储存制动阶段人体能量损失的75%～90%。

二、足和足弓

足是由26块骨组成（单侧）：7块跗骨（包括距骨，跟骨，足舟骨，骰骨，内侧、中间、外侧楔形骨）、5块跖骨和14块趾骨（分基节骨、中节骨、末节骨）（图4-33）。26块骨与错综复杂的韧带、跖腱膜、肌肉、肌腱等软组织形成了稳定的关节结构和足弓结构，构成功能上的一个整体。为完成各种不同的生理功能和应对地面情况的千变万化，足时而坚硬、时而柔软、时而又介于两者之间。其结构复杂、功能多样，是人类日常生活与活动中不可或缺的部分。

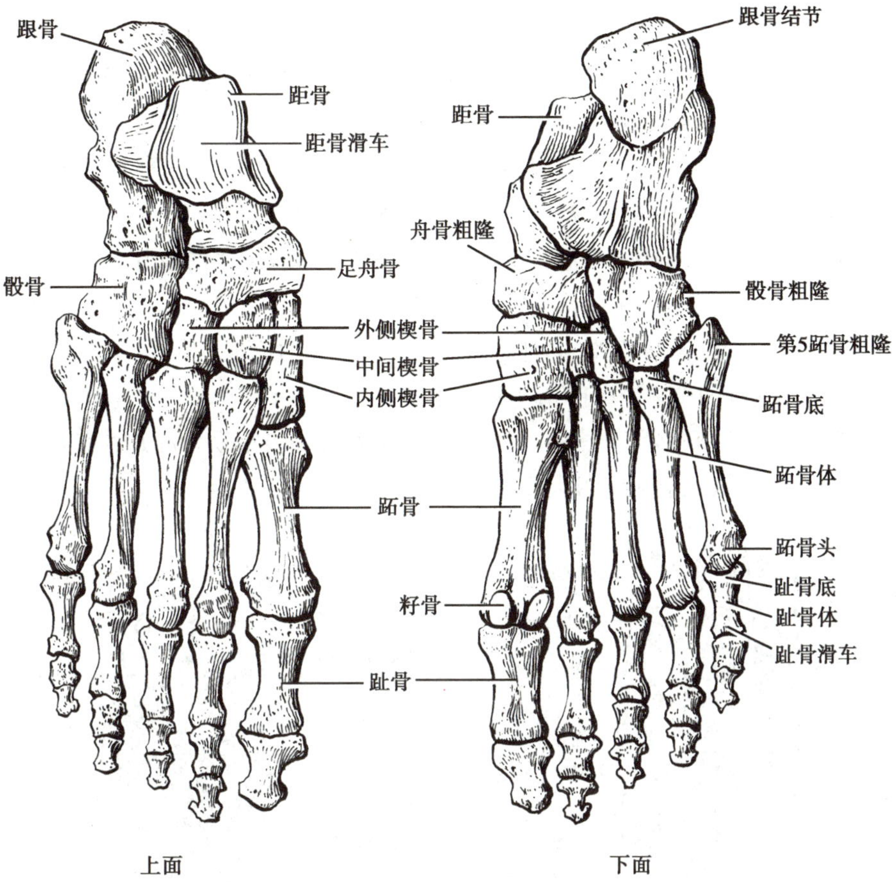

图 4-33　足骨

（一）解剖学基础

足位于踝关节的远端，足部的 26 块骨形成众多的关节以满足足部的不同功能要求，骨间联结则十分稳固。足部关节除距跟、距跟舟、跟骰三关节外，还有骰舟关节、楔舟关节、跗跖关节及跖趾关节、趾间关节等，负责复杂的足部运动。

1. 骨与韧带

（1）骨：人类的足骨分为跗骨、跖骨、趾骨三大类。传统上将足分为前、中、后三部分。前足含有 14 块趾骨、5 块跖骨及相应的跖骨间关节、跖趾关节和足趾间关节，上延至跗跖关节。中足包括舟骨、骰骨及 3 块楔骨，从跗跖关节远端延伸至跗横关节近端。后足包括跟骨和距骨及相应的距下关节（图 4-32）。

1）距骨：见前述。

2）跟骨：跟骨是最大的跗骨，其前 2/3 称跟骨体，体的后部缩短为肥厚、粗涩的跟结节。跟结节的下方为跟腱附着处。跟骨外形有 6 个面：上面通过 3 个关节面（前、中、后面）与距骨相关节；前面与骰骨相关节；后面与跟腱止点相连接；内侧面有一骨突称截距突，支撑部分距骨头同时为许多韧带的附着点；外侧为骨性隆起，称腓骨滑车，将腓骨长短肌腱分开；下面是后足主要负重面，为跖筋膜的许多内在肌及韧带的附着点。

3）舟骨：前凸后凹，后面与距骨头相接，前面与楔骨相接。内侧面有一朝向下方的圆形隆突，称为舟骨粗隆，为胫骨后肌腱附着处，易因胫骨后肌猛烈收缩引起撕脱骨折。

4）骰骨：呈四方形，位于足中外侧。后面接跟骨，内侧面与舟骨和外侧楔骨相邻，前面接第4、第5跖骨，下面有一圆形隆起称骰骨粗隆。其前方为腓骨长肌膜通过的外侧沟。

5）楔骨：由内至外顺次排列，逐渐减小。中、外侧楔骨宽面朝上，内侧楔骨窄面朝上，相互嵌合稳定。

6）跖骨：为短管状长骨，共5块（由内向外依次为第1～5跖骨）。第1跖骨最短而坚强。跖骨前端为小头，其后缩窄为颈，后端膨大为底，其间为体。第5跖骨底的外侧有一乳头状突起，称为第5跖骨粗隆。为腓骨短肌附着点，容易发生撕脱骨折。跖骨颈部好发"疲劳骨折"，又称"行军骨折"，因足肌过度疲劳乏力，足弓塌陷，平常负重较少的第2、第3和第4跖骨头负重增加，超过负荷，逐渐发生骨折。芭蕾舞演员的跖骨异常发达。

7）趾骨：共14个，除踇趾为两节外，其他各趾均为三节。趾骨有底、体、滑车之分。踇趾的骨粗壮，其余趾的趾骨细小。第5趾的中、末两节常融成一块。

（2）足部韧带：足部骨间联结十分稳固，除关节囊外，尚有许多小韧带起加强作用。足部韧带按其解剖位置大致分为距跟韧带、足背韧带和足底韧带三类（图4-22，图4-34）。

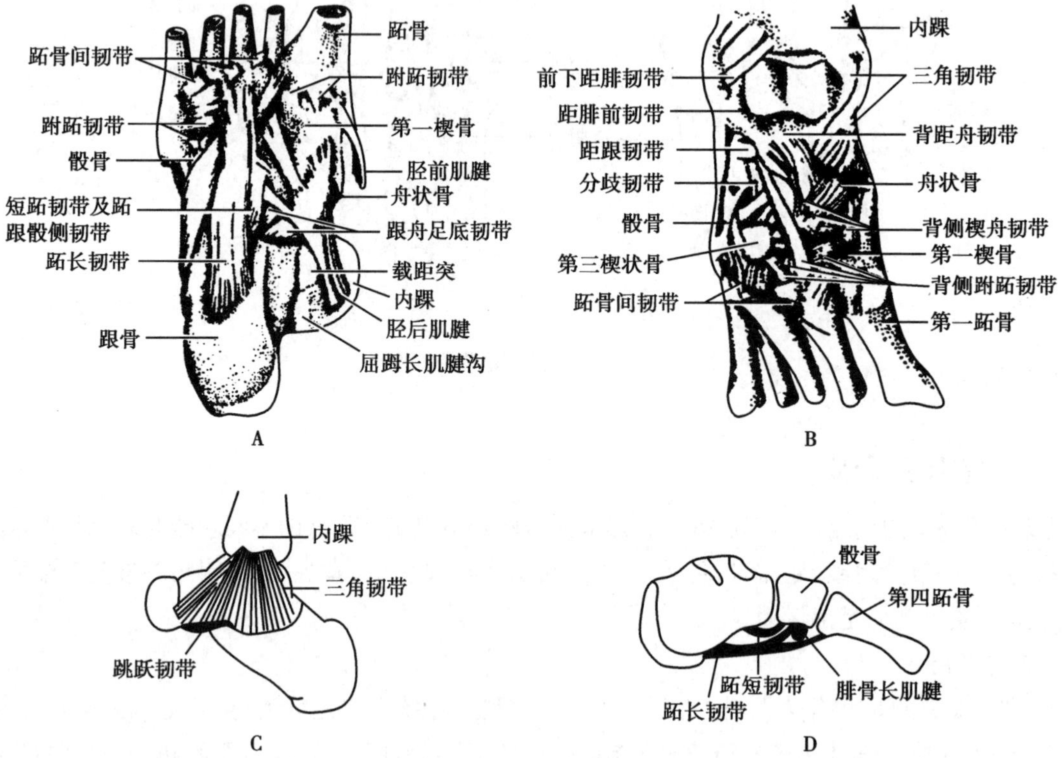

图4-34　足部的韧带

A. 足底主要韧带及胫前、胫后和腓骨长肌腱；B. 足背韧带结构；C. 三角韧带及跳跃韧带；D. 跖长韧带

1）距跟韧带：包括距跟前、后、内韧带，距跟韧带外侧束，距跟斜束，距跟骨间韧带等。它们的主要作用是稳定距跟关节，限制关节的过度内翻和外翻。

2）足背韧带：包括距舟背侧韧带、分歧韧带、跟骰背侧韧带、楔舟背侧韧带、骰舟背侧韧带。这些韧带对距跟舟关节、跟骰关节等跗骨间关节的结构稳定起着重要作用。

3）足底韧带：足底韧带是维持足弓正常形态的重要结构。跖长韧带（足底长韧带）连接跟骨和骰骨，跖短韧带连接跟骨和跖骨，它们与腓骨长肌腱、胫骨后肌腱共同维系足外侧纵弓。足内侧纵弓由楔舟足底韧带、楔骰足底韧带、跟舟足底韧带维持。其中跟舟足底韧带结构宽而厚，弹性较强，又称跳跃韧带或弹簧韧带。跟舟足底韧带承托距骨头部，是将踩压力分向第1跖骨头和足跟的首要韧带。此外各楔骨、楔骰骨间韧带以及跖骨头短韧带对维系足横弓起着重要作用。

2. 足部关节 足部是多关节的部位，多达30余个，主要包括：跗骨间关节（距跟关节、距跟舟关节、跟骰关节）、跗跖关节、跖骨间关节、跖趾关节和足趾间关节（图4-35）。有的属微动关节。

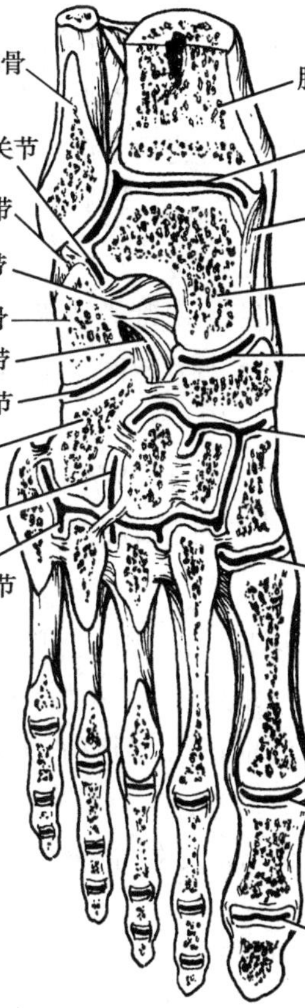

图4-35 足部关节

（1）距跟关节（距下关节）：跟骨上面的前、中、后三个关节面与距骨下关节面形成距跟关节。从结构上看，距跟关节包括关节囊独立的前、后两部分，二者间由跗骨窦和跗骨管分开。跟骨后关节面最长，长轴呈凸弧形斜向前下方，与距骨下凹的后关节面组成跟距关节的大部分，即后距下关节。跟骨的前、中关节面排列相近，且关节面较小，与相应的距骨下关节面共同组成前距下关节。从形状上看，前距下关节由凹陷的跟骨前中关节面和凸出的距骨前中关节面组成；后距下关节由凸出的跟骨后关节面和凹陷的距骨下关节面组成。这种关节面凹陷或凸出的交叉变化使之能作复杂的扭转活动，即前中关节面能做出与后关节面活动相反的活动。

（2）距跟舟关节：距跟舟关节关节头为距骨头，关节窝由舟骨后方的距骨关节面、跟骨上面的前、中关节面构成，近似于球窝关节，但仅能微动。距跟舟关节和距跟关节从形态学上看是两个独立的关节，各有单独的关节囊，二者之间有距跟骨间韧带隔开。但从功能上看，二者是统一的整体，在运动上是联合关节，沿共同的运动轴运动。距跟舟关节也有足内翻、外翻功能。

（3）跗横关节：跗横关节又称为中跗关节或Chopart关节，连接中足与后足，包括距舟关节和跟骰关节，二者虽各有其独立活动，但需要共同完成其功能活动。足作为弹性结构，在其触地时能化解冲击力；作为坚固结构，在足趾离地时能有效地推动身体前移。在这种弹性结构与坚固结构的转变中，跗横关节起着关键作用。跗横关节的关节线呈 S 形弯曲横过跗骨群的中间，内侧部凸向前方，外侧部凸向后方。跗横关节的主要功能是与相邻关节，特别是距跟关节，协同完成足的旋前、旋后运动，以适应不同地形的行走。

（4）跗跖关节：跗跖关节为由第 1～5 跖骨基底与楔骨及骰骨构成的平面关节。第 1、第 2、第 3 跖骨基底分别与内侧、中间、外侧楔骨构成三个关节，第 4、第 5 跖骨基底和骰骨构成关节。跗跖关节可做轻微的滑动与屈伸运动，并参与轻微的内收、外展运动。除内侧楔骨和第 1 跖骨之间的关节外，其余关节运动幅度非常有限。在肌肉松弛的状态下，内侧楔骨和第 1 跖骨之间，跖骨可轻度被动屈、伸和旋转。当站立或行走时，这些运动可主动发生。第 2 跖骨由于嵌于内、外侧楔骨之间，活动性最小。第四、五跗跖关节韧带连接不牢固，活动度较大，使足外侧更能适应不平地面、缓解前足承重。

（5）跖趾关节：由各跖骨小头与各趾的近节趾骨的中间底构成，共有五个。大致与手部的相应关节相似，但结构更为稳固，运动灵活。

（6）趾间关节：位于相续的两节趾骨之间，由趾骨滑车与其远侧趾骨的底构成。趾间关节为屈戍关节，可做屈伸运动。近节趾间关节的运动比远节趾间关节运动的幅度大。屈趾明显，伸趾运动受屈肌腱和足底韧带的限制。

3. 足部肌和神经支配 控制足部活动的肌肉通常分为足外肌和足内肌。足外肌主要是指小腿肌肉，分为前、后和外侧肌群。足内肌包括足背肌和足底肌。

（1）足外肌：见前述。

（2）足内肌：足内肌是指起点和止点均在足内部的肌肉，可分为足背肌和足底肌。

1）足背肌：较弱小，包括踇短伸肌和趾短伸肌，由腓深神经支配。两块肌肉均起自跟骨前端的上外侧面，四条肌腱分别止于第 1 趾骨基底部背面（踇短伸肌）和第 2～4 趾趾背腱膜。其主要作用是协助踇长伸肌和趾长伸肌，伸踇趾和伸第 2～4 小趾。

2）足底肌：由浅到深可分四层（图 4-36），按其部位及起止点各有不同作用，主要由足底内、外侧神经支配。

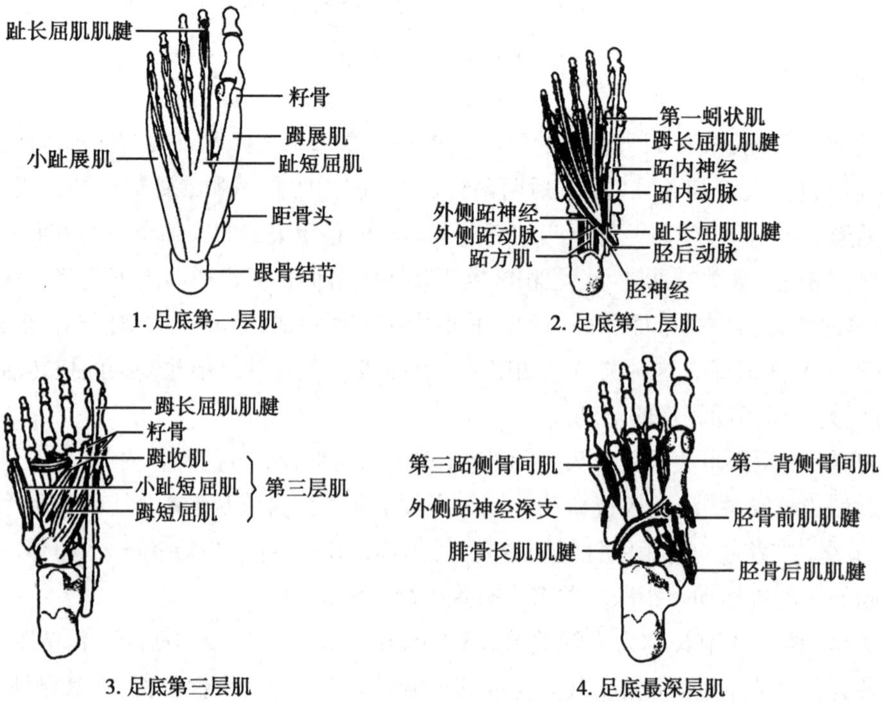

图 4-36 第 1～4 足底肌分层

第一层足底肌由内侧向外侧有踇展肌、趾短屈肌和小趾展肌。这些肌肉均起自跟骨粗隆及邻近的筋膜。踇展肌腱附着踇趾内侧基底，小趾展肌止于小趾骨近端基底部，分别负责外展踇趾和小趾。趾短屈肌分出 4 根肌腱止于 2～5 相应中节趾骨基底，协助趾长屈肌屈曲脚趾。

第二层足底肌有跖方肌及 4 条蚓状肌。跖方肌以 2 块肌腱起于跟骨的内侧下方和外侧下方，止于趾长屈肌腱外缘，充当屈趾辅助肌，固定趾长屈肌腱。蚓状肌起自各趾长屈肌的内缘，经跖横韧带下方，止于趾背伸肌腱内侧。蚓状肌的作用为屈跖趾关节，伸趾间关节。

第三层足底肌有踇收肌、踇短屈肌和小趾短屈肌。踇短屈肌起自骰骨、楔骨的跖侧，以两条明显的腱止于踇趾骨基底。小趾短屈肌起自第 5 跖骨跖面基底部，止于第 5 趾近节趾骨。两个短屈肌各自执行相应脚趾的屈曲动作。踇收肌起自跖骨及跖间韧带，远端止于踇趾近端肌外侧基底部及外侧籽骨，具有内收和屈踇趾功能。

第四层足底肌为最深层，包含 7 条骨间肌（3 条跖侧骨间肌、4 条背侧骨间肌）。背侧骨间肌是双羽肌，各以两头起自相邻跖骨相对缘，第 1、第 2 背侧骨间肌止于第 2 趾近节趾骨底的内、外侧，第 3、第 4 背侧骨间肌分别止于各相对应趾节的外侧。每个背侧骨间肌使相应足趾外展。3 条跖侧骨间肌分别起于第 3～5 跖骨近端内侧面，止于第 3～5 趾骨内侧基部，执行相应足趾关节内收动作。

肌电图研究显示，足的内部肌通常是作为一个整体功能单位活动的。当平稳站立时它们全不活动，只在少数人有散发性间歇活动，可能是为适应不平的地面。

（二）运动学特征

足与踝通常协同运动。从整体而言，描述足踝的运动可以利用标准的人体三维空间平面：足部绕冠状轴在矢状面上的相对运动为背伸（dorsiflexion）与跖屈（plantarflexion）；足部绕矢状轴在冠状面的相对运动为内翻（inversion）和外翻（eversion）；足部在水平面绕垂直轴的相对运动为内收（adduction）和外展（abduction）（图 4-37A）。然而，在实际生活中，由于足踝部的关节轴多为斜行，故足踝部的运动主要表现为多关节相互配合下的三维复合运动，其特点是稳定中有灵活。常用的描述术语为旋前（pronation）、旋后（supination）。旋前包括外翻、外展和背伸动作；旋后为内翻、内收及跖屈动作的合并（图 4-37B）。除跖屈与背伸运动主要发生在踝关节外，其余方向上的运动则主要由足部关节完成。

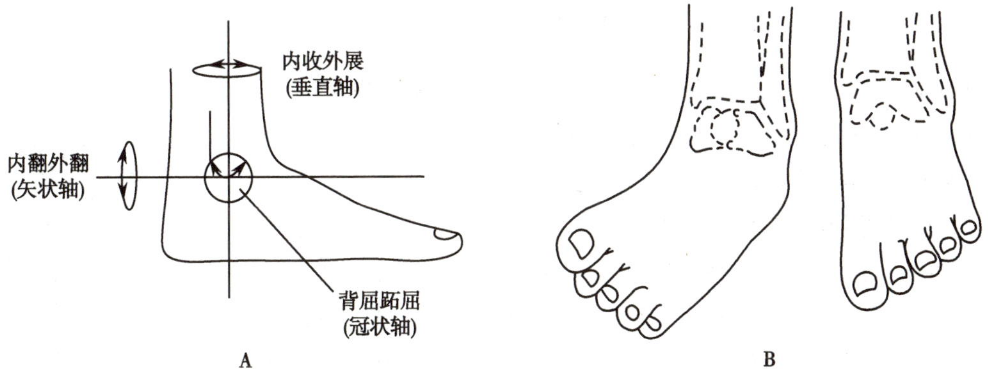

图 4-37　足踝部的运动形式
A. 基本运动；B. 复合运动

作为下肢整体的一个组成部分，足的运动具有其独立性。在需要时既可以作为一单独的固体单位，看做刚体；又可在赤足爬攀时表现出十分灵活柔顺。行走时即足的活动处于刚体与灵活易弯这两个极端状态之间。足部关节的运动适合各种动作需要，从平坦、光滑到坚硬、不平或黏滞的不同路面状况，从赤脚到各种鞋履都能适应。

1. 距跟关节的运动 距跟关节的运动轴线是由跟骨后外下方斜向前内上方，斜经跗骨窦，至距骨颈上内侧的假设轴。此轴与水平面呈42°夹角，与足的中线呈向内侧偏斜15°左右的夹角（图4-38）。跟骨相对于距骨主要产生足的内翻、外翻运动（冠状面）。但因距跟关节轴向内、前、上方的倾斜，足内翻、外翻的同时还会伴有一定程度的内收和外展（水平面）运动，以及微小的跖屈和背伸（矢状面）。三平面活动同时发生，即内翻、跖屈和内收同时出现（旋前），外翻、背伸、外展同时出现（旋后）。距跟关节内翻平均活动度是20°～30°，外翻平均活动度是5°～10°。

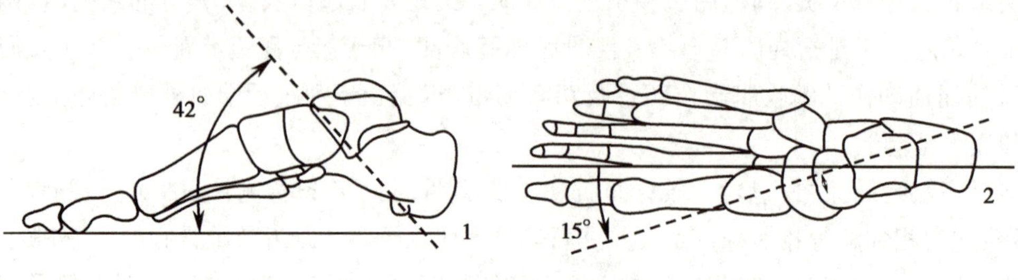

图4-38 距跟关节运动轴

2. 跗横关节的运动 跗横关节主要功能是与相邻关节，特别是距跟关节，更好地协同完成足的旋前、旋后运动。由于距舟关节和跟骰关节功能关系密切，所以多以舟骨、骰骨相对于距骨、跟骨的复合活动进行研究。有研究报道跗横关节分别沿纵轴和斜轴两个运动轴进行运动。纵轴与矢状轴基本重合，在矢状面上向内侧倾斜仅约2°，其与水平面约成15°角（图4-39），主要产生的足部在冠状面内的内外翻活动。比较而言，斜轴的倾斜性更加明显，其与水平面约成52°角，矢状面上向内倾斜约57°。足部绕此轴形成外展、背伸和内收、跖屈的复合运动。

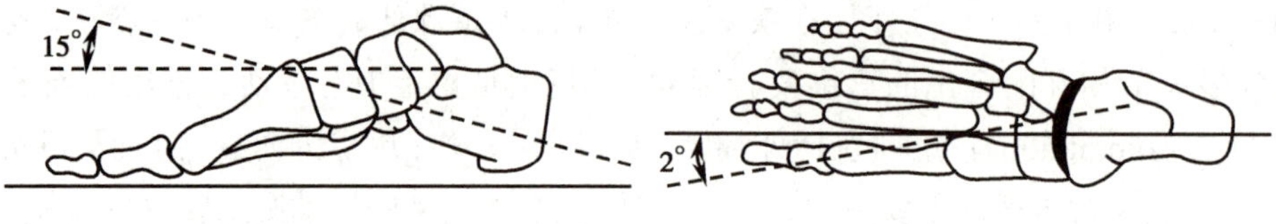

图4-39 跗横关节运动轴（纵轴）

跗横关节围绕双运动轴可以形成三维方向的旋前、旋后联合运动，这使中足的形状有着非常大的可塑性，以适应不同的地面情况。跗横关节与距跟关节、踝关节常常协同运动，增大足部的活动范围。

3. 跖趾关节的运动 跖趾关节不仅可以在矢状面完成屈伸运动，而且可以在水平面产生轻微的内收、外展运动。两种运动的旋转轴均贯穿每个跖骨头的中心。因跖骨的长短不一，若将所有跖骨关节作为整体来看其横轴是斜行的，跖趾关节连线与足纵轴之间夹角在50°～70°（图4-40）。跖趾关节被动伸趾约为50°～60°，屈趾为30°～40°。第1跖趾关节允许更大程度的背伸，伸趾角度可接近90°。

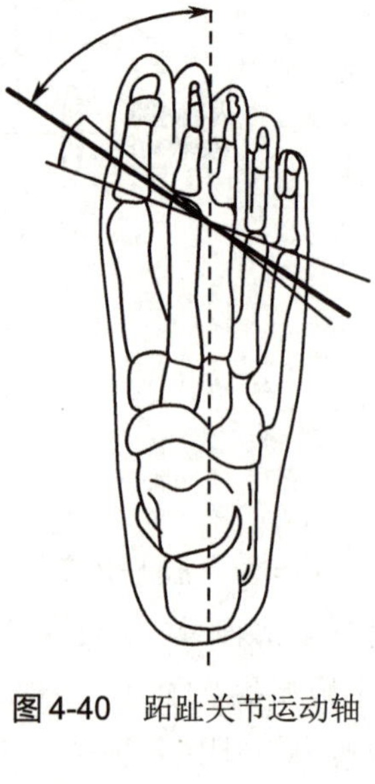

图4-40 跖趾关节运动轴

（三）足弓

人类进化过程中为了负重行走和吸收震荡，足跗骨和跖骨借助韧带牢固相连，构成具有少许活动的凸向上方的弓形骨骼结构，称为足弓。

1. 足弓的分类 根据足弓位置及功能，将其分前后方向的纵弓和内外方向的横弓（图 4-41）。

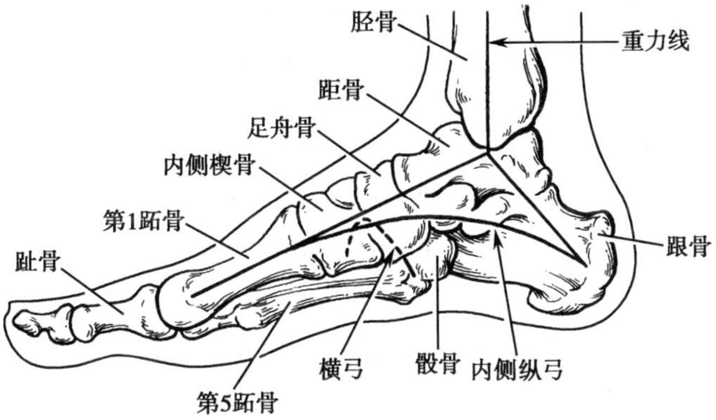

图 4-41 足弓

（1）纵弓：包括内侧纵弓和外侧纵弓两部分，均止于跟骨结节（图 4-42）。

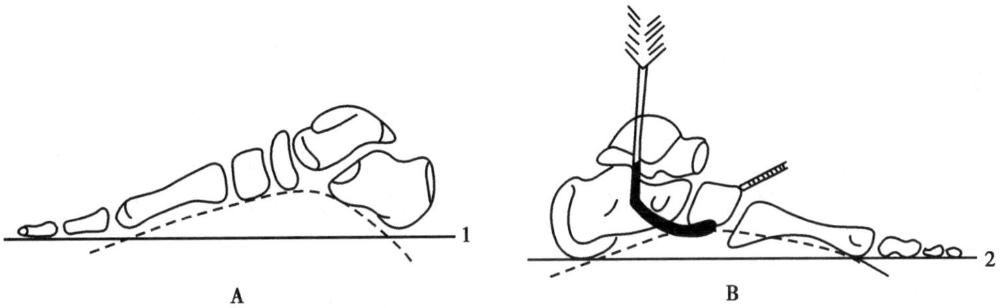

图 4-42 足的纵弓
A. 内侧纵弓；B. 外侧纵弓

内侧纵弓由跟、距、舟三块楔骨及第一至第三跖骨组成。距骨头是足弓的最高点，跟骨是弓的后支柱，其他组成部分则形成弓的前支柱。此弓前端的承重点主要在第一跖骨头。内侧纵弓的特点是较长较高（形成小圆周中的一大段，图 4-43A），活动性大，富于弹性，又称弹性足弓，为足弓的主要运动部分，使足可以适应不同的路面，并把来自胫骨的负荷传至足的前、中、后部，有缓冲作用。

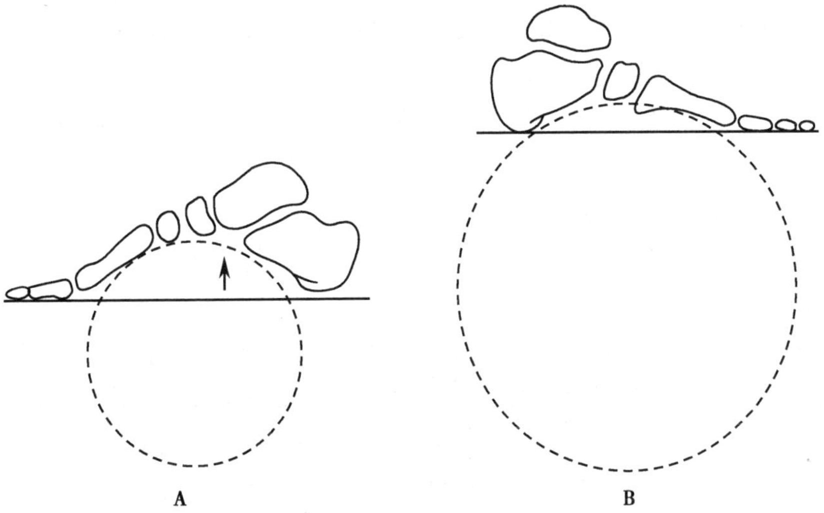

图 4-43 纵弓的特点
A. 内侧弓正如小圆周中一大段；B. 外侧弓正如大圆周中一小段

外侧纵弓由跟、骰骨及第四、第五跖骨构成，弓的最高点在骰骨。跟骨亦作为后支柱，其内侧结节形成后支点。第五跖骨头为前支点，是此弓前端的承重点。外侧纵弓的特点是较低较短，站立时几乎近地平面（形成大圆周中的一小段图 4-43B），弹性差，活动度小，比较稳定，主要作用是承载重力，又称支撑足弓。

走路时，外侧足弓承载体重先于内侧足弓。站立时，支撑体重，弓即变扁。距骨构成纵弓基柱，承载体重，下传至足弓。正常体重由跟骨结节、第一跖骨头及其下方的二籽骨与第五跖骨头负载，再传至地面（图 4-44）。

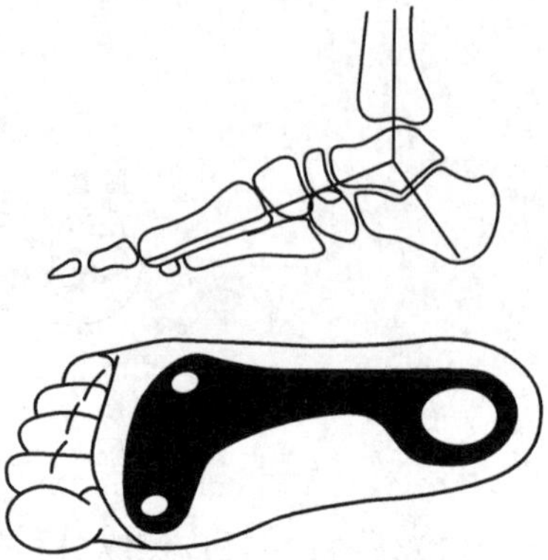

图 4-44　足底着力点

（2）横弓：在前足的横切面上，由骰骨、三块楔骨与跖骨排列而成，向前足背隆起的弓形。其最高点在中间楔骨。各骨均作拱桥形排列，它们的背侧面一般较跖侧面大，上宽下窄，形成跖面的深凹。各跖骨头站立时完全着地，其上下有背侧韧带和跖侧韧带连接。横弓为中足提供横向稳定性。在承受体重的状态下，足横弓受压轻度下降，通过跖骨头来分担所承受的体重。

2. 足弓的维持　足弓由肌腱、肌肉、筋膜、韧带及骨骼共同支持，其稳定性的维持可分为骨性因素和软组织因素两个方面。一方面，楔形足骨保证了足弓拱形的砌合，维持足弓的骨性结构；另一方面，则是韧带、筋膜的弹性和肌肉收缩、肌腱等软组织的紧张所致，它们是维持足弓的能动因素，在结构功能上如弓弦一样，保持着足弓的弹性及形态。如果维持足弓的骨或软组织损伤，或先天性发育不良，均可导致足弓塌陷，形成扁平足。

（1）骨性因素：构成足弓的骨性结构具有不同的形状和大小，依次排列，相互嵌合，构成形状和功能各不相同的关节，为足弓的稳定提供了明显的静态维持作用。

（2）软组织因素：韧带是保持构成足弓各骨块间联系的重要组织。足背突出，负重少，韧带薄弱；跖侧负荷大，对足弓的维持也特别重要，故韧带肥厚坚强。跟舟足底韧带（弹簧韧带），起自跟骨载距突，止于舟骨底部，坚强而具有弹性，可防止位于内侧纵弓顶点的距骨头下塌或内倾，是维持内侧纵弓的重要韧带。跖长韧带连接跟骨和骰骨，是限制外侧纵弓塌陷的强有力因素；跖短韧带连接跟骨和跖骨，参与维持外侧纵弓。

跖腱膜：为足底深筋膜在足底中间部增厚所成。跖腱膜在后方附于跟结节，向前分为 5 条，附着于各跖趾关节囊屈肌腱鞘和跖骨头横韧带（图 4-45）。从足的纵弓来看，跖筋膜似一根弓弦，张于足的纵弓上。人在直立或负重时弓弦就绷紧，因此对维持足弓的三维形态及稳定性起着极为重要的作用。跖腱膜作为足弓的弓弦，是足弓维持与保护的重要组织，但可以在腱膜附着跟骨尖处发生损伤也可发生腱膜劳损或撕裂伤。

肌肉也是维持足弓的最重要因素，其中尤以胫骨后肌、胫骨前肌及腓骨长肌为主。它们作用于纵弓的中点起悬吊作用，又相互拮抗，维持均衡。此外，胫骨前肌参与维持足弓平衡。肌肉的作用很重要，但在不同姿势下，它们的作用是有变化的。

3. 足弓的功能　足弓的形态结构，决定了足弓的功能。其主要功能有：

（1）支持体重：站立时体重经踝至距骨，再经足弓分布于 3 个负重点，即跟骨结节、第一跖骨头处及第五跖骨头（图 4-44）。双足 6 个点成为强有力的支柱，以保证直立时足底支撑的稳固性。

（2）缓冲震荡：当身体跳跃或从高处落下着地时，足弓弹性起着重要的缓冲震荡的作用。在行走，尤其是长途跋涉时，足弓的弹性对身体重力下传和地面反弹力间的节奏也有着缓冲作用。

（3）保护作用：足弓的拱形结构能保护足底的血管和神经免受压迫。

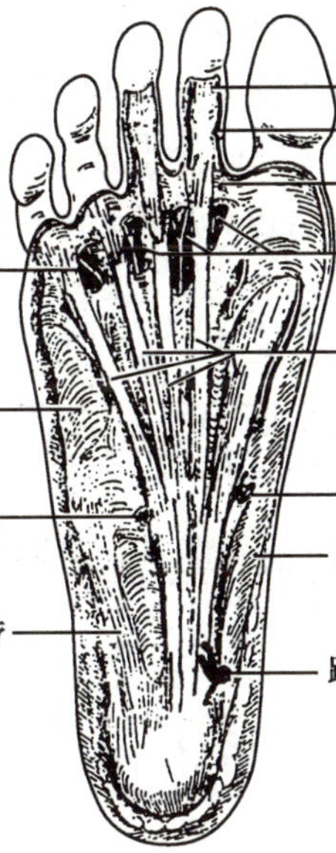

图 4-45　足底跖腱膜

(4) 增强适应：足弓存在一定的活动度，具有柔韧性，使足在着地时能适应不同的路面。

(5) 推进作用：足弓具有坚韧性和弹性，可以使足在离开地面时获得一定的推进力，有利于行走、跑、跳等活动。

(徐冬青)

第四节　行走运动学

行走是人们实现移动的最基本需要，同时，也是人们一天中进行最多的活动。在理想的情况下，行走应既是高效率的，也应该是安全的，既可使疲劳最小化、又要避免跌伤等情况的发生。多年的练习，能使一个健康人在行走的同时进行谈话、远望，甚至避开障碍物并应对一些导致失去平稳突发状况的发生。

尽管行走对于一个健康的成年人来说表面上是不费力的，但对于学步的婴幼儿和老年人来说行走仍是比较困难的。出生不久，婴幼儿需要几个月的时间学会站立和行走。事实上，要到 7 岁时才会有"成熟"的步态。在生命的后期，随着年龄的增大，行走会变得越来越困难。因为随着肌肉力量减少，平衡能力下降，或是疾病的发生，老人可能需要手杖或助行器才能安全行走。

一、步态分析的时空参数

(一) 步态周期

行走是一系列运动循环的结果。行走最基本的组成单元是步态周期(gait cycle)。步态周期始于一侧足跟触地，止于同侧足跟再次着地。因此，一个步态周期包括左足的一步与右足的一步共两步。

对步态最基本的空间描述包括了一个步态周期的长度和一步的长度(图4-46)。跨步长(stride length)是指同一足的足跟相继触地之间的距离。相比较而言,步长(step length)则是指不同足的足跟相继触地之间的距离。对左右足步长的比较可帮助我们评价步态的对称性。步宽(step width)是指两次连续的足触地时双侧足弓之间的距离,通常是7～9cm。足角(foot angle)是身体前进的方向与足的长轴之间的夹角,正常人大约是7°。

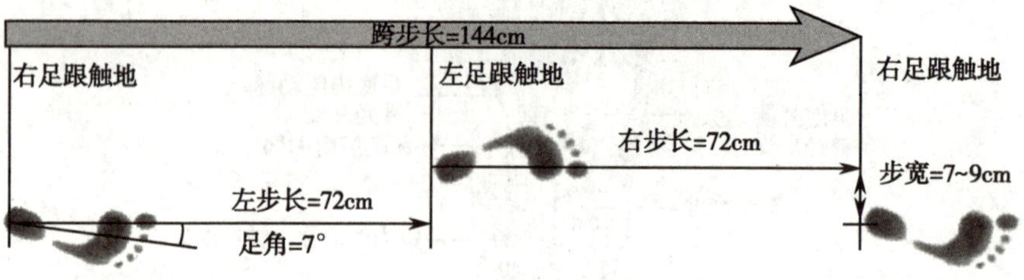

图4-46 步态的空间参数

对步态最基本的时间描述是步频(stride rate),即每分钟的步数。其他对步态时间的描述还有步态周期(一个完整步态循环的时间)和步时(完成左足或右足一步的时间)。值得注意的是,通常情况下对称的步态其步时决定于步频,步时是步频的倒数。

行走的速度、时间和空间的测量是相关的,它是通过计算在规定时间内行走的距离而得出的。计算单位是米/秒。速度可通过以下几种方法计算:行走一段既定的距离所需的时间、在规定的时间所行走的距离或步频与步长的乘积。

基于年龄与身体因素,如体重和身高,行走的速度是有差异的。在所有步态的时间和空间测量中,步速是最好和最基本的对个人行走能力进行描述的数据。健康成年人的一个步态循环需要约1秒多的时间,距离约1.44米,步速约为1.37米/秒。妇女与男性相比,步速更慢、步长更短,步频更快。这些不同可能部分反映了不同性别的人的运动行为差异。值得注意的是,甚至在以一个标准的步速行走时,女性比男性一般会有更快的步频和更短的步长。

有两种方法可增加步速,即加大步长和提高步频。通常,一个人会把这两种方法结合使用直到达到最舒适的步长。在这时,步速的进一步提高就只与提高步频有关了。所有对步态的测量(时间、空间、运动学)都依赖于步速。因此,为了得到有关步态确切的解释,关于步态特征的研究应该包括步速,以便通过步速分析得到其他数据。

(二)站立与摆动阶段

为了便于对步态周期进行描述,习惯上将步态周期从0%～100%进行划分。如前所述,足跟触地被认为是步态循环的开始(0%),并且同一足下一次的足跟触地被认为是步态周期的结束(100%)。

我们以右下肢为例进行步态的描述。右下肢完整的步态周期可被分为两个主要阶段,支撑相与摆动阶段(图4-47)。支撑阶段(从右足跟触地到右足趾离地)是指右足在地面上的阶段,此阶段支撑了身体的重量。摆动阶段(从右足趾离地到下一次右足跟触地)是指右足悬在空中为了下一次触地而向前移动的阶段。在正常的行走速度时,支撑阶段占了步态循环的60%,摆动阶段仅占了40%。

在步态周期中,身体经历了两次双下肢支撑期(双足几乎同时触地时)和两次单下肢支撑期(仅有一只足触地时)(图4-48)。步态循环的0%～10%是第一个双下肢支撑期。在那个时期,身体的重量被从左下肢转移到右下肢。直到步态周期的50%都是右下肢的单肢支撑期。在那段时期,左下肢处于向前移动的摆动阶段。第二次双下肢支撑期是在步态循环的50%～60%,并且将身体的重量从右下肢向左下肢转移。最后，在步态循环的 60%～100%，身体处于左下肢的单下肢支撑期。左下肢的单肢支撑期与右下肢的摆动阶段是同时发生的。

当步速提高时，双下肢支撑期在步态循环中所占的百分比就会缩短，在跑步时，双足支撑期消失，被双足同时离地的时间所取代。正常情况下，从行走到跑的过渡发生于步频大约为 80 步 / 分钟或步速约为 2 米 / 秒。当步速在 2 米 / 秒以上时，跑步比行走更有效率。

相反，由于双足支撑使身体更为稳定，而较慢的步速使双足支撑期在步态循环中所占的比重更多，故较慢的步速为身体提供了更大的稳定性。事实上，减慢的步速、变短的步长和变慢的步调通常在老年人身上看到，这样可以增加步态的稳定性以防跌倒。

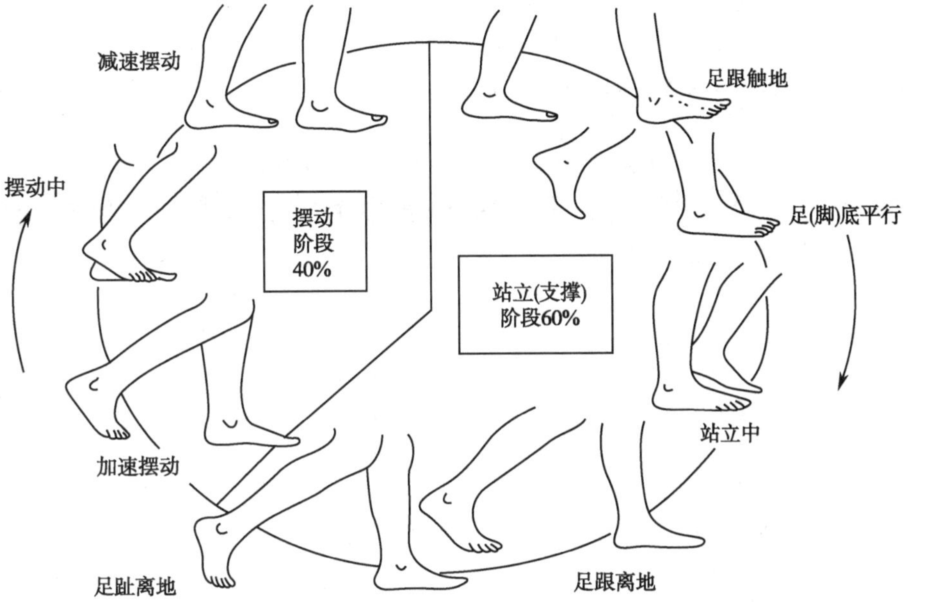

图 4-47　步态周期

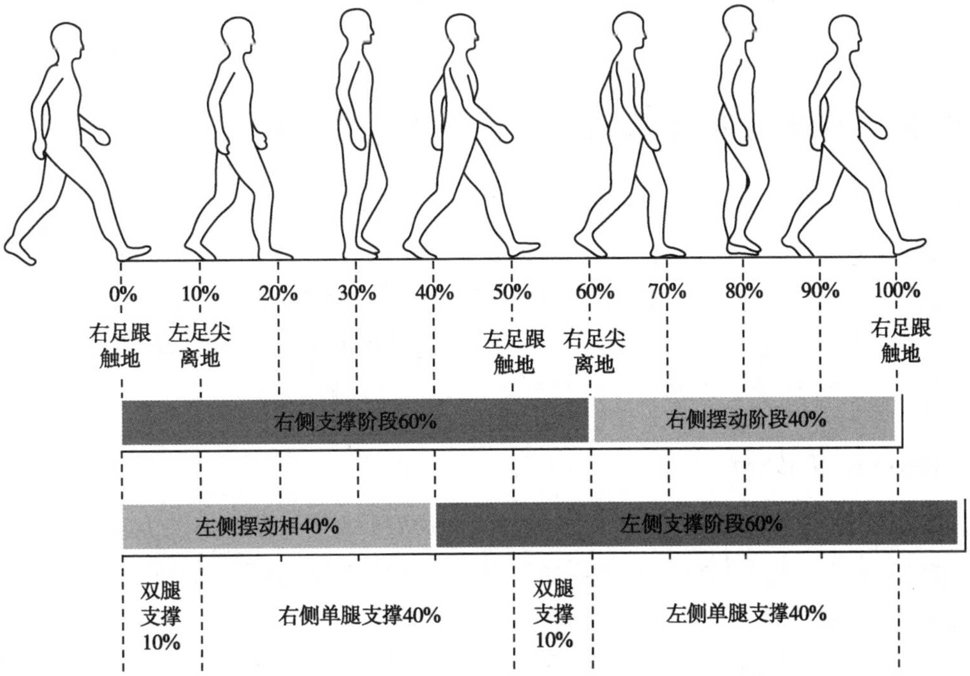

图 4-48　步态周期的阶段划分

将站立和摆动阶段进一步细分（表 4-3），通常支撑阶段包含了五个部分，即足跟触地、足平放、中期支撑、足跟离地和足趾离地。足跟触地是指足跟与地的瞬时接触，发生在步态循环的 0% 时。足平放是指整个足短时间平放于地面。足平放发生在步态循环的 8%。中期支撑通常是指身体重量直接通过该下肢支撑的时期，也就是处于摆动阶段的下肢将身体的重量传递给处于支撑阶段的下肢。关于中期支撑的另一种定义是，在该时期股骨大转子在矢状面上是垂直于支撑足中点的。事实上，中期支撑期占步态循环周期的 30% 或支撑阶段的 50%。足跟离地发生在步态循环的 40%，是足跟瞬时离地的时期。足趾离地发生在步态循环的 60%，是指大踇指瞬时离地的时期。离地这个时期是经常用到的。这个时期是由踝跖屈产生的，从步态循环的 40%～60%。摆动阶段传统上被分为三个阶段：早期、中期和末期摆动。早期摆动是指从足趾离地到中期摆动的时期（步态周期的 60%～75%）。中期摆动与对侧下肢的中期支撑是同时发生的，这时摆动足刚好越过支撑足（步态周期的 75%～85%）。后期摆动是指从中期摆动到足触地的时期（步态周期的 85%～100%）。

表 4-3 步态周期中各个阶段的通用术语

阶段	事件	步态周期的百分比	对侧下肢的事件
站立期	足跟触地	0%	
	足平放	8%	
		10%	足趾离地
	支撑中期	30%	摆动中期（25%～35%）
	足跟离地	30%～40%	
		50%	足跟触地
	足趾离地	60%	
摆动期	摆动早期	60%～75%	
	摆动中期	75%～85%	支撑中期（80%）
	摆动末期	85%～100%	
		90%	足跟离地（80%～90%）
	足跟触地	100%	

二、身体重心的转移与控制

行走可被定义为一系列的失衡与恢复平衡的动作。在行走初期身体是向前倾斜的，为了防止跌倒，需要把另一只足向前移到一个新的位置，暂时恢复平衡。一旦开始行走，身体向前的动力就会使身体重心向前越过足的位置，这样就迫使另一只足向前迈步，通过双足连续地、交替地移动使身体向前移动。只要身体还在向前移动，这种流畅的、受控制的恢复平衡的行为会一直持续下去。当足的位置阻碍了身体向前移动的动力，并且在双足支撑期恢复平衡时，行走就停止了。

（一）身体重心的转移

身体的重心正好位于第二骶椎的前方，对身体重心最好的观察方法是追踪头或躯干的转移。很明显，在行走过程中身体最主要的移动方向是向前（图 4-26，图 4-27）。然而，身体向前方的移动构成了由两个重叠的正弦曲线组成的运动模式，这与身体重心在垂直方向与横向的运动是一致的。

在垂直方向，每一个步态周期中，身体重心的移动轨迹可用两个周期的正弦波来描述（图 4-49）。对身体重心移动最理想的观察方法是通过从侧方对某人的观察来进行的。身体重心的最低点发生于两侧下肢支撑期的中点（步态周期的 5% 和 55%）。身体重心的最高点发生于 2 次单下肢支撑期的中点（步态周期的 30% 和 80%）。在成年男性以平均步行速度行走时，身体重心在垂直方向总的移动距离约为 5cm。

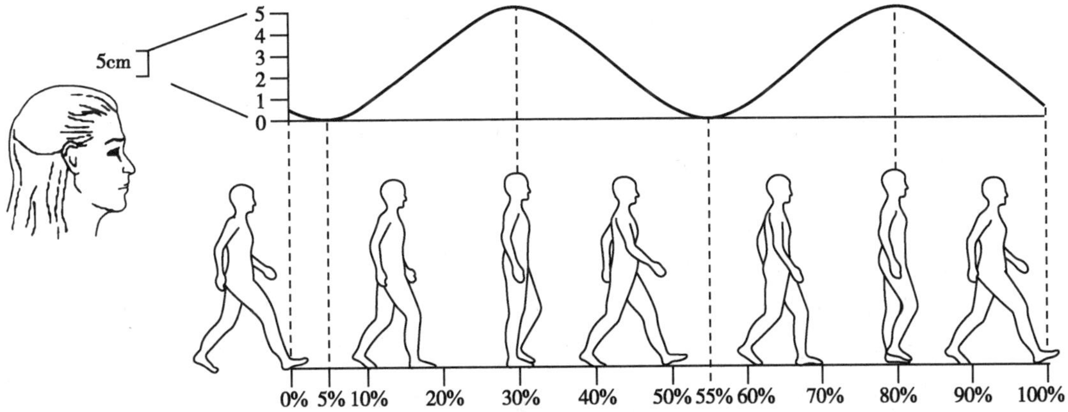

图 4-49　重心的垂直转移

行走时身体重心的横向转移形成了在水平方向的正弦波。这种身体重心的横向转移可从上方进行观察，但不是在正上方，应处于其行进方向或行进方向的反方向（图 4-50）。在横向转移中，身体重心从右下肢转移到了左下肢。身体重心在右侧的最远点发生于右下肢支撑阶段的中点（步态周期的 30%），身体重心在左侧的最远点发生于左下肢支撑阶段的中点（步态周期的 80%）。在正常行走时，身体重心横向移动总的距离约为 4cm。这个数字会随着人在行走时双足横向距离的增加而增加，当然也会随着双足横向距离的减小而减小。

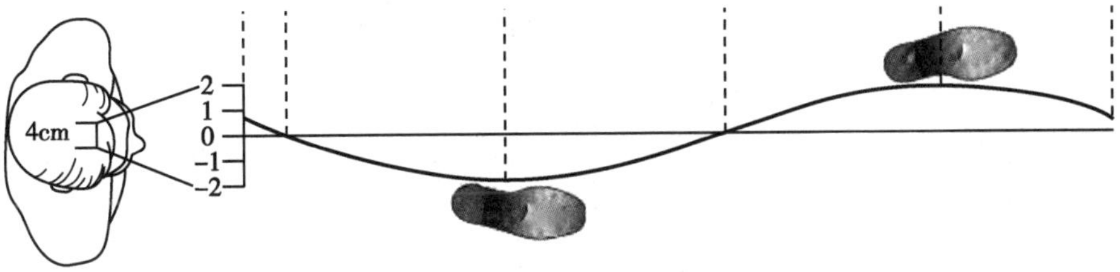

图 4-50　重心的横向转移

总之，从一个完整的步态周期考虑完整的运动模式，在由足跟触地后不久，身体重心就开始向前、向上和向足移动。这种移动方式一直持续到步态周期的 30%，从本质上说身体重心是向上和向侧方把身体重心转移到支撑的下肢。在右下肢支撑中期，身体重心达到了它的最高点和右侧的最远点。在右下肢支撑中期过后，身体重心继续前移，但开始向下和向身体左侧转移，从本质上说，身体是从支撑的下肢开始向下移动。这是步态循环中的关键时期。在左下肢的摆动阶段，身体依赖左下肢与地的正确接触而逐渐转移身体重心并防跌倒。在双下肢支撑期，左足跟触地后不久，身体重心位于双足之间的中点并达到它的最低点，同时它继续向前和向左下肢移动。从右足趾离地到左下肢支撑中期（步态周期的 80%），身体重心向前、向上和向支撑的左下肢移动。在步态周期的 80%，身体中重心达到了它的最高点和左侧的最远点。在左下肢支撑中期后不久，身体重心开始向下和向身体的右侧移动。当右足跟再次触地时，一个步态周期就完成了。

在单下肢支撑期，身体重心不会直接因支撑基底（行走时双足的横向距离）的宽窄而发生改变。这也就说明了身体在行走过程中的相对不平衡性。在冠状位，为了避免失衡，足必须位于身体重心前移方向的稍侧方以控制身体重心的横向移动。由臀在冠状面上的运动所决定的足的适合位置至关重要，因为距下关节肌肉系统在冠状面上产生稳定力矩的能力是有限的。

（二）动能和势能

尽管从表面上看，步行以一个恒定的前进速度进行的，但事实上每一步的速度都在发生变化。当处于支撑阶段的下肢位于身体重心的前方时，速度就慢下来。相反，当处于支撑阶段的下肢位于身体重心的后方时，速度就快起来。因此，在支撑中期，一旦身体上移至支撑下肢，它就达到它的最低速度；在双下肢支撑期，一旦身体从支撑下肢下移并尚未上移至对侧下肢时，它就达到它的最高速度。因为在步行时身体的运动能量是速度的直接动力，最小运动能量在支撑中期（步态周期的 30%～80%），最大运动能量在双下肢支撑期（步态周期的 5%～55%）。

行走时动能与势能间的转换（图 4-51）。势能是指地心引力作用于身体重量和身体重心的高度时所产生的能。在行走过程中，最大势能发生于身体重心达到最高点时（步态周期的 30% 和 80%）。最小势能发生于双下肢支撑期，身体重心达到最低点时（步态周期的 5% 和 55%）。

从行走时动能与势能转变的图解中可观察到，曲线间有一个关系很容易观察到（图 4-51）。即最大势能的时间与最小动能的时间是一致的。当势能从支撑中期到双下肢支撑期逐渐下降时（身体重心从最高点到最低点），动能在逐渐增加（身体重心的运动从最小速度到最大速度）；相反，从双下肢支撑期到支撑中期，动能逐渐减小，势能逐渐增加。在动能与势能之间的循环转移使行走时的代谢消耗达到最小。

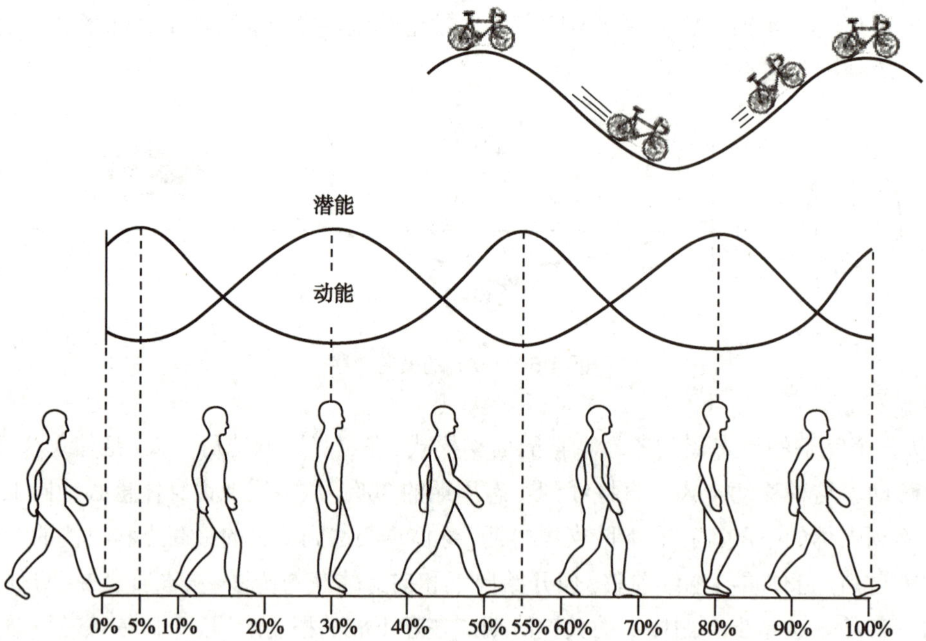

图 4-51　运动中的能量水平

三、关节运动学

行走时，通过下肢关节角度转动的总和使质心向前作线性位移，这并不像一辆汽车是由于轮胎的转动而导致它向前运动的。因此，下肢各关节的运动是指角旋转功能。尽管关节的角旋转主要发生在矢状面，但还是有少部分发生在冠状面和水平面。

（一）矢状面运动

骨盆在矢状面的运动范围是很小的，通常是指骨盆骨性结构的自身的运动。相反，髋关节、膝关节、踝关节和第一跖趾关节在矢状面都有较大范围的关节运动。在这里，步态周期是指从第一次右足跟触地到下一次右足跟触地。

1. 骨盆 骨盆在矢状面的运动是指骨盆在横轴方向所发生的一系列向前和向后的倾斜，以中立位的骨盆位置作为参考。中立位（0°）是指骨盆处于放松姿势的位置。因为骨盆是相对坚固的结构，故两侧的髂嵴是一起运动的。在以正常速度行走时，骨盆向前、向后倾斜的范围是很小的（大约为2°～4°）。尽管骨盆的运动是一个独立的结构，但这个小范围的运动是发生在髋部（骨盆与股骨间的屈伸）和腰骶关节（骨盆与腰椎间的屈伸）。骨盆在整个步态周期中的运动模式就类似两个完整波形的正弦波（图4-52A）。右足触地时，骨盆接近于中立位。在步态循环的0%～10%，双下肢支撑期，骨盆发生了小范围的向后倾斜。在单下肢支撑期，骨盆开始发生向前倾斜，并且在支撑中期（步态周期的30%）后骨盆达到了轻微的前倾位。在支撑阶段的后半段，骨盆向后倾斜直到足趾离地。在摆动阶段的初期和中期（步态周期的60%～87%），骨盆再次向前倾斜，在摆动末期，骨盆又开始向后倾斜。

通常，骨盆的运动范围会随着行走速度的增加而增加。然而，步速的不同也会导致骨盆倾斜范围、时限和方向的不同。较大范围的骨盆倾斜是随着步速的增加而发生的，这样可以增加下肢的功能长度，也就增加了步长。

骨盆在矢状面的运动是由于行走时髋关节和髋部屈伸肌肉主动、被动力量的合力驱动的。病理状态下，伴有屈髋关节肌明显挛缩的患者在支撑期的后半部分（步态周期的30%～60%）就会出现极其严重的骨盆前倾。髋前部结构的短缩导致巨大的被动拉紧力量引起骨盆前倾以及逐渐增加的脊柱前凸。

2. 髋关节 以通常的速度行走，髋关节在足跟触地时前屈的角度大约为30°（图4-52B）。当身体前移超过固定的足时，髋关节后伸。在足趾离地前，髋关节的最大后伸角度为10°。在足摆动前，髋关节开始前屈，当足离地时，髋关节大约处于0°位（步态周期的60%）。在摆动阶段，髋关节进一步屈曲，以带动下肢前移到下一个位置。最大屈曲角度（约为30°）是在足跟触地前发生。需注意的是，在足跟触地时，髋关节为了支撑体重已经开始后伸。总的来说，在正常行走时，髋关节大约需要30°的前屈和10°的后伸。和下肢所有的关节一样，髋关节运动的幅度与行走的速度是相称的。

有髋部活动受限的患者在行走时也许不会出现步态的异常，这是由于骨盆和腰椎的运动可进行代偿，以减少对髋部活动度的要求。明显的髋关节后伸可通过骨盆的前倾和腰椎前凸的增加而实现。相反，骨盆后倾加上腰椎前凸的减少可使髋关节出现明显的前屈。对于髋关节融合的患者在行走时，需要用幅度很大的骨盆前倾、后倾运动来代偿丢失的髋部运动。由于骨盆与腰骶椎的运动在力学上是相关的，故过分的骨盆倾斜也许会增加腰椎的压力而导致下腰痛。

3. 膝关节 膝关节的运动模式要比髋关节的复杂一点（图4-52C）。当足跟触地时，膝关节大约屈曲5°，并且在步态周期的前15%，它会继续再屈曲10°～15°。膝关节的轻度屈曲是由股四头肌的离心性收缩引起的，当身体重量逐步传递到下肢时，这可起到减震和支撑体重的目的。紧跟着膝关节屈曲的是膝关节逐渐伸直到几乎完全的伸直位一直到足跟离地（步态周期的40%）。那时膝关节开始屈曲，到达大约35°的屈曲角度时，足趾离地（步态周期的60%）。最大膝关节屈曲角度为60°，是发生在摆动中期开始时（步态周期的73%）。膝关节在摆动初期的屈曲缩短了下肢的长度，从而加速了足趾离地。在摆动中末期，膝关节处于几乎完全的伸直位，是为下次的足跟触地做准备。

行走过程中，正常膝关节的运动是在矢状面上发生的，膝关节的运动范围是从几乎完全的伸直位到大约60°的屈曲位。膝关节伸直受限（如膝关节屈肌挛缩）会导致下肢的功能长度缩短，会影响支撑

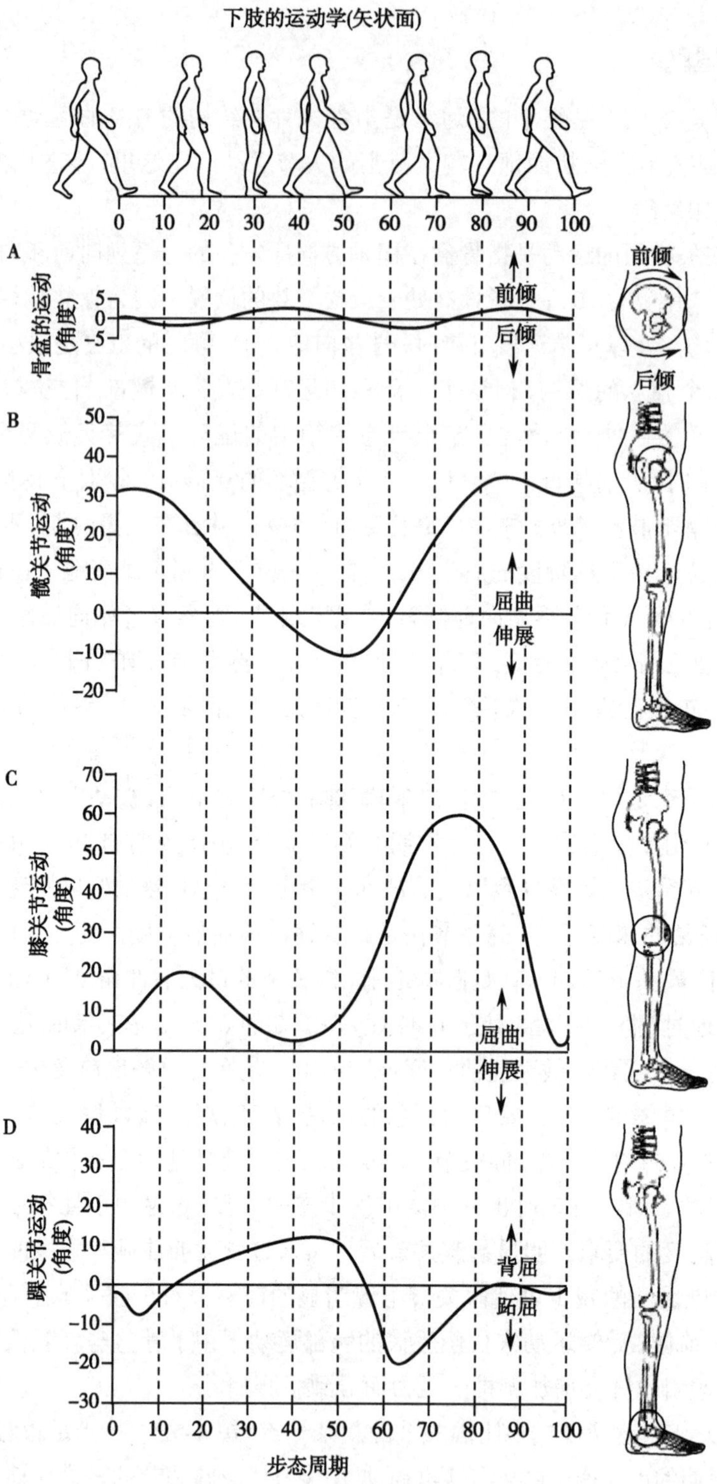

图 4-52 骨盆、髋、膝、踝关节在矢状面的运动

腿与摆动腿的运动。缺乏膝关节伸直功能的支撑腿将处于一个包括髋关节、膝关节和踝关节的挛缩状态，使正常的摆动腿需要更大的膝关节和髋关节的屈曲来使足趾离地。由于两下肢的功能长度不一致，将会导致过度的躯干和身体重心的移动，增加了行走时的代谢需要。行走时屈曲挛缩的膝关节也会增加了膝关节伸直肌群的能量消耗。

行走时在摆动阶段缺乏充分的膝关节屈曲会影响足趾离地。为了代偿，髋关节必须过度屈曲。如果膝关节在完全的伸直位或因矫形支具而制动，那么髋关节就需要作出更大的代偿。

4. 踝关节 当足跟触地时，踝关节处于轻度的跖屈（0°～5°）（图 4-52D）。在足跟触地后不久，由踝关节背侧屈肌的离心收缩引起的踝跖屈使足平放于地面。当胫骨前移越过支撑足时，踝背屈增加到10°（步态周期的 8%～45%）。在足跟离地不久（步态周期的 40%），踝关节开始跖屈，最大到 15°～20°，一直到足趾离地。在摆动阶段，踝关节再次背屈到中立位以使足趾完全离地。

以平均速度步行时，踝关节需要大约 10° 的背屈和 20° 的跖屈。值得注意的是，行走时，较大的背屈是发生于支撑阶段而非摆动阶段。与膝关节、髋关节类似，踝关节活动的受限会导致异常的运动模式。例如，踝关节跖屈受限可能会导致前移推动力下降，也可能会导致步长缩短。

相反，如果由于跟腱挛缩导致支撑期不充分的踝背屈，可能引起不完全的足跟离地，导致“跳跃”步态。值得注意的是，由于踝背屈受限引起的“跳跃”步态限制了身体的前移，故而步长也会缩短。“外八字”步态在某些情况下能代偿踝背屈不足。有明显“外八字”步态的人，在支撑期的后半阶段，会滚动前移足内侧方。尽管“外八字”步态可减少对踝背屈的需要，但它会增加足与膝关节内侧结构的压力。

在某些严重的伴有马蹄足畸形的患者（固定于踝跖屈），他们以过度伸直的足趾行走，而足跟却不能触地。这种情况最常见于脑瘫患者。

踝背屈受限也会影响摆动阶段的足趾离地。为了代偿，就必须增加髋或膝关节的屈曲。踝背屈受限可由以下几种原因引起：踝跖屈肌痉挛、腓肠肌挛缩和踝背屈肌无力。

5. 第一跗跖关节 第一跗跖关节可进行轻度的跖屈和背屈，以便在行走时为足内侧纵弓提供灵活性。

6. 第一跖趾关节 大踇趾的第一跖趾关节对于正常行走是很重要的。在足跟触地时，第一跖趾关节呈轻度的过伸位。从足跟触地后不久到足跟离地，第一跖趾关节处于相对的中立位。从足跟离地到足趾离地前，第一跖趾关节处于 45°～55° 的过伸位（该角度的测量是在第一跖骨和大踇趾近节趾骨的长轴之间）。在支撑阶段的后半期和摆动初期，该关节从屈曲位回到中立位。

由于软组织的损伤可导致第一跖趾关节过伸受限，例如关节的扭伤或退行性改变，均可引起明显的“外八字”步态。这种异常步态模式的结果是不能有效地前移。“外八字”步态还会增加膝关节和足内侧结构的压力，包括大踇趾承受的压力，正如前面在踝关节提到的。

（二）冠状面的运动

关节在冠状面的旋转范围小于矢状面。但这些旋转是很重要的，特别是在髋关节和距下关节。

1. 骨盆 行走时骨盆在冠状面的运动可以从一个人的前方或后方，通过对其髂嵴的升降的观察来进行。在支撑下肢的骨盆—股骨间总的内收和外展幅度大约为 10°～15°。当右下肢支撑体重时（步态周期最初的 15%～20%），左半侧骨盆逐渐下降是由于右半侧骨盆与右侧股骨间内收运动引起的。

在步态周期的 20%～60%，支撑期的右下肢髋关节逐渐外展，因此提升了左侧摆动腿的髂嵴。在右下肢几乎全部的摆动期，左支撑腿的骨盆—股骨间的内收运动引起右侧髂嵴逐渐下降。

2. 髋关节 髂嵴的升降反映了髋部在冠状面上的运动。在支撑阶段，髋部在冠状面的运动几乎完全源于骨盆与股骨间的运动。在摆动阶段，骨盆和股骨的运动导致髋关节回到中立位。

3. 膝关节 因为关节中各结构间的几何关系及强有力的侧附韧带，使膝关节在冠状面上是稳定的。在冠状面上只有很小范围的关节运动发生，而且很难来定量。当以 1.2m/s 的速度行走时，插入股骨和胫骨皮质的针说明了在足跟触地期膝关节的平均外展角度为 1.2°。该角度在整个支撑期都保持不变。在摆动初期阶段，膝关节的外展角度可再增加 5°。膝关节最大的外展角度发生于膝关节在矢状面上处于最大屈曲位时。在下一次足跟触地前，膝关节又回到轻度外展位。对于患有骨性关节炎和下肢结构排列异常的患者，膝关节在冠状面的运动将会受到影响。

4. 踝关节 踝关节主要的运动是背屈和跖屈。踝关节背屈时可伴随轻度的外翻和外展，踝关节跖屈时伴随着轻度的内翻与内收，这些次要的冠状面和水平面的运动范围是非常小的，可忽略不计。

5. 距下关节 旋前与旋后的三维运动是距下关节与横向的跗骨关节相互作用的结果。旋前运动包含了外翻、外展和背屈，旋后运动包含了内翻、内收和跖屈。距下关节运动角度是跟骨后方跟骨线与小腿后方长轴的夹角，图4-53显示了在冠状面的距下关节角的测量。

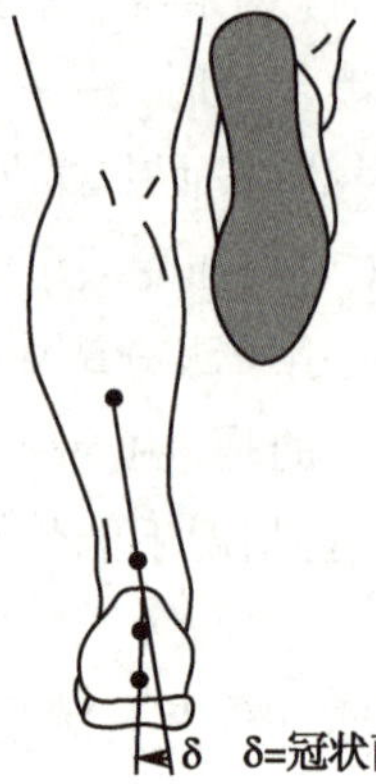

图4-53 冠状面的距下关节角测量

在足跟触地时，距下关节内翻的角度大约为2°～3°。在足跟触地后不久，跟骨开始快速外翻并一直持续到支撑中期（步态周期的30%～35%），最大外翻角大约为2°。与此同时，距下关节向相反的方向运动，开始向内翻。正常情况下，在步态周期的40%～45%（接近足跟离地时），跟骨处于相对中立的位置。从足跟离地到足趾离地这段时间，跟骨继续内翻直到大约6°的内翻角。在摆动阶段，跟骨处于轻度内翻姿势，直到下一次足跟触地。行走时，足的旋前、旋后运动伴随着足弓高度的改变。

（三）水平面的运动

目前关于下肢水平面运动学的研究是有限的。为提高测量的准确性，研究者有时会将坚硬的金属针固定在研究对象的骨盆、股骨和胫骨上。依靠这些金属针作为标记，摄影机就可追踪骨骼的运动。

1. 骨盆 行走时，骨盆在水平面上的旋转是围绕垂直轴进行的，它是通过支撑腿的髋关节发生的。以下对骨盆旋转的描述是通过对右足步态循环的俯视观察进行的。在右足跟触地时，右侧的髂前上棘相比左侧的是靠前的。在步态周期的最初15%～20%，骨盆呈现逆时针方向的旋转（图4-54，图4-55）。在右下肢支撑阶段余下时期，当左侧髂前上棘与摆动的左下肢一起前移时，骨盆出现顺时针的旋转。当右足趾离地时，右侧髂前上棘就落后于左侧髂前上棘。在右下肢的摆动阶段，右侧髂前上棘逐步前移。在整个步态周期中，骨盆向每个方向旋转的角度为3°～4°。在步速和步长增加时，会出现较大的骨盆旋转。

2. 股骨 在步态周期最初的15%～20%，足跟触地后，股骨出现向内的旋转（图4-54，图4-55）。大约在步态周期的20%，股骨开始向相反的方向旋转即外旋，直到足趾离地后不久。在摆动阶段的大部分时间，股骨呈内旋。行走时，总的来说，股骨向每个方向旋转的角度为6°～7°。

3. 胫骨 胫骨的运动模式与股骨的非常相似（图4-54，图4-55）。胫骨向每个方向旋转的角度大约为8°～9°。

4. 髋关节 股骨与骨盆几乎同时发生旋转。在右足跟触地时，基于相对靠后的左侧髂前上棘而言，右髋关节处于轻度的外旋。在右下肢支撑期的大多数时间，当左侧髂前上棘前移时，右髋关节处于内旋位。最大内旋角度发生于步态周期的50%。从步态周期的50%到摆动中期，右髋关节处于外旋位，这时右下肢离地并前移。从摆动中期到右足跟触地，右髋关节处于轻度的内旋位。

5. 膝关节 在足跟触地时，膝关节处于大约2°～3°的相对于股骨的外旋位。整个支撑期，膝关节逐渐内旋，由于胫骨的内旋角度比股骨的大。到足趾离地时，膝关节处于大约5°的相对内旋位。在摆动阶段，膝关节外旋直到下一次足跟触地。

6. 踝关节和足 踝关节在水平面的运动范围很小，可以不用考虑。距下关节的主要运动（内翻与外翻）是发生在冠状面。

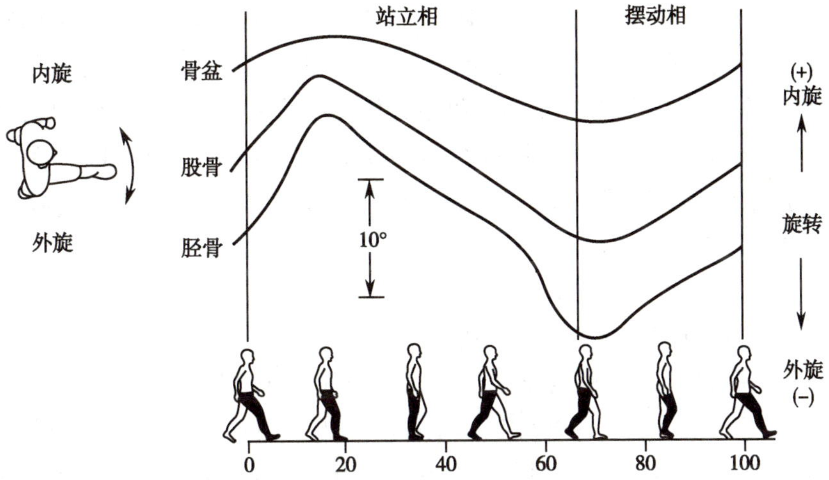

图 4-54　骨盆、股骨、胫骨在水平面的运动

（四）躯干与上肢

躯干与上肢在步态周期中起到维持平衡与减少能量消耗的作用。

1. 躯干　在行走时，身体重心是随着躯干的移动而移动。躯干的移动方式是在水平面上围绕垂直轴进行旋转。肩带骨的旋转是与骨盆的方向相反的。肩带骨总的平均旋转范围大约为 7°。躯干的运动模式对于行走的有效性来说是重要的。行走时，躯干活动受限将导致能量消耗提高 10%。

2. 肩关节　在矢状面，肩关节呈现的是正弦的运动模式，这与髋关节的屈伸是不同的。当股骨后伸时，同侧的肱骨就前屈，反之亦然。在足跟触地时，肩关节处于最大的后伸位，从中立位测量大约为 25°。在步态周期的 50%，肩关节逐渐旋前达到最大前屈角度，约为 10°。在步态周期的后半部分，同侧的髋关节前屈时，肩关节后伸 25° 直到下一次足跟触地。肩关节的运动模式在每个人都是相同的，尽管运动的强度有明显差异。通常情况下，肩关节的运动幅度随着步速的增加而增加。上肢的摆动不完全是被动的，有部分主动的成分，特别是肩关节的后伸需要三角肌的后组肌群主动收缩。上肢摆动的主要功能是平衡躯干的旋转力量。目前的研究结果未显示肩关节活动受限对跑步时的能量消耗有明显影响。

3. 肘关节　肘关节在足跟触地时大约处于 20° 的屈曲位。在步态周期的前 50%，肩关节前屈，肘关节也前屈到最大角度约 45°。在步态周期的后半段，肩关节后伸，肘关节回到 20° 的屈曲位。

（五）减少能量消耗的运动方法

在行走时，有五种方法可减少身体重心的转移幅度。从而，减少了能量消耗，优化了能量的效率。应用前四种方法可使身体重心的垂直转移减少。第五种方法可使身体重心的水平转移减少（表 4-4）。

表 4-4　步态中减少能量消耗的运动策略

运动方向	策略名称	效果
垂直方向	水平面上骨盆旋转	减少身体重心的下移
垂直方向	矢状面上踝关节旋转	减少身体重心的下移
垂直方向	支撑阶段膝关节屈曲	减少身体重心的上移
垂直方向	冠状面上骨盆旋转	减少身体重心的上移
水平方向	冠状面上髋关节旋转（步宽）	减少身体重心的水平偏差

要限制身体重心向下转移可通过水平面上骨盆的旋转和矢状面上踝关节的旋转来进行。水平面上骨盆的旋转带动整个下肢向前摆动，因此在固定步长时，就可使髋关节的屈伸范围达到最小（图4-55A、B）。若下肢在步态循环中更靠近垂线方向，那么就可使身体重心的最低点上升，从而减少了身体重心下移的幅度。在矢状面上，踝关节的旋转可利用踝/足构成的倒T形结构（图4-55C）。在足跟触地时，踝关节进行调整，使突出的跟骨触地，从而从功能上延长了下肢。在接近支撑末期时，髋关节后伸，同时膝关节开始屈曲，下肢因踝关节的跖屈而变长（即足跟上提）。在支撑初期与末期，下肢的功能长度都变长，进一步减少了身体重心的下移（图4-55B、C）。

限制身体重心的上移可部分通过支撑阶段膝关节的屈曲来进行，那时下肢处于它最垂直的位置（图4-55D）。冠状面上骨盆的旋转进一步减少了身体重心的上移（图4-55E）。在支撑期，对侧髂嵴下移时同侧的髂嵴上移。因此在整个步态周期中，两侧的髂嵴交替升降就像跷跷板的两端，而髂嵴刚好位于代表了身体重心的 S_2 的前方，S_2 可看作是跷跷板的支点。因此，减少身体重心的下移可通过水平面上骨盆的旋转和矢状面上踝关节的旋转来获得，减少身体重心的上移可通过支撑期膝关节的屈曲和冠状面骨盆的旋转来获得。

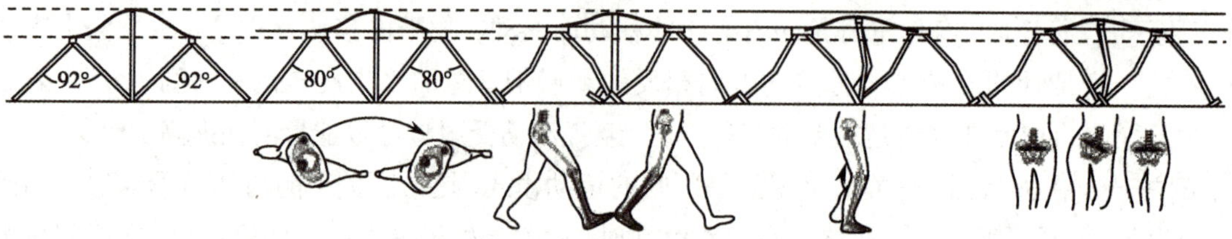

图4-55 减少身体重心转移的方法

减少身体重心水平转移的方法：行走时，在双足的动态支撑下，身体重心从一侧转移到另一侧。人们通过减少步宽而尽力去减少身体重心在水平面上移动的幅度，步宽决定了髋关节在冠状面上的内收与外展。

尽管减少步宽可减少身体重心的水平移动幅度，从而减少能量消耗，但是这样也减少了支撑面的大小。平均步宽为7～9cm，在力学机制方面该宽度对减少身体重心的水平移动已足够窄了，同时对提供充分的支撑基础来说也足够宽了。过宽或过窄的步宽都需在能量消耗或平衡方面做出让步。例如，对于有平衡障碍的患者，也许需要更宽的支撑面，于是他们就需要以增加行走时的能量消耗来维持平衡。

行走时的能量消耗是以人体每公斤体重行走每米消耗了多少千卡来计算，其单位为kcal/(m·kg)。通常，能量消耗是直接通过耗氧量来计算的。行走时，身体尽力使能量消耗最小。能量节约是通过减少身体重心的转移幅度而获得的。

节约能量最适的步速大约为1.33m/s，或80m/min。该速度不但可使身体最大效率地利用能量，同时也与人们在街上自由行走所采用的速度是完全一致的。大于或慢于最适速度都会增加行走时的能量消耗。

四、肌运动学

在一个步态周期中，下肢的大多数肌肉都有一到两次电活动的爆发，持续约100～400毫秒（步态周期的10%～40%）。像所有其他步态的构成元素一样，肌肉的电活动形式在每一步都是重复的。假如临床医生通过肌肉的电活动对特定的肌肉在步行时的功能有全面的了解，那么步态异常将被更深入地理解、研究与治疗。

下肢肌肉的电活动已经通过广泛地使用肌电图来研究。肌肉的电活动是短暂的，表现为“开”或“关”。“开”是指肌肉的电活动水平到达静息电位以上的预定水平，其他时候肌肉的电活动则处于“关”的状态。下面将根据步态周期中下肢各肌群的肌电变化进行分析（图4-56）。

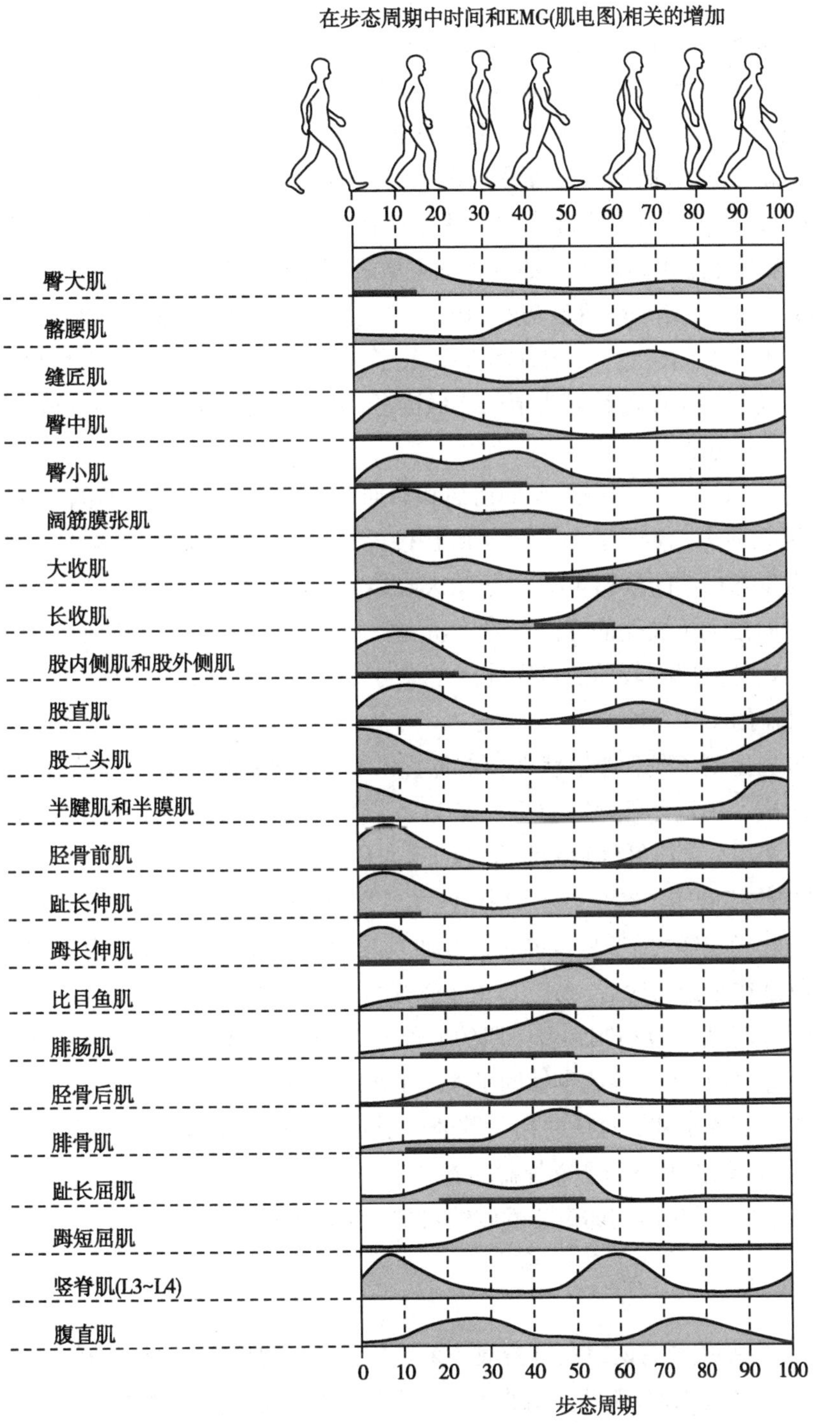

图4-56 步态周期中下肢各肌群的肌电变化

（一）髋关节

髋关节有三组肌群在行走时扮演重要角色：伸髋时，臀大肌和腘绳肌起了重要作用；屈髋时，髂肌和腰大肌起了重要作用；髋外展时，臀中肌和臀小肌起了重要作用。而对于髋关节的内收和旋转的研究还不充分。

1. 伸髋 臀大肌在摆动末期开始离心收缩。臀大肌的离心收缩有两个目的：使屈髋减速，同时使下肢肌肉在支撑阶段开始时做好支撑体重的准备。在足跟触地时，臀大肌的强烈收缩导致伸髋，并防止躯干过度前倾。如果骨盆的前移因足跟触地减慢，而此时躯干仍继续前移时，就会出现躯干的过度前倾。臀大肌从足跟触地到支撑中期都一直处于收缩状态（步态周期的前 30%），以支撑体重并产生伸髋动作。当足固定于地面上时，臀大肌的强烈收缩也间接协助了伸膝动作。

在步态周期的最初 10%，腘绳肌协助臀大肌。与臀大肌作用相似，腘绳肌的功能是伸髋并支撑体重。

2. 屈髋 在足趾离地前髂肌和腰大肌开始收缩使伸髋减速。髂肌和腰大肌在离心收缩后开始向心收缩，从而使髋关节在足趾离地前屈曲并带动下肢进入摆动初期。髋关节的屈曲一直持续到摆动末期，但主动的屈髋运动仅占摆动阶段最初的 50%。摆动阶段后 50% 的屈髋则是由于大腿在摆动初期所获得的向前的惯性而产生的。股直肌在屈髋时也起了作用，因此也协助了前面所提到的运动。屈髋的重要作用是使小腿在摆动阶段前移以为下一步做准备，并且抬升小腿使足趾在摆动阶段离地。缝匠肌的运动与髂肌及腰大肌相似。

3. 髋关节外展 在矢状面上髋关节的前屈和后伸有重要作用，而髋关节的外展肌臀中肌、臀小肌及阔筋膜张肌在冠状面上稳定了骨盆。臀中肌在接近摆动阶段终点时开始收缩，为足跟触地做准备。臀中肌和臀小肌在步态周期的最初 40% 处于最大收缩状态，特别是在单下肢支撑期。髋关节外展的主要作用是控制骨盆向摆动下肢侧的轻微下降。在支撑后期，这些肌肉在离心收缩后开始向心收缩以启动髋关节的外展。在外展肌群较弱的对侧使用手杖可减少对该侧肌群的需要，因此减少了由于体重引起的在冠状面上骨盆的不稳定性。

髋关节的外展也控制了股骨在冠状面上的位置。不充分的肌肉收缩会导致股骨的过分内收，从而使膝关节在支撑阶段产生过分外翻的力矩。臀中肌还有一些次要的作用，包括使用前部肌纤维辅助髋关节屈曲和内旋或使用后部肌纤维辅助髋关节的后伸和外旋。

4. 髋关节的内收和旋转 在步态周期中，髋关节有两次内收运动。第一次是在足跟触地时与髋关节的后伸与外展一起稳定髋关节，也可能是大收肌及其他的内收肌在髋关节内收的同时辅助髋关节的后伸。第二次内收是在足趾离地后，功能是在屈髋开始时辅助屈髋。

髋的内旋（阔筋膜张肌、臀小肌和臀中肌的前部纤维）发生于支撑阶段的大部分时期。在这段时期髋的内旋促使对侧骨盆的前移，因此也辅助了摆动下肢的前移。

髋的外旋发生于支撑早期。这些肌肉与髋的内旋肌一起控制了髋在水平面上的位置，尤其是当下肢固定在地面上时，这些肌肉控制了个骨盆的旋转。这些旋转对行走及奔跑过程中的快速改变方向是很重要的。在支撑早期，外旋肌肉的离心性收缩对抑制下肢的内旋尤其重要。

（二）膝关节

在行走过程中，在膝关节有两组肌群扮演了重要角色：屈膝肌群和伸膝肌群。

1. 伸膝 在摆动的终末期，股四头肌收缩为足跟触地做准备。伸膝主要是发生于足跟触地后不久。股四头肌在伸膝时的功能是抑制步态周期最初 10% 时膝关节的屈曲。在步态周期中，当下肢开始支撑体重时，股四头肌的离心收缩可起到减震、缓冲的作用，同时可防止膝关节的过分屈曲。之后，在支撑中期股四头肌开始向心收缩，起到伸膝和支撑体重的作用。某些个体在足趾离地后立即出现股直肌的有力收缩。该现象反映了在屈髋时髋关节肌的作用。

2. 屈膝 腘绳肌在从足跟触地前到足跟触地后这段时期处于最大收缩状态。在足跟触地前，腘绳肌的收缩减慢了伸膝运动，从而使足能平放于地上。在支撑阶段的最初10%，腘绳肌收缩辅助伸髋，同时与其他肌群协作增加了膝关节的稳定性。在摆动阶段股二头肌短头在伸膝过程中也起到了辅助作用。

（三）踝关节和足

在正常行走时，踝关节的几组肌肉起了重要作用：胫骨前肌、趾伸肌、踇长伸肌、腓肠肌、比目鱼肌、胫骨后肌和腓骨肌。

1. 胫骨前肌 在一次步态周期中胫骨前肌有两次收缩。当足跟触地时，由于足跟对体重的支撑而引起被动的踝跖屈，此时胫骨前肌强有力的离心性收缩和其他踝跖屈肌的收缩可减慢这种踝跖屈，否则将形成“拍打”步态。从足跟触地到足平放在地上，胫骨前肌的离心性收缩也可能对抑制足的内旋起抑制作用。

第二次胫骨前肌的收缩是在摆动阶段踝背屈时。此次肌肉收缩的目的是使足趾离地。在摆动阶段，胫骨前肌及其他的踝背屈肌力量很弱时就不能使踝背屈。这时就形成“垂足”，导致患者在摆动阶段过度地屈曲膝关节和髋关节。垂足引起足掌最先接触地面。对垂足通常的治疗方法是用一个后置的踝足支具使踝关节在摆动阶段维持于背屈位。

2. 趾伸肌和踇长伸肌 与胫骨前肌相似，在足跟触地时趾长伸肌和踇长伸肌减慢了踝跖屈。然而在负重时和支撑中期，这些肌肉缺乏抑制足内旋的力线。在摆动阶段趾伸肌协助踝背屈及伸趾，以确保足趾离地，如此，趾长伸肌和踇长伸肌在前冲期的次要活动将和踝跖屈肌共同活动以给踝提供稳定性。

3. 踝跖屈 腓肠肌和比目鱼肌在支撑阶段的大部分时期都处于收缩状态。从步态周期的10%～40%，踝趾屈肌离心性收缩抑制了踝背屈。过多的或不受控制的踝背屈，将导致夸张的踝背屈和不可控制的屈膝。踝跖屈肌的收缩主要发生于足跟将要离地时，收缩力量迅速下降，到足趾离地时已为零。在这极短的时间内肌肉迅速缩短引起踝跖屈，从而导致身体的前冲，这就是“前冲期”。

腓肠肌在摆动初期也有较弱的肌肉收缩，这可能协助了屈膝。其他踝跖屈肌（胫骨后肌、拇长屈肌、趾长屈肌和腓骨肌）协助了比目鱼肌和腓肠肌的踝跖屈运动。

4. 胫骨后肌 胫骨后肌（足的后旋肌）在步态周期的5%～55%处于收缩状态。它在步态周期的5%～35%减慢了足的外旋，并且在步态循环的35%～55%减慢了足的内旋。在脑瘫患者中，胫骨后肌尤其引起关注。痉挛的胫骨后肌和比目鱼肌会引起马蹄内翻足畸形，导致患者行走时踝跖屈和内翻。

5. 腓骨肌 腓骨短肌和腓骨长肌在步态周期的20%～30%开始收缩直到足跟离地后。腓骨肌的功能是使踝跖屈，这些外翻肌协助对抗由胫骨前肌和胫骨后肌引起的足内翻。腓骨肌还协助调整和稳定距下关节。

6. 足内在肌 足内在肌从支撑中期到足趾离地处于收缩状态（步态周期的30%～60%），特别是如果脚上穿了一双不太合脚的鞋时，它的收缩就更明显。足内在肌稳定了足前掌并提升了足内侧纵弓的高度，从而在支撑末期和摆动前为踝跖屈提供了稳定的杠杆。

（四）躯干

我们在此仅讨论竖脊肌和腹直肌。

1. 竖脊肌 位于中腰部（L_3～L_4）平面的竖脊肌在步态周期中有两次收缩。第一次收缩是从足跟触地前到步态周期的 20%。第二次收缩是从步态周期的 45%～70%，这段时间刚好与对侧的足跟触地时期一致。这两次收缩控制了每一步足跟触地后躯干向前的移动幅度。

2. 腹直肌 在步态周期中腹直肌的收缩力度不大。然而，在步态周期的 20% 和 70%，它会出现两次较强的收缩。这两次收缩与竖脊肌的收缩时间一致，二者一起在矢状面上稳定了躯干。腹直肌使躯干前屈的时间刚好与屈髋肌使髋屈曲的时间相一致。因此，腹直肌收缩力的增加稳定了骨盆和腰椎，同时为屈髋肌（主要是髂腰肌和股直肌）提供了稳定的基础。

五、 步态异常

正常的行走需要每个参与的关节要有足够的运动范围和力量，还需要在中枢神经系统控制下完成。行走的复杂性使正常步态模式易受功能缺损的影响。然而，有时尽管存在很严重的功能缺损，但机体具有代偿和修正步态模式的能力。异常步态常常是机体对功能缺损的直接或代偿性反应，所表现出来的病理步态的特征因功能缺损的本质和个人代偿能力不同而不同。

（一）疼痛

疼痛引起的非正常步态模式被称为减痛步态，主要表现为步长缩短、疼痛下肢的支撑时间和对侧下肢的摆动时间缩短，这是为了避免让疼痛的下肢支撑体重所引发的一种特殊步态。假如因为肌肉的活动引起和髋关节压缩相关的疼痛，将会发生头和躯干向疼痛的负重下肢的侧移，假如疼痛的来源不是髋，躯干可能会轻度地向摆动下肢倾斜并尝试着将位于站立期受伤腿的重力转移过来。

（二）神经系统疾病

很多神经系统的疾病，如脑血管疾病、帕金森病和脑瘫都会引起步态异常。肌痉挛是肌肉张力增高、不易拉长。在脑瘫和脑血管疾病患者中，肌痉挛通常发生在伸肌群。因此，步态模式就表现为下肢僵硬、划圈和拖步（图 4-57）。剪刀步态是由于髋关节的过度内收引起的。帕金森病的步态通常表现为慌张步态。失用症是指随意运动障碍，主要发生于老年人。步态失用主要表现为宽基底步态、步长缩短和拖步。有感觉和平衡障碍的患者通常表现为步态不稳。对于伴有神经系统残疾的患者，引起步态异常的主要原因是不能在合适的水平产生和控制肌肉的力量。最终，肌无力和关节挛缩会加重神经运动障碍。

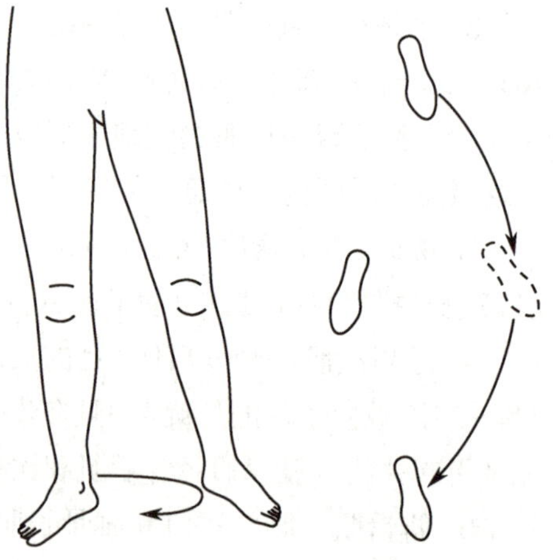

图 4-57 偏瘫痉挛步态

（三）肌肉骨骼系统疾病

肌肉骨骼系统的功能缺损也会导致各种各样的步态异常。不正常的关节运动范围或肌肉力量不足都会引起步态异常。不正常的关节运动范围继发于：受伤、毗邻组织或肌肉的张力增加和挛缩、不正常的关节结构、关节失稳和先天性的连接组织松弛等。在很多情况下，一个关节不正常的运动范围，通常会引起一个或更多周围关节的代偿（图 4-58，图 4-59）。因受伤引起的失用性肌萎缩会导致肌无力，因周围神经损伤引起的神经功能障碍也会导致肌无力。无论是什么原因，肌无力都最终会导致步态模式的异常（图 4-60，图 4-61）。

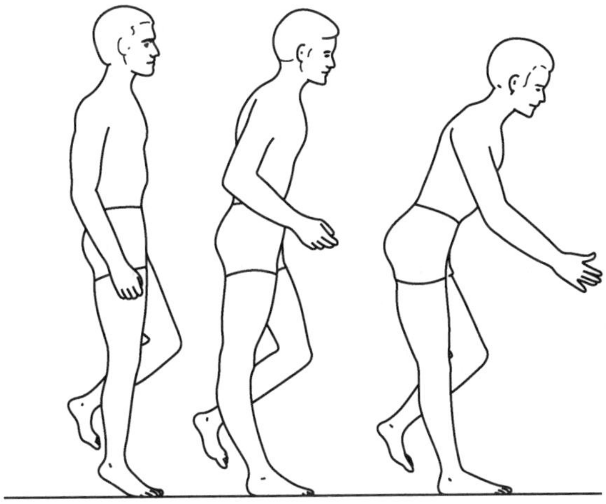

图 4-58　踝关节跖屈挛缩步态

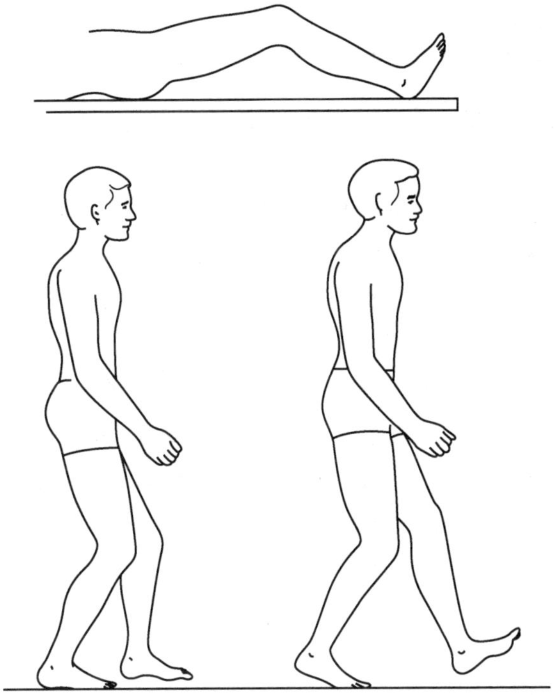

图 4-59　膝关节屈曲挛缩步态

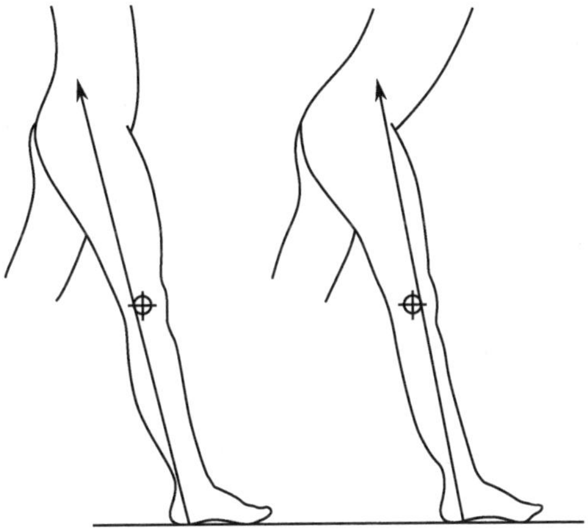

图 4-60　股四头肌无力步态

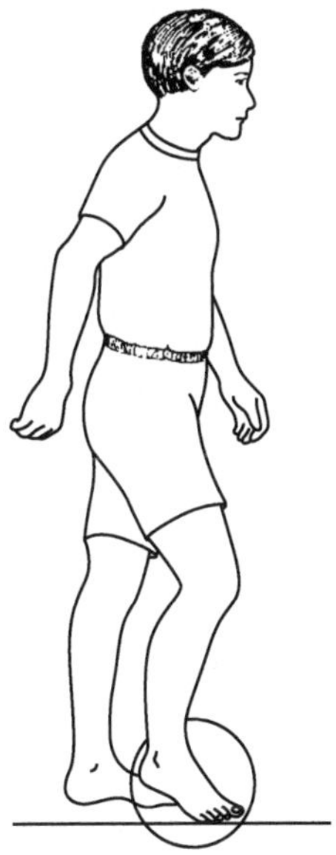

图 4-61　踝背伸无力步态

（敖丽娟）

推荐阅读

[1] 戴红. 人体运动学. 北京：人民卫生出版社，2008.

[2] 黄晓琳. 人体运动学. 2版. 北京：人民卫生出版社，2013.

[3] 刘克敏，敖丽娟. 运动学. 北京：华夏出版社，2011.

[4] 朱大年，王庭槐. 生理学. 8版. 北京：人民卫生出版社，2013.

[5] 宋一同，王和鸣. 骨伤科生物力学研究. 北京：科学技术出版社，2006.

[6] 宋雅伟，钱竞光. 运动康复生物力学. 北京：人民体育出版社，2008.

[7] 戴红. 康复医学. 2版. 北京：北京大学医学出版社，2009.

[8] 尹宪明，井兰香. 运动学基础. 北京：人民卫生出版社，2014.

[9] Neumann DA. Kinesiology of the Musculoskeletal System-Foundations for Physical Rehabilitation. 2nd ed. St. Louis：Mosby，2002.

中英文名词对照索引

Z